Ralph Westerhoff **Schuldrecht Besonderer Teil III**

JURIQ Erfolgstraining

Herausgegeben von JURIQ® Juristisches Repetitorium, Köln

Schuldrecht Besonderer Teil III

Geschäftsführung ohne Auftrag,
Ungerechtfertigte Bereicherung, Delikt

von
Dr. Ralph Westerhoff, Dipl. Kfm.
Professor an der Hochschule Koblenz – RheinAhrCampus
Remagen

3., neu bearbeitete Auflage

C.F. Müller

Bibliografische Information der Deutschen Nationalbibliothek
Die Deutsche Nationalbibliothek verzeichnet diese Publikation in der Deutschen Nationalbibliografie; detaillierte bibliografische Daten sind im Internet über <http://dnb.d-nb.de> abrufbar.

ISBN 978-3-8114-5744-7

E-Mail: kundenservice@cfmueller.de
Telefon: +49 06221/1859-599
Telefax: +49 06221/1859-589

www.cfmueller.de

Satz: TypoScript, München
Illustrationen: Mattfeldt & Sänger, München
Druck: Westermann Druck, Zwickau

Liebe Leserinnen und Leser,

die Reihe „JURIQ Erfolgstraining" zur Klausur- und Prüfungsvorbereitung verbindet sowohl für Studienanfänger als auch für höhere Semester die Vorzüge des klassischen Lehrbuchs mit meiner Unterrichtserfahrung zu einem umfassenden Lernkonzept aus Skript und Online-Training.

In einem ersten Schritt geht es um das **Erlernen** der nach Prüfungsrelevanz ausgewählten und gewichteten Inhalte und Themenstellungen. Einleitende Prüfungsschemata sorgen für eine klare Struktur und weisen auf die typischen Problemkreise hin, die Sie in einer Klausur kennen und beherrschen müssen. Neu ist die **visuelle Lernunterstützung** durch

- ein nach didaktischen Gesichtspunkten ausgewähltes Farblayout
- optische Verstärkung durch einprägsame Graphiken und
- wiederkehrende Symbole am Rand

= Definition zum Auswendiglernen und Wiederholen

= Problempunkt

= Online-Wissens-Check

Illustrationen als „Lernanker" für schwierige Beispiele und Fallkonstellationen steigern die Merk- und Erinnerungsleistung Ihres Langzeitgedächtnisses.

Auf die Phase des Lernens folgt das **Wiederholen und Überprüfen** des Erlernten im **Online-Wissens-Check**: Wenn Sie im Internet unter **www.juracademy.de/skripte/login** das speziell auf das Skript abgestimmte Wissens-, Definitions- und Aufbautraining absolvieren, erhalten Sie ein direktes Feedback zum eigenen Wissensstand und kontrollieren Ihren individuellen Lernfortschritt. Durch dieses aktive Lernen vertiefen Sie zudem nachhaltig und damit erfolgreich Ihre schuldrechtlichen Kenntnisse!

Frage 1 (Punkte: 1)

Hinsichtlich der Willensrichtung des Geschäftsherrn kommt es bei § 683 S. 1 BGB

Antwort

Aussagen	Antwort	Aussagerichtigkeit und Kommentar
a) auf den Zeitpunkt der Übernahme der Geschäftsführung durch den Geschäftsführer an.	☑ ✓	Richtig, vgl. § 683 S. 1 BGB
b) in erster Linie auf seinen tatsächlichen Willen an.	☑ ✓	Richtig. Der mutmaßliche Wille ist erst entscheidend, sofern der tatsächliche Wille zum Zeitpunkt der Übernahme der Geschäftsbesorgung in keiner Weise nach außen in Erscheinung getreten ist.
c) auf das Ergebnis der Geschäftsbesorgung an.	☐ ✓	Falsch!

→ **Richtig**
Punkte für diese Antwort: 1/1.

Schließlich geht es um das **Anwenden und Einüben** des Lernstoffes anhand von Übungsfällen verschiedener Schwierigkeitsstufen, die im Gutachtenstil gelöst werden. Die JURIQ **Klausurtipps** zu gängigen Fallkonstellationen und häufigen Fehlerquellen weisen Ihnen dabei den Weg durch den Problemdschungel in der Prüfungssituation.

Das **Lerncoaching** jenseits der rein juristischen Inhalte ist als zusätzlicher Service zum Informieren und Sammeln gedacht: Ein erfahrener Psychologe stellt u.a. Themen wie Motivation, Leistungsfähigkeit und Zeitmanagement anschaulich dar, zeigt Wege zur Analyse und Verbesserung des eigenen Lernstils auf und gibt Tipps für eine optimale Nutzung der Lernzeit und zur Überwindung evtl. Lernblockaden.

Vor Ihnen liegt der dritte Band „Schuldrecht BT" in der Reihe JURIQ-Erfolgstraining. Dieser Band vereinigt und aktualisiert die bisher einzeln erschienenen Bände „Schuldrecht BT III" und „Schuldrecht BT IV". Verlag und Autor entsprechen damit dem Wunsch vieler Leser, die die gesetzlichen Schuldverhältnisse gerne in einem Band zusammenfassend erlernen wollen.

Dieses Skript behandelt in seinem ersten Teil die Geschäftsführung ohne Auftrag und die sich aus ihr ergebenden gesetzlichen Schuldverhältnisse. Wie immer orientiert sich die Darstellung an den Gedankengängen einer gutachterlichen Anspruchsprüfung in der Schrittfolge „Anspruch entstanden?", „Anspruch erloschen?" und „Anspruch durchsetzbar?" Das einem Kapitel jeweils vorangestellte Prüfungsschema soll Ihnen als Vorschlag für die Prüfung des betreffenden Anspruchs dienen. Keineswegs müssen in einer Klausur alle Gesichtspunkte behandelt werden. Betrachten Sie die Prüfungsschemata als „Checkliste" für Ihre Vorüberlegungen.

Der zweite Teil beschäftigt sich mit dem Bereicherungsrecht und dem Deliktsrecht. Diese beiden gesetzlichen Schuldverhältnisse gehören mit zu den zentralen Prüfungsinhalten. Besonders das Bereicherungsrecht verbreitet bei Studierenden regelmäßig regelrechte Panik nach dem Motto: Das verstehe ich nie! Zu viel Dogmatik, zu viel Theorienstreit, zu wenig Klarheit.

Das Deliktsrecht leidet – in gewissem Gegensatz dazu – darunter, zwar in dogmatischer Hinsicht nicht ganz so anspruchsvoll, aber durch eine ausufernde Kasuistik in der Rechtsprechung und viele verstreute Nebengesetze unübersichtlich zu sein.

Mein Ziel beim Verfassen dieses Skriptes war es, Ihnen im Bereicherungsrecht eine „Machete" an die Hand zu geben, damit Sie durch den Dschungel der Theorien immer einen Weg finden, den Fall zu lösen. Denn bei allem Respekt vor akademischen Auseinandersetzungen: In der Klausur und vor allem in der Examensklausur geht es für Sie darum, einen Fall lösen und zu einem vertretbaren Ergebnis führen zu können.

Im Deliktsrecht habe ich den Schwerpunkt der Darstellung auf den § 823 Abs. 1 BGB gelegt. Diese Zentralnorm des Deliktsrechts ist Dreh- und Angelpunkt der Probleme aus diesem Bereich. Nur wer § 823 Abs. 1 verstanden hat, kann auch Fälle lösen, bei denen andere deliktische Anspruchsgrundlagen eine Rolle spielen.

Zu den Fußnoten: Sie werden feststellen, dass Literaturverzeichnis und Fußnotenapparat „übersichtlich" gehalten sind, um es noch milde zu formulieren. Das Skript will gar nicht den Anspruch erheben, das Schrifttum auch nur annähernd vollständig zu belegen. Das kann und will es gar nicht leisten. Betrachten Sie die Literaturangaben eher als persönliche Leseempfehlungen. Das gilt insbesondere auch für die zitierte Rechtsprechung.[1] Wir haben uns bemüht, die „Hausnummer" der Fundstelle innerhalb einer Entscheidung anzugeben, um deren Auffinden zu erleichtern.

Auf geht's – ich wünsche Ihnen viel Freude und Erfolg beim Erarbeiten des Stoffs!

1 Die in den Fußnoten mit Aktenzeichen zitierten Entscheidungen des BGH können Sie kostenlos auf der Homepage des BGH unter www.bundesgerichtshof.de (Rubrik. „Entscheidungen") abrufen.

Und noch etwas: Das Examen kann jeder schaffen, der sein juristisches Handwerkszeug beherrscht und kontinuierlich anwendet. Jura ist kein „Hexenwerk". Setzen Sie nie ausschließlich auf auswendig gelerntes Wissen, sondern auf Ihr Systemverständnis und ein solides methodisches Handwerk. Wenn Sie Hilfe brauchen, Anregungen haben oder sonst etwas loswerden möchten, sind wir für Sie da. Wenden Sie sich gerne an die C.F. Müller GmbH, Waldhofer Str. 100, 69123 Heidelberg, E-Mail: kundenservice@cfmueller.de. Dort werden auch Hinweise auf Druckfehler sehr dankbar entgegen genommen, die sich leider nie ganz ausschließen lassen. Oder Sie wenden sich direkt an den Verfasser unter westerhoff@hs-koblenz.de.

Wie bei allen meinen Veröffentlichungen bin ich auf die Unterstützung durch viele angewiesen. Ihnen allen gebührt mein aufrichtiger Dank. Besonders hervorheben möchte ich von der Verlagsseite Frau *Stefanie Kleinschroth* (besonders für ihre Geduld) sowie meinen langjährigen Mitarbeiter *Nico Weis*, auf den ich mich auch bei dieser Aufgabe immer verlassen konnte.

Remagen, im Juli 2021 *Prof. Dr. Ralph Westerhoff, Dipl.Kfm.*

JURIQ Erfolgstraining – die Skriptenreihe von C.F. Müller mit Online-Wissens-Check

Mit dem Kauf dieses Skripts aus der Reihe **„JURIQ Erfolgstraining"** haben Sie gleichzeitig eine Zugangsberechtigung für den Online-Wissens-Check erworben – ohne weiteres Entgelt. Die Nutzung ist freiwillig und unverbindlich.

Was bieten wir Ihnen im Online-Wissens-Check an?

- Sie erhalten einen individuellen Zugriff auf **Testfragen zur Wiederholung und Überprüfung des vermittelten Stoffs**, passend zu jedem Kapitel Ihres Skripts.
- Eine individuelle **Lernfortschrittskontrolle** zeigt Ihren eigenen Wissensstand durch Auswertung Ihrer persönlichen Testergebnisse.

Wie nutzen Sie diese Möglichkeit?

Online-Wissens-Check

Registrieren Sie sich einfach für Ihren kostenfreien Zugang auf **www.juracademy.de/skripte/login** und schalten sich dann mit Hilfe des Codes für Ihren persönlichen Online-Wissens-Check frei.

Ihr persönlicher User-Code: 615492089

Der Online-Wissens-Check und die Lernfortschrittskontrolle stehen Ihnen für die **Dauer von 24 Monaten** zur Verfügung. Die Frist beginnt erst, wenn Sie sich mit Hilfe des Zugangscodes in den Online-Wissens-Check zu diesem Skript eingeloggt haben. Den Starttermin haben Sie also selbst in der Hand.

Für den technischen Betrieb des Online-Wissens-Checks ist die JURIQ GmbH, Unter den Ulmen 31, 50968 Köln zuständig. Bei Fragen oder Problemen können Sie sich jederzeit an das JURIQ-Team wenden, und zwar per E-Mail an: info@juriq.de.

Inhaltsverzeichnis

Literaturverzeichnis

Bönninghaus, Achim	BGB Allgemeiner Teil I, 4. Auflage, 2018 (zit.: *Bönninghaus*, „BGB AT I").
Bönninghaus, Achim	BGB Allgemeiner Teil II, 4. Auflage 2019 (zit.: *Bönninghaus*, „BGB AT II").
Bönninghaus, Achim	Schuldrecht Allgemeiner Teil I, 4. Auflage 2019 (zit.: *Bönninghaus*, „Schuldrecht AT I").
Bönninghaus, Achim	Schuldrecht Allgemeiner Teil II, 4. Auflage 2020 (zit.: *Bönninghaus*, „Schuldrecht AT II").
Brox, Hans/Walker, Wolf-Dietrich	Besonderes Schuldrecht, 44. Auflage 2020 (zit.: *Brox/Walker*, Besonderes Schuldrecht).
Buck-Heeb, Petra	Examens-Repetitorium Besonderes Schuldrecht/2, Gesetzliche Schuldverhältnisse, 7. Auflage 2019 (zit.: *Buck-Heeb*, Besonderes Schuldrecht/2).
Emmerich, Volker	BGB – Schuldrecht Besonderer Teil, 13. Auflage 2012 (zit.: *Emmerich*, Schuldrecht BT).
Gursky, Karl-Heinz	Schuldrecht Besonderer Teil, 5. Auflage 2005 (zit.: *Gursky*, SRBT).
Hau, Wolfgang/Poseck, Roman (Hrsg.)	BeckOK BGB, 57. Edition 01.02.2021 (zit.: BeckOK BGB/*Bearbeiter*).
Hromadka, Wolfgang/ Maschmann, Frank	Arbeitsrecht Band 1: Individualarbeitsrecht, 7. Auflage 2018 (zit.: *Hromadka/Maschmann*, Arbeitsrecht Bd. 1).
Huber, Ivo/Bach, Peter	Schuldrecht Besonderer Teil/1, 4. Aufl. 2013 (zit.: *Huber/Bach*, Besonderes Schuldrecht/1).
Kaiser, Thorsten/Kaiser, Horst/ Kaiser, Jan	Materielles Zivilrecht im Assessorexamen, 10. Auflage 2021 (zit.: *Kaiser/Kaiser/Kaiser*, Materielles Zivilrecht).
Kindhäuser, Urs/Zimmermann, Till	Strafrecht Allgemeiner Teil, 9. Auflage 2020 (zit.: *Kindhäuser/Zimmerman*, Strafrecht AT).
Looschelders, Dirk	Schuldrecht Besonderer Teil, 16. Auflage 2021 (zit.: *Looschelders*, Schuldrecht BT).
Medicus, Dieter/Petersen, Jens	Bürgerliches Recht, 27. Auflage 2019 (zit.: *Medicus/Petersen*, Bürgerliches Recht).

Michalski, Lutz/Westerhoff, Ralph	Arbeitsrecht, 8. Auflage 2020 (zit.: *Michalski/Westerhoff*, Arbeitsrecht).
Mühlhaus, Hermann (Begr.)	Straßenverkehrsrecht, 26. Auflage 2020 (zit.: Straßenverkehrsrecht/*Bearbeiter*).
Palandt, Otto (Begr.)	Bürgerliches Gesetzbuch, 79. Auflage 2020 (zit.: Palandt/*Bearbeiter*).
Säcker, Franz Jürgen/Rixecker, Roland/Oetker, Hartmut/Limperg, Bettina (Hrsg.) *Münchener Kommentar zum Bürgerlichen Gesetzbuch*	Münchener Kommentar zum Bürgerlichen Gesetzbuch, Band 1, Allgemeiner Teil – §§ 1–240, AllgPersönlR, ProstG, AGG, 8. Aufl. 2018 (zit.: MüKo BGB/*Bearbeiter*). Münchener Kommentar zum Bürgerlichen Gesetzbuch, Band 3, Schuldrecht – Allgemeiner Teil II, 8. Auflage 2019 (zit.: MüKo BGB/*Bearbeiter*). Münchener Kommentar zum Bürgerlichen Gesetzbuch, Band 5, Schuldrecht – Besonderer Teil II §§ 535 630h, BetrKV, HeizkostenV, WärmeLV, EFZG, TzBfG, KSchG, MiLoG, 8. Auflage 2020 (zit.: MüKo BGB/*Bearbeiter*). Münchener Kommentar zum Bürgerlichen Gesetzbuch, Band 6, Schuldrecht – Besonderer Teil III §§ 631–704, Partnerschaftsgesellschaftsgesetz, Produkthaftungsgesetz, 8. Auflage 2020 (zit.: MüKo BGB/*Bearbeiter*). Münchener Kommentar zum Bürgerlichen Gesetzbuch, Band 7, Schuldrecht – Besonderer Teil IV §§ 705–853, 8. Auflage 2020 (zit.: MüKo BGB/*Bearbeiter*). Münchener Kommentar zum Bürgerlichen Gesetzbuch, Bad 8, Sachenrecht §§ 854-1296, WEG. ErbbauRG, 8. Auflage 2020 (zit.: MüKo BGB/*Bearbeiter*).
Stürner, Rolf (Hrsg.)	Jauernig Bürgerliches Gesetzbuch, 18. Auflage 2021 (zit.: Jauernig BGB/*Bearbeiter*).
Vieweg, Klaus/Werner, Almuth	Sachenrecht, 8. Aufl. 2018 (zit.: *Vieweg/Werner*, Sachenrecht, § … Rn. …).

Tipps vom Lerncoach

Warum Lerntipps in einem Jura-Skript?

Es gibt in Deutschland ca. 1,6 Millionen Studierende, deren tägliche Beschäftigung das Lernen ist. Lernende, die stets ohne Anstrengung erfolgreich sind, die nie kleinere oder größere Lernprobleme hatten, sind eher selten. Besonders juristische Lerninhalte sind komplex und anspruchsvoll. Unsere Skripte sind deshalb fachlich und didaktisch sinnvoll aufgebaut, um das Lernen zu erleichtern.

Über fundierte Lerntipps wollen wir darüber hinaus all diejenigen ansprechen, die ihr Lern- und Arbeitsverhalten verbessern und unangenehme Lernphasen schneller überwinden wollen.

Diese Tipps stammen von *Frank Wenderoth,* der als Diplom-Psychologe seit vielen Jahren in der Personal- und Organisationsentwicklung als Berater und Personal Coach tätig ist und außerdem Jurastudierende in der Prüfungsvorbereitung und bei beruflichen Weichenstellungen berät.

Wie lernen Menschen?

Die Wunschvorstellung ist häufig, ohne Anstrengung oder ohne eigene Aktivität „à la Nürnberger Trichter" lernen zu können. Die modernen Neurowissenschaften und auch die Psychologie zeigen jedoch, dass Lernen ein aktiver Aufnahme- und Verarbeitungsprozess ist, der auch nur durch aktive Methoden verbessert werden kann. Sie müssen sich also für sich selbst einsetzen, um Ihre Lernprozesse zu fördern. Sie verbuchen die Erfolge dann auch stets für sich.

Gibt es wichtigere und weniger wichtige Lerntipps?

Auch das bestimmen Sie selbst. Die Lerntipps sind als Anregungen zu verstehen, die Sie aktiv einsetzen, erproben und ganz individuell auf Ihre Lernsituation anpassen können. Die Tipps sind pro Rechtsgebiet thematisch aufeinander abgestimmt und ergänzen sich von Skript zu Skript, können aber auch unabhängig voneinander genutzt werden.

Verstehen Sie die Lerntipps „à la carte"! Sie wählen das aus, was Ihnen nützlich erscheint, um Ihre Lernprozesse noch effektiver und ökonomischer gestalten zu können!

Lernthema 7
Lernen – einzeln und in der Gruppe

Die Beantwortung der Frage, ob man besser einzeln oder in einer Gruppe lernen sollte, hängt von den Lernaufgaben und -inhalten, von der spezifischen Gruppe (Einzelpersonen, Größe, Rahmenbedingungen und Spielregeln) und von der Persönlichkeit des Lernenden ab. Ein „Muss" gibt es nicht, aber bestimmte Vor- und Nachteile. Die folgenden Tipps geben Ihnen Hinweise zur Abwägung und unterbreiten konkrete Vorschläge zur Gestaltung des Gruppenlernens.

Lerntipps

Einzelarbeit hat grundlegende Vor- und Nachteile!
Die Vorteile: Wer allein arbeitet, kann sein Lernpensum inhaltlich, zeitlich und mengenmäßig selbst bestimmen. Man braucht keine Absprachen über Termine und inhaltliche Aufgabenverteilungen treffen, bestimmt das Lerntempo selbst, muss sich nicht mit unterschiedlichen Lernvoraussetzungen und Arbeitsstilen oder „Endlos-Diskussionen" auseinandersetzen. Man ist ganz auf sich konzentriert.
Die Nachteile: keine Vergleichsmaßstäbe, keine Überprüfung und Rückmeldung über den eigenen Wissensstand, keine unterschiedlichen Meinungen und Sichtweisen auf Fragestellungen und Themen, kein Regulativ für Lernvermeidung, keine neuen Ideen zur Bewältigung von Lernproblemen.

Die Arbeit in der Gruppe kann sehr nützlich sein!
Sie haben Vergleichswerte, wissen besser, ob sie die Lerninhalte verstanden haben, „verbeißen sich nicht", lernen verschiedene Perspektiven zu einem Thema kennen, können sich bei Lernproblemen gegenseitig unterstützen und gemeinsame Lernziele verabreden, können sich Arbeit teilen und als Ausgleich für die Anstrengung auch gemeinsame Freizeitaktivitäten entfalten. Um sich die Vorteile zunutze zu machen, brauchen Sie Regeln, damit Sie mit Problemen besser umgehen können, z. B. Terminverbindlichkeit, Häufigkeit der Treffen, Dauer der Arbeitsphasen und Pausen, Festlegung und Vorbereitung der Inhalte, Diskussionsstil, Kritikfähigkeit untereinander.

Übrigens:
Diese Themen spielen später im Arbeitsalltag auch eine Rolle. Sie haben also ein zusätzliches Lernfeld für die berufliche Praxis. Auch dort ist es wichtig, Spielregeln für die Zusammenarbeit zu haben bzw. zuerst zu entscheiden, bei welchen Aufgaben Einzel- oder Gruppenarbeit zu bevorzugen ist.

Begriffsdefinitionen, Texte, Schemata – am besten einzeln und dann in der Gruppe!
Begriffsdefinitionen, Texte, Schemata sollten zwar zunächst in Einzelarbeit erschlossen werden, können allein aber nur selten sinnvoll überprüft und mit Kontextbezug vertieft werden. Bei schwierigen Texten gelangt man als Einzelarbeiter schnell an seine Verständnisgrenzen. Gemeinsam können Lücken schneller geschlossen werden. In der Gruppe können Sie sich differenzierter mit komplexen Sachverhalten auseinandersetzen.

Holen Sie sich bei Referaten, Hausarbeiten und in der Examensvorbereitung gezielt an bestimmten Stellen den Rat anderer!
Bei lang andauernden Arbeiten ist man vorwiegend einzeln tätig. An wichtigen Stellen sollten Sie jedoch den Rat anderer einholen. Das kann bei einem Brainstorming zur Themensuche und Materialsammlung ansetzen. Später könnten Sie Grobgliederungen und Textabschnitte kompetent von außen begutachten lassen. Wenn die Ausarbeitungen sehr speziell werden, sollten Sie die Kompetenz der anderen jedoch nicht überfordern. Und bitte achten Sie darauf, dass Sie Ihre möglichen Kritiker nicht mit „beleidigten Reaktionen“ oder „langen Rechtfertigungen und Verteidigungen“ mundtot machen.

Wenn Sie zum Beispiel den anderen immer wieder erklären müssen, „Mit dem Text wollte ich ausdrücken, dass …“ kann das ein deutliches Zeichen sein, den Text zu überarbeiten, damit mündliche Erläuterungen nicht mehr notwendig sind.

Benennen Sie zur Prüfungsvorbereitung in der Arbeitsgruppe „Themenvorsitzende“!
Zur Prüfungsvorbereitung ist es günstig, sich einer Gruppe von maximal fünf Personen anzuschließen. Wenn ein umfangreiches Pensum zu erledigen ist, sollte man sich die Arbeit untereinander aufteilen. Jedes Gruppenmitglied übernimmt den

Lernen – einzeln und in der Gruppe

„Themenvorsitz“ für ein bestimmtes Fach oder Sachgebiet. Die „Themenvorsitzenden“ haben ein Thema komplett in ihrer Hand und sind dann umfassend verantwortlich für:

- Erkundung der Fachliteratur auf diesem Gebiet,
- Erstellung einer Literaturliste,
- Materialsammlung = Bereitstellung von Kopien, Karteien, Skripten, Ausarbeitungen,
- Mündliche oder schriftliche Einführung in das Thema oder ein Kapitel durch Übersichtsreferate,
- Leitung der Fachdiskussionen.
- Tutorien: Bei Lernproblemen und Schwächen einzelner Gruppenmitglieder unterstützt er diese und erteilt Vertiefungshinweise.
- Stellen von Verständnisfragen zu Übungszwecken und Simulation von Prüfungsgesprächen.

Über so genannte „Themenvorsitzende“ können sich alle aufeinander verlassen, gegenseitig entlasten und unterstützen. Der „Themenvorsitzende“ wird auf seinem Fachgebiet zunehmend kompetenter und wirkt damit stabilisierend für den Rest der Gruppe.

So könnte eine Arbeitsgruppe zur Prüfungsvorbereitung funktionieren!

- Legen Sie gemeinsame Zeiträume und Termine für die Langzeitplanungsphasen (Wissensaneignung, Vertiefung, Überprüfung, Sicherheit, freie Tage vor der Prüfung) und die Kurzzeitplanung (Wochen- und Tagesplanung) fest.
- Stimmen Sie die Reihenfolge der einzelnen Lernfächer und -themen auch in ihrer Vernetzung und Abhängigkeit voneinander ab.
- Setzen Sie Termine fest, zu denen bestimmte Lernstoffe präsent sein müssen.
- Legen Sie wichtige Spielregeln für die Gruppe fest und verteilen Sie die Arbeit an „Themenvorsitzende“.
- Fragen Sie Inhalte möglichst reihum ab. Stellen Sie dabei Verständnis- und Vertiefungsfragen.
- Sprechen Sie über Vor- und Nachteile der gelernten Inhalte, Themen, Methoden – auch für die Anwendung und Praxis.
- Sprechen Sie über Nachbar- und Überschneidungsbereiche der Themen und ziehen Sie Querverbindungen.

- Wiederholen und vertiefen Sie die Lerninhalte.
- Falls möglich, simulieren Sie Prüfungssituationen.
- Unterstützen Sie sich gegenseitig inhaltlich, emotional und moralisch.

Überprüfen und optimieren Sie Ihr Lernen und Ihre Zusammenarbeit.

Stellen Sie gemeinsame Regeln in der Gruppe auf, damit Sie mit evt. auftretenden Problemen besser umgehen bzw. die Zusammenarbeit optimieren können. Jeder von Ihnen ist für seine (Un-)Zufriedenheit verantwortlich. Folgende Problemstellungen und Themen können sich ergeben:

- Konsequenzen: Was passiert, wenn ein Mitglied Termine nicht einhält oder unregelmäßig teilnimmt, unpünktlich ist?
- Zügiger Start: Was sollte man vereinbaren, um zielgerichtet und zügig mit der Arbeit zu beginnen?
- Verursachungen: Wodurch kommt es zu Lernverzögerungen? Wodurch hat die Unzufriedenheit zugenommen? Was lässt sich ändern, was nicht?
- Arbeitsmenge: Sind die Arbeitsanteile inhaltlich und mengenmäßig gleich verteilt?
- Qualität: Wie ist die Qualität der Ausarbeitungen? Werden die Dinge gleichwertig bearbeitet?
- Arbeitsverteilung: Gibt es „Themenvorsitzende“ oder Spezialaufgaben? Wie zufrieden sind alle mit der Aufgabenverteilung?
- Leistungsorientierung: Besteht ausreichend Leistungsdruck? Ist er gerechtfertigt? Wer übt ihn aus? Wie können Sie Druck rausnehmen oder erhöhen?
- Ist das Arbeitsklima: angenehm, hilfreich, bedrückend, über- oder unterfordernd, konkurrierend … und wodurch?
- Umsetzung der Regeln: Welche Regeln werden eingehalten, welche nicht? Von wem? Warum nicht? Was sollte verändert werden?
- Feedback und Kritikfähigkeit: Geben wir uns ausreichend und klar gegenseitig Rückmeldung? Wie gehen Einzelne mit Anerkennung und Kritik um?
- Belohnung: Womit können Einzelne, aber besonders die Gruppe belohnt werden, wenn Ziele erreicht wurden?

1. Teil
Die Geschäftsführung ohne Auftrag

A. Überblick über die (gesetzlichen) Schuldverhältnisse

I. Die drei Gruppen von Schuldverhältnissen

Mit den ersten beiden Bänden dieser Schriftenreihe hatten Sie sich mit den vertraglichen Schuldverhältnissen beschäftigt. Der Grund und damit die Hauptvoraussetzung, warum der Gläubiger vom Schuldner dort eine Leistung verlangen darf (§ 241 Abs. 1 BGB), war der Vertragsschluss der Parteien. **1**

Auch kennen Sie bereits die nunmehr in § 311 Abs. 2 BGB kodifizierte culpa in contrahendo.[1] Kurz gesagt werden dort die Rücksichtnahmepflichten gemäß § 241 Abs. 2 BGB, die aus einem Vertrag herrühren, auf einen vorvertraglichen Zeitraum erweitert. Die Sachwalterhaftung schließlich nach § 311 Abs. 3 BGB verfolgt das Ziel, ein vertragsähnliches Schuldverhältnis unter bestimmten Voraussetzungen auch zu am Vertrag nicht beteiligten Personen entstehen zu lassen.[2] **2**

Hinweis **3**

Sollten Ihnen diese Rechtsinstitute nicht mehr geläufig sein, empfehle ich Ihnen dringend, diese nachzuarbeiten.

Diesen vertraglichen bzw. vertragsähnlichen Schuldverhältnissen ist also gemeinsam, dass zwischen Gläubiger und Schuldner eine Sonderverbindung besteht. Die dritte Gruppe sind dagegen solche Ansprüche, die eine (vorherige) Sonderverbindung zwischen Gläubiger und Schuldner eben nicht voraussetzen. Diese möchte ich als „gesetzliche Schuldverhältnisse im weiteren Sinne" bezeichnen. Natürlich schadet es nicht, dass eine Sonderverbindung zwischen den Parteien besteht. Dann besteht zwischen den vertraglichen Ansprüchen und den gesetzlich begründeten Ansprüchen Anspruchskonkurrenz. **4**

Beispiel Verkäufer V eines Autos verschweigt arglistig einen die Verkehrssicherheit des Fahrzeugs beeinträchtigenden Mangel. Käufer K erleidet deswegen einen schweren Unfall, bei dem er verletzt wird. Seinen Anspruch auf Schadenersatz kann er einerseits auf §§ 280 Abs. 1, 241 Abs. 2 BGB (Verletzung der Aufklärungspflicht), aber auch auf § 823 Abs. 1 BGB stützen. ■ **5**

---

1 Detailliert hierzu vgl. MüKo BGB/*Emmerich*, BGB § 311 Rn. 35–186; didaktisch aufbereitet: siehe *Bönninghaus*, „Schuldrecht AT II", Rn. 410 ff.

2 Vgl. *Bönninghaus*, „Schuldrecht AT II", Rn. 418 ff.

II. Die Ansprüche aus gesetzlichen Schuldverhältnissen

6 Um zu verstehen (und vor allem um es zu behalten), welche gesetzlichen Schuldverhältnisse es gibt, hilft es, sich die gesetzgeberische Motivation zu verdeutlichen. Ein bestimmter Sachverhalt soll dem Gläubiger einen Anspruch gegen den Schuldner ermöglichen, ohne dass es darauf ankommen soll, ob diese einen Vertrag geschlossen haben bzw. in einer vorvertraglichen Sonderverbindung standen.

7 Als erste Gruppe ist die Geschäftsführung ohne Auftrag zu nennen, die in den §§ 677 bis 687 BGB geregelt ist. Die systematische Stellung in den vertraglichen Schuldverhältnissen darf nicht darüber hinwegtäuschen, dass es sich um ein gesetzliches Schuldverhältnis handelt.[3] Sie ist nur deshalb dort geregelt, weil, wie wir noch sehen werden, sich die Rechtsfolgen einer Geschäftsführung ohne (!) Auftrag durch Verweistechnik denen des vertraglichen Auftrags weitgehend entsprechen. Ziel des Gesetzgebers war es, einen Ausgleich zwischen dem Interesse des Geschäftsherrn, seine Angelegenheiten selbst und ohne Einmischung zu erledigen, und der des Geschäftsführers, einen Ausgleich dafür zu schaffen, wenn er helfend für andere tätig wird.[4]

8 **Beispiel** Wenn A dem verunfallten B hilft und dabei Aufwendungen hat (zum Beispiel zerreißt beim Hilfeeinsatz die Jacke des A) ist die Lage wohl anders zu beurteilen, als wenn A die am Baum des B hängenden Äpfel verkauft, weil er jahrelang beobachtete, dass A diese ohnehin nie pflückt. ■

9 Die nächste im BGB geregelte Anspruchsgruppe ist die ungerechtfertigte Bereicherung. Ganz grob geht es vor allem um den Ausgleich von Vermögensverschiebungen, bei denen alle anderen Mechanismen versagen.

10 **Beispiel** A verkauft und übereignet dem B ein Auto. B möge den Kaufpreis noch nicht entrichtet haben. Wenig später ficht B den Kaufvertrag erfolgreich an. A hat keinen Anspruch auf den Kaufpreis nach § 433 Abs. 2 BGB, denn der Kaufvertrag ist nach § 142 Abs. 1 BGB ex tunc nichtig. Wie erhält nun A Besitz und Eigentum zurück? § 346 BGB scheitert, weil ein Rücktritt einen wirksamen Vertrag voraussetzt.[5] § 985 BGB setzt die Eigentümerstellung des A voraus, die er durch die Übereignung aber gerade verloren hat und den Besitz (und die damit verbundenen besitzrechtlichen Ansprüche) hat A ebenso verloren. Hier hilft dann gemäß § 812 Abs. 1 S. 1 Alt. 1 BGB, die sogenannte Leistungskondiktion. ■

11 Einen breiten Raum bei den gesetzlichen Schuldverhältnissen nehmen die Anspruchsgrundlagen ein, die *Looschelders* „außervertragliche Ansprüche auf Schadenersatz" nennt.[6] Andere sprechen von Deliktsrecht.[7] Gemeint ist aber dasselbe: Eine Person wird geschädigt (z.B. verletzt) und eine andere soll deswegen auf Schadenersatz haften, weil sich der Schädiger sozialwidrig verhalten hat (A verletzt B bei einem Verkehrsunfall) oder weil der Gesetzgeber an eine Tatsache, z.B. das Halten eines Tieres, das einen anderen schädigt, einen Anspruch knüpft (vgl. dazu § 833 BGB siehe auch Rn. 711 ff.).

---

3 Vgl. *Looschelders*, Schuldrecht BT, § 42 Rn. 1.
4 Vgl. Palandt/*Sprau*, BGB Einf. v. § 677 Rn. 3.
5 Statt aller Palandt/*Grüneberg*, BGB Einf. v. § 346 Rn. 4.
6 Vgl. *Looschelders*, Schuldrecht BT, § 58 Rn. 1.
7 So etwa: *Buck-Heeb*, Besonderes Schuldrecht/2, Rn. 82 ff.; *Medicus/Petersen*, Bürgerliches Recht, Rn. 604; *Brox/Walker*, Besonderes Schuldrecht, § 44 Rn. 1.

Beispiel Halter des Hundes ist A. B führt ihn spazieren. Ohne jedes Verschulden von A und B verletzt das Tier den C. A haftet aus § 833 S. 1 BGB, nur weil er Halter des Hundes ist. 12

Zu beachten beim Deliktsrecht ist freilich, dass die §§ 823 bis 853 BGB zwar der Ursprung und der Kern sind, inzwischen über die Jahrzehnte eine ganze Reihe von weiteren Anspruchsgrundlagen dazugekommen sind. Einige sprechen sogar von einer Zweispurigkeit des Deliktsrechts.[8] 13

Beispiel Wenn das Luxustier einen Schaden verursacht, haftet der Halter nach § 833 S. 1 BGB. Wird beim Betrieb eines Kraftfahrzeuges derselbe Schaden einem Dritten zugefügt, so haftet auch dessen Halter ohne jedes Verschulden. Die entsprechende Anspruchsgrundlage ist aber § 7 StVG. 14

Schließlich gibt es noch Ansprüche, die rein an den Besitz oder das Eigentum anknüpfen (sachenrechtliche Ansprüche) oder an die Ehe bzw. Verwandtschaft anknüpfen (familienrechtliche Ansprüche) bzw. sich aus der Tatsache des Todes einer natürlichen Person ergeben (erbrechtliche Ansprüche). Auch wenn diese Ansprüche in weiterem Sinne oft gesetzliche Ansprüche sind, folgen sie doch eigenen Regeln und werden in den entsprechenden Sachzusammenhängen erörtert. 15

B. Die Geschäftsführung ohne Auftrag

I. Überblick

1. Arten der GoA

16

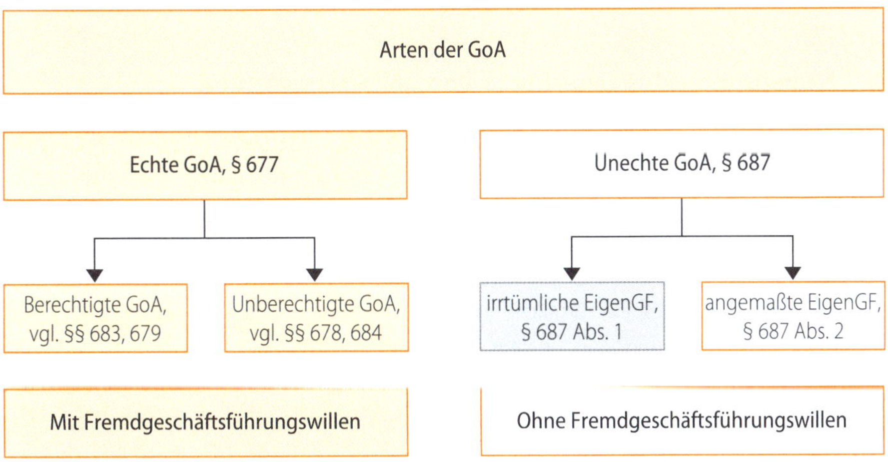

Wenn jemand ein Geschäft in fremdem Interesse besorgt, ohne dazu beauftragt oder aus anderen Gründen berechtigt zu sein, stellt sich die Frage nach der Verteilung der sich daraus ergebenden Vor- und Nachteile. Insbesondere muss in diesen Fällen berücksichtigt werden, dass das ungefragte Tätigwerden in einer fremden Angelegenheit sowohl eine Wohltat als auch eine unerwünschte und überflüssige Einmischung darstellen kann. Mit diesen Fragen beschäftigt sich das Recht der Geschäftsführung ohne Auftrag in den §§ 677–687 BGB.

8 Vgl. *Looschelders*, Schuldrecht BT, § 58 Rn. 1.

17 Das Gesetz unterscheidet dabei zunächst die **echte GoA** (§ 677 BGB) und die **unechte GoA** (§ 687 BGB).

18 **Innerhalb der echten GoA** wird weiterhin zwischen der **berechtigten GoA** (§ 683 BGB) und der **unberechtigten GoA** (§ 684 BGB) unterschieden.

19 **Innerhalb der unechten GoA** kennen wir die **vermeintliche Eigengeschäftsführung** (§ 687 Abs. 1 BGB) sowie die **bewusst angemaßte Eigengeschäftsführung** (§ 687 Abs. 2 BGB).

2. Abgrenzung echte und unechte GoA

20 Die echte GoA unterscheidet sich von der unechten GoA dadurch, dass der Geschäftsführer bei der echten GoA zumindest auch mit dem Bewusstsein und dem Willen tätig wird, ein Geschäft für einen anderen zu besorgen, also mit dem sog. **Fremdgeschäftsführungswillen** handelt.[9] Bei der unechten GoA fehlt es gerade an einem solchen Fremdgeschäftsführungswillen. Der Geschäftsführer will hier **ausschließlich für sich selber** handeln (Eigengeschäftsführungswille).[10] Führt der Geschäftsführer ein objektiv fremdes Geschäft als sein eigenes aus, greift er unbefugt in fremde Interessen ein. An diesen Sonderfall der Eigengeschäftsführung knüpft die GoA mit der Regelung der „unechten" GoA an. Die Wertung der GoA ist dabei folgende: Geschieht der Eingriff unbewusst, sollen sich gegenüber den allgemeinen Regeln (§§ 985 ff. BGB; §§ 812 ff. BGB; §§ 823 ff. BGB) keine Besonderheiten ergeben. § 687 Abs. 1 BGB schließt die Regeln der GoA aus. Anders liegt es hingegen dann, wenn der Geschäftsführer mit seiner Eigengeschäftsführung trotz Kenntnis seiner fehlenden Berechtigung bewusst in fremde Interessen eingegriffen hat. Hier sieht § 687 Abs. 2 S. 1 BGB Ansprüche des betroffenen Geschäftsherrn vor, die die Haftung des unbefugten Geschäftsführers gegenüber den allgemeinen Regeln verschärfen.[11]

3. Abgrenzung echte berechtigte und unberechtigte GoA

21 Die Unterscheidung zwischen berechtigter und unberechtigter GoA innerhalb der echten GoA knüpft an die Frage an, ob die Übernahme des Geschäfts durch den Geschäftsführer im Interesse und tatsächlichen, sonst mutmaßlichen **Willen des Geschäftsherrn** lag (§ 683 BGB).[12] Ist dies der Fall, soll der Geschäftsführer keine Nachteile erleiden. Schließlich hat er uneigennützig einem anderen geholfen, was von der Rechtsordnung gefördert werden soll. Er bekommt deshalb sämtliche im Rahmen der Geschäftsbesorgung getätigte Aufwendungen, die er für erforderlich halten durfte, ersetzt (§ 683 BGB). Anders liegt es bei der unberechtigten GoA: Derjenige auftraglose Geschäftsführer, der nicht hilft, sondern stört, genießt dieses Privileg nicht. Er bekommt lediglich solche Aufwendungen ersetzt, um die der Geschäftsherr auch tatsächlich bereichert ist (§ 684 S. 1 BGB). Im Übrigen haftet er nach § 678 BGB für sein Übernahmeverschulden auf Schadensersatz.[13]

22 Die Ansprüche aus GoA unterliegen grundsätzlich der Regelverjährung nach §§ 195, 199 BGB.[14]

---

9 Vgl. *Brox/Walker*, Besonderes Schuldrecht, § 36 Rn. 3.
10 Vgl. *Brox/Walker*, Besonderes Schuldrecht, § 36 Rn. 4.
11 Vgl. statt aller Palandt/*Sprau*, BGB § 687 Rn. 1 f.
12 Vgl. *Brox/Walker*, Besonderes Schuldrecht, § 36 Rn. 18 ff.
13 Vgl. Palandt/*Sprau*, BGB § 678 Rn. 3; *Brox/Walker*, Besonderes Schuldrecht, § 37 Rn. 4 ff.
14 Vgl. Palandt/*Sprau*, BGB § 677 Rn. 15; MüKo BGB/*Schäfer*, BGB § 677 Rn. 137.

II. Echte GoA (§§ 677–686 BGB)

1. Voraussetzungen der echten GoA

Voraussetzungen der echten GoA (§ 677 Hs. 1) 23

PRÜFUNGSSCHEMA

I. Geschäftsbesorgung

II. „Für einen anderen" (Fremdgeschäftsführungswille)

1. Objektiv fremdes Geschäft
   a) Vermutung bestehenden Fremdgeschäftsführungswillens
   Vermutung bei „auch fremden" Geschäften Rn. 36 ff.
   b) Widerlegung anhand der Umstände?
2. Nachweis bei obj. neutralen Geschäften anhand sonstiger Umstände (dann sog. „subjektiv-fremdes" Geschäft)

III. Keine Berechtigung/Verpflichtung des Geschäftsführers

IV. Keine sonstigen Ausschlusstatbestände/verdrängende Sonderregeln

Die Voraussetzungen der echten GoA ergeben sich aus § 677 Hs. 1 BGB:

a) Geschäftsbesorgung

24 Der Begriff der Geschäftsbesorgung im Sinne von § 677 BGB deckt sich mit dem weiten Verständnis des § 662 BGB. Unter einer Geschäftsbesorgung i.S.d. § 677 BGB ist daher jedes **tatsächliche oder rechtsgeschäftliche Tun** zu verstehen, soweit es über ein reines Dulden oder Unterlassen hinausgeht.[16]

» Die Abgrenzung der Geschäftsbesorgung bei § 662 BGB einerseits und § 675 BGB andererseits finden Sie zur Wiederholung auch im Skript „Schuldrecht BT II" dargestellt.[15] «

25 Der **„Geschäftsführer"** i.S.d. §§ 677 ff. BGB ist derjenige, der das Geschäft selber besorgt oder auf seine Veranlassung durch für ihn tätige **Geschäftsführungsgehilfen** besorgen lässt.[17]

b) „Für einen anderen"

aa) Fremdheit und Fremdgeschäftsführungswille

26 Wenn Sie § 677 BGB aufmerksam lesen und die Formulierung mit § 687 Abs. 2 BGB vergleichen, stellen Sie fest, dass § 677 BGB seinem Wortlaut nach keine objektive Fremdheit des besorgten Geschäfts für den Geschäftsführer verlangt. Vielmehr heißt es dort, dass „ein Geschäft" „für einen anderen besorgt wird". Damit wird eine subjektive Zielsetzung angesprochen, der Fremdgeschäftsführungswille.[18] Eine objektive Fremdheit ist bei der echten GoA dem Wortlaut des Gesetzes nach also nicht Tatbestandsmerkmal. Anders liegt es bei der unechten GoA (vgl. § 687 BGB), bei der die objektive Fremdheit Tatbestandsmerkmal ist und

15 Vgl. *Bönninghaus*, „Schuldrecht BT II", Rn. 694 ff.

16 Vgl. Palandt/*Sprau*, BGB § 677 Rn. 2 i.V.m. § 662 Rn. 6 f.; MüKo BGB/*Schäfer*, BGB § 677 Rn. 34; BeckOK BGB/*Gehrlein*, BGB § 677 Rn. 10.

17 Vgl. MüKo BGB/*Schäfer*, BGB § 677 Rn. 20.

18 Vgl. *BGH*, Urteil v. 23.9.1999 – III ZR 322/98 = NJW 2000, 72 dort unter Ziff. II 2a; Palandt/*Sprau*, BGB § 677 Rn. 3; *Medicus/Petersen*, Bürgerliches Recht, Rn. 407; *Thole*, NJW 2010, 1243.

ein Fremdgeschäftsführungswille gerade fehlt.[19] Die unechte GoA ist nicht durch subjektiv fremdnütziges Handeln des Geschäftsführers, sondern durch den unbefugten Eingriff in einen objektiv dem Geschäftsherrn zugewiesenen Rechtskreis typisiert.

27 Aus dem Wortlaut dieser Tatbestände wird häufig gefolgert, die Fremdheit des Geschäfts sei bei der echten GoA nicht etwa als eigenständiges Tatbestandsmerkmal zu prüfen, sondern erhalte ihre Bedeutung nur bei der Begründung des Fremdgeschäftsführungswillens.[20] Denn – darin ist man sich weitgehend einig – jedenfalls bei einem ausschließlich **objektiv fremden Geschäft** kann der erforderliche Fremdgeschäftsführungswille vermutet werden.[21] Bei objektiv neutralen oder gar objektiv ausschließlich eigenen Geschäften greift eine solche Vermutung nicht; der Fremdgeschäftsführungswille muss hier anhand der sonstigen äußeren Umstände nachgewiesen werden.[22] Ist ein solcher Nachweis geführt, spricht man von einem sog. **„subjektiv fremden" Geschäft**.[23]

28 Daneben wird aber auch vertreten, die Wendung „für einen anderen" und die Erwähnung eines „Geschäftsherrn" in § 677 BGB setze aufgrund des systematischen Zusammenhangs, z.B. aus der Zusammenschau mit § 686 BGB, eine Fremdheit des Geschäfts als selbständig zu prüfendes Tatbestandsmerkmal neben dem Fremdgeschäftsführungswillen voraus.[24] Auch bei diesem Ansatz ist man sich aber einig, dass die Fremdheit nicht nur objektiv bestehen, sondern sich bei neutralen oder gar eigenen Geschäften auch als sog. „subjektive Fremdheit" allein aus der subjektiven Willensrichtung des Geschäftsführers ergeben kann.[25]

JURIQ-Klausurtipp

Es gibt folglich zwei Prüfungsansätze, die sich im Aufbau etwas unterscheiden: Entweder lassen Sie die „Fremdheit" als eigenständigen Punkt vor dem Fremdgeschäftsführungswillen weg und untersuchen die Fremdheit des Geschäfts nur im Rahmen des Fremdgeschäftsführungswillens (dazu sogleich). Oder Sie behandeln die Fremdheit bereits vor dem Fremdgeschäftsführungswillen im Rahmen einer eigenständigen Prüfungsstation. Sie müssen auf das Thema „Fremdheit" dann aber noch einmal Bezug nehmen, nämlich im darauf folgenden Punkt „Fremdgeschäftsführungswillen" (dazu sogleich unter Rn. 36 ff.).

Beide Prüfungsvarianten sind gut vertretbar. Ich schlage Ihnen hier den ersten Ansatz vor, weil die Prüfung von „Fremdheit" und „Fremdgeschäftsführungswillen" in zwei getrennten Abschnitten gerade beim „subjektiv fremden Geschäft" unverständlich bleibt. Um beim Korrektor Ihrer Klausur keine unnötigen Irritationen hervorzurufen – man weiß schließlich nicht, welche Ansicht dieser bevorzugt – schlage ich folgende Formulierungen vor: Sie wählen als Überschrift für den zweiten Prüfungspunkt nach „Geschäftsbesorgung" entweder einfach dem

19 Vgl. MüKo BGB/*Schäfer*, BGB § 687 Rn. 3; *Lorenz*, JuS 2016, 12 (15).

20 Vgl. etwa die Ausführungen und Prüfungsreihenfolge bei *BGH*, Urteil v. 23.9.1999 – III ZR 322/98 = NJW 2000, 72 oder *BGH*, Urteil v. 27.5.2009 - VIII ZR 302/07 dort unter Tz. 18 = NJW 2009, 2590 (Unterscheidung zwischen objektivem und subjektivem Geschäft (nur) „in diesem Zusammenhang"); so auch Palandt/*Sprau*, BGB § 677 Rn. 3; vgl. weiter *Gursky*, SRBT, S. 159; *Schmidt*, JuS 2004, 862, 864 ff.

21 Vgl. Jauernig BGB/*Mansel*, BGB § 677 Rn. 4; BeckOK BGB/*Gehrlein*, BGB § 677 Rn. 13 a.E.; Rn. 4; *Lorenz*, JuS 2016, 12 (12).

22 Vgl. MüKo BGB/*Schäfer*, BGB § 677 Rn. 42; *Lorenz*, JuS 2016, 12 (12).

23 Vgl. *BGH*, Urteil v. 27.5.2009 - VIII ZR 302/07 dort unter Tz. 18 = BGHZ 181, 188 ff. = NJW 2009, 2590; zur Terminologie auch *Lorenz*, JuS 2016, 12 (12).

24 Vgl. *Looschelders*, Schuldrecht BT, § 42 Rn. 3 ff.; *Buck-Heeb*, Besonderes Schuldrecht/2, Rn. 29 ff.

25 Vgl. *Looschelders*, Schuldrecht BT, § 42 Rn. 3 ff.; *Buck-Heeb*, Besonderes Schuldrecht/2, Rn. 31 a.E.; *Medicus/Petersen*, Bürgerliches Recht, Rn. 409.

Wortlaut des § 677 BGB entsprechend „für einen anderen“ oder aber „Fremdheit und Fremdgeschäftsführungswille“. Der Einstiegssatz in den Prüfungsabschnitt könnte dann lauten:

„Weiter setzt die echte GoA voraus, dass der Geschäftsführer das Geschäft „für einen anderen“, also mit Fremdgeschäftsführungswillen besorgt hat, was bei einem objektiv fremden Geschäft grundsätzlich vermutet werden kann.“

Auf diese Weise lassen Sie beide Aspekte (Fremdheit und Fremdgeschäftsführungswillen) sofort anklingen und geben zu erkennen, dass Sie beide Themen sogleich untersuchen werden.

bb) Systematische Einordnung des Fremdgeschäftsführungswillens

Das Tatbestandsmerkmal „für einen anderen“ unterscheidet die echte von der unechten GoA. 29
Es ist **subjektiv als sog. „Fremdgeschäftsführungswille“** zu verstehen (vgl. vorstehend unter Rn. 26).

Ein **Fremdgeschäftsführungswille** liegt dann vor, wenn der Geschäftsführer das Geschäft nicht als eigenes, sondern als fremdes vornimmt, also in dem Bewusstsein und mit dem Willen handelt, im Interesse (irgend)eines anderen tätig zu werden.[26]

Jede Geschäftsbesorgung wird regelmäßig durch eine Vielzahl von Motiven stimuliert und 30
begleitet. Diese können eigennützig oder fremdnützig sein, meistens werden sowohl eigennützige und fremdnützige Motive vorhanden sein.

Beispiel 1 A löscht einen Brand in dem Haus seines urlaubsabwesenden Nachbarn N. A ist mit N befreundet. Mit seiner Löschaktion will A seinen Freund N vor größeren Schäden bewahren. Außerdem möchte er einen weiteren Ausbruch des Feuers verhindern, der sonst sein eigenes Haus erreichen und in Brand setzen könnte. ■

Beispiel 2 A lässt den PKW des B abschleppen, den B unbefugt auf der Grundstückseinfahrt des A abgestellt hat. Er verfolgt mit dem Abschleppvorgang einmal ein Geschäft des B, zu dessen Vornahme dieser als Handlungs- und Zustandsstörer nach §§ 862, 1004 BGB alleine verpflichtet war. B wird dadurch aus der Verpflichtung zur Wegschaffung seines PKWs wegen Zweckerreichung nach § 275 Abs. 1 BGB entlassen. Zum anderen handelt A aber auch eigennützig, weil er die Störung bzw. Entziehung seines Besitzes an der Grundstückseinfahrt beseitigen und diese selber ungestört benutzen möchte. ■

Damit das Tatbestandsmerkmal „für einen anderen“ erfüllt ist, muss der Geschäftsführer 31
zumindest auch mit Fremdgeschäftsführungswillen handeln. Ein zusätzliches Eigeninteresse

26 St. Rspr. des *BGH*, Urteil v. 15.12.1954 – II ZR 277/53 = BGHZ 16, 12 f. = NJW 1955, 257; Palandt/*Sprau*, BGB § 677 Rn. 3; *Buck-Heeb*, Besonderes Schuldrecht/2, Rn. 32; *Brox/Walker*, Besonderes Schuldrecht, § 36 Rn. 3.

schließt die Anwendung der §§ 677 ff. BGB also nicht aus.[27] Andernfalls blieben für die echte GoA kaum noch Anwendungsfälle übrig – denn derjenige, der etwas unaufgefordert für einen anderen erledigen will, verfolgt regelmäßig auch eigennützige Motive und sei es nur das Streben nach sozialer Anerkennung oder Dankbarkeit.[28] Etwas **anderes** gilt allerdings dann, wenn **vordringlich Eigeninteressen** verfolgt werden und sich die Fremdnützigkeit als unwesentliches Begleitmotiv darstellt.[29]

32 Der Fremdgeschäftsführungswille ist ein **natürliches Willenselement**. Er ist **keine Willenserklärung**.[30] Die Vorschriften über Willenserklärungen sind weder direkt noch analog anwendbar. Bei **fehlender oder beschränkter Geschäftsfähigkeit des Geschäftsführers** gilt die Sonderregel des § 682 BGB, der die **Haftung des Geschäftsführers** nach GoA-Regeln ausschließt.[31] Dem beschränkt geschäftsfähigen Geschäftsführer können aber seinerseits Ersatzansprüche aus §§ 683, 684 BGB zustehen.

33 Die von Teilen der Literatur erwogene Einschränkung, dass § 682 BGB bei Zustimmung des gesetzlichen Vertreters zur Geschäftsbesorgung eines beschränkt Geschäftsfähigen verdrängt werde, findet im Gesetz keine Stütze.[32] Außerdem fehlt es an einem Rechtsgeschäft, sodass die §§ 106 ff. BGB nicht passen.[33]

34 Genaue Vorstellungen über die Person des „anderen" (= „Geschäftsherrn") muss der Geschäftsführer nicht haben.[34] Irrtümer des Geschäftsführers über die Person, für die er das Geschäft (zumindest auch) führen will, sind nach § 686 BGB sogar unbeachtlich.

35 Handelt der Geschäftsführer ohne ausreichenden Fremdgeschäftsführungswillen, scheidet eine echte GoA aus. Es kommt nur eine unechte GoA i.S.d. § 687 BGB in Betracht.

cc) Feststellung des Fremdgeschäftsführungswillens

36 Ob jemand tatsächlich eine Geschäftsbesorgung „für einen anderen" ausgeführt hat, weiß naturgemäß nur der Geschäftsführer selber. Ein für die Praxis höchst unbefriedigender Umstand, da Aussagen des Geschäftsführers über seine Willensrichtung nicht zu widerlegen sind. Anerkanntermaßen ist bei der Prüfung des Fremdgeschäftsführungswillens daher stets auf **nach außen zutage getretene Umstände abzustellen**.[35] Insgeheim verborgen gebliebene Willensrichtungen sind entsprechend § 116 S. 1 BGB unbeachtlich. Der BGH formuliert diesen Gedanken im berühmten „Funkenflug" – Fall[36] folgendermaßen:

27 St. Rspr. des BGH, vgl. statt aller *BGH*, Urteil v. 27.5.2009 - VIII ZR 302/07 unter Tz. 18 = NJW 2009, 2590 ff.; Palandt/*Sprau*, BGB § 677 Rn. 6; MüKo BGB/*Schäfer*, BGB § 677 Rn. 41; BeckOK BGB/*Gehrlein*, BGB § 677 Rn. 15; *Lorenz*, NJW 2009, 1025, 1027 unter Ziff. IV 1.

28 *Thole*, NJW 2010, 1243, 1247 unter Ziff. V 1.

29 So etwa *BGH*, Urteil v. 27.5.2009 – VIII ZR 302/07 = NJW 2009, 2590 ff., der einen „ausreichenden" Fremdgeschäftsführungswillen verlangt.

30 Palandt/*Sprau*, Einf. v. BGB § 677 Rn. 2; MüKo BGB/*Schäfer*, BGB § 682 Rn. 4.

31 Vgl. zum Normzweck MüKo BGB/*Schäfer*, BGB § 682 Rn. 1.

32 Vgl. auch MüKo BGB/*Schäfer*, BGB § 682 Rn. 4.

33 Vgl. Palandt/*Sprau*, BGB § 682 Rn. 1.

34 Vgl. *Looschelders*, Schuldrecht BT, § 43 Rn. 8; *Medicus/Petersen*, Bürgerliches Recht, Rn. 405.

35 St. Rspr. des BGH statt aller *BGH*, Urteil v. 20.6.1963 – VII ZR 263/61 = BGHZ 40, 28 ff. = NJW 1963, 1825; Palandt/*Sprau*, BGB § 677 Rn. 5; *Buck-Heeb*, Besonderes Schuldrecht/2, Rn. 33; differenzierend MüKo BGB/*Schäfer*, BGB § 677 Rn. 50.

36 Vgl. *BGH*, Urteil v. 20.6.1963 – VII ZR 263/61 = BGHZ 40, 28 ff. = NJW 1963, 1825 (1826).

„Die Feststellung, ob in Fällen dieser Art der Wille vorhanden ist, auch ein fremdes Geschäft zu führen, kann auf Schwierigkeiten stoßen. Ist er nicht in irgendeiner Form nach außen in Erscheinung getreten, so ist er, wie regelmäßig im Rechtsleben, unbeachtlich. Es müssen also stets Anhaltspunkte vorhanden sein, die den Geschäftsführungswillen äußerlich erkennbar machen."

An dieser Stelle kommt nun (erstmalig oder wieder – siehe zum Aufbau oben unter Rn. 27 f.) die **Fremdheit des Geschäfts** ins Spiel. Für die Feststellung eines Fremdgeschäftsführungswillens anhand äußerer Umstände ist **in erster Linie** auf den nach außen erkennbaren **Inhalt der Geschäftsbesorgung** abzustellen.[37] Weiter kann sich aus dem Inhalt des Geschäfts eine Vermutung für einen ausreichenden Fremdgeschäftsführungswillen ergeben, sodass weitere Nachweise nicht mehr erforderlich sind.[38] Im Einzelnen: **37**

(1) Objektiv fremde Geschäfte

Bei ausschließlich objektiv fremden Geschäften, also bei Geschäftsbesorgungen, die schon ihrem Inhalt **nach unmittelbar und allein** in einen fremden Rechtskreis eingreifen, besteht eine tatsächliche, allerdings widerlegliche Vermutung für einen ausreichenden Fremdgeschäftsführungswillen des Geschäftsführers.[39] **38**

Beispiele Objektiv fremd sind die Veräußerung fremder Sachen (vgl. § 903 BGB), Tilgung fremder Schulden,[40] Erziehung und Beaufsichtigung fremder, minderjähriger Kinder (vgl. § 1631 BGB),[41] Abwendung von Gefahren, welche von einer fremden Sache ausgehen (Geschäft des Störers, vgl. §§ 862, 1004 BGB).[42] ■

JURIQ-Klausurtipp

Sie können sich folgender Faustformel zur Ermittlung eines objektiv fremden Geschäfts bedienen:

Darf die konkrete Geschäftsbesorgung nach den vom Geschäftsführer zu beachtenden Regeln nur vom Geschäftsherrn bzw. nur mit dessen Zustimmung ausgeführt werden?

Die Vermutung des Fremdgeschäftsführungswillens kann anhand sonstiger Umstände widerlegt werden.[43] Ist die Vermutung widerlegt, kommt nur eine unechte GoA in Betracht (vgl. § 687 BGB). **39**

Beispiel Der Hehler veräußert eine gestohlene Sache an einen gutgläubigen Käufer. Der Hehler führt mit der Veräußerung der gestohlenen Sache ein objektiv fremdes Geschäft (nämlich das des Eigentümers, § 935 Abs. 1 BGB!), aber eben nicht für einen anderen, sondern für sich selbst. Dieser Fall fällt unter die unechte GoA gem. § 687 Abs. 2 S. 1 BGB. ■

---

37 Vgl. auch die Beispiele bei BeckOK BGB/*Gehrlein*, BGB §677 Rn. 14.

38 Vgl. *BGH*, Urteil v. 23.9.1999 – III ZR 322/98 =NJW 2000, 72 f. unter Ziff. II 2a.

39 Vgl. *BGH*, Urteil v. 27.5.2009 – VIII ZR 302/07 = NJW 2009, 2590 ff.; Palandt/*Sprau*, BGB § 677 Rn. 4; BeckOK BGB/*Gehrlein*, BGB §677 Rn. 13; krit. *Lorenz*, NJW 2010, 2576 unter Ziff. II („Vermutung nirgends gesetzlich niedergelegt").

40 Vgl. *BGH*, Urteil v. 20.4.1967 – VII ZR 326/64 = BGHZ 47, 370 = NJW 1967, 1959.

41 Vgl. *Medicus/Petersen*, Bürgerliches Recht, Rn. 408.

42 Vgl. *BGH*, Urteil v. 20.4.1967 – VII ZR 326/64 = BGHZ 47, 370 = NJW 1967, 1959; Palandt/*Sprau*, BGB § 677 Rn. 4.

43 Vgl. Palandt/*Sprau*, BGB § 677 Rn. 4.

(2) Objektiv neutrale Geschäfte

40 Bei Geschäften, die objektiv neutralen Charakter haben, kann der Fremdgeschäftsführungswille nicht aufgrund des objektiven Inhalts vermutet werden. Der Wille, ein solches Geschäft für einen anderen zu führen, muss hier deshalb anhand sonstiger äußerer Umstände erkennbar sein (z.B. mündliche Äußerungen des Geschäftsführers in seinem privaten Umfeld, Angaben in seinen E-Mails, Blogs, etc.).[44]

> **Neutral** sind Geschäfte, die nicht von vornherein dem Geschäftskreis einer bestimmten Person zuzuordnen sind, sondern von jedermann im eigenen oder fremden Interesse vorgenommen werden können.[45]

41 Führt der Geschäftsführer ein neutrales Geschäft mit Fremdgeschäftsführungswillen aus, spricht man auch von einer sog. **„subjektiv-fremden Geschäftsbesorgung"**.[46] Das neutrale Geschäft wird damit zum subjektiv-fremden Geschäft, indem der Geschäftsführer es durch seinen Geschäftsführungswillen einer anderen Person zuordnet.[47]

Beispiel Der Erwerb einer Sache ist ein neutrales Geschäft, da dem Eigentümer nach § 903 BGB nur die Veräußerung zugewiesen ist. Der Erwerb steht hingegen jedermann offen. Wenn A für den S (versteckt oder sogar als Vertreter in dessen Namen) ohne Auftrag oder sonstige Verpflichtung eine Sache erwirbt, führt er ein subjektiv fremdes Geschäft. ■

(3) Objektiv eigene Geschäfte

42 Bei objektiv allein eigenen Geschäften ist die Begründung eines Fremdgeschäftsführungswillens nur theoretisch denkbar. [48]

Beispiel Wer seine eigene Sache veräußert, handelt ohne weitere Abreden schwerlich für einen anderen. ■

Ob die Leistung auf eine tatsächlich nicht bestehende Verbindlichkeit (etwa beim unerkannt nichtigen Vertrag) auch unter diese Fallgruppe fällt, ist umstritten. Wir kommen darauf unter Rn. 59 ff. zurück.

dd) Objektiv gemischte („auch-fremde") Geschäfte

43 Fraglich ist, ob der Fremdgeschäftsführungswille auch dann vermutet werden kann, wenn das Geschäft sich objektiv sowohl als fremdes auch als eigenes Geschäft des Geschäftsführers darstellt.[49] Schließlich erscheint es hier gut möglich, dass der Geschäftsführer vordringlich seine eigenen Interessen verfolgen will und nicht an die Belange eines Dritten

---

44 Vgl. *BGH*, Urteil v. 27.5.2009 – VIII ZR 302/07 = NJW 2009, 2590 ff.; Palandt/*Sprau*, BGB § 677 Rn. 5; MüKo BGB/*Schäfer*, BGB § 677 Rn. 42; BeckOK BGB/*Gehrlein*, BGB § 677 Rn. 14; *Lorenz*, JuS 2016, 12 (12).

45 Vgl. auch MüKo BGB/*Schäfer*, BGB § 677, Rn. 42 „Jedermann-Geschäft".

46 Vgl. *BGH*, Urteil v. 27.5.2009 – VIII ZR 302/07 = NJW 2009, 2590 ff.; Palandt/*Sprau*, BGB § 677 Rn. 5; MüKo BGB/*Schäfer*, BGB § 677 Rn. 42.

47 Vgl. MüKo BGB/*Schäfer*, BGB § 677 Rn. 42.

48 Vgl. etwa Palandt/*Sprau*, BGB § 677 Rn. 3.

49 So die Rspr. vgl. statt aller *BGH*, Urteil v. 23.9.1999 – III ZR 322/98 = NJW 2000, 72; Palandt/*Sprau*, BGB § 677 Rn. 6; BeckOK BGB/*Gehrlein*, BGB § 677 Rn. 15 a.E.; zum Meinungsstand im Schrifttum *Thole*, NJW 2010, 1243.

denkt. Allgemein lässt sich diese Frage jedoch nicht beantworten. Sie muss angesichts der in der Praxis gebildeten Kasuistik fallbezogen untersucht werden.

JURIQ-Klausurtipp

Die Annahme eines Fremdgeschäftsführungswillens bedeutet noch nicht automatisch, dass der Geschäftsführer Ansprüche gegenüber dem Geschäftsherrn geltend machen kann (dazu unter Rn. 70 ff.)!

Die Rechtsprechung des BGH neigt bei auch-fremden Geschäften dazu, wie beim allein objektiven Geschäft von der Vermutung eines ausreichenden Fremdgeschäftsführungswillens auszugehen und Korrekturen auf einer ungeschriebenen „Wertungsebene" zu suchen. Dem gegenüber nimmt die Lehre bei der Vermutung eines Fremdgeschäftsführungswillens tendenziell eine restriktive Haltung ein, indem sie die Vermutung eines ausreichenden Fremdgeschäftsführungswillens bei auch-fremden Geschäften ablehnt.[50]

Die Begründung, ob ein Fremdgeschäftsführungswille anzunehmen ist oder nicht, geschieht in der Praxis regelmäßig mit Blick auf das (gewünschte) Ergebnis. Wenn ich Ihnen zu den folgenden Fallgruppen Lösungsempfehlungen gebe, handelt es sich deshalb nie um die einzig vertretbare Lösung. Die gibt es ohnehin nirgends.

Folgende Fallgruppen sind typisch:

(1) Private Selbsthilfeaufwendungen

Beispiel A will mit seinem PKW in seine Garage fahren. Die Zufahrt ist jedoch vom PKW 44
des B versperrt. A lässt den Wagen des B abschleppen. ■

Das Abschleppen des PKW des B liegt im *Beispiel* zunächst einmal im Interesse des A, da er damit eine Beeinträchtigung seines Eigentums und Besitzes beseitigt hat. Auf der anderen Seite war B als Störer privatrechtlich aus §§ 862 Abs. 1, 1004 Abs. 1, 823 Abs. 1, 249 Abs. 1 BGB bzw. §§ 823 Abs. 2, 858 BGB[51] und öffentlich-rechtlich wegen § 12 Abs. 3 Nr. 3 StVO verpflichtet, den Wagen selber zu entfernen.

Nach allgemeiner Lebenserfahrung besteht die Vermutung, dass die Wahrnehmung auch 45
objektiv eigener Interessen in derartigen Fällen nicht ausschließt, der Geschäftsführer habe zumindest auch im mit Fremdgeschäftsführungswillen gehandelt.[52]

JURIQ-Klausurtipp

Sie sollten in diesen Fällen von dem Grundsatz ausgehen, dass die Gefahrenabwehr zumindest auch mit Fremdgeschäftsführungswillen erfolgt ist.[53]

50 Vgl. dazu etwa Ausführungen und Nachweise bei *Thole*, NJW 2010, 1243 ff. und *Lorenz*, NJW 2009, 2576 f.

51 Siehe dazu im Skript *Bönninghaus*, „Sachenrecht I", Rn. 356 f.; Palandt/*Sprau*, BGB § 677 Rn. 6; Palandt/*Herrler*, BGB § 859 Rn. 4 und § 862 Rn. 3.

52 Vgl. *AG Frankfurt* NJW 1990, 917; *Buck-Heeb*, Besonderes Schuldrecht/2, Rn. 44 m.w.N.

53 Vgl. die Beispiele bei Palandt/*Sprau*, BGB § 677 Rn. 6; *Lorenz*, NJW 2009, 1025, 1026 f. unter Ziff. IV 1.

(2) Private Aufopferung zur Gefahrenabwehr

46 Auf den ersten Blick scheint derjenige, der eigene Rechtsgüter opfert, um einen anderen vor Schaden zu bewahren, ein ausschließlich objektiv fremdes Geschäft zu führen. Er handelt im Interesse der gefährdeten Person. Allerdings bestehen dann Bezüge zum eigenen Rechtskreis des Helfers, wenn dieser durch sein Opfer **eine eigene Schadensersatzpflicht verhindern will**. In diesen Fällen geschieht die Gefahrenabwehr im beiderseitigen Interesse.

47 Nach h.M. ist ein ausreichender Fremdgeschäftsführungswille in den Fällen privater Aufopferung **nur dann anzunehmen**, wenn der **Geschäftsführer auch ohne sein Eingreifen nicht gehaftet** und damit objektiv ein allein fremdes Geschäft, nämlich das der „geretteten" Person geführt hat.[54] Hätte er sich ohne sein Eingreifen hingegen schadensersatzpflichtig gemacht, geht man von einer dominierenden Eigennützigkeit aus, die keinen Raum für einen ausreichenden Fremdgeschäftsführungswillen lässt.

Die Bedeutung dieses Ansatzes kommt insbesondere zum Tragen, wenn der Geschäftsführer verschuldensunabhängig haften müsste. Das Thema spielt deshalb häufig im Rahmen der Halterhaftung aus § 7 Abs. 1 StVG eine Rolle. Der Halterhaftung ist nur im Rahmen der engen Ausnahmen in §§ 7 Abs. 2, 17 Abs. 3 StVG gänzlich ausgeschlossen. Ein Fremdgeschäftsführungswille des mit seinem Kfz ausweichenden Halters kommt damit nur sehr selten in Betracht.

Beispiel[55] G fährt mit normaler Geschwindigkeit mit seinem Pkw auf der Landstraße. Vor ihm fährt der Radfahrer R. Als G diesen überholen will, wird R aufgrund einer Windböe in Richtung Fahrbahnmitte abgedrängt. Um nicht mit R zu kollidieren, lenkt G seinen Pkw ruckartig nach links und fährt gegen einen Baum.

Ein Ersatzanspruch (analog) §§ 683, 670 BGB[56] scheidet mangels Fremdgeschäftsführungswillens dann aus, wenn G mit dem Ausweichmanöver eine eigene Schadensersatzhaftung verhindern wollte. Als Halter des PKW trifft ihn eine verschuldensunabhängige Einstandspflicht aus § 7 Abs. 1 StVG. Dies gilt jedoch dann nicht, wenn die Haftung nach § 7 Abs. 2 StVG aufgrund höherer Gewalt ausgeschlossen wäre. Dies ist dann der Fall, wenn der Unfall auf einem betriebsfremden, von außen durch elementare Naturkräfte oder Handlungen dritter Personen herbeigeführten Ereignis beruht, das nach menschlicher Einsicht und Erfahrung unvorhersehbar war, mit wirtschaftlich erträglichen Mitteln auch durch äußerste Sorgfalt nicht verhütet oder unschädlich gemacht werden konnte und auch nicht wegen seiner Häufigkeit in Kauf zu nehmen ist.[57] Alle Voraussetzungen müssen kumulativ vorliegen. Dies ist hier nicht der Fall, da sich mit dem Ausscheren eines Verkehrsteilnehmers ein verkehrstypischer Vorgang ereignet hat, der nach menschlicher Erfahrung nicht unvorhersehbar ist.

Zwar ist bei den sog. „unabwendbaren Ereignissen", um das es sich hier handeln könnte, ein Haftungsausschluss in § 17 Abs. 3 StVG vorgesehen. Dieser greift jedoch nur für die Haftungsverteilung bei der Beteiligung von Fahrzeugen untereinander, wie sich aus der Bezugnahme auf § 17 Abs. 1, Abs. 2 StVG ergibt.

54 Vgl. *BGH*, Urteil v. 27.11.1962 – VI ZR 217/61 = BGHZ 38, 270 = NJW 1964, 390; Palandt/*Sprau*, BGB § 677 Rn. 6 a.E.; MüKo/*Schäfer*, BGB § 677 Rn. 58; *Looschelders*, Schuldrecht BT, § 43 Rn. 16, jeweils m.w.N.

55 Fall nach *BGH*, Urteil v. 27.11.1962 – VI ZR 217/61 = BGHZ 38, 270 = NJW 1963, 390.

56 Zu den Gründen für die Analogie siehe nachfolgend unter Rn. 102.

57 Vgl. Straßenverkehrsrecht/*Burmann*, StVG § 7 Rn. 19.

Ein haftungsausschließendes Mitverschulden des R nach § 9 StVG i.V.m. § 254 BGB ergibt sich aus dem Sachverhalt ebenfalls nicht.

Da G für den Schaden im Falle einer Kollision hätte einstehen müssen, hat er durch das Ausweichmanöver seine eigene Haftung vermieden und damit im eigenen Interesse gehandelt. Mangels Fremdgeschäftsführungswillens kommt eine Anwendung der Regeln über die echte GoA weder direkt noch analog in Betracht.

Möglicherweise halten Sie die Bejahung eines Fremdgeschäftsführungswillens je nach Haftung des Geschäftsführers für eine sehr künstliche und lebensfremde Differenzierung – Sie hätten Recht. Diese Sichtweise orientiert sich am Ergebnis und beruht auf folgender Überlegung: 48

Aufwendungen und Schäden aus einer privaten Aufopferung zur Abwendung eines Unfalls sollen nicht nach GoA-Regeln (§§ 677, 683 S. 1, 670 BGB) ersetzt werden, wenn der Geschäftsführer mit der Abwehrmaßnahme im Ergebnis eine eigene Haftung verhindert.[58] Denn wenn der Geschäftsführer im Falle des Unfalls selber gehaftet hätte, muss er erst recht diejenigen eigenen Schäden und Aufwendungen tragen, die daraus entstehen, dass er versucht, den sonst ihm ohnehin zur Last fallenden Schaden zu vermeiden.[59]

JURIQ-Klausurtipp

Diese Begründung für das Ergebnis ist plausibel. Über den Weg, Verneinung jeglichen Fremdgeschäftsführungswillens, kann man sicher streiten.

Ich empfehle Ihnen in diesen Fällen folgende Varianten: Entweder verneinen Sie wie im vorstehenden *Beispiel* mit der h.M. den Fremdgeschäftsführungswillen. Alternativ könnten Sie die Feststellung eines ausreichenden Fremdgeschäftsführungswillens dahingestellt sein lassen und im selben Atemzug die Anwendung der GoA-Regeln „jedenfalls" unter Hinweis auf die eben genannten Wertungsgründe verneinen.

(3) Öffentlich-rechtliche Gefahrenabwehr

Beispiel[60] A stellt einen Haftkleber her, der zur Herstellung und Sanierung von geteerten Straßendecken benutzt wird. Der Haftkleber wird an der jeweiligen Baustelle in LKW-Tankanhängern ausgeliefert. Zum Zwecke der Deckensanierung einer Straße benötigt B den Kleber der A und kauft mehrere Tankladungen. A liefert den Kleber vereinbarungsgemäß in einem Tankanhänger an. Eine Woche später wird festgestellt, dass ca. 1500 l des Haftklebers ausgelaufen und in die Kanalisation gelangt waren. Die zuständige Wasserschutzbehörde ordnete deshalb die erforderlichen Sanierungsmaßnahmen an. In diesem Zusammenhang forderte sie auch die Amtshilfe[61] des Technischen Hilfswerks an, das als nicht rechtsfähige Bundesanstalt von der Bundesrepublik Deutschland getragen wird. Der Bundesrepublik entstehen dadurch Aufwendungen in Höhe von 45 000 €, deren Erstattung sie von A und B als Gesamtschuldnern begehrt. 49

58 Auf ein Mitverschulden des „Geretteten" kommt es dabei nicht an.

59 Vgl. *BGH*, Urteil v. 27.11.1962 – VI ZR 217/61 = BGHZ 38, 270 = NJW 1963, 390; Palandt/*Sprau*, BGB § 677 Rn. 6 a.E., MüKo BGB/*Schäfer*, BGB § 677 Rn. 58; *Buck-Heeb*, Besonderes Schuldrecht/2, Rn. 25.

60 Nach dem Urteil des *BGH*, v. 19.7.2007 – III ZR 20/07 = NVwZ 2008, 349.

61 Vgl. §§ 4 ff. VwVfG NRW.

Die Fälle sind dadurch gekennzeichnet, dass der Träger öffentlicher Gewalt einmal eigene hoheitliche Pflichten zur öffentlich-rechtlichen Gefahrenabwehr wahrgenommen hat und damit zugleich eine Pflicht des Störers erledigt.

Im *Beispiel* hat die Bundesrepublik über das Hilfswerk zum einen ein objektiv eigenes Geschäft geführt, da sie im Wege der Amtshilfe zu Zwecken der öffentlich-rechtlichen Gefahrenabwehr tätig geworden ist. Zugleich hat sie damit aber auch ein Geschäft von A und B besorgt, die als Störer öffentlich-rechtlich (z.B. nach §§ 5 Abs. 1, Abs. 2 PolG NRW) und privatrechtlich (§§ 862, 1004 BGB) für die Schadensbeseitigung verantwortlich waren.

50 Gegen die Annahme, der Träger öffentlicher Gewalt handele in derartigen Fällen zumindest auch willentlich im Interesse der gefahrenabwehrrechtlich verantwortlichen Störer, spricht vor allem folgende Überlegung: Wer durch seine Tätigkeit öffentlich-rechtliche Aufgaben wahrnimmt, will und darf sich dem Willen des Geschäftsherrn nicht unterordnen. Dazu verpflichten aber die §§ 677 ff. BGB, wie sich besonders deutlich aus § 681 S. 1 BGB ergibt. Wer sich aber von vornherein im Zweifel nicht an dem Willen des Geschäftsführers orientieren und diesem unterordnen will, handelt vermutlich nicht mit Fremdgeschäftsführungswillen.[62] Dagegen lässt sich allerdings einwenden, dass die Annahme eines Fremdgeschäftsführungswillens von der Frage zu trennen ist, ob der Fremdgeschäftsführer seine gesetzlichen Pflichten später verletzt.[63] Es ist ja denkbar, dass jemand grundsätzlich im Interesse eines anderen tätig werden will, aber eben nicht so tätig wird, wie sich dieser das vorstellt. Davon gehen ja auch die Haftungsregeln in den §§ 677 Hs. 2, 678–680 BGB aus.

51 Die **Rechtsprechung** hält in diesen Fällen am Grundsatz fest, dass beim objektiv auch-fremden Geschäft wie beim objektiv allein fremden Geschäft ein ausreichender Fremdgeschäftsführungswille zu vermuten sei. Sie löst die Fälle, bei denen es regelmäßig um Ersatzansprüche aus §§ 683 S. 1, 670 BGB geht, auf der Konkurrenzebene: Dem (öffentlich-rechtlichen) Geschäftsführer stünden keine Ansprüche aus GoA zu, wenn besondere (Verwaltungs-) Bestimmungen das Verhältnis zwischen Geschäftsführer und Geschäftsherrn abweichend regeln. Diese seien dann vorrangig und dürften nicht durch Anwendung der GoA unterlaufen werden. Insbesondere Art, Umfang und Verfahren der Kostenerstattung richten sich dann ausnahmslos nach diesen Sonderregeln.[64]

52 Die **h.L.** verneint einen Fremdgeschäftsführungswillen mit dem wohl berechtigten Hinweis, dass der hoheitlich zur Gefahrenabwehr tätige Geschäftsführer sich von voneherein nicht dem Willen der dadurch begünstigten Person unterordnen wolle.[65] Es finde nicht etwa ein späterer Willenswechsel beim Geschäftsführer statt. Wolle der Geschäftsführer aber von Anfang nicht dem fremdnützigen Leitbild der GoA nach Maßgabe des § 681 BGB entsprechen, sei ein Fremdgeschäftsführungswille zumindest widerlegt.

62 So *Medicus/Petersen*, Bürgerliches Recht, Rn. 412; *Looschelders*, Schuldrecht BT, § 43 Rn. 11.

63 So ausdrücklich der *BGH* im Urteil v. 4.12.1975 – VII ZR 218/73 = BGHZ 65, 354 = NJW 1976, 619 („Bimssteingruben-Fall").

64 Vgl. Urteil des *BGH* v. 13.11.2003 – III ZR 70/03 = BGHZ 156, 394f. = NJW 2004, 513 und vom 19.7.2007 – III ZR 20/07 unter Tz. 8 f = NVwZ 2008, 349; vgl. auch *Brox/Walker*, Besonderes Schuldrecht, § 36 Rn. 12.

65 So *Medicus/Petersen*, Bürgerliches Recht, Rn. 412; *Looschelders*, Schuldrecht BT, § 43 Rn. 11; *Thole*, NJW 2010, 1243, 1247 f. unter Ziff. V 3.

JURIQ-Klausurtipp

Sie sollten in diesen Fällen zunächst überlegen, ob die Frage nach dem Fremdgeschäftsführungswillen beantwortet werden muss oder offengelassen werden kann. Sie kann offengelassen werden, wenn es für die betreffenden Ansprüche (z.B. Kostenerstattung) öffentlich-rechtliche Sonderregeln gibt. Die GoA-Regeln werden dann jedenfalls im Wege der Konkurrenz verdrängt. Ist dies nicht ersichtlich, spricht mehr dafür, mit der h.L. den Fremdgeschäftsführungswillen zu verneinen und die Anwendung der GoA auf dieser Stufe scheitern zu lassen.

(4) Erfüllung von privaten Verpflichtungen mit Drittbezug

Ähnliche Schwierigkeiten treten auf, wenn der Geschäftsführer aufgrund privatrechtlicher **53**
Pflichten tätig wird. Besteht die Verpflichtung gegenüber dem gedachten Geschäftsherrn, ist die Sache noch einfach: Die GoA-Regeln sind von vorneherein nicht anwendbar, weil die Erfüllung einer Schuld schon tatbestandlich keine „auftraglose" bzw. „unberechtigte" Geschäftsbesorgung gegenüber dem Gläubiger sein kann.

Schwieriger und umstritten sind die Dinge, wenn der Geschäftsführer nicht gegenüber allen Personen verpflichtet ist, denen seine Leistung objektiv unmittelbar zugutekommt. Hier können wiederum zwei typische Varianten unterschieden werden:

(a) Leistung am Gegenstand eines Dritten

Beispiel[66] U verpflichtete sich gegenüber der W GmbH zu Reparaturleistungen an Woh- **54**
nungen, die im Eigentum der B stehen und von W verwaltet wurden. Da die W nach Abschluss der Arbeiten zahlungsunfähig ist, kann U seine Werklohnforderung nicht bei W realisieren und will sich nun an B halten. ■

Im *Beispiel* stellt die Leistungserbringung zum einen ein objektiv eigenes Geschäft des Geschäftsführers U dar, da er damit seine Verpflichtung aus dem mit W geschlossenen Vertrag erfüllt. Zum anderen kommt das Geschäft aber auch unmittelbar der Eigentümerin B zugute. Ihr Eigentum wird erhalten, wofür sie nach der umfassenden Zuweisung der Befugnisse in § 903 BGB eigentlich selber zuständig ist. Mit B hat U aber keinen Vertrag geschlossen. Auch sonst bestand kein Grund, der den B gegenüber U zur Ausführung der Reparatur verpflichtet hätte.

Der Schuldner scheint bei der Leistungserbringung in diesen Fällen trotz objektiver Gemengelage vordringlich seine eigenen Zwecke zu verfolgen: Er will seine Pflicht erfüllen und sich – bei entgeltlicher Tätigkeit – damit zugleich seine Vergütung verdienen. Deswegen kann man die Vermutung eines ausreichenden Fremdgeschäftsführungswillens – so die wohl **h.L.** – trotz „Auch-Fremdheit" mit guten Gründen ablehnen.[67] In der Regel wird sich ein Fremdgeschäftsführungswille dann auch den sonstigen Umständen nicht entnehmen lassen.

---

66 Nach *BGH*, Urteil v. 21.10.2003 – X ZR 66/01 = NJW-RR 2004, 81.

67 Z.B. *Thole*, NJW 2010, 1243, 1247 unter Ziff. V 3; *Lorenz*, NJW 1996, 883, 885; *Looschelders*, Schuldrecht BT, § 43 Rn. 13; *Brox/Walker*, Besonderes Schuldrecht, § 36 Rn. 13.

55 Insbesondere der **BGH** hält aber auch in diesen Fallkonstellationen grundsätzlich an der Vermutung des Fremdgeschäftsführungswillens beim auch-fremden Geschäft fest und sucht die **Korrektur wieder auf einer separaten, ungeschriebenen Wertungsebene**.[68] Er kann zur Begründung darauf verweisen, dass dem Schuldner die Fremdnützigkeit seines Verhaltens durchaus bewusst sein kann und ebenfalls seinem Willen entspricht. Außerdem lassen sich durchaus Parallelen zur Konstruktion des Vertrages mit Schutzwirkung zugunsten Dritter ziehen, bei der gem. §§ 133, 157 BGB auch angenommen wird, der Schuldner schließe vermutlich den Schutz der erkennbaren Interessen Dritter in seinen Willen mit ein, wenn dies nach Treu und Glauben geboten sei.[69]

56 Ähnlich wie bei den Fällen einer öffentlich-rechtlichen Gefahrenabwehr lehnt die Rechtsprechung eine **Anwendung der GoA-Regeln aber ab**, wenn die Verpflichtung auf einem mit einem Dritten **wirksam geschlossenen Vertrag beruht, der Rechte und Pflichten des Geschäftsführers, insbesondere die Entgeltfrage, umfassend regelt**. Eine solche Regelung innerhalb der Vertragsbeziehung ist hinsichtlich des Ausgleichs für die jeweils erbrachte Leistung auch im Verhältnis zu Dritten grundsätzlich abschließend.[70] Vertragliche Absprachen können nicht zu Lasten unbeteiligter Dritter wirken. Wollen die Parteien Ansprüche gegen einen Dritten herbeiführen, haben sie die Möglichkeit, dies durch Vereinbarung mit ihm zu erreichen, insbesondere ihn in ihre Absprache einzubeziehen.

Im *Beispiel* unterscheiden sich beide Ansichten im Ergebnis nicht: Mit der vereinbarten Vergütung soll U von seiner der Vertragspartnerin W die Bezahlung erhalten. Mehr konnte er nicht erwarten. Auch die spätere Insolvenz des Vertragspartners ändert hieran nichts: Zweck des Instituts der Geschäftsführung ohne Auftrag ist es nicht, das Insolvenzrisiko der Parteien aufzufangen und auf Dritte zu verlagern.[71]

JURIQ-Klausurtipp

Wie bei den Fällen der öffentlich-rechtlichen Gefahrenabwehr sollten Sie in diesen Fällen die Frage nach dem Fremdgeschäftsführungswillen offen lassen, wenn der Geschäftsführer aufgrund eines mit einer anderen Person wirksam geschlossenen Vertrages tätig wird und seine Rechte und Pflichten in diesem Vertragsverhältnis geregelt sind. Dies wird regelmäßig der Fall sein. Die GoA – Regeln werden dann jedenfalls im Wege der Konkurrenz verdrängt. Ist dies ausnahmsweise nicht ersichtlich, spricht mehr dafür, mit der h.L. den Fremdgeschäftsführungswillen zu verneinen und die Anwendung der GoA auf dieser Stufe scheitern zu lassen. Die Lösung, ob Ansprüche gegen den Dritten bestehen, ist dann im Rahmen des Bereicherungsrechts (ggf. i.V.m. § 951 BGB) zu untersuchen.

57 **(b) Leistung eines Gesamtschuldners** Wer als Gesamtschuldner seine Verpflichtung erfüllt, befreit damit die übrigen Gesamtschuldner im Außenverhältnis zum Gläubiger gem.

68 Z.B. *BGH*, Urteil v. 21.10.2003 – X ZR 66/01 = NJW-RR 2004, 81 f. unter Ziff. III 2a m.w.N.; Palandt/*Sprau*, BGB § 677 Rn. 7.

69 Siehe dazu im Skript *Bönninghaus*, „Schuldrecht AT II", Rn. 401 ff.

70 Vgl. *BGH*, Urteil v. 21.10.2003 – X ZR 66/0) = NJW-RR 2004, 81 und v. 15.4.2004 – VII ZR 212/03 = NJW-RR 2004, 956 f.; Palandt/*Sprau*, BGB § 677 Rn. 7a; BeckOK BGB/*Gehrlein*, BGB § 677 Rn. 16.

71 Vgl. *BGH*, v. 15.4.2004 – VII ZR 212/03 = NJW-RR 2004, 956.; *Thole*, NJW 2010, 1243, 1245 unter Ziff. IV 1.

§ 422 Abs. 1 BGB.[72] Die Leistung stellt objektiv ein auch-fremdes Geschäft dar, weil sie von mehreren Personen parallel („auf einer Stufe") geschuldet wird. Nach den Gesamtschuldregeln stehen dem Schuldner zwei konkurrierende Ausgleichsansprüche zu: Er kann einmal nach § 426 Abs. 1 BGB und außerdem nach § 426 Abs. 2 BGB in Verbindung mit den auf ihn übergeleiteten Ansprüchen des Gläubigers gegen die übrigen Gesamtschuldner Regress nehmen. Die Höhe der Regressforderungen bestimmt sich nach der im Innenverhältnis geltenden Ausgleichsquote – im Zweifel gilt die „Kopfteilsregel" des § 426 Abs. 1 BGB.

Da die Leistung eines Gesamtschuldners ein auch-fremdes Geschäft darstellt, könnte sich die dritte Anspruchsgrundlage aus den GoA-Regeln ergeben (§§ 683 S. 1, 670 BGB). Aus der Formulierung in § 426 Abs. 1 BGB („soweit nicht ein anderes bestimmt ist") folgt, dass das Gesetz den Ausgleich der Gesamtschuldner in § 426 BGB nicht abschließend geregelt hat. Im Gegenteil: Gerade aus den weiteren konkurrierenden Ansprüchen folgt gerade eine von § 426 Abs. 1 BGB abweichende Haftungsquote im Innenverhältnis.[73] **Die GoA wird nach h.M. daher nicht automatisch durch die §§ 421 ff. BGB verdrängt.**[74] Eine andere Frage ist natürlich, ob im Einzelfall ein ausreichender Fremdgeschäftsführungswille vermutet werden kann. 58

JURIQ-Klausurtipp

Ähnlich wie bei der vorstehenden Fallgruppe sollte auch hier gelten: Der Gesamtschuldner will vermutlich allein deshalb leisten, weil er selber dazu verpflichtet ist.[75] Über etwaige Mitgesamtschuldner wird er sich im Zweifel keine Gedanken machen. Ein ausreichender Fremdgeschäftsführungswille kommt nur dann in Betracht, wenn sich dies aus sonstigen Umständen zweifelsfrei ergibt[76] (etwa bewusste „Schonung" eines weiteren Gesamtschuldners im Außenverhältnis).

(5) Leistung ohne Rechtsgrund

Erfüllt der Schuldner seine Verpflichtung durch Leistung an den Gläubiger, kann tatbestandlich keine auftraglose Geschäftsführung vorliegen. Wie liegen die Dinge aber, wenn der Geschäftsführer mit seiner Leistung eine Schuld erfüllen will, die jedoch gar nicht oder nicht mehr besteht? 59

Beispiel[77] Mieter M führt in der Mietwohnung vor seinem Auszug Schönheitsreparaturen durch, weil er sich aufgrund der Regelungen in dem mit V geschlossenen Mietvertrag dazu für verpflichtet hält. Die Schönheitsreparaturklausel ist jedoch unwirksam. M verlangt nach Kenntnis der Unwirksamkeit nun von V Aufwendungsersatz nach § 539 Abs. 1 i.V.m. §§ 677, 683 S. 1, 670 BGB. ■

72 Siehe dazu im Skript *Bönninghaus*, „Schuldrecht AT I", Rn. 110 f.; MüKo BGB/*Heinemeyer*, Bd. 3, BGB § 422 Rn. 2.
73 Vgl. *BGH*, Urteil v. 6.10.2009 – VI ZR 24/09 Tz. 10 = NJW-RR 2010, 831 ff.; MüKo BGB/*Heinemeyer*, BGB § 426 Rn. 15.
74 Vgl. *BGH*, Urteil v. 6.10.2009 – VI ZR 24/09 Tz. 10 = NJW-RR 2010, 831 ff.; Palandt/*Grüneberg*, BGB § 426 Rn. 1; a.A. *Looschelders*, Schuldrecht BT, § 43 Rn. 15; *Brox/Walker*, Besonderes Schuldrecht, § 36 Rn. 15.
75 Vgl. *Looschelders*, Schuldrecht BT, § 43 Rn. 15.
76 Vgl. Palandt/*Sprau*, BGB § 677 Rn. 7.
77 Fall nach *BGH*, Urteil v. 27.5.2009 – VIII ZR 302/07) = BGHZ 181, 188 = NJW 2009, 2590.

Sie werden sich nun vielleicht sagen, dass für die Frage der Rückabwicklung rechtsgrundloser Leistungen doch das Bereicherungsrecht mit seinen Leistungskondiktionen eigens „gemacht" worden sei. War dem Leistenden die Nichtigkeit bekannt, greift die strenge Regel des § 814 BGB: Eine Kondiktion ist ausgeschlossen. Gleiches gilt für die Fälle verbotener oder sittenwidriger Leistungen wegen § 817 BGB. Hat eine Partei die andere bei Vertragsschluss über die Nichtigkeit getäuscht oder sich sonst rücksichtslos verhalten, kommen zudem Schadensersatzansprüche (z.B. aus §§ 280 Abs. 1, 311 Abs. 1 BGB) in Betracht. Kurz: Es existieren passende Regeln – eine Verdrängung der GoA liegt nahe.

60 Gleichwohl hat die **Rechtsprechung bisher** grundsätzlich eine Anwendung der GoA-Regeln für möglich gehalten, und zwar unabhängig davon, ob dem Geschäftsführer (= Leistenden) die Nichtigkeit bekannt war oder nicht.[78] Die Begründung ist wie folgt: Die rechtsgrundlose Leistung habe objektiv auch einen fremden Bezug, weil sie objektiv dem vermeintlichen Gläubiger als Leistungsempfänger zugutekomme. Diesem werde der Leistungsgegenstand ja zugewendet. Außerdem dürfe derjenige, der von vorneherein ohne Vertrag gehandelt habe (GoA dann ja unproblematisch eröffnet) nicht besser stehen als derjenige, der aufgrund eines nichtigen Vertrages leiste.[79] Bei einem auch-fremden Geschäft könne deshalb ein ausreichender Fremdgeschäftsführungswille vermutet werden.[80]

Unbillige Ergebnisse korrigierte die Rechtsprechung je nach Nichtigkeitsgrund durch eine wertende Betrachtung.[81]

Beispiel Steuerberater und Wirtschaftsprüfer A schließt unter Verstoß gegen das Rechtsdienstleistungsgesetz einen Beratungsvertrag mit dem B und erreicht für diesen die Rückübertragung eines Grundstücks. Nun verlangt er sein vertragliches Honorar. Der Vertrag ist aber nach § 134 BGB unwirksam. Der BGH verneint einen Zahlungsanspruch des A aus §§ 683 S. 1, 670 BGB im Ergebnis damit, dass A seine gesetzeswidrige Tätigkeit nicht „für erforderlich" i.S.d. § 670 BGB halten durfte.[82] Seine Tätigkeit stelle damit keine ersatzfähige Aufwendung dar. So verhindert der BGH das (unhaltbare) Ergebnis, Vergütungsansprüche aus verbotswidrigen oder sittenwidrigen Tätigkeiten abzuleiten und die Kondiktionssperre des § 817 BGB (gegen einen Zahlungsanspruch aus §§ 812 Abs. 1 S. 1 Var. 1, 818 Abs. 2 BGB) auszuhebeln. ■

61 In der **Literatur** wird die Anwendung der GoA-Regeln in diesen Fällen von der wohl h.L. bereits mit der Begründung abgelehnt, ein ausreichender Fremdgeschäftsführungswille könne hier regelmäßig nicht vermutet werden, da der Geschäftsführer vordringlich seine eigene Pflicht erfüllen wolle.[83] Andere halten die Anwendung der GoA-Regeln und die Vermutung eines ausreichenden Fremdgeschäftsführungswillens grundsätzlich für möglich; allerdings soll die GoA für den Bereich der Rückabwicklung ausgetauschter Leistungen durch das Bereicherungsrecht verdrängt werden.[84]

---

78 Vgl. z.B. *BGH*, Beschluss v. 27.11.2014 – III ZA 19/14 = NJW 2015, 1020; Palandt/*Sprau*, BGB § 677 Rn. 11.

79 Vgl. *BGH*, Urteil v. 25.6.1962 – VII ZR 120/61 = BGHZ 37, 258, 263 f. = NJW 1962, 2010.

80 Z.B. *BGH*, Urteil v. 3.7.2008 – III ZR 260/07 unter Tz. 27 = NJW 2008, 3069, 3071; weitere Nachweise bei *Thole*, NJW 2010, 1243, 1245 unter Ziff. III 3b; Palandt/*Sprau*, BGB § 677 Rn. 7 a.E.

81 St. Rspr., z.B. *BGH*, Urteil v. 3.7.2008 – III ZR 260/07 unter Tz. 27 = NJW 2008, 3069, 3071 und vom 17.2.2000 – IX ZR 50/98 = NJW 2000, 1560; Palandt/*Sprau*, BGB§ 683 Rn. 8.

82 Vgl. *BGH*, Urteil v. 17.2.2000 – IX ZR 50/98 = DStR 2000, 783.

83 Vgl. *Looschelders*, Schuldrecht BT, § 43 Rn. 14; *Thole*, NJW 2010, 1243, 1248 unter Ziff. V 4; MüKo BGB/*Schäfer*, BGB § 677 Rn. 100; *Brox/Walker*, Besonderes Schuldrecht, § 36 Rn. 21.

84 Vgl. MüKo BGB/*Schäfer*, BGB § 677 Rn. 99 ff.; z.B. können so Pflichten nach §§ 677 2. Hs., 681 begründet werden.

In der **Rechtsprechung** zeichnet sich zumindest in den Fällen einer unerkannten Nichtigkeit eine „klammheimliche" **Trendwende** ab.[85] Der BGH hat beispielsweise in seiner vielbeachteten Entscheidung vom 27. Mai 2009[86] betont, der Erbringer einer (unerkannt) rechtsgrundlosen Leistung werde nur im eigenen Rechts- und Interessenkreis tätig. Die Tatsache, dass der Leistungserfolg dem Gläubiger zugutekomme, ändere daran nichts. Damit werden die Fälle der rechtsgrundlosen Leistung nicht mehr als auch-fremde Geschäfte, sondern als allein objektive Geschäfte begriffen. Für die Vermutung eines ausreichenden Fremdgeschäftsführungswillens ist dann kein Raum mehr. Dem ist im Ergebnis sicher zuzustimmen – die Einordnung als allein objektiv fremdes Geschäft überzeugt im ersten *Beispiel* allerdings nicht.[87] Die Renovierung einer fremden Wohnung ist bei unwirksamer Renovierungsklausel objektiv gerade nicht Sache des Mieters, sondern seines Vermieters.[88] Ist dieser zugleich Eigentümer, ergibt sich die Zuordnung des Geschäfts auch aus § 903 BGB. **62**

JURIQ-Klausurtipp

Sie sollten in diesen Fällen objektiv von einem auch-fremden Geschäft ausgehen, aber bei unerkannter Nichtigkeit mit der h.L. einen ausreichenden Fremdgeschäftsführungswillen verneinen. Wer erfüllen will, will seine eigene (vermeintliche) Schuld tilgen und damit vordringlich in seinem eigenen Pflichtenkreis tätig werden. Die Tatsache, dass dem Gläubiger das Leistungsergebnis zugutekommt, ändert daran nichts: Nur wenn und weil dem Gläubiger das Leistungsergebnis zugutekommt, hat der Schuldner seine eigene Pflicht erfüllt. Bei gegenseitigen (nichtigen) Verträgen kommt noch folgendes Motiv hinzu: Der Schuldner leistet, um zu erfüllen und damit sein Entgelt zu verdienen.

Bei erkannter Nichtigkeit weiß der Schuldner hingegen, dass er nicht zur Leistung verpflichtet ist. Hier erscheint es vorzugswürdig, die GoA (erst) auf der ungeschriebenen Wertungsebene zu verneinen: Die GoA wird durch Regeln des Bereicherungsrechts (§§ 814, 817, 818 Abs. 3 BGB!) verdrängt, die ansonsten unterlaufen würden. Auf diesen Aspekt weist auch die h.L. stets ergänzend hin.[89]

(6) Person des Geschäftsherrn

Aus Ihrer Prüfung unter dem Aspekt „für einen anderen" ergibt sich die Person des Geschäftsherrn. Dies können mehrere Personen sein.[90] **63**

Bei **objektiv fremden oder auch-fremden** Geschäften ist Geschäftsherr derjenige, dem das Geschäft objektiv (auch) zugeordnet ist.[91] Geschäftsherr ist derjenige, den das Geschäft objektiv angeht.[92] **64**

---

85 Sehr lesenswert dazu *Thole,* NJW 2010, 1243 ff. mit weiteren Beispielen; *Lorenz,* NJW 2009, 2576 f.; MüKo BGB/*Schäfer,* BGB § 677 Rn. 100.

86 Vgl. *BGH,* Urteil v. 27.5.2009 – VIII ZR 302/07 unter Tz. 20 = BGHZ 181,188 = NJW 2009, 2590 (mit zustimmender Anmerkung von *Lorenz* auf S. 2576 f.).

87 Siehe auch *Thole,* NJW 2010, 1243, 1246 unter Ziff. IV 5.

88 Siehe dazu im Skript *Bönninghaus,* „Schuldrecht BT" II, Rn. 34, 62 ff.

89 Vgl. Palandt/*Sprau,* BGB § 677 Rn. 11 m.w.N.

90 Vgl. Palandt/*Sprau,* BGB § 677 Rn. 8; Jauernig BGB/*Mansel,* BGB § 677 Rn. 3.

91 Vgl. MüKo BGB/*Schäfer,* BGB § 677 Rn. 17.

92 Vgl. Palandt/*Sprau,* BGB § 677 Rn. 8.

Beispiel A löscht einen Brand im Haus, das den Miteigentümern B und C gehört. Er führt ein Geschäft von und – so die Vermutung – für B und C. ■

Irrtümer des Geschäftsführers über die Person des Geschäftsherrn sind beim objektiv (auch) fremden gem. § 686 BGB unerheblich.

Beispiel A meint im vorstehenden *Beispiel*, das brennende Haus gehöre D. Geschäftsherren sind gleichwohl die tatsächlich als Eigentümer betroffenen Personen B und C. ■

65 Beim **subjektiv fremden Geschäft** entscheidet allein die Willensrichtung des Geschäftsführers über die Person(en) des Geschäftsherrn.[93] Das ergibt sich aus folgender Überlegung:

Bei einem objektiv neutralen Geschäft ist für eine Bestimmung der Person des Geschäftsherrn nach dem Inhalt des Geschäfts kein Raum. Es ist ja neutral, also weder dem Geschäftsherrn noch dem Geschäftsführer besonders zugeordnet.

Bei einem objektiv eigenen Geschäft, das seine subjektive Fremdheit ausnahmsweise durch einen tatsächlich vordringlichen Fremdgeschäftsführungswillen erlangt, ist die Anwendung der GoA-Regeln zumindest theoretisch anerkannt (siehe oben unter Rn. 42). Diese Anerkennung setzt aber gerade voraus, dass die objektive Fremdheit für die Zuordnung hier nicht ausschlaggebend sein kann. Andernfalls fielen die Person des Geschäftsführers und des Geschäftsherrn zusammen – ein Schuldverhältnis gem. §§ 677 ff. BGB könnte nicht entstehen.

c) Ohne Auftrag oder sonstige Berechtigung

66 Weiter erfordert der Tatbestand der echten GoA i.S.d. § 677 BGB ein Tätigwerden ohne Auftrag des Geschäftsherrn oder eine diesem gegenüber sonst bestehende Berechtigung. Das Merkmal „Auftrag" soll dabei andere Vertragstypen nicht ausschließen.[94] Mit der ganzen Formulierung sind insgesamt **solche Rechtsverhältnisse aus Vertrag oder kraft Gesetzes** gemeint, die den Geschäftsführer zum Tätigwerden **gegenüber dem Geschäftsherrn berechtigen oder sogar ihm gegenüber verpflichten** und **welche eigene Regeln für den Ausgleich zwischen Geschäftsherrn und Geschäftsführer enthalten.**[95]

Beispiele[96] Die GoA ist aufgrund besonderer Ausgleichsregelungen zum Beispiel ausgeschlossen bei Tätigkeit aufgrund eines Vertrages (Auftrag, Dienst-, Werk- oder Geschäftsbesorgungsvertrag), bei Tätigkeit der Eltern gegenüber ihren Kindern (§§ 1601 ff., 1626 ff. BGB[97]), Tätigkeit als Ehegatte auch zugunsten des anderen Ehegatten (§§ 1353 ff., 1363 ff. BGB), als Betreuer (vgl. § 1835 Abs. 3 BGB) oder als vorläufiger Erbe (§ 1959 BGB) oder als Organ bzw. Amtswalter (vgl. etwa §§ 27 Abs. 3, 1985 ff., 2197 ff. BGB). Die §§ 677 ff. BGB kommen dann allenfalls über einen Rechtsfolgenverweis zum Zuge (z.B. Verweis in § 1959 BGB). ■

---

93 Vgl. Palandt/*Sprau*, BGB § 686 Rn. 1.

94 Vgl. *Looschelders*, Schuldrecht BT, § 43 Rn. 17; vgl. Palandt/*Sprau*, BGB § 677 Rn. 11; MüKo BGB/*Schäfer*, BGB § 677 Rn. 75.

95 Vgl. MüKo BGB/*Schäfer*, BGB § 677 Rn. 75; Palandt/*Sprau*, BGB § 677 Rn. 11.

96 Aus diesen Beispielen folgt zugleich, warum die GoA erst nach vertraglichen Ansprüchen und Ansprüchen aus Familien- und Erbrecht geprüft wird. Vgl. im Skript *Bönninghaus*, „BGB AT I", Rn. 11.

97 Die Regelung in § 685 Abs. 2 BGB betrifft gerade den Fall, dass keine Unterhaltspflicht besteht, Palandt/*Sprau*, BGB § 685 Rn. 3.

Eine Bestimmung, die allein ein Recht oder eine Pflicht zur Geschäftsbesorgung festlegt, **ohne den Ausgleich überhaupt zu regeln**, reicht nicht aus – sie hat keine Ausschlusswirkung für die GoA.[98] 67

Beispiele Auf eine durch Notwehr (§ 227 BGB) gerechtfertigte Geschäftsbesorgung sind die §§ 677 ff. BGB anwendbar, weil die Notwehrregelung selber keine Ausgleichsregelung enthält.

Die Pflicht zur Hilfeleistung nach § 323c StGB begründet ebenfalls keine „Berechtigung" i.S.d. § 677 BGB, da das Strafrecht keine Aussage darüber trifft, ob und welche Ansprüche des Hilfeleistenden damit verbunden sind.[99] Die Anwendbarkeit der GoA ist in § 680 BGB gerade vorausgesetzt.[100]

Wenn Vorschriften über ein Rechtsverhältnis den Ausgleich durch eine **Rechtsgrundverweisung auf die §§ 677 ff.** BGB regeln, muss der Tatbestand der (echten) GoA vollständig geprüft werden. Im Rahmen dieser Prüfung ist nach einem gerade die konkrete Geschäftsbesorgung besonders legitimierenden Rechtsgrund zu fragen. 68

Beispiel § 539 Abs. 1 BGB verweist wegen des Ersatzes von Aufwendungen, die nicht der Beseitigung von Mängeln dienen, im Wege einer Rechtsgrundverweisung auf die Regeln der GoA.[101] Verschönert der Mieter etwa seine Mietwohnung, ist das Bestehen des Mietverhältnisses als solches uninteressant. § 539 Abs. 1 BGB regelt den Ausgleich unselbständig und zwingt im Rahmen der GoA-Prüfung zu der Frage, ob es zwischen den Parteien eine besondere (und wirksame) Regelung in Bezug auf die konkrete Verschönerungsmaßnahme gibt. Haben die Parteien wirksam vereinbart, dass der Mieter die Schönheitsreparaturen auf eigene Kosten übernimmt, schließt (erst) diese Vereinbarung die Anwendung der GoA-Regeln aus. Ist die Klausel über die Schönheitsreparatur hingegen unwirksam, kommt eine GoA in Betracht.[102]

Die Berechtigung muss sich unmittelbar auf das Verhältnis zwischen Geschäftsführer und Geschäftsherrn beziehen. Beim „auch-fremden" Geschäft muss sich die Berechtigung auf den „fremden" Anteil beziehen.[103] 69

d) Keine Ausschlussgründe/verdrängende Sonderregeln

Hinweis 70

Die folgenden Ausschlusstatbestände können Sie bei der Begutachtung selbstverständlich auch schon früher prüfen. Insbesondere bei den Konkurrenzfragen bietet sich dies an, um die oft schwierige Frage nach einem ausreichenden Fremdgeschäftsführungswillen offen lassen zu können (siehe oben unter Rn. 43 ff.).

98 Vgl. MüKo BGB/*Schäfer*, BGB § 677 Rn. 75.

99 Vgl. Palandt/*Sprau*, BGB § 677 Rn. 11; *Brox/Walker*, Besonderes Schuldrecht, § 36 Rn. 10; MüKo BGB/*Schäfer*, BGB § 677 Rn. 75; *Buck-Heeb*, Besonderes Schuldrecht/2, Rn. 34.

100 Vgl. MüKo BGB/*Schäfer*, BGB § 680 Rn. 3.

101 Vgl. dazu im Skript *Bönninghaus*, „Schuldrecht BT II", Rn. 234; BeckOK BGB/*Zehelein*, BGB § 539 Rn. 1.

102 Vgl. dazu *BGH*, Urteil v. 27.5.2009 – VIII ZR 302/07 = BGHZ 181, 188 = NJW 2009, 2590.

103 Vgl. Palandt/*Sprau*, BGB § 677 Rn. 11.

Durch Anwendung der GoA-Regeln dürfen besondere gesetzliche Wertungen und Prinzipien nicht ausgehöhlt werden.[104] Welche „Wertungen und Prinzipien" den Vorrang gegenüber den GoA-Regeln genießen, ist in den Einzelheiten umstritten. Dies gilt etwa für das Verhältnis zum Bereicherungsrecht bei der Leistung ohne Rechtsgrund (siehe oben unter Rn. 59).

Ich stelle Ihnen gleich zwei wichtige Fallgruppen vor, bei den der Ausschluss der GoA (in allen Varianten) der wohl h.M. entspricht. Die darüber hinaus bestehenden Konkurrenzfragen richten sich danach, ob eine berechtigte oder unberechtigte GoA vorliegt. Wir werden darauf später bei der berechtigten bzw. unberechtigten GoA eingehen.

aa) Aufwendungen bei Vertragsanbahnung

71 Manche Tätigkeit, die auch im Interesse eines anderen erfolgt, ist durch eine entsprechende Honorarerwartung motiviert. Der Geschäftsführer verspricht sich für seinen unaufgeforderten „Service" eine spätere vertragliche Vergütung vom Geschäftsherrn. Scheitert dieser Plan, weil die Vergütungsvereinbarung mit dem Geschäftsherrn später nicht zustande kommt, stehen die Regeln der GoA für einen Ausgleich nicht zur Verfügung.[105] Eigene Aufwendungen im Vorfeld eines Vertragsschlusses werden, sofern es nicht zum Abschluss eines wirksamen Vertrages kommt, nur in besonderen Ausnahmefällen, insbesondere bei schutzwürdigem Vertrauen in den Vertragsschluss vergütet (vgl. §§ 122, 179, 280 Abs. 1, 311 Abs. 2 BGB). Abgesehen von diesen Ausnahmetatbeständen soll jede Seite das wirtschaftliche Risiko eines Scheiterns der Vertragsverhandlungen selbst tragen. Diese letztlich auf die Privatautonomie zurückzuführende Risikoverteilung würde durch Zulassung von Aufwendungsersatzansprüchen aus Geschäftsführung ohne Auftrag unterlaufen.[106]

Beispiel Rechtsanwalt R hat sich gerade niedergelassen und will sich auf Markenrecht spezialisieren. Börsennotierte Unternehmen wären ihm als Mandanten am liebsten. Deshalb erstellt er unaufgefordert für jedes im DAX 30 vertretene Unternehmen nach aufwändigen Recherchen über etwaige Markenkollisionen Gutachten über Ansprüche des jeweiligen Unternehmens gegen Dritte wegen Markenverletzung. Sodann informiert er die Unternehmen über seine Recherchen und bietet die Übersendung seines Gutachtens gegen Zahlung eines angemessenen Honorars an. Gerne will er auch die Prozessführung übernehmen. Die angeschriebenen Unternehmen winken dankend ab, weil sie ihre Marken bereits durch ihre Rechtsabteilung und andere Anwälte schützen lassen. Aufwendungsersatzansprüche des R wegen Erstellung des Gutachtens aus §§ 683, 670 BGB kommen zumindest deshalb nicht in Betracht, weil R nach den Wertungen des Privatrechts das Risiko eines Scheiterns der Vertragsverhandlungen selbst tragen muss. Besondere Ausnahmetatbestände sind nicht erfüllt. ■

bb) Selbstvornahme bei Leistungsstörungen

72 Im Falle einer Leistungspflichtverletzung des Schuldners durch Verzögerung oder Schlechtleistung stehen dem Gläubiger nach den besonderen oder allgemeinen Regeln des Leistungsstörungsrechts verschiedene Rechte zu. In jedem Fall bleibt der Schuldner zunächst zur

---

104 St. Rspr. *BGH,* NJW 2000, 72; Palandt/*Sprau,* BGB § 677 Rn. 7a; *Buck-Heeb,* Besonderes Schuldrecht/2, Rn. 23 ff.

105 Vgl. *BGH,* NJW 2000, 72 f.; bestätigt durch *BGH,* Beschluss v. 23.2.2006 – III ZR 209/05 = NJW-RR 2006, 656; Palandt/*Sprau,* BGB § 677 Rn. 7a.

106 Vgl. *BGH,* Beschluss v. 23.2.2006 – III ZR 209/05 = NJW-RR 2006, 656.

ordnungsgemäßen Erfüllung verpflichtet. Beseitigt der Gläubiger die Pflichtverletzung dennoch selber, richten sich die Ansprüche der Parteien nach den Regeln des Leistungsstörungsrechts und deren besonderen Voraussetzungen. Auf die Vorschriften über die GoA (etwa §§ 683, 670 BGB) können die Vertragspartner nicht zurückgreifen.[107]

Beispiel Lässt der Käufer einen Mangel am Kaufobjekt selber beseitigen, richtet sich die Kostenerstattung nach h.M. ausschließlich nach den kaufrechtlichen Ersatzansprüchen.[108] Dabei kommt regelmäßig nur ein Anspruch wegen Schadensersatzes statt der Leistung aus §§ 437 Nr. 3, 280 Abs. 1, 3, 281 BGB in Betracht. Die Fristsetzung kann nach §§ 440, 281 Abs. 2 BGB entbehrlich sein. ■

III. (Echte) Berechtigte GoA

PRÜFUNGSSCHEMA

Voraussetzungen der (echten) berechtigten GoA 73

I. Echte GoA i.S.d. § 677 Hs. 1 BGB (siehe Prüfungsschema unter Rn. 23)

II. Besondere Zusatzvoraussetzungen, entweder

1. Übernahme der Geschäftsführung entspricht
   a) wirklichem Willen und Interesse oder, falls nicht erkennbar,
   b) mutmaßlichem Willen und Interesse des Geschäftsherrn oder
2. Genehmigung durch Geschäftsherrn nach § 684 S. 2 BGB oder
3. Sonderfall des § 679 BGB

Welche wechselseitigen Ansprüche aus der echten GoA für den Geschäftsherrn und den Geschäftsführer entstehen, hängt maßgeblich davon ab, ob die GoA berechtigt oder unberechtigt war. Wir beginnen mit der berechtigten GoA.

(Echte) Berechtigte GoA

Übernahme der Geschäftsführung entspricht Willen/Interesse des Geschäftsherrn bzw. Wille gem. § 679 BGB unbeachtlich oder Genehmigung der Geschäftsführung gem. § 684 S. 2 BGB

Ansprüche des Geschäftsherrn	Ansprüche des Geschäftsführers
- Ausführungsanspruch gem. § 677 Hs. 2 BGB - Herausgabe-, Auskunfts- und Zinsansprüche gem. §§ 681 S. 2, 666 - 668 BGB - Schadensersatzansprüche gem. §§ 280 ff. BGB	- Aufwendungsersatzanspruch aus §§ 683, 670 BGB

107 Vgl. Palandt/*Sprau*, Einf. v. BGB § 677 Rn. 8/9.

108 Vgl. *BGH*, Urteil v. 23.2.2005 – VIII ZR 100/04 = BGHZ 162, 219 = NJW 2005, 1348; Palandt/*Weidenkaff*, BGB § 437 Rn. 58; *Huber/Bach*, Besonderes Schuldrecht/1, Rn. 293 f.; siehe dazu auch *Bönninghaus*, „Schuldrecht BT I", Rn. 359 f. „Übungsfall Nr. 3".

1. Voraussetzungen

74 Eine berechtigte GoA liegt nach § 683 S. 1 BGB vor, wenn die **Übernahme des Geschäfts dem Interesse und dem wirklichen** oder **mutmaßlichen Willen des Geschäftsherrn** (Übernahmewille des Geschäftsherrn) entspricht. Im Grunde geht es darum herauszufinden, ob der Geschäftsherr den Geschäftsführer mit der übernommenen Geschäftsbesorgung beauftragt hätte, wenn sich die Parteien vor Übernahme der Geschäftsbesorgung darüber verständigt hätten.

Hinweis

Beachten Sie, dass in zeitlicher Hinsicht auf die Übernahme der Geschäftsführung abzustellen ist. Entspricht allein die Durchführung des übernommenen Geschäfts nicht dem Willen bzw. Interesse des Geschäftsherrn, hat dies mit der Unterscheidung zwischen berechtigter und unberechtigter GoA nichts mehr zu tun. Relevant wird dies dann jedoch für die Frage einer Schadensersatzhaftung nach §§ 280 Abs. 1, 677 Hs. 2 BGB (dazu später mehr).

a) Berechtigung nach § 683 S. 1 BGB

aa) Tatsächlicher Wille

75 **JURIQ-Klausurtipp**

Abweichend vom Wortlaut des § 683 S. 1 BGB sollten Sie mit dem Willenselement beginnen und das Interesse erst an zweiter Stelle prüfen. Wie wir gleich sehen werden, hängt die Bedeutung des Merkmals „Interesse" vom tatsächlichen oder mutmaßlichen Willen ab.

Im Hinblick auf die Willensrichtung des Geschäftsherrn ist nach § 683 S. 1 BGB **in erster Linie** auf seinen tatsächlichen Willen abzustellen, sofern **er in irgendeiner Weise nach außen in Erscheinung** getreten ist.[109]

Beispiel Äußerungen des Geschäftsherrn gegenüber Geschäftsführer oder Dritten, konkludente Willensbetätigung durch reales Handeln. ■

76 Eine **Kenntnisnahme des Willens** durch den Geschäftsführer ist **nicht** erforderlich, wie sich im Umkehrschluss aus § 678 BGB ergibt. Es kommt noch nicht einmal auf die Möglichkeit der Kenntnisnahme an.[110] Eine fehlende Erkenntnismöglichkeit des abweichenden Willens wirkt sich (nur) auf die Schadenersatzhaftung aus § 678 BGB aus: Musste der Geschäftsführer den abweichenden Willen nicht erfassen, ist eine Schadensersatzhaftung aus § 678 BGB ausgeschlossen.

77 § 683 BGB knüpft an die **Übernahme der Geschäftsbesorgung** an, so dass für die Feststellung des Willens die Sachlage bei Geschäftsübernahme maßgebend ist.[111]

109 Vgl. Palandt/*Sprau*, BGB § 683 Rn. 5; Jauernig BGB/*Mansel*, BGB § 683 Rn. 4; *Buck-Heeb*, Besonderes Schuldrecht/2, Rn. 36; *Medicus/Petersen*, Bürgerliches Recht, Rn. 422.

110 Vgl. MüKo BGB/*Schäfer*, BGB § 683 Rn. 5.

111 Vgl. Palandt/*Sprau*, BGB § 683 Rn. 5; *Buck-Heeb*, Besonderes Schuldrecht/2, Rn. 35.

bb) Mutmaßlicher Wille

Lässt sich der tatsächliche Wille nicht ermitteln, ist der mutmaßliche Wille maßgeblich. 78

Unter dem **mutmaßlichen Willen** i.S.d. § 683 S. 1 BGB versteht man den Willen, den der Geschäftsherr unter Berücksichtigung aller Umstände im Zeitpunkt der Übernahme geäußert haben würde.[112]

Im Zweifel ist davon auszugehen, dass der Geschäftsherr eine **in seinem Interesse** liegende 79
Übernahme gewollt hat.[113]

cc) Interesse

Entspricht die **Übernahme der Geschäftsführung dem wirklichen Willen** des Geschäfts- 80
herrn, ist von ihrer Nützlichkeit auszugehen.[114] Dies gilt nach h.M. auch dann, wenn das Geschäft objektiv nicht nützlich ist.[115] Schließlich hätte der Geschäftsherr hier ebenso gut einen Auftrag erteilen können und wäre dem Geschäftsführer dann ebenfalls zu einer Erstattung der Aufwendungen verpflichtet. Es entspricht dem Prinzip der Privatautonomie, dem **tatsächlichen Willen eine ausschlaggebende Bedeutung auch für das Interesse** zuzumessen.

» Jetzt sehen Sie, warum zunächst der Wille und erst dann das Interesse geprüft werden sollte. «

Im Interesse liegt die Übernahme ansonsten, wenn sie dem Geschäftsherrn **objektiv nützlich** 81
ist.[116] Ist sie ihm nützlich, ist von seinem mutmaßlichen Willen auszugehen. Anders als beim bekannten wirklichen Willen kommt dem Interesse hier also eine eigenständige Bedeutung zu, da vom Interesse auf die mutmaßliche Willenslage geschlossen werden kann.

Beispiele Bezahlung einer Geldschuld des Geschäftsherrn ist diesem nützlich, wenn er dadurch von seiner Verbindlichkeit befreit wird (§§ 362, 267 BGB). Nicht im Interesse des Geschäftsherrn liegt es aber, wenn er die Leistung wegen einer Einrede nicht hätte bewirken müssen.

Ein Verletzter hat Interesse an ärztlicher Hilfeleistung durch einen Arzt, wenn dieser Erfolg versprechen kann (ob sie erfolgreich sind, ist unerheblich, da es auf den Zeitpunkt der Übernahme ankommt!).

dd) Sonderfall des nicht voll geschäftsfähigen Geschäftsherrn

Da die berechtigte GoA nach §§ 683 S. 1, 670 BGB einen auftragsähnlichen Aufwendungser- 82
satzanspruch auslöst, bedürfen nicht voll geschäftsfähige Geschäftsherrn eines angemessenen Schutzes. § 682 BGB kann diesen Schutz nicht leisten, da er sich **nur auf den Geschäftsführer** bezieht. Um vertragsähnliche Folgen wie zum Beispiel die des § 683 BGB auslösen zu

---

112 Vgl. Palandt/*Sprau*, BGB § 683 Rn. 5; *Buck-Heeb*, Besonderes Schuldrecht/2, Rn. 37; *Medicus/Petersen*, Bürgerliches Recht, Rn. 423.

113 Vgl. *BGH*, Urteil v. 20.4.1967 – VII ZR 326/64 = BGHZ 47, 370, 374 = NJW 1967, 1959; Palandt/*Sprau*, BGB § 683 Rn. 5.

114 Vgl. Palandt/*Sprau*, BGB § 683 Rn. 5.

115 Vgl. Palandt/*Sprau*, BGB § 683 Rn. 5; *Buck-Heeb*, Besonderes Schuldrecht/2, Rn. 38; *Looschelders*, Schuldrecht BT, § 43 Rn. 22.

116 Vgl. Palandt/*Sprau*, BGB § 683 Rn. 4; BeckOK BGB/*Gehrlein*, BGB § 683 Rn. 2; *Buck-Heeb*, Besonderes Schuldrecht/2, Rn. 35; *Brox/Walker*, Besonderes Schuldrecht, § 36 Rn. 25.

können, bedarf der nicht voll geschäftsfähige Geschäftsherr **analog §§ 104 ff.** BGB der Mitwirkung seines gesetzlichen Vertreters. Entscheidend ist daher für § 683 BGB nicht die Willensrichtung des Geschäftsunfähigen oder beschränkt Geschäftsfähigen, sondern die **seines gesetzlichen Vertreters**.[117]

b) Sonderfall des § 679 BGB

83 Ausnahmsweise ist der entgegenstehende Wille des Geschäftsherrn unbeachtlich in den Fällen des § 679 BGB. Das ändert aber nichts daran, dass die Übernahme des Geschäfts unverändert im Interesse des Geschäftsherrn liegen muss, wovon aber regelmäßig auszugehen ist.[118]

84 Eine Anwendung des § 679 BGB in der ersten Variante setzt voraus, dass nur durch die Geschäftsführung eine **Pflicht des Geschäftsherrn** rechtzeitig erfüllt wurde und ein **besonderes**[119] **öffentliches Interesse** an der Erfüllung dieser Pflicht besteht.

Beispiele Löschen eines Brandes, wenn Feuerwehr nicht rechtzeitig erreichbar ist; Einfangen entwichener und gefährlicher Tiere des Geschäftsherrn; Fällen umsturzgefährdeter Bäume auf Grundstück des Geschäftsherrn; hingegen fällt das Abschleppen eines Fahrzeuges von einem fremden Grundstück nur dann unter § 679 BGB, wenn nicht nur die privaten Interessen des Grundstückseigentümers/-besitzers betroffen sind, etwa bei Blockade einer Feuerwehrzufahrt.[120] ■

c) Berechtigung nach § 684 S. 2 BGB

85 Genehmigt der Geschäftsherr die nicht seinem Willen entsprechende Übernahme der Geschäftsführung nach §§ 182, 184 BGB, tritt rückwirkend (§ 184 BGB) eine Berechtigung der GoA i.S.d. § 683 BGB ein.[121]

86 Die Genehmigung ist ein einseitiges Rechtsgeschäft und wird vom Geschäftsherrn durch ausdrückliche oder konkludente Erklärung gegenüber dem Geschäftsführer ausgeübt (§ 182 BGB).

Beispiel K erwirbt über das Internet von V im eigenen Namen ein iPad als „Superschnäppchen". Er selber hat so ein Gerät bereits. Er wollte das Gerät auch gar nicht für sich selber kaufen, sondern – wie er seiner Frau mitteilte – für seinen Nachbar N. K ging davon aus, N sei brennend daran interessiert und werde ihm für die günstige Erwerbsmöglichkeit sehr dankbar sein. N wiederum ist wenig begeistert. N hatte in seinem Familienkreis wiederholt geäußert, für solchen „Schnickschnack" kein Geld ausgeben zu wollen. Als K ihm das Gerät präsentiert, ändert er seine Meinung und stimmt der Geschäftsbesorgung zu. N kann nun von K die Herausgabe des Geräts nach §§ 681 S. 2, 667 BGB verlangen. Umgekehrt muss er dem K dessen Aufwendungen für die Kaufpreiszahlung ersetzen, §§ 684 S. 2, 683 S. 1, 670 BGB. ■

117 Vgl. Palandt/*Sprau*, BGB § 682 Rn. 3; Jauernig BGB/*Mansel*, BGB § 682 Rn. 3; *Buck-Heeb*, Besonderes Schuldrecht/2, Rn. 39, 55.

118 Vgl. Palandt/*Sprau*, BGB § 679 Rn. 1.

119 Vgl. *Looschelders*, Schuldrecht BT, § 43 Rn. 23; MüKo BGB/*Schäfer*, BGB § 679 Rn. 7.

120 Vgl. *Lorenz*, NJW 2009, 1025, 1027 unter Ziff. IV 1.

121 Vgl. Palandt/*Sprau*, BGB § 684 Rn. 2.

2. Ansprüche des Geschäftsherrn

a) Anspruch auf sachgerechte Ausführung, §§ 677 Hs. 2, 681 S. 1 BGB

Der Geschäftsführer ist gem. § 677 Hs. 2 BGB verpflichtet, die Geschäftsbesorgung so auszuführen, wie es „das Interesse des Geschäftsherrn mit Rücksicht auf dessen wirklichen oder mutmaßlichen Willen" erfordert. **87**

» Vergleichen Sie nun einmal die Formulierung in § 683 S. 1 und § 677 Hs. 2 BGB miteinander. «

Hinweis

Aus der Formulierung „mit Rücksicht auf" folgert die wohl h.M., dem Ziel einer Interessenwahrung des Geschäftsherrn komme hier eine ausschlaggebende Bedeutung zu, während dessen wirklicher oder mutmaßlicher Wille bei Auswahl der Maßnahmen nur ergänzend in zweiter Linie zu berücksichtigen sei.[122] Die Konsequenz besteht darin, dass dem Geschäftsführer ein größerer Ermessensspielraum zusteht und nicht durch die – möglicherweise interessenwidrige – tatsächliche Willensrichtung des Geschäftsherrn beschränkt wird.[123]

Die Beurteilung, welche Maßnahmen danach notwendig sind, steht im **pflichtgemäßen Ermessen des Geschäftsführers**, da die berechtigte Geschäftsführung ohne Auftrag mit dem Fall vergleichbar ist, dass der Geschäftsherr „einen allgemeinen Auftrag erteilt hat, ohne nähere Weisungen gegeben zu haben".[124] Die Tätigkeit des Geschäftsführers ist bei der GoA grundsätzlich nur auf die **vorübergehende Wahrung der Interessen des Geschäftsherrn** während einer Zeit gerichtet, in der dieser nicht in der Lage ist, das Geschäft selbst auszuführen oder Weisungen zu erteilen.[125] Die Ausführungspflicht dient deshalb der **Überbrückung** eines Reaktionsengpasses auf Seiten des Geschäftsherrn. Dies ergibt sich insbesondere aus § 681 S. 1 BGB, nach dem der Geschäftsführer die Übernahme der Geschäftsführung dem Geschäftsherrn anzuzeigen und dessen Entschließung möglichst abzuwarten hat. Der Geschäftsführer darf sich daher auf in der Zwischenzeit notwendige Maßnahmen beschränken, ohne seine Pflichten zu verletzen. Ein darüber hinausgehendes Engagement schuldet er nicht.[126] **88**

Beispiel A lässt einen Baum auf dem Grundstück seines abwesenden Nachbarn N fällen, weil dieser wegen heftiger Sturmböen auf dessen Dach zu stürzen droht. A muss den gefällten Baum nicht beseitigen, wenn von ihm ansonsten keine Gefahren drohen. Er ist nach § 681 S. 1 BGB vielmehr gehalten, den N umgehend davon zu informieren und dessen Entschließungen abzuwarten. ■

122 Vgl. Palandt/*Sprau*, BGB § 677 Rn. 12.; a.A. *Medicus/Petersen*, Bürgerliches Recht, Rn. 426 a.E.; MüKo BGB/*Schäfer*, BGB § 677 Rn. 127.

123 Vgl. zu dem Streitstand auch MüKo BGB/*Schäfer*, BGB § 677 Rn. 127.

124 Vgl. *BGH*, Urteil v. 6.3.2008 – III ZR 219/07 unter Tz. 10 = NJW-RR 2008, 759.

125 Vgl. *BGH*, Urteil v. 6.3.2008 – III ZR 219/07 unter Tz. 10 = NJW-RR 2008, 759.

126 Vgl. *BGH*, Urteil v. 6.3.2008 – III ZR 219/07 unter Tz. 10 = NJW-RR 2008, 759; Vgl. Palandt/*Sprau*, BGB § 677 Rn. 12, 14.

Hinweis

Als Primärpflicht sind die Pflichten aus §§ 677 Hs. 2, 681 S. 1 BGB praktisch uninteressant, da sich die Geschäftsführung regelmäßig ohne Kenntnis des Geschäftsherrn vollzieht. Dieser wird vor vollendete Tatsachen gestellt. Wichtig ist der Anspruch aber zur Begründung eines Schadensersatzanspruches wegen Verletzung der Pflichten zur interessengerechten Geschäftsführung nach Maßgabe der §§ 280 ff. BGB.

An dieser Systematik erkennen Sie, dass Sie streng unterscheiden müssen, ob sie die **Übernahme** einer fremden Angelegenheit auf ihre Berechtigung überprüfen („ob überhaupt", vgl. §§ 683, 679 BGB) oder deren **Ausführung** („wie", §§ 677 Hs. 2, 681 S. 1 BGB).

b) Ansprüche aus §§ 681 S. 2, 666–668 BGB

89 Der Geschäftsherr kann vom Geschäftsführer wie ein Auftraggeber über § 681 S. 2 BGB die Ansprüche aus §§ 666–668 BGB geltend machen und insbesondere die Herausgabe des aus der Geschäftsführung Erlangten verlangen, §§ 681 S. 2, 667 BGB.

JURIQ-Klausurtipp

Die Anspruchskette §§ 681 S. 2, 666–668 BGB ist versteckt, aber von größter Wichtigkeit. Sie müssen Sie sich unbedingt merken! Ein bereicherungsrechtlicher Anspruch besteht daneben nicht (siehe nachfolgend unter Rn. 110).

Beispiel A kauft im eigenen Namen für den ahnungslosen B eine Porzellantasse, die dem B in seiner Sammlung fehlt. B hatte wiederholt geäußert daran interessiert zu sein. Als A den B darüber benachrichtigt, ist dieser hellauf begeistert. B kann von A die Herausgabe der Tasse nach §§ 681 S. 2, 667 BGB verlangen. Nicht anders läge es, wenn B den A zum Erwerb der Tasse im Namen des A beauftragt hätte. Der Herausgabeanspruch folgt dann direkt aus § 667 BGB. Hätte A die Tasse als vollmachtloser Vertreter im Namen des B erworben, gelangen wir schließlich ebenfalls zu demselben Ergebnis. Indem B von A die Tasse nach §§ 681 S. 2, 667 BGB herausverlangt, genehmigt er konkludent den bis dahin schwebend unwirksamen Kaufvertrag sowie die dingliche Einigung i.S.d. § 929 BGB gem. §§ 177 Abs. 1, 182 Abs. 1, 184 BGB.

Damit dem B eine Überprüfung der Ersatzberechtigung des A nach §§ 683 S. 1, 670 BGB möglich ist, kann er von A nach §§ 681 S. 2, 666 BGB Auskunft über den gezahlten Kaufpreis und etwaige Versandkosten verlangen. ■

c) Sekundäransprüche aus §§ 280 ff. BGB

PRÜFUNGSSCHEMA

Schadensersatzansprüche aus §§ 280 ff. BGB bei echter berechtigter GoA 90

I. **Schuldverhältnis in Form einer echten berechtigten GoA**

II. **Verletzung einer Pflicht aus §§ 677 Hs. 2, 681 BGB**

III. **Ggf. weitere obj. Voraussetzungen der §§ 280 Abs. 2, 3, 281 ff. BGB**

IV. **Vertretenmüssen**
Haftungsbeschränkung wegen Gefahrenabwehr, § 680 BGB (Rn. 95 ff.)

V. **Schaden**

VI. **Art und Umfang des Schadensersatzes nach §§ 249 ff. BGB**

aa) Schuldverhältnis

Die echte berechtigte GoA begründet ein Schuldverhältnis i.S.d. § 280 Abs. 1 BGB.[127] 91

bb) Pflichtverletzung

Bei Verletzung der Pflicht zur sachgemäßen Ausführung der Geschäftsbesorgung wird wegen der Begleitschäden ein Anspruch auf Schadensersatz neben der Leistung nach § 280 Abs. 1 BGB gegeben sein, weil die Fortsetzung der Geschäftsführung die Schäden entweder nicht behebt oder eine Fortsetzung der Geschäftsführung wegen Abschluss der überbrückenden Tätigkeit gar nicht mehr geschuldet ist.[128] 92

Beispiel A sieht, dass auf dem Grundstück seines abwesenden Nachbarn N die Äste eines Baumes wegen heftiger Sturmböen auf dessen Dach zu stürzen drohen. A entschließt sich, dagegen geeignete Maßnahmen zu unternehmen und lässt den Baum kurzerhand fällen. Die Übernahme der Geschäftsführung war sicher berechtigt. Jedoch ist die Ausführung pflichtwidrig, wenn erkennbar nur ein paar Äste hätten abgesägt werden müssen und der Baum im Übrigen hätte erhalten bleiben können. ■

Geht es hingegen um die Verletzung der Leistungspflichten aus §§ 681 S. 2, 666 ff. BGB, sind durchaus auch Ansprüche auf Schadensersatz statt der Leistung, Aufwendungsersatz oder nach § 285 BGB denkbar. 93

Beispiel Stellen Sie sich vor, im *Beispiel* des Porzellankaufs unter Rn. 89 würde A die Tasse nicht herausgeben, weil er entweder selbst Gefallen an ihr gefunden oder sie bereits anderweitig veräußert hätte. ■

---

127 Vgl. Palandt/*Sprau*, BGB § 677 Rn. 13 und Palandt/*Grüneberg*, BGB § 280 Rn. 9.
128 Zur Abgrenzung von Schadensersatz statt und neben der Leistung im Skript *Bönninghaus*, „Schuldrecht AT I", Rn. 121 ff.

cc) Vertretenmüssen

94 Ein Schadensersatzanspruch aus §§ 280 ff. BGB setzt Vertretenmüssen des Geschäftsführers voraus, das in Zweifelsfällen vermutet wird.[129]

95 Handelt es sich um ein Geschäft zur **Gefahrenabwehr im Sinne von § 680** BGB, ist für den Schadensersatzanspruch aus § 280 Abs. 1 BGB die Beschränkung des Haftungsmaßstabes zu berücksichtigen. **Bezweckt** die Geschäftsführung die Abwendung **einer dem Geschäftsherrn drohenden dringenden Gefahr**, so hat der Geschäftsführer gegenüber dem Geschäftsherrn nach § 680 BGB nur **Vorsatz und grobe Fahrlässigkeit** zu vertreten. § 680 BGB verlangt nicht, dass die Geschäftsführung tatsächlich die Gefahr abgewendet hat.[130] Es wird also nicht auch der erfolglos agierende Geschäftsführer privilegiert.

Hinweis

Die Privilegierung aus § 680 BGB gilt analog auch für konkurrierende Anspruchsgrundlagen, etwa aus § 823 BGB.[131]

96 „Dringend" ist eine aktuell drohende Gefahr für die Person oder das Vermögen. § 680 BGB erfasst nach allgemeiner Meinung sowohl eine dringende Gefahr **für den Geschäftsherrn als auch für dessen nahe Angehörige**.[132]

97 Umstritten ist, ob § 680 BGB auch zur Anwendung kommt, wenn der Geschäftsführer **irrig glaubte**, zum Zwecke der Gefahrenabwehr zu handeln. Da in diesen Fällen eine berechtigte GoA in der Regel zu verneinen ist, kommt dem Streit **bei der unberechtigten GoA** entscheidende Bedeutung zu und soll dort behandelt werden (Rn. 116).

129 Vgl. statt aller Palandt/*Grüneberg*, BGB § 280 Rn. 34.

130 Vgl. Palandt/*Sprau*, BGB § 680 Rn. 2; MüKo *BGB/Schäfer*, BGB § 680 Rn. 8; *Looschelders*, Schuldrecht BT, § 43 Rn. 27.

131 Vgl. *BGH*, NJW 1972, 475; Palandt/*Sprau*, BGB § 680 Rn. 1; MüKo BGB/*Schäfer*, BGB § 680 Rn. 4; *Looschelders*, Schuldrecht BT, § 43 Rn. 28.

132 Vgl. Palandt/*Sprau*, BGB § 680 Rn. 2; MüKo BGB/*Schäfer*, BGB § 680 Rn. 6; *Looschelders*, Schuldrecht BT, § 43 Rn. 26.

3. Anspruch des Geschäftsführers

a) Aufwendungsersatzanspruch aus §§ 683 S. 1, 670 BGB

Aufwendungsersatzanspruch aus §§ 683 S. 1, 670 BGB 98

PRÜFUNGSSCHEMA

I. Echte berechtigte GoA (siehe Prüfungsschema oben unter Rn. 73

II. Aufwendungen des Geschäftsführers zum Zwecke der Geschäftsführung
- P Eigenleistungen des Geschäftsführers Rn. 101
- P Schäden Rn. 102
- P Auch-fremdes Geschäft Rn. 103

III. Ausschluss bei unternehmerischen Dienstleistungen gegenüber Verbraucher (§ 241a BGB)? Rn. 104

IV. Umfang
1. Maßstab des § 670 BGB
2. Befreiung von Verbindlichkeiten, § 257 BGB

aa) Echte berechtigte GoA

Im Falle einer echten berechtigten GoA kann der Geschäftsführer gem. § 683 S. 1 BGB den 99
Ersatz seiner Aufwendungen „wie ein Beauftragter" verlangen. Die Prüfung der echten berechtigten GoA erfolgt nach den oben unter Rn. 23, 73 beschriebenen Schritten.

bb) Aufwendungen des Geschäftsführers

Der Anspruch setzt Aufwendungen des Geschäftsführers voraus. Hier kehrt die uns schon 100
von § 670 BGB bekannte Definition wieder.

Nach allgemeiner Ansicht ist eine **Aufwendung** die „freiwillige Aufopferung von Vermögenswerten".[133]

In der **eingesetzten Arbeitskraft des Geschäftsführers** ist dann ein Vermögensopfer zu 101 P
sehen, wenn der Geschäftsführer die übernommene Tätigkeit **üblicherweise nur gegen Entgelt** auszuführen pflegt. Denn dann kommt der Arbeitsleistung ein Marktwert zu, der mit der auftraglosen Durchführung des Geschäfts freiwillig investiert wurde.[134]

Beispiel Rettungsleistungen von professionellen Nothelfern (Notarzt), Reparatur eines Rohrbruches durch zufällig anwesenden Klempner. ■

Diese Sichtweise bestätigt auch die Regel des § 1835 Abs. 3 BGB, nach der der Vormund seine Dienste als Aufwendungen erstattet verlangen kann, wenn **sie zu seinem Beruf oder Gewerbe gehören**. Der Gesetzgeber hat dort zum Ausdruck gebracht, dass der Einsatz der eigenen beruflichen oder gewerblichen Tätigkeit als Aufwendung zu verstehen ist.

133 Siehe im Skript *Bönninghaus*, „Schuldrecht BT II", Rn. 683 ff.; Palandt/*Sprau*, BGB § 670 Rn. 3.
134 St. Rspr. des *BGH*, zum Beispiel im Urteil v. 26.1.2005 – VIII ZR 66/04 = NJW-RR 2005, 639 unter Ziff. II 3c; Palandt/*Sprau*, BGB § 683 Rn. 8; *Looschelders*, Schuldrecht BT, § 43 Rn. 32.

> **Hinweis**
>
> Beachten Sie, dass demgegenüber eine Person, die beauftragt wurde, also eine vereinbarte Tätigkeit abredegemäß ohne Entgelt erbringt (vgl. § 662 BGB), über § 670 BGB auch dann keine Vergütung für ihre Tätigkeit verlangen kann, wenn die Tätigkeit zu ihrem Beruf oder Gewerbe gehört. Sonst würde das Gesetz gegen den Willen der Parteien einen Vergütungsanspruch begründen, den diese mit ihrer Vereinbarung ja gerade ausgeschlossen haben.

102 Ebenso wie beim Auftrag stellt sich auch hier die Frage, in welchem Umfang **Schäden** über §§ 683, 670 BGB zu ersetzen sind.[135] Dies wird dem Grunde nach auch bei der berechtigten GoA durch analoge Anwendung der §§ 683, 670 BGB oder aus einem gewohnheitsrechtlich anerkannten Prinzip der **Risikoverteilung bei schadensgeneigter Tätigkeit** bejaht.[136]

Der Geschäftsführer kann folglich solche Zufallsschäden vom Auftraggeber ersetzt verlangen, die aus der Realisierung einer **geschäftstypischen Gefahr** entstanden sind. Gefahren des täglichen Lebens und **allgemeine Lebensrisiken hat der Beauftragte dagegen selbst zu tragen.**[137] Ob ein Schaden im Einzelfall aus einem tätigkeitsspezifischen Risiko resultiert, ist nach Art und Inhalt der übernommenen Geschäftsführung zu beurteilen.[138]

Beispiel Brandverletzung beim Versuch, ein Feuer zu löschen; Verschmutzungen der Kleidung bei Bergung eines Bewusstlosen im Wald; hingegen nicht Ordnungsgeld wegen Abstellen des PKW im Halteverbot ohne Not. ■

> **Hinweis**
>
> Auf den Schadensersatzanspruch finden §§ 249, 254 BGB entsprechende Anwendung.[139] Die Geltung von § 253 Abs. 2 BGB ist sehr umstritten – hier ist beides vertretbar.[140]

103 Beim **auch-fremden Geschäft** sind die Aufwendungen und ersatzfähigen Schäden, sofern überhaupt eine GoA bejaht wird,[141] zunächst **gegenständlich** den jeweiligen „Geschäftsteilen" zuzuordnen. Im Übrigen erfolgt die Verteilung nach der Verantwortlichkeit und hilfsweise dem Gewicht der Interessen der Beteiligten.[142]

Beispiel Wer seinen PKW auf ein privates Grundstück abstellt, muss die Abschleppkosten des gestörten Eigentümers alleine tragen. Zwar liegt ein auch-fremdes Geschäft vor,[143] jedoch lässt sich die Abschleppmaßnahme nicht einem Geschäftsteil zuordnen. Sie dient beiden Interessen gleichermaßen. Die dann maßgebende Verteilung nach der Verantwortlichkeit führt zu einer Kostenbelastung des Störers. ■

135 Siehe dazu im Skript *Bönninghaus*, „Schuldrecht BT II", Rn. 689 ff.
136 Vgl. Palandt/*Sprau*, BGB § 683 Rn. 9; *Buck-Heeb*, Besonderes Schuldrecht/2, Rn. 63; *Medicus/Petersen*, Bürgerliches Recht, Rn. 428.
137 Vgl. MüKo *BGB/Schäfer*, BGB § 683 Rn. 38.
138 Vgl. MüKo *BGB/Schäfer*, BGB § 683 Rn. 38.
139 Vgl. Palandt/*Sprau*, BGB § 670 Rn. 13.
140 Dafür wohl Palandt/*Sprau*, BGB § 670 Rn. 13; *Looschelders*, Schuldrecht BT, § 43 Rn. 31.
141 Siehe dazu ausführlich oben unter Rn. 36 ff.
142 Vgl. BGH, Urteil v. 18.9.1986 – III ZR 227/84BGHZ 98, 235 ff. = NJW 1987, 187 ff.; Palandt/*Sprau*, BGB § 683 Rn. 8.
143 Vgl. oben unter Rn. 44.

cc) Ausschluss nach § 241a Abs. 1 BGB bei „Unternehmergeschäftsführung“

Gemäß § 241a Abs. 1 BGB wird durch die Lieferung unbestellter Sachen oder durch die Erbringung unbestellter sonstiger Leistungen durch einen Unternehmer an einen Verbraucher ein Anspruch gegen diesen nicht begründet. Wie sich aus § 241a Abs. 2 BGB ergibt, erfasst der Ausschluss nach Abs. 1 auch gesetzliche Ansprüche, und zwar einschränkungslos. 104

Nach ihrem Sinn und Zweck will § 241a Abs. 1 BGB verhindern, dass Unternehmer Verbraucher durch ungefragte Übersendung von Waren in einen psychischen Zwang zum Vertragsschluss bringen oder sogar über § 151 BGB in eine „Vertragsfalle“ locken. Der Unternehmer- und Verbraucherstatus gem. §§ 13, 14 BGB bestimmen sich dabei danach, in welcher Rolle die Personen im Falle eines vorherigen Vertragsschlusses gehandelt hätten.

Unbestellt ist eine Leistung dann, wenn sie dem Verbraucher ohne eine ihm zurechenbare Aufforderung übermittelt wird.

Führt folglich ein Unternehmer in Ausübung seiner gewerblichen oder beruflichen Tätigkeit ein Geschäft für einen Verbraucher aus, ohne von diesem aufgefordert zu sein, könnte er nach § 241a Abs. 1 BGB keine Ansprüche gegen diesen begründen. Das kann aber in bestimmten Fällen nicht richtig sein.

Beispiel Ein Notarzt eilt einem Ohnmächtigem zur Hilfe und versorgt ihn mit Medikamenten. Nach § 241a Abs. 1 BGB stünden ihm noch nicht einmal wegen der Medikamente Ansprüche aus GoA oder anderen Regeln (§ 812 Abs. 1 S. 1 Var. 2 BGB) zu!

Es wird deshalb vertreten, den § 241a BGB auf die berechtigte Geschäftsführung nicht anzuwenden, weil sich die dort zum Ausdruck gebrachte Fremdnützigkeit nicht mit der Sanktionsnorm des § 241a BGB vertrage.[144] Andere wollen im Hinblick auf den Normzweck alle Fälle ausklammern, in denen der Geschäftsführer nicht mit der Absicht gehandelt hat, einen Vertrag anzubahnen.[145] 105

Nach beiden Ansichten ist der Aufwendungsersatzanspruch des Notarztes im *Beispiel* nicht nach § 241a Abs. 1 BGB ausgeschlossen.

dd) Umfang nach Maßgabe des § 670 BGB

Der Geschäftsführer hat nach § 683 S. 1 BGB Anspruch auf Ersatz derjenigen Aufwendungen, die **er den Umständen nach für erforderlich halten durfte**).[146] Entscheidend ist danach also nicht, ob die Aufwendungen im Ergebnis notwendig waren. Umgekehrt genügt es auch nicht, dass der Geschäftsführer sie subjektiv für notwendig gehalten hat. Es kommt darauf an, welche Aufwendungen ein nach verständigem Ermessen Handelnder in der subjektiven Situation des beauftragten Geschäftsführers im Zeitpunkt der Erbringung gemacht hätte.[147] 106

144 Vgl. Palandt/*Grüneberg*, BGB § 241a Rn. 4.

145 Z.B. *Hau*, NJW 2001, 2863 (2865).

146 Siehe dazu im Skript *Bönninghaus*, „Schuldrecht BT II“, Rn. 687 f.

147 Vgl. Palandt/*Sprau*, BGB § 683 Rn. 8.

Beispiel Beauftragung eines Abschleppunternehmens zu marktüblichen Tarifen mit der Entfernung eines auf fremden Grundstück abgestellten PKW ist in der Regel erstattungsfähig; das Anbringen einer kostengünstigeren „Parkkralle" beseitigt die Störung nicht. ■

» Lesen Sie bitte an dieser Stelle § 257 BGB durch. «

107 Zu den Aufwendungen gehören auch **noch nicht erfüllte Verbindlichkeiten**, die der Beauftragte zur Ausführung des Auftrages mit Dritten eingeht. Er kann insoweit **Befreiung gem. § 257 BGB** verlangen.[148]

Beispiel Hat im Fall eben der Geschäftsführer das Abschlepp-Unternehmen noch nicht bezahlt, kann er vom Geschäftsherrn (= Störer) gem. §§ 683 S. 1, 670, 257 BGB die Befreiung von der Vergütungsforderung des Abschleppunternehmens verlangen. ■

b) Sekundäransprüche nach §§ 280 ff. BGB

108 Im Falle einer Verletzung der sich aus §§ 683 S. 1, 670 BGB ergebenden Leistungspflichten sowie bei Rücksichtslosigkeit gem. § 241 Abs. 2 BGB stehen dem Geschäftsführer sekundäre Ersatzansprüche aus §§ 280 ff. BGB zu.

4. Konkurrenzen

a) GoA und EBV

109 Durch die berechtigte GoA werden konkurrierende Ansprüche aus §§ 985 ff. BGB verdrängt, sofern **Inbesitznahme der Sache und berechtigte Übernahme der Geschäftsführung zusammenfallen**. Die GoA stellt dann ein Recht zum Besitz i.S.d. § 986 BGB dar.[149]

b) GoA und Bereicherungsrecht

110 Bereicherungsansprüche werden ebenfalls ausgeschlossen, da das Schuldverhältnis der berechtigten GoA einen Rechtsgrund für die im Rahmen der GoA ausgetauschten Leistungen i.S.d. § 812 BGB darstellt.[150]

c) GoA und Deliktsrecht

111 Deliktische Schadensersatzansprüche des Geschäftsherrn **wegen der Geschäftsübernahme** als solcher kommen nicht in Betracht. Da die Übernahme der GoA dem Übernahmewillen entspricht, besteht nach h.M. ein Rechtfertigungsgrund. Denn wer unter Beachtung des Willens und des Interesses des Geschäftsherrn das Geschäft führt, kann nicht zugleich rechtswidrig handeln.[151]

112 § 680 BGB gilt auch für konkurrierende deliktische Ansprüche gegen den Geschäftsführer, um Wertungswidersprüche zu vermeiden.[152]

---

148 Vgl. dazu im Skript *Bönninghaus*, „Schuldrecht AT I", Rn. 58 ff.

149 Vgl. *BGH*, Urteil v. 29.10.1959 – II ZR 197/58 = BGHZ 31, 129, 132 = NJW 1960, 192; Palandt/*Sprau*, Einf. v. BGB § 677 Rn. 12.

150 Vgl. *BGH*, NJW 1969, 1205, 1207; Palandt/*Sprau*, Einf. v. BGB § 677 Rn. 10; MüKo BGB/*Schäfer*, BGB § 677 Rn. 98 ff.; *Buck-Heeb*, Besonderes Schuldrecht/2, Rn. 21.

151 Vgl. Palandt/*Sprau*, Einf. v. BGB § 677 Rn. 11; *Buck-Heeb*, Besonderes Schuldrecht/2, Rn. 67.

152 Vgl. *BGH*, NJW 1972, 475; Palandt/*Sprau*, BGB § 680 Rn. 1.

IV. (Echte) Unberechtigte GoA

(Echte) Unberechtigte GoA

Voraussetzungen des § 683 liegen nicht vor und auch keine Genehmigung der Geschäftsführung gem. § 684 S. 2 BGB

Ansprüche des Geschäftsherrn	Ansprüche des Geschäftsführers
- Herausgabe-, Auskunfts- und Zinsansprüche gem. §§ 681 S. 2, 666 - 668 BGB - Schadensersatzansprüche gem. § 678; §§ 280 ff. BGB	- Ersatzanspruch aus §§ 684, 818 BGB

1. Voraussetzungen

PRÜFUNGS-SCHEMA

Echte unberechtigte GoA 113

I. Echte GoA i.S.d. § 677 Hs. 1 BGB (siehe Prüfungsschema unter Rn. 23)

II. Kein Fall der §§ 683, 679, 684 S. 2 BGB

Eine gem. § 677 Hs. 1 BGB echte GoA ist dann „unberechtigt", wenn keiner der besonderen rechtfertigenden Tatbestände der §§ 683, 679, 684 S. 2 BGB erfüllt ist (vgl. § 684 S. 1 BGB). Liegt danach eine unberechtigte GoA vor, kann der Geschäftsherr die GoA durch seine Genehmigung zu einer „berechtigten" GoA machen (§ 684 S. 2 BGB).

2. Ansprüche des Geschäftsherrn

a) Ansprüche aus §§ 681 S. 2, 666 – 668 BGB

114 Der Geschäftsherr kann vom Geschäftsführer wie ein Auftraggeber die Ansprüche aus §§ 666 – 668 BGB geltend machen und insbesondere die Herausgabe des aus der Geschäftsführung Erlangten verlangen, §§ 681 S. 2, 667 BGB.

Bei Verletzung dieser Pflichten kommen Schadensersatzansprüche aus §§ 280 ff. BGB in Betracht.[153]

b) Schadensersatz aus § 678 BGB

115 Der Geschäftsführer wird mit § 678 BGB einem strengen Haftungsregime unterworfen: Hat er die unberechtigte Übernahme des Geschäfts zu verschulden, ist er also vorsätzlich oder fahrlässig gegen den Willen des Geschäftsherrn tätig geworden, so haftet er unabhängig von sonstigem Verschulden. Allerdings kommt ihm bei der Übernahme gegebenenfalls § 680 BGB zugute.[154]

153 Vgl. *Brox/Walker*, Besonderes Schuldrecht, § 36 Rn. 48.

154 Vgl. Palandt/*Sprau*, BGB § 678 Rn. 4; MüKo BGB/*Schäfer*, BGB § 678 Rn. 11.

116 Umstritten ist, ob § 680 BGB auch zur Anwendung kommt, wenn der Geschäftsführer **irrig glaubte**, zum Zwecke der Gefahrenabwehr zu handeln. Da in diesen Fällen eine berechtigte GoA in der Regel zu verneinen ist, kommt dem Streit bei der unberechtigten GoA entscheidende Bedeutung zu.

117 Einige fordern das Vorliegen einer realen Notlage.[155] Die wohl **überwiegende Meinung** lässt die Anwendung des § 680 BGB auch bei einem **ohne grobe Fahrlässigkeit verschuldeten Irrtum** über das Vorliegen einer Gefahrenlage zu.[156] Diese Ansicht will aus dem Wortlaut des § 680 BGB, und zwar der Formulierung „*Bezweckt* die Geschäftsführung…" entnehmen, es komme auf die Beurteilung aus Sicht des Geschäftsführers an. Auch die anderen Ansichten stehen indes nicht in Widerspruch zum Wortlaut des § 680 BGB. Denn man kann ebenso gut behaupten, die Formulierung „bezweckt" weise lediglich darauf hin, dass der Geschäftsführer in Kenntnis einer (realen) Notlage handeln müsse. Allein mit dem Wortlaut der Norm lässt sich der Streit also nicht entscheiden.

118 Für die Entscheidung des Meinungsstreits kommt es deshalb zunächst auf den Zweck der Norm an: § 680 BGB will denjenigen Geschäftsführer privilegieren, der angesichts einer Gefahrensituation spontan Hilfe leistet.[157] Die Allgemeinheit hat ein Interesse daran, die spontane Hilfeleistung durch Private zu fördern und sie nicht durch Haftungsrisiken zu hemmen. Die Vorschrift trägt zudem dem Gedanken Rechnung, dass das mit der Gefahrenabwehr verbundene Risiko (jedenfalls soweit es auf einfacher Fahrlässigkeit beruht) eher demjenigen zuzuweisen ist, der auch den Nutzen der Gefahrenabwehr hat, also dem gefährdeten Geschäftsherrn. Diesen Erwägungen wird am ehesten die überwiegende Auffassung gerecht, indem sie dem Geschäftsführer zum Zwecke einer weitgehenden Haftungsreduzierung das Risiko eines Irrtums abnimmt.

Beispiel Nehmen wir wieder das Baum-*Beispiel*: A meint, dass die Äste eines Baumes auf dem Grundstück seines abwesenden Nachbarn N wegen heftiger Sturmböen auf dessen Dach zu stürzen drohen. A entschließt sich, dagegen geeignete Maßnahmen zu unternehmen und lässt den Baum kurzerhand fällen. Ohne grobe Fahrlässigkeit gingen sowohl A als auch der eingeschaltete Gärtner davon aus, der Baum würde dem Sturm nicht standhalten. Tatsächlich wäre aus fachmännischer Sicht aber noch nicht einmal das Abschneiden einiger Äste notwendig gewesen. A haftet für die Beschädigung des Eigentums am Baum wegen § 680 BGB nicht. ■

3. Anspruch des Geschäftsführers aus § 684 S. 1 i.V.m. § 818 BGB

119 Genehmigt der Geschäftsherr die unberechtigterweise übernommene GoA nicht, richten sich die Ansprüche des Geschäftsführers nach § 684 S. 1 BGB. Das bedeutet, dass er – anders als nach § 683 S. 1 BGB – seine Aufwendungen nur soweit ersetzt bekommt, als der Geschäftsherr tatsächlich bereichert ist (§ 818 Abs. 3 BGB). Insbesondere kann er also keinen Ersatz verlangen, wenn seine Geschäftsführung erfolglos war. Nach ganz h.M. enthält § 684 BGB eine **Rechtsfolgenverweisung.**[158]

155 Vgl. MüKo BGB/*Schäfer*, BGB § 680 Rn. 7 m.w.N.
156 Vgl. Palandt/*Sprau*, BGB § 680 Rn. 2 m.w.N.; *Looschelders*, Schuldrecht BT, § 44 Rn. 4.
157 Vgl. Palandt/*Sprau*, BGB § 680 Rn. 1.
158 Vgl. Palandt/*Sprau*, BGB § 684 Rn. 1; MüKo BGB/*Schäfer*, BGB § 684 Rn. 8.

V. Unechte GoA

120

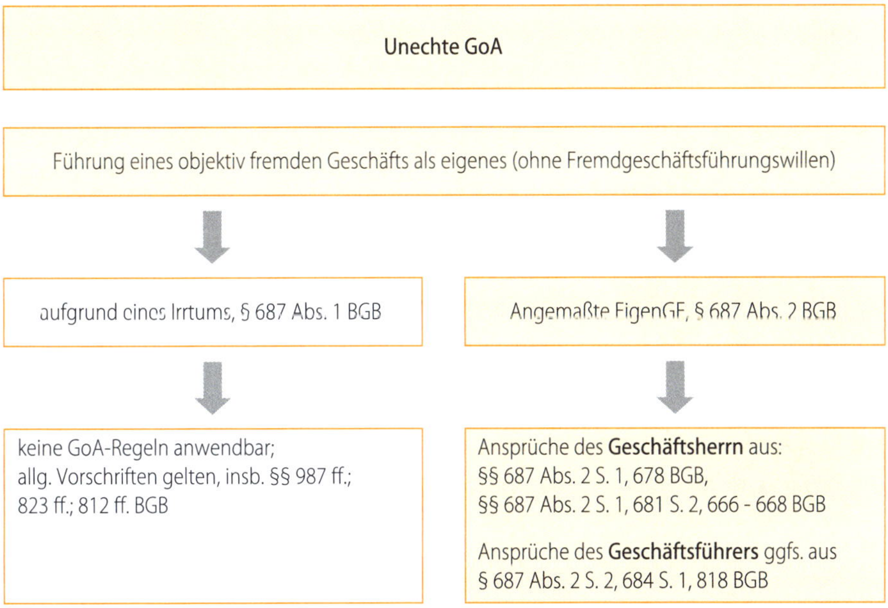

Unechte GoA liegt gem. § 687 BGB vor, wenn jemand **ein fremdes Geschäft als eigenes** führt. Kennzeichen der unechten GoA ist mithin das **Fehlen des Fremdgeschäftsführungswillens**.

Die unechte GoA kommt nur bei **objektiv fremden Geschäften** in Betracht, auch-fremde Geschäfte genügen nicht.[159]

Das Gesetz unterscheidet bei der unechten GoA danach, ob der Geschäftsführer wusste, dass er ein fremdes Geschäft wahrnimmt oder nicht: 121

1. Irrtümliche Eigengeschäftsführung

Im Falle der irrtümlichen Eigengeschäftsführung bestimmt § 687 Abs. 1 BGB lediglich, dass das Recht der GoA keine Anwendung findet. In Betracht kommen vor allem beiderseitige Ansprüche aus §§ 812 ff., 985 ff. BGB, daneben – bei entsprechendem Verschulden – auch aus Deliktsrecht. 122

159 *BGH*, NJW 2000, 72, 73 a.E.; Palandt/*Sprau*, BGB § 687 Rn. 2a; *Medicus/Petersen*, Bürgerliches Recht, Rn. 416.

Beispiel A pflückt Äpfel von den auf sein Grundstück ragenden Zweigen des Apfelbaums seines Nachbarn zum eignen Verzehr. Einige Äpfel sind schon auf seinen Rasen gefallen. A meint, er müsse sich nicht mit den heruntergefallenen Äpfeln auf dem Rasen begnügen, sondern dürfe auch das frischere Obst von den Zweigen in „seinem Luftraum" nehmen. Indem A die Äpfel von den Zweigen pflückt, übernimmt er irrtümlich ein Geschäft, das allein seinem Nachbarn zugewiesen. Denn der Nachbar verliert sein Eigentum an den Äpfeln „im Luftraum" des A erst dann, wenn sie auf das Grundstück des A heruntergefallen sind, § 911 S. 1 BGB. § 911 S. 1 BGB ist auf den Fall des Abschüttelns oder gar Abpflückens durch den A nicht anwendbar.[160]

Da dem A dies alles aber nicht bewusst war, liegt ein Fall des § 687 Abs. 1 BGB vor. Er haftet dem Nachbarn nach den allgemeinen Regeln auf Herausgabe und Schadensersatz (§§ 985 ff., 812 ff., 823 ff. BGB).

2. Geschäftsanmaßung, § 687 Abs. 2 BGB

123 Wer wissentlich ein fremdes Geschäft als eigenes besorgt, haftet gem. § 687 Abs. 2 BGB verschärft: Der Geschäftsherr kann gem. § 678 BGB Schadensersatz verlangen, ferner gem. §§ 687 Abs. 2, 681 S. 2 BGB insbesondere Herausgabe des aus der Geschäftsführung Erlangten (§ 667 BGB). Macht er diese Ansprüche geltend, kann der Geschäftsführer gem. §§ 687 Abs. 2 S. 2, 684 S. 1 BGB seinerseits vom Geschäftsherrn das durch die Geschäftsführung Erlangte nach Maßgabe der §§ 818 f. BGB herausverlangen. Damit sind nicht die eben vom Geschäftsführer aus §§ 681 S. 2, 667 BGB herausverlangten Gegenstände gemeint. Sonst geriete man in ein absurdes Ping-Pong-Spiel der Ansprüche. Gemeint sind mit der Formulierung in § 687 Abs. 2 S. 2 BGB vielmehr die vom Geschäftsherrn aufgrund der Geschäftsführung ersparten Aufwendungen.[161]

124 Die Regelung des § 687 Abs. 2 S. 2 BGB ist nach allgemeiner Meinung grundsätzlich abschließend.[162] Das heißt: **Ansprüche des Geschäftsführers** bestehen **nur**, wenn der **Geschäftsherr sich für die Ansprüche nach den §§ 687 Abs. 2 S. 1, 678, 681** BGB **entscheidet**. Ohne seinerseits Ansprüchen des Geschäftsführers ausgesetzt zu sein, kann der Geschäftsherr also bereicherungs- oder sachenrechtliche Ansprüche geltend machen. Eine Ausnahme bildet insoweit nur der Verwendungsersatzanspruch aus § 994 Abs. 2 BGB, der eine speziellere Regelung für den unberechtigten Besitzer enthält.[163] Seine partielle Rechtsgrundverweisung auf die GoA-Regeln bedeutet, dass der Fremdgeschäftsführungswille nicht geprüft muss und deshalb die Ersatzansprüche aus §§ 683, 684, 679 auch ohne Fremdgeschäftsführungswillen angewendet werden können. § 687 ist nicht vom Verweis erfasst, weil es auf den (fehlenden) Fremdgeschäftsführungswillen nicht ankommt.[164]

160 Vgl. MüKo BGB/*Brückner*, BGB § 911 Rn. 6.
161 Vgl. MüKo BGB/*Schäfer*, BGB §687 Rn. 36 a.E.
162 Eine Ausnahme macht § 994 Abs. 2 BGB.
163 Vgl. Palandt/*Herrler*, BGB § 994 Rn. 8 a.E.
164 Vgl. Palandt/*Herrler*, BGB § 994 Rn. 8 a.E.

Beispiel Der Hehler H veräußert über eine Annonce (Kosten: 50 €) in einem Oldtimer-Magazin einen gestohlenen Oldtimer (Wert bei Diebstahl: 5000 €) für 10 000 €, nachdem er ihn für 2000 € hatte reparieren lassen. Der Wagen hatte bei Veräußerung einen Marktwert von 7000 €. Aus § 687 Abs. 2 S. 1, 667 BGB folgt ein Anspruch des Eigentümers E auf Zahlung der von H erlangten 10 000 €. Macht er diesen Anspruch geltend, kann H die Erstattung der Kosten für die Zeitungsannonce und Reparatur (2050 €) aus §§ 687 Abs. 2 S. 2, 684 S. 1, 818 Abs. 3 BGB verlangen. Die Reparaturkosten spiegeln sich im Kaufpreis wieder, so dass H insoweit bereichert ist. Gleiches für die Kosten für eine Zeitungsannonce, wenn E sich diese tatsächlich erspart hat. Das ist dann der Fall, wenn E zum Zwecke der Veräußerung ebenfalls eine Anzeige aufgegeben hätte. Kurz: E muss sich an den Kosten beteiligen, wenn er den Veräußerungserlös herausverlangt. Macht er den Erlös nicht geltend, stehen H wegen § 687 Abs. 2 S. 2 keine Ansprüche zu. Auf § 994 Abs. 2 kann H mangels EBV (wegen der Veräußerung kein Besitz mehr!) nicht zurückgreifen.

VI. Übungsfall Nr. 1

125 „Retter in Not"

R ist zu Fuß unterwegs, um einzukaufen. Als er eine Straße überqueren will, muss er wegen des dichten Verkehrs warten und bleibt stehen. Neben ihm wartet auch der 9 Jahre alte K, der gerade aus der Schule kommt. Als K seinen gleichaltrigen Freund F auf der anderen Straßenseite sieht, rennt er plötzlich los, ohne links und rechts zu schauen. R gelingt es gerade noch, den K am Griff des Schulranzens zu packen, den dieser umgeschnallt hat, und am Weiterlaufen zu hindern. Nur so konnte eine Kollision mit herannahenden Fahrzeugen verhindert werden. Bei dieser hätte sich K mit an Sicherheit grenzender Wahrscheinlichkeit schwere Verletzungen zugezogen.

R renkt sich den Arm aus. Die Passantin P hatte angesichts des Vorfalls einen Schock erlitten und war ohnmächtig geworden. Zufällig befindet sich der Allgemeinmediziner Dr. Haus (H) in der Nähe und leistet die notwendigen Maßnahmen zur Wiederbelebung der P.

Bei der späteren Behandlung der schmerzhaften Verletzung des R fallen Arztkosten an, die die Krankenversicherung des R in Höhe von 500 € nicht ersetzt.

1. Welche Ansprüche hat R gegen K?
2. Was kann H von P verlangen?

126 Lösung

A. Ansprüche des R gegen K

I. Anspruch des R gegen K aus §§ 677, 683, 670 BGB auf Zahlung von 500 €

Dem R könnte ein Ersatzanspruch wegen der ihm nicht erstatteten Arztkosten gegen den K in Höhe von 500 € aus §§ 683 S. 1, 670 BGB zustehen.

1. Anspruchsentstehung

Ein solcher Anspruch setzt nach § 677 BGB zunächst voraus, dass R ein Geschäft „für einen anderen" besorgt hat.

a) Geschäftsbesorgung

Unter einer Geschäftsbesorgung i.S.d. § 677 BGB ist jedes tatsächliche und rechtsgeschäftliche Tun zu verstehen, soweit es über ein reines Dulden oder Unterlassen hinausgeht. In diesem weit verstandenen Sinne stellt die Rettungsaktion des R eine Geschäftsbesorgung tatsächlicher Art dar.

b) Für einen anderen

Zu prüfen ist weiter, ob R das Festhalten des K auch „für einen anderen", hier also für den K, unternommen hat. Ein solcher Fremdgeschäftsführungswille liegt dann vor, wenn der Geschäftsführer das Geschäft nicht als eigenes, sondern als fremdes vornimmt, also in dem Bewusstsein und mit dem Willen handelt, im Interesse eines anderen tätig zu werden.

Für die Annahme eines solchen Fremdgeschäftsführungswillens ist der Inhalt der Geschäftsbesorgung von ausschlaggebender Bedeutung. Bei objektiv fremden Geschäften, also bei Geschäften, die schon ihrem Inhalt nach in einen fremden Rechts- und Interessenkreis eingreifen, besteht eine tatsächliche Vermutung dafür, dass der Geschäftsführer das Geschäft für den Geschäftsherrn geführt hat. Das Eingreifen des R bewahrte den K vor Verletzungen und lag damit in dessen persönlichen Interesse. Bezüge zum persönlichen Rechts- und Interessenkreis des R sind nicht ersichtlich. Damit spricht der objektive Charakter des Vorgangs für einen Fremdgeschäftsführungswillen des R.

Anhaltspunkte, die geeignet wären, die durch den äußeren Charakter erzeugte Vermutung eines bestehenden Fremdgeschäftsführungswillens zu widerlegen, sind nicht ersichtlich. Insbesondere entspricht es der Lebenserfahrung, dass R im Moment des Eingreifens in erster Linie an den Schutz des K dachte und in dessen Interesse handeln wollte. R handelte somit mit Fremdgeschäftsführungswillen.

c) Ohne Auftrag oder sonstige Berechtigung

Weiter erfordert der Tatbestand der echten GoA i.S.d. § 677 BGB ein Tätigwerden ohne Auftrag oder sonstige Berechtigung, womit auch Pflichten zum Einschreiten gemeint sind. Vertragliche Pflichten sind nicht ersichtlich. Als gesetzliche Handlungspflicht käme allenfalls das aus § 323c StGB folgende Handlungsgebot in Betracht. Die Pflicht zur Hilfeleistung nach § 323c StGB stellt jedoch nach allgemeiner Auffassung keine „Berechtigung" i.S.d. § 677 BGB dar, da das Strafrecht keine Aussage darüber trifft, ob und welche Ansprüche des Hilfeleistenden gegeben sind.[165] Keinesfalls soll aus § 323c StGB die Verpflichtung zu ersatzlosem Handeln begründet werden.

d) Willens- und Interessensübereinstimmung, § 683 S. 1 BGB

Der Ersatzanspruch aus § 683 S. 1 BGB setzt weiter voraus, dass eine besondere Rechtfertigung für die Übernahme der Geschäftsführung gegeben ist. Die Übernahme der Geschäftsführung muss dem wirklichen oder dem mutmaßlichen Willen des Geschäftsherrn und seinem Interesse entsprechen.

Im Hinblick auf die Willensrichtung des Geschäftsherrn ist nach § 683 S. 1 BGB in erster Linie auf seinen tatsächlichen Willen abzustellen, sofern er in irgendeiner Weise nach außen in Erscheinung getreten ist.

Da die berechtigte GoA unmittelbar einen auftragsähnlichen Aufwendungsersatzanspruch auslöst, bedürfen nicht voll geschäftsfähige Geschäftsherrn eines angemessenen Schutzes. § 682 BGB kann diesen Schutz nicht leisten, da er sich nur auf den Geschäftsführer bezieht. Um vertragsähnliche Folgen wie die des § 683 BGB auslösen zu können, bedarf der nicht voll Geschäftsfähige analog §§ 104 ff. BGB der Mitwirkung seines gesetzlichen Vertreters. Entscheidend ist daher für § 683 BGB nicht die Willensrichtung des Geschäftsunfähigen oder beschränkt Geschäftsfähigen, sondern die seines gesetzlichen Vertreters.

Ein tatsächlicher Wille der Eltern lässt sich nicht feststellen. Entscheidend ist deshalb deren mutmaßlicher Wille. Das ist derjenige Wille, den sie unter Berücksichtigung aller Umstände im Zeitpunkt der Übernahme geäußert haben würden. Im vorliegenden Fall kann kein Zweifel bestehen, dass es dem mutmaßlichen Willen und Interesse der Eltern entsprach, dass ihr Kind vor Schäden an seiner Gesundheit und seinem Körper bewahrt wird.

e) Ersatzfähige Aufwendungen

Gemäß §§ 683 S. 1, 670 BGB kann der Geschäftsführer wie ein Beauftragter Ersatz seiner Aufwendungen verlangen, die er den Umständen nach zur Durchführung des Geschäfts für erforderlich halten durfte.

Allgemein sind unter Aufwendungen freiwillige Vermögensopfer zu verstehen. Bei Anwendung dieser Definition stellt sich ein Schaden des Geschäftsführers nicht als Aufwendung dar, da dieser nicht freiwillig übernommen wird und zur Ausführung des Auftrags auch nicht von vornherein notwendig ist.

2. Ergebnis

Dem Wortlaut nach scheidet ein Erstattungsanspruch aus § 683 S. 1 BGB folglich aus.

II. Schadensersatzanspruch aus §§ 683, 670 BGB analog

Möglicherweise ergibt sich ein Erstattungsanspruch aber aus einer analogen Anwendung des § 683 BGB.

1. Anspruchsentstehung

a) Planwidrige Regelungslücke

Eine analoge Anwendung erfordert zunächst eine planwidrige Regelungslücke. Die Erstattung von Schäden, die der Geschäftsführer bei Durchführung der Geschäftsbesorgung erleidet, ist in § 677 BGB nicht geregelt. Nach der gesetzlichen Regelung trägt der Geschäftsführer somit Schäden, die sich zufällig aus der Ausführung der Geschäftsbesorgung ergeben, selbst. Es ist jedoch allgemein anerkannt, dass es unbillig wäre, unentgeltlich tätigen Personen einen Erstattungsanspruch zu versagen, wenn diese

165 Vgl. statt aller Palandt/*Sprau*, BGB § 677 Rn. 11.

Personen im Interesse eines anderen schadensgeneigte Tätigkeiten übernehmen und sich sodann die mit der Durchführung des Geschäfts typischerweise verbundenen Risiken verwirklicht haben.[166] Es wäre unangemessen, wenn sich der Geschäftsherr an einer daraus erwachsenden Haftung nur beteiligen müsste, wenn der Schaden auf einer konkreten, von ihm zu vertretenden Pflichtverletzung beruht. Eine Korrektur des gesetzlichen Regelungswerks ist deshalb geboten. Teilweise wird vertreten, dass eine analoge Anwendung von Aufwendungsersatzvorschriften methodisch verfehlt ist. Jedoch lehnen die Vertreter dieser Ansicht einen Erstattungsanspruch dem Grunde nach nicht ab, sondern entnehmen ihn konstruktiv dem in § 110 HGB zum Ausdruck gebrachten Gedanken einer Risikoverteilung bei Tätigkeit in fremdem Interesse, wie sie überdies auch im Arbeitsrecht anerkannt ist.[167] Welchem dogmatischen Ansatz der Vorzug zu geben ist, kann dahingestellt bleiben, da bezüglich der inhaltlichen Haftungsvoraussetzungen keine Meinungsverschiedenheiten bestehen.

b) Schaden

Der Schaden des R besteht hier darin, dass er sich bei seiner Rettungsaktion den Arm verrenkt und damit in seiner Gesundheit verletzt hat.

c) Zurechnung

Der Erstattungsanspruch analog § 683 BGB setzt weiter voraus, dass sich gerade die tätigkeitsspezifische Gefahr im Schadensereignis verwirklicht hat. Dieses Merkmal dient der Abgrenzung von allgemeinen Lebensrisiken, wie sie jeder selbst zu tragen hat einerseits und andererseits der Abgrenzung von Unfällen, deren Ursachen in erster Linie in der Person des Geschäftsführers zu suchen sind. Ein Ersatzanspruch scheidet folglich dann aus, wenn der Schaden nicht mehr adäquat-kausal auf die spezifischen Risiken der übernommenen Tätigkeit zurückzuführen ist oder der Geschäftsführer den Unfall vorsätzlich oder grob fahrlässig herbeigeführt hatte. In einem solchen Fall hat nach arbeitsrechtlichen Grundsätzen der Arbeitnehmer in der Regel den Schaden allein zu tragen. Das muss sinngemäß auch für die Einstandspflicht des Geschäftsherrn bei haftungsbedrohter Geschäftsbesorgung durch den Geschäftsführer gelten. Unter dem Aspekt angemessener Verteilung der Haftungsrisiken erscheint eine Einstandspflicht des Geschäftsherrn dann nicht mehr gerechtfertigt.

aa) Adäquanzbetrachtung

In der vorliegenden Situation war das Aufhalten des bereits losgerannten K durchaus mit Risiken für den R verbunden. Zwar mag es ungewöhnlich erscheinen, dass R sich dabei den Arm verrenkt hat. Außerhalb jeder Lebenswahrscheinlichkeit lag dies jedoch nicht, so dass sich in der Verletzung des R eine Gefahr verwirklicht hat, die typischerweise mit dem Aufhalten eines rennenden Kindes verbunden ist. Damit stellt sich die Verletzung des R als adäquate Folge dieses Risikos dar.

bb) Ausschluss wegen Vorsatzes oder grober Fahrlässigkeit

Trotz adäquater Folge würde der Ersatzanspruch des R scheitern, wenn R den Unfall selbst vorsätzlich oder grob fahrlässig herbeigeführt hätte. Eine solche Veranlassung ergibt sich aus dem Sachverhalt jedoch unter keinen Umständen.

Die Verletzung des R stellt sich somit noch als Ausfluss des spezifischen Risikos der von ihm übernommenen Tätigkeit dar.

d) Umfang der Ersatzpflicht

Art und Umfang des Ersatzanspruches bestimmen sich hier zunächst analog § 249 BGB. Danach kann R grundsätzlich einen Ersatz der ihm entstandenen Arztkosten analog § 249 Abs. 2 S. 1 BGB verlangen. Ein anspruchsminderndes Mitverschulden entsprechend § 254 BGB ist nicht ersichtlich.

166 Vgl. statt aller MüKo BGB/*Schäfer*, BGB § 683 Rn. 38.

167 Vgl. Medicus/Petersen, Bürgerliches Recht, Rn. 429.

2. Durchsetzbarkeit

Der Anspruch ist sofort fällig. Einreden sind nicht ersichtlich.

3. Ergebnis

Folglich steht dem R gegen K ein Zahlungsanspruch in Höhe von 500 € aus §§ 677, 683, 670 BGB analog zu.

III. Anspruch des R gegen K aus §§ 823 Abs. 1, 249 Abs. 2 BGB

Dem R könnte außerdem ein Ersatzanspruch gegen den K in Höhe von 500 € aus §§ 823 Abs. 1, 249 Abs. 2 BGB zustehen.

1. Anspruchsentstehung

a) Unerlaubte Rechtsgutsverletzung i.S.d. § 823 Abs. 1 BGB

Eine Gesundheitsverletzung des R liegt vor, da er sich bei seiner Rettungsaktion den Arm verrenkt hat. Diese Verrenkung lässt sich auch in adäquater Weise dem Verhalten des K zurechnen, da es nicht außerhalb jeder Lebenswahrscheinlichkeit liegt, dass das Losrennen des K zu einer Verletzung einer ihn aufhaltenden Person führt. Rechtfertigungsgründe sind nicht ersichtlich, so dass sich die Verletzung des R als unerlaubte Handlung darstellt.

b) Verschulden

Weiter müsste die Gesundheitsverletzung des R auch auf Vorsatz oder Fahrlässigkeit des K zurückzuführen sein. Eine vorsätzliche Verletzung scheidet aus, da sich keine Anhaltspunkte dafür finden, dass K eine Verletzung des R zumindest billigend in Kauf genommen hat. Eine fahrlässige Gesundheitsverletzung setzt voraus, dass die Verletzung des R vorhersehbar und vermeidbar war. Dabei ist aufgrund des Alters des K gem. § 828 Abs. 3 BGB zu berücksichtigen, dass K für die Verletzung nur dann haftet, wenn er die für die Erkenntnis seiner Verantwortlichkeit notwendige Einsichtsfähigkeit besitzt. Als K losrannte, erkannte er noch nicht einmal die Gefahren für seine eigene Gesundheit. Aus diesem Grunde ist erst recht nicht davon auszugehen, dass er in der Lage war, die Folgen für die Gesundheit dazwischentretender Personen richtig einzuschätzen.

2. Ergebnis

Ein Schadensersatzanspruch aus § 823 Abs. 1 BGB scheidet deshalb wegen fehlender Verantwortlichkeit des K aus.

IV. Anspruch des R gegen K aus § 829 BGB

Für einen Entschädigungsanspruch nach § 829 BGB ist kein Raum, da dem R gegen K bereits ein Ersatzanspruch nach den Regeln der GoA zusteht und deshalb kein Bedürfnis für eine Entschädigung nach § 829 BGB besteht.

V. Anspruch des R gegen K auf Zahlung eines angemessenen Schmerzensgeldes aus § 253 Abs. 2 i.V.m. §§ 683 S. 1, 670 BGB analog

Möglicherweise kann der R von K auch die Zahlung eines angemessenen Schmerzensgeldes aus § 253 Abs. 2 BGB verlangen.

1. Anspruchsentstehung

a) Rechtsgutsverletzung

Der Schmerzensgeldanspruch aus § 253 Abs. 2 i.V.m. §§ 683 S. 1, 670 BGB analog setzt voraus, dass wegen der Verletzung des Körpers, der Gesundheit, der Freiheit oder der sexuellen Selbstbestimmung Schadensersatz zu leisten ist.

Eine solche Rechtsgutsverletzung liegt im vorliegenden Fall vor, da R durch die Verrenkung seines Arms eine Gesundheitsverletzung erlitten hat.

b) Schadensersatzpflicht

Fraglich ist, ob wegen dieser Gesundheitsverletzung auch ein Schadensersatzanspruch gegen den K besteht. Ein Ersatzanspruch aus § 823 Abs. 1 BGB scheitert an der fehlenden Deliktsfähigkeit des K gemäß § 828 Abs. 3 BGB.

Fraglich ist deshalb, ob der Ersatzanspruch analog §§ 683, 670 BGB als Schadensersatzanspruch i.S.d. § 253 Abs. 2 BGB angesehen werden kann. Da es beim Ersatzanspruch aus § 253 Abs. 2 BGB darum geht, solche Schäden auszugleichen, die immaterieller Art sind, erscheint eine Einbeziehung des Ersatzanspruches aus § 683 BGB geboten. Denn wenn sich § 683 BGB in seiner analogen Anwendung

Übungsfall Nr. 1

auch auf eine Erstattung solcher Schäden richtet, die typischerweise mit der Geschäftsbesorgung verbunden sind, dann ist nicht einzusehen, warum nur materielle Schäden ausgleichungspflichtig sein sollen. Nur durch die Einbeziehung immaterieller Schäden kann das Ziel erreicht werden, fremdnützig tätige Personen von einer einseitigen Belastung mit Nachteilen umfassend zu schützen.

Hinweis

Eine andere Ansicht ist selbstverständlich vertretbar, indem Sie auf den Wortlaut des § 253 Abs. 2 BGB („Schadensersatzanspruch") und die Ableitung des Anspruchs aus dem Aufwendungsersatz, also dem Ersatz von materiellen Opfern, abstellen.[168]

2. Ergebnis

R kann von K folglich auch eine Erstattung seiner mit der Verletzung verbundenen immateriellen Schäden durch Zahlung eines angemessenen Schmerzensgeldes aus § 253 Abs. 2 i.V.m. §§ 683, 670 BGB analog verlangen.

B. Anspruch des H gegen P auf Zahlung einer Vergütung für ärztliche Dienste

I. Anspruch aus §§ 677, 683, 670 BGB

Zu prüfen bleibt schließlich, ob der H für seine ärztlichen Notfalldienste eine Vergütung von der behandelten P verlangen kann.

1. Anspruchsentstehung

Ein solcher Anspruch setzt nach § 677 BGB zunächst voraus, dass ein Geschäft „für einen anderen" besorgt wurde.

a) Geschäftsbesorgung

Unter einer Geschäftsbesorgung i.S.d. § 677 BGB ist jedes tatsächliche und rechtsgeschäftliche Tun zu verstehen, soweit es über ein reines Dulden oder Unterlassen hinausgeht. In diesem weit verstandenen Sinne stellt die Rettungsaktion des H eine Geschäftsbesorgung tatsächlicher Art dar.

b) Für einen anderen

H hat die Behandlung auch „für einen anderen", nämlich die P unternommen, da er in dem Bewusstsein und mit dem Willen handelte, in ihrem Interesse tätig zu werden.

c) Ohne Auftrag oder sonstige Berechtigung

Weiter erfordert der Tatbestand der echten GoA i.S.d. § 677 BGB ein Tätigwerden ohne Auftrag oder sonstige Berechtigung, womit auch Pflichten gemeint sind. Vertragliche Pflichten sind nicht ersichtlich. Insbesondere konnte ein ärztlicher Behandlungsvertrag zwischen H und P aufgrund der Ohnmacht der P wegen § 105 Abs. 2 BGB nicht geschlossen werden. Als gesetzliche Handlungspflicht käme allenfalls das aus § 323c StGB folgende Handlungsgebot in Betracht. Die Pflicht zur Hilfeleistung nach § 323c StGB stellt jedoch nach allgemeiner Auffassung keine „Berechtigung" i.S.d. § 677 BGB dar, da das Strafrecht keine Aussage darüber trifft, ob und welche Ansprüche des Hilfeleistenden gegeben sind. Keinesfalls soll aus § 323c StGB die Verpflichtung zu entschädigungslosem Handeln begründet werden.

d) Rechtfertigung nach § 683 S. 1 BGB

Der Ersatzanspruch aus § 683 S. 1 BGB setzt weiter voraus, dass die Übernahme der Geschäftsführung dem wirklichen oder dem mutmaßlichen Willen des Geschäftsherrn und seinem Interesse entspricht.

Im Hinblick auf die Willensrichtung des Geschäftsherrn ist nach § 683 S. 1 BGB in erster Linie auf seinen tatsächlichen Willen abzustellen, sofern er in irgendeiner Weise nach außen in Erscheinung getreten ist. Dies ist hier jedoch nicht der Fall.

Entscheidend ist deshalb der mutmaßliche Wille der P. Das ist derjenige Wille, den sie unter Berücksichtigung aller Umstände im Zeitpunkt der Übernahme geäußert haben würden. Im Zweifel ist davon auszugehen, dass der Geschäftsherr eine in seinem Interesse liegende Übernahme gewollt hat. Im Interesse liegt die Übernahme, wenn sie dem Geschäftsherrn objektiv nützlich ist. Im vorliegenden Fall kann kein Zweifel beste-

168 Vgl. auch MüKo BGB/*Schäfer*, BGB § 683 Rn. 39.

hen, dass es dem mutmaßlichen Willen der P entsprach, von H behandelt zu werden. Anders könnte es nur liegen, wenn H nicht über die ärztliche Fachkunde verfügt hätte, die in einem solchen Fall erforderlich ist.

e) Ersatzfähige Aufwendungen

Gemäß §§ 683 S. 1, 670 BGB kann der Geschäftsführer wie ein Beauftragter Ersatz seiner Aufwendungen verlangen, die er den Umständen nach zur Durchführung des Geschäfts für erforderlich halten durfte.

Allgemein sind unter Aufwendungen freiwillige Vermögensopfer zu verstehen. Konkrete Ausgaben des H ergeben sich aus dem Sachverhalt nicht.

Möglicherweise ist aber die eingesetzte Arbeitskraft des H eine nach § 683 BGB ersatzfähige Aufwendung. In der eingesetzten Arbeitskraft ist dann ein Vermögensopfer zu sehen, wenn der Geschäftsführer die übernommene Tätigkeit üblicherweise nur gegen Entgelt auszuführen pflegt. Denn dann kommt der Arbeitsleistung ein Marktwert zu, der mit der auftraglosen Durchführung des Geschäfts freiwillig investiert wurde. Dies bestätigt auch die Regel des § 1835 Abs. 3 BGB, nach der der Vormund seine Dienste als Aufwendungen erstattet verlangen kann, wenn sie zu seinem Beruf oder Gewerbe gehören. Der Gesetzgeber hat dort zum Ausdruck gebracht, dass der Einsatz der eigenen beruflichen oder gewerblichen Tätigkeit als Aufwendung zu verstehen ist.

f) Ausschluss nach § 241a Abs. 1 BGB

Fraglich ist, ob der Anspruch nach § 241a Abs. 1 BGB ausgeschlossen ist. Danach wird durch die Erbringung unbestellter Leistungen durch einen Unternehmer an einen Verbraucher ein Anspruch gegen diesen nicht begründet. Wie sich aus § 241a Abs. 2 BGB ergibt, erfasst der Ausschluss nach Abs. 1 auch gesetzliche Ansprüche, und zwar unabhängig von ihrem Entstehungstatbestand.

Der Unternehmer- und Verbraucherstatus gem. §§ 13, 14 BGB bestimmen sich dabei danach, in welcher Rolle die Personen im Falle eines vorherigen Vertragsschlusses gehandelt hätten. Hätten H und P einen Behandlungsvertrag geschlossen, wäre H in Ausübung seiner freiberuflichen Tätigkeit, also als Unternehmer (§ 14 BGB) und P als Verbraucherin (§ 13 BGB) aufgetreten.

Unbestellt ist eine Leistung dann, wenn sie dem Verbraucher ohne eine ihm zurechenbare Aufforderung übermittelt wird. Auch insoweit ist der Tatbestand des § 241a Abs. 1 BGB erfüllt.

Da die Anwendung dieser Vorschrift jeden professionell, aber altruistisch tätigen Helfer entschädigungslos stellt, steht das Ergebnis in diametralen Gegensatz zum Anliegen der Regeln über die berechtigte Geschäftsführung ohne Auftrag. Es stellt sich daher die Frage einer methodischen Korrektur dieses Ergebnisses.

Nach seinem Sinn und Zweck will § 241a Abs. 1 BGB verhindern, dass Unternehmer Verbraucher durch ungefragte Leistungen in einen psychischen Zwang zum Vertragsschluss bringen oder sogar über § 151 BGB in eine „Vertragsfalle" locken.

Vor diesem Hintergrund kann man zum einen vertreten, den § 241a Abs. 1 BGB auf die berechtigte Geschäftsführung nicht anzuwenden, weil sich die dort zum Ausdruck gebrachte Fremdnützigkeit nicht mit Sinn und Zweck des § 241a Abs. 1 BGB als Sanktionsnorm wettbewerbswidrigen Verhaltens verträgt. Zum anderen lässt sich auch vertreten, im Hinblick auf den Normzweck alle Fälle ausklammern, in denen der Geschäftsführer nicht mit der Absicht gehandelt hat, einen Vertrag in unlauter Weise anzubahnen.

Welchem Ansatz der Vorzug zu geben ist, kann dahin gestellt bleiben. In jedem Fall ist der Ersatzanspruch des H nach beiden Ansätzen nicht durch § 241a Abs. 1 BGB ausgeschlossen.

2. Ergebnis

H kann von P die Zahlung einer üblichen Vergütung für seine Behandlung verlangen. Der Anspruch ist gem. § 271 Abs. 1 BGB fällig und uneingeschränkt durchsetzbar.

II. Anspruch aus §§ 812 Abs. 1 S. 1 Var. 1, 818 Abs. 2 BGB

Ein konkurrierender Zahlungsanspruch aus dem Gesichtspunkt einer bereicherungsrechtlichen Kondiktion der geleisteten Dienste scheidet aus. Die berechtigte Übernahme der Geschäftsbesorgung ohne Auftrag bildet einen Rechtsgrund für die im Rahmen der GoA erbrachten Leistungen.

Online-Wissens-Check

Wie verhält sich die GoA zu den Regeln des EBV?

Überprüfen Sie jetzt online Ihr Wissen zu den in diesem Abschnitt erarbeiteten Themen. Unter **www.juracademy.de/skripte/login** steht Ihnen ein Online-Wissens-Check speziell zu diesem Skript zur Verfügung, den Sie kostenlos nutzen können. Den Zugangscode hierzu finden Sie auf der Codeseite.

2. Teil
Die ungerechtfertigte Bereicherung

A. Einführung

I. Das Problem des Kaninchens vor der Schlange

Klausuren, in denen es um Ansprüche aus den §§ 812 ff. BGB geht, gelten gemeinhin als schwierig.[1] Nicht selten scheitern Bearbeiter deshalb, weil sie aus Angst, das Dickicht der Anspruchsgrundlagen nicht richtig durchschaut zu haben, unsystematisch vorgehen. Zugegeben, die Anspruchsgrundlagen sind etwas verworren, die Dogmatik umstritten und die Rechtsmeinungen in Literatur und Rechtsprechung driften zum Teil extrem ab. Deshalb sei an dieser Stelle das allgemeine Prüfungsschema in Erinnerung gerufen. Sie haben bekanntlich bei jedem Anspruch zu prüfen: 127

1. Ist der Anspruch entstanden?
2. Ist der Anspruch erloschen?
3. Ist der Anspruch durchsetzbar?

Dieses Grundschema, das Ihnen seit den Grundlagen der Rechtsgeschäftslehre vertraut ist,[2] gilt grundsätzlich auch im Bereicherungsrecht. Es wird nur ergänzt um den Punkt „In welcher Höhe besteht der Anspruch?", da diese Frage im Bereicherungsrecht häufig besonders problematisch ist.

Das Bereicherungsrecht dient dazu, ungerechtfertigte Vermögensverschiebungen, für deren Ausgleich sonst keine Anspruchsgrundlage ersichtlich ist, zu korrigieren. Der Gesetzgeber hat verschiedene Ansprüche einzelfallbezogen (kasuistisch) in die §§ 812 ff. BGB eingearbeitet.[3] Die bereicherungsrechtlichen Ansprüche sind daher weniger abstrakt und weniger systematisch, als es das BGB normalerweise ist. Dennoch und gerade deswegen ist die methodisch exakte Bearbeitung von Fällen aus dem Bereicherungsrecht die Hauptbedingung für Ihren Klausurerfolg. 128

Verwirrend ist anfangs auch die Verwendung des Begriffs „Kondiktion". Wenn Sie sich als Merkhilfe einfach einprägen, dass das Wort Kondiktion nichts anderes bedeutet als „Anspruch im Bereicherungsrecht"[4], hat dieser Begriff schon viel von seinem Schrecken verloren. 129

Schließlich sollten Sie sich davor hüten, im Rahmen einer Klausur tief in die vielfältigen dogmatischen Streitigkeiten, die in der Wissenschaft rund um das Bereicherungsrecht ausgefochten wurden und werden, einzusteigen.[5] Man erwartet dort von Ihnen keinen wissenschaftlichen Aufsatz, sondern die Lösung eines Sachverhaltes mit vertretbarem und gut begründe- 130

1 Vgl. *Looschelders*, Schuldrecht BT, § 53 Rn. 2 spricht sogar von einer der schwierigsten Materien des gesamten BGB.

2 Vgl. *Bönninghaus*, „BGB AT I", Rn. 24.

3 Vgl. Palandt/*Sprau*, Einf. v. BGB § 812 Rn. 1 f.

4 Vgl. Palandt/*Sprau*, Einf. v. BGB § 812 Rn. 5 („Verhältnis der Bereicherungsansprüche zu anderen (sic!) Ansprüchen".

5 Kritisch hierzu auch *Looschelders*, Schuldrecht BT, § 53 Rn. 2.

tem Ergebnis. Die Fälle, in denen Sie sich mit einem dogmatischen Streit auseinandersetzen können oder sollten, habe ich ausdrücklich als solche gekennzeichnet.

II. Die Leistungskondiktion und die Kondiktion „aus sonstigen Gründen"

1. Die Leistung als zentraler Begriff im Bereicherungsrecht

131 Wie oben Rn. 129 bereits ausgeführt, werden die Ansprüche, die in den §§ 812 ff. BGB niedergelegt sind, wegen ihres römisch-rechtlichen Ursprungs als Kondiktionen bezeichnet. Zu allem Überfluss haben einige Kondiktionen auch noch lateinische Bezeichnungen. Leider bleibt Ihnen nichts anderes übrig, als diese Begriffe, die wir im Einzelnen kennenlernen werden, wie Vokabeln zu lernen. Der Aufwand lohnt sich!

132 Die grundlegende Unterscheidung zwischen „Leistungskondiktion" und „Nichtleistungskondiktion" ergibt sich bereits aus § 812 Abs. 1 S. 1 BGB Dort heißt es: „Wer **durch Leistung** eines anderen oder **in sonstiger Weise** …" Damit haben Sie schon die beiden wichtigsten Oberbegriffe gelernt: Es gibt also einerseits Ansprüche, die wir als Leistungskondiktion bezeichnen, und andererseits solche, die nicht auf der Leistung einer Person beruhen, eben Nichtleistungskondiktionen.

133 Zentraler Begriff des gesamten Bereicherungsrechts ist damit die „Leistung". Liegt nämlich eine solche vor, kommen nur die Tatbestände der Leistungskondiktion in Betracht. Die Nichtleistungskondiktionen sind subsidiär.[6] Deshalb müssen Sie sich die Definition der Leistung im Sinne der §§ 812 ff. unbedingt einprägen:

> **Leistung** ist die bewusste und zweckgerichtete Mehrung fremden Vermögens.[7]

2. Die Funktion des Leistungsbegriffs

134 Wozu dient nun diese Unterscheidung? Der Leistungsbegriff hat zwei entscheidende Aufgaben: Er grenzt erstens die Leistungskonditionen von der subsidiären Nichtleistungskondiktion ab und dient zweitens der Bestimmung von Schuldner und Gläubiger in bereicherungsrechtlichen Fällen, in denen mehr als zwei Personen beteiligt sind.

135 Wichtig ist, dass Sie sich folgendes merken: Für den Leistungsbegriff reicht es nicht aus, dass eine Handlung des Verfügenden objektiv zu einer Vermögensmehrung beim Bereicherten geführt hat. Hinzukommen muss vielmehr die bewusste und zweckgerichtete Handlung des Verfügenden. Sollte es daran fehlen, liegt eine Leistungskondiktion im Verhältnis zwischen diesen Personen nicht vor.

Wir **beginnen** bei der Prüfung **also stets mit der Leistungskondiktion** (in einer ihrer Ausprägungen). Erst wenn wir diese verneint haben, dürfen wir mit der Prüfung der Nichtleistungskondiktionen starten.

---

6 Vgl. *Medicus/Petersen*, Bürgerliches Recht, Rn. 727.

7 Vgl. *Emmerich*, Schuldrecht BT, § 16 Rn. 13; *Buck-Heeb*, Besonderes Schuldrecht/2, Rn. 347; *Medicus/Petersen*, Bürgerliches Recht, Rn. 666; Palandt/*Sprau*, BGB § 812 Rn. 3. Für Interessierte: MüKo BGB/*Schwab*, BGB § 812 Rn. 52 f. zur Kritik am Leistungsbegriff mit umfangreichen Nachweisen und Fundstellen zum Streitstand.

B. Die einzelnen Kondiktionen

I. Die Anzahl der Kondiktionen

Wir haben bis hierhin gelernt, dass es die Leistungskondiktionen als vorrangige Ansprüche gibt (dort haben wir jemanden, der bewusst und zweckgerichtet fremdes Vermögen vermehrt hat) und eben Sachverhalte, in denen eine solche Leistung nicht festgestellt werden kann, die Nichtleistungskondiktionen. **136**

Sie stellen fest, dass ich bei beiden Kondiktionsarten den Plural verwende. Tatsächlich ist der Begriff Leistungskondiktion der Oberbegriff für insgesamt fünf Anspruchsgrundlagen. Je nach Zählweise kommen vier Anspruchsgrundlagen, die zu den Nichtleistungskondiktionen zählen, hinzu.[8]

Hinweis **137**

Summa summarum sind es also neun Anspruchsgrundlagen, die im Wesentlichen das Bereicherungsrecht ausmachen. Das ist im Vergleich zu dem, was Sie bisher schon alles gelernt haben, doch verblüffend wenig.

II. Die Leistungskondiktionen

Die erste Leistungskondition findet sich in **§ 812 Absatz 1 S. 1 Alt. 1** BGB. Hier ordnet das Gesetz eine Herausgabe des rechtsgrundlos Geleisteten an, wenn der rechtliche Grund von Anfang an gefehlt hat. Diesen Anspruch nennt man **„condictio indebiti"**.[9] **138**

» Ob dies sich bei der Anfechtung ebenso verhält, wird an späterer Stelle unter Rn. 166 besprochen. «

Beispiel Der typische Fall ist die Leistung aufgrund eines nichtigen Vertrages. ■

§ 813 BGB regelt einen **Spezialfall** der gerade genannten **condictio indebiti** des § 812 Abs. 1 S. 1 Alt. 1 BGB, den wir in Rn. 236 näher behandeln werden. **139**

Die dritte Leistungskondiktion findet sich in **§ 812 Abs. 1 S. 2 Alt 1 BGB**. Wenn der rechtliche Grund einer Leistung später wegfällt, ist ebenfalls die Herausgabe des so Erlangten geschuldet. Dieser Anspruch wird **„condictio ob causam finitam"**[10] genannt. **140**

Beispiel Ein solcher Fall tritt etwa dann ein, wenn der Rechtsgrund zunächst bestanden hat und dann aufgrund einer auflösenden Bedingung später weggefallen ist (siehe § 158 Abs. 2 BGB). ■

Viertens schließlich kann auch dann eine Leistung kondiziert (herausverlangt) werden, wenn der mit der Leistung bezweckte Erfolg nicht eingetreten ist. Dieser in **§ 812 Abs. 1 S. 2 Alt. 2 BGB** geregelte Tatbestand trägt den lateinischen Namen **„condictio ob rem"**.[11] **141**

8 Einen guten Überblick über die verschiedenen Kondiktionsarten erhalten Sie bei *Lorenz/Cziupka*, JuS 2012, 777.

9 Indebitus, lat: nicht gebührend, unverdient.

10 Frei übersetzt etwa: Kondiktion wegen beendeten Rechtsgrunds.

11 Etwa: „Kondiktion wegen des Zwecks".

Beispiel Eine solche Kondiktion ist beispielsweise dann gegeben, wenn der Ehemann ein Schuldanerkenntnis über einen Betrag von 100 000 € abgibt, um zu verhindern, dass der Arbeitgeber die Frau des Mannes wegen Veruntreuung anzeigt. Trotz dieses Anerkenntnisses zeigt der Arbeitgeber die Frau an. Das Schuldanerkenntnis kann mit der condictio ob rem (§ 812 Abs. 1 S. 2 Alt. 2 BGB) herausverlangt werden.[12]

III. Die Nichtleistungskondiktionen

142 An dieser Stelle sei noch einmal auf das Gesetz verwiesen. § 812 Abs. 1 S. 1 BGB unterscheidet die Leistungskondiktion(en) von den Ansprüchen „in sonstiger Weise". Ähnlich wie oben bei der Leistungsfunktion gibt es auch bei der Nichtleistungskondiktion verschiedene Anspruchsgrundlagen, die allerdings den Vorteil haben, keine lateinischen Namen zu tragen. Auch an dieser Stelle zähle ich zur besseren Übersicht die Tatbestände auf. Alle Detailfragen werden dann später eingehend besprochen:

143 Die **(allgemeine) Eingriffskondiktion** gemäß **§ 812 Abs. 1 S. 1 Alt. 2** BGB ist dadurch gekennzeichnet, dass der Bereicherte eine geschützte Rechtsposition des Gläubigers zu eigenen Zwecken nutzt und hierdurch sein Vermögen auf Kosten des Entreicherten mehrt.[13] Im Gegensatz zur Leistungskondiktion bekommt der Bereicherte hier nicht etwas, sondern er nimmt es sich.

Beispiel Student S kann sich die Übernachtung auf einer Reise nicht leisten und schleicht sich in ein Hotel. Dort legt er sich in ein freies Bett und verbringt die Nacht. Neben möglichen deliktischen Ansprüchen kann hier der Hotelier gegen S aus § 812 Abs. 1 S. 1 Alt. 2 BGB vorgehen.

144 Ein sehr wichtiger Anwendungsfall der Nichtleistungskondiktion ist die sogenannte **„Verwendungskondiktion"** nach **§ 812 Abs. 1 S. 1 Alt. 2** BGB. Ihre Bedeutung hat sie wegen § 951 BGB. Diese Vorschrift im Anschluss an die Tatbestände der §§ 946 bis 950 BGB besagt, dass derjenige, der infolge dieser Normen einen Rechtsverlust erleidet, eine Vergütung in Geld nach den Vorschriften der ungerechtfertigten Bereicherung verlangen kann. Nach wohl allgemeiner Meinung handelt es sich hierbei um eine Rechtsgrundverweisung.[14] Das heißt, dass der volle Tatbestand der Eingriffskondiktion vorliegen (und damit von Ihnen geprüft) werden muss.

145 Drei Spezialfälle eines Eingriffs in fremde Rechtspositionen sind in **§ 816** BGB enthalten, den man insgesamt getrost als Kind und Korrektiv der Tatbestände des gutgläubigen Erwerbs bezeichnen kann.[15] Wenn also der bloße Besitzer einer Sache diese an einen gutgläubigen Dritten veräußert, so erwirbt der Dritte gemäß § 932 Abs. 1 BGB Eigentum. Damit ist der Eigentümer entreichert und der Verfügende um (z.B.) den Kaufpreis bereichert, den der (ehemalige) Eigentümer gemäß § 816 Abs. 1 S. 1 BGB von diesem verlangen kann. Sollte die Übertragung an den Dritten unentgeltlich erfolgt sein (Schenkung), so trifft diese Verpflichtung den Dritten. § 816 Abs. 2 BGB behandelt den strukturell vergleichbaren Fall, dass jemand an den „falschen Gläubiger" zahlt und der eigentliche Gläubiger dann seine Forderung nicht mehr geltend machen kann (zum Beispiel wegen § 407 BGB).

12 Vgl. *Looschelders*, Schuldrecht BT, § 54 Rn. 26 mit Verweis auf *BGH*, NJW-RR 1990, 827.
13 Vgl. *Looschelders*, Schuldrecht BT, § 55 Rn. 1; *Brox/Walker*, Besonderes Schuldrecht, § 39 Rn. 3.
14 Vgl. statt aller Palandt/*Herrler*, § 951 Rn. 2.
15 Vgl. *Brox/Walker*, Besonderes Schuldrecht, § 42 Rn. 17.

Der als **„Durchgriffskondiktion" nach § 822** BGB bezeichnete Anspruch gleicht Ungerechtigkeiten aus, die aus **§ 818 Abs. 3** BGB herrühren. Danach ist nämlich ein Anspruch aus Kondiktion ausgeschlossen, wenn der Empfänger der Leistung nicht mehr bereichert ist. Dies ist insbesondere dann der Fall, wenn er den fraglichen Gegenstand nicht mehr hat, weil er ihn beispielsweise verschenkt hat. Im Falle einer solchen unentgeltlichen Weggabe räumt das Gesetz einen Durchgriff auf den Empfänger der unentgeltlichen Leistung ein, der das Erlangte unter Umgehung des Leistenden (Durchgriff) an den Entreicherten herausgeben muss. **146**

Schließlich gibt es noch eine weitere als **„Rückgriffskondiktion"** bezeichnete Konstellation, bei der ein Ersatzanspruch bei Bezahlung fremder Schulden geschaffen wird. **147**

IV. Weitere Besonderheiten des Bereicherungsrechts

1. Besonderheiten beim Umfang Anspruchs

Bislang hatten Sie vornehmlich mit vertraglichen Ansprüchen zu tun. Dort unterschieden Sie zwischen den Primäransprüchen und den sekundären Ansprüchen. Die Kondiktionen des Bereicherungsrechts haben ihre eigenen, speziellen Regeln, was Inhalt und Umfang des Anspruchs betrifft (insbesondere § 818 Abs. 3 BGB). Dies mag zunächst verwirrend erscheinen, wird aber zum sprichwörtlichen Kinderspiel, wenn die methodische Reihenfolge der Prüfung, wie wir Sie Ihnen vorschlagen, eingehalten wird. **148**

JURIQ-Klausurtipp

Wir empfehlen Ihnen, die Probleme des Anspruchsumfangs unter „Anspruch entstanden" in einem eigenen Prüfungspunkt nach Abarbeitung aller anderen anspruchsbegründenden Merkmale zu prüfen. So haben wir die nachfolgenden Prüfungsschemata auch aufgebaut. Ist ein zunächst entstandener Kondiktionsanspruch wegen nachträglicher Entreicherung später weggefallen, sollten Sie dies freilich systematisch als rechtsvernichtende Einwendung unter „Anspruch erloschen" prüfen.

2. Besonderheiten bei Mehrpersonenverhältnissen

Erfahrungsgemäß fällt die Lösung von Fällen, in denen bereicherungsrechtliche Ansprüche mit mehreren Personen geprüft werden müssen, schwer. Besonderen Schrecken verbreiten insbesondere die sog. Anweisungsfälle. Auch hier möchte ich Ihnen die Sorge nehmen; diese komplexen Sachverhalte werden Sie mit konsequenter Anwendung der Methodik lösen können (siehe dazu unter Rn. 364). **149**

C. Die allgemeine Leistungskondiktion

PRÜFUNGSSCHEMA

150 **Leistungskondiktion aus § 812 Abs. 1 S. 1 Var. 1 BGB**

I. Anspruchsentstehung
1. Hat Gegner „etwas erlangt"?
   Objektiv wertlose Zuwendungen Rn. 151
2. Durch Leistung des anderen?
   Genereller Leistungswille Rn. 159
3. Ohne rechtlichen Grund?
   Anfechtung Rn. 166
4. Kein Fall des § 814 BGB?
5. Kein Fall des § 817 S. 2 BGB?
6. Umfang des Anspruchs
   a) Herausgabe des Erlangten
   b) Ersatz für gezogene Nutzungen, § 818 Abs. 1 BGB
   c) Herausgabe eines Surrogates, § 818 Abs. 1 BGB
   d) Wenn Herausgabe nicht (mehr) möglich: Wertersatz, § 818 Abs. 2 BGB
   e) Kein Anspruch bei fehlender Bereicherung
      aa) Voraussetzungen des § 818 Abs. 3 BGB
         (1) Gegenstand ist nicht mehr vorhanden
         (2) Gegenstand ist noch vorhanden
         (3) Berücksichtigung der Gegenleistung
      bb) Verschärfte Haftung
         (1) § 818 Abs. 4 BGB
         (2) § 819 BGB
            Nicht voll Geschäftsfähige Rn. 216
         (3) § 820 BGB

II. Rechtsvernichtende Einwendungen,
insbesondere durch Erfüllung, Aufrechnung, nachträglicher Wegfall des Anspruchs nach § 818 Abs. 3 BGB

III. Durchsetzbarkeit
1. Fälligkeit
2. Einreden

I. Anspruchsentstehung

1. Hat Schuldner etwas erlangt?

151 Alle Kondiktionen (Ansprüche) im Bereicherungsrecht verlangen, dass der Anspruchsgegner „etwas" erlangt hat. Unproblematisch ist dieses Tatbestandsmerkmal zu bejahen, wenn der Bereicherte einen Vorteil erlangt hat, der sein wirtschaftliches Vermögen vermehrt.[16]

16 Vgl. *Buck-Heeb*, Besonderes Schuldrecht/2, Rn. 346; *Brox/Walker*, Besonderes Schuldrecht, § 40 Rn. 2.

Streitig ist aber, ob der Empfänger bei objektiv wirtschaftlich wertlosen Dingen „etwas" im Sinne des § 812 BGB erlangt.[17]

Beispiel Wenn der A an B rechtsgrundlos ihm gehörende Liebesbriefe übergibt, stellt sich die Frage, ob B „etwas" im Sinne des § 812 Abs. 1 S. 1 Alt. 1 BGB erlangt hat.

Während die Rechtsprechung hier eine Erlangung eines Vorteils verneint,[18] legen weite Teile der Literatur den Begriff „etwas erlangt" sehr weit aus und argumentieren, dass „etwas" jeder Vorteil sein kann, der zwar regelmäßig ein vermögenswerter ist, aber nicht zwingend sein muss.[19] **152**

JURIQ-Klausurtipp

Ich empfehle Ihnen, in einer Klausur die Position der Rechtsprechung zu übernehmen. Damit sind Sie auf jeden Fall auf der sicheren Seite. Die Argumentation könnte wie folgt aussehen:

„Fraglich ist, ob der B „etwas" im Sinne des § 812 Abs. 1 S. 1 BGB erlangt hat. Die Liebesbriefe, die er von A erhalten hat, haben für B objektiv keinerlei Wert. Die bereicherungsrechtlichen Vorschriften dienen jedoch dem Ausgleich von als ungerechtfertigt erscheinenden Vermögensverschiebungen und nicht dem Ausgleich von bloßem Affektionsinteresse. Deshalb hat B von A nichts erlangt, so dass der Anspruch aus § 812 Abs. 1 S. 1 Alt. 1 BGB ausscheidet."

Aus alledem folgt die Definition des Merkmals „etwas erlangt": **153**

„Etwas" im Sinne des § 812 BGB ist jeder vermögenswerte Vorteil.[20]

Innerhalb dieser Grenze (Mehrung des wirtschaftlichen Vermögens) ist der Begriff „etwas erlangt" dann wieder **sehr weit auszulegen**. Neben Eigentum und Besitz gehören der Erwerb dinglicher Rechte (insbesondere an Grundstücken) oder schuldrechtlicher Forderungen, die Befreiung von Verbindlichkeiten, ersparte Aufwendungen sowie der Empfang von Dienst-, Werk- oder ähnlicher Leistungen dazu.

JURIQ-Klausurtipp

In aller Regel ist in der Klausur, abgesehen vom oben dargestellten Streitfall, das Merkmal „etwas erlangt" unproblematisch. Machen Sie deshalb auch kein Problem daraus. Wenn z.B. der B rechtsgrundlos eine Forderung des A gegen einen Dritten abgetreten bekommen hat, schreiben Sie beispielsweise: „... Dazu müsste B „etwas erlangt haben". Darunter versteht man jeden Vorteil, der das wirtschaftliche Vermögen des B vermehrt. B hat von A die Forderung gegen D abgetreten bekommen. Damit ist ein wirtschaftlicher Vorteil gegeben. B hat etwas erlangt."

17 Vgl. MüKo BGB/*Schwab*, BGB § 812 Rn. 3; Palandt/*Sprau*, BGB § 812 Rn. 4.
18 Vgl. *BGH*, NJW 1952, 417; Jauernig BGB/*Stadler*, BGB § 812 Rn. 8.
19 Vgl. *Looschelders*, Schuldrecht BT, § 54 Rn. 3 m.w.N.; MüKo BGB/*Schwab*, BGB § 812 Rn. 3.
20 Vgl. *Brox/Walker*, Besonderes Schuldrecht, § 40 Rn. 2.

2. Durch Leistung eines anderen

a) Leistungsbegriff und der Theorienstreit

154 Der Vorteil des Bereicherten muss ihm durch Leistung des Entreicherten (Gläubiger der Kondiktion) zugeflossen sein. Die herrschende Meinung und insbesondere die gefestigte Rechtsprechung bestimmen mit diesem Leistungsbegriff Gläubiger und Schuldner bei den Ansprüchen aus Leistungskondiktion. Gläubiger ist derjenige, der geleistet hat, Schuldner der, der „etwas" (siehe Rn. 151) dadurch erlangt. Den Leistungsbegriff der herrschenden Meinung haben wir bereits kennengelernt. **Leistung ist die bewusste und zweckgerichtete Mehrung fremden Vermögens.**

Hinweis

Begnügen Sie sich in einfachen Fällen, also insbesondere bei Sachverhalten, in denen es nur zwei Personen gibt, mit dieser Definition. Nur bei den schwierigen Mehrpersonenverhältnissen sollten Sie einen Gedanken an den Theorienstreit verschwenden. Und dann auch nur, wenn Sie dafür Zeit haben.

Wegen der Bedeutung des Theorienstreits halte ich es aber für wichtig, dass Sie die Grundzüge kennen und anwenden können. Deshalb in der gebotenen Kürze:

155 In dem ich Ihnen den Leistungsbegriff als grundlegende Unterscheidung zwischen Leistungskondiktionen und Nichtleistungskondiktionen anbiete, schließe ich mich der herrschenden und vor allem auch in der Rechtsprechung vertretenen sogenannten **„Trennungstheorie"** an.[21] Sie hat ihren Namen daher, weil man zwischen der Leistungskondiktion einerseits und der Nichtleistungskondiktion andererseits trennt.

Wie schon erwähnt, war und ist das Bereicherungsrecht Gegenstand zum Teil erbitterter dogmatischer Streitigkeiten, die z.T. dazu geführt haben, dass sich Studenten selbst bei einfachen bereicherungsrechtlichen Fällen in eine Fülle von Theorien verstricken und dann zu keiner vernünftigen Lösung mehr gelangen.[22]

156 Die (alte) **Einheitstheorie** ignoriert den Wortlaut des § 812 Abs. 1 S. 1 BGB, der durch die Verwendung des Wortes „oder" ganz offensichtlich von zwei Tatbeständen ausgeht. Grob gesagt steht die Einheitstheorie auf dem Standpunkt, dass es nur einen einzigen Tatbestand der ungerechtfertigten Bereicherung gebe. Die Bestimmung des „richtigen" Bereicherungsschuldners sollte durch das Merkmal „auf Kosten" erfolgen.[23]

157 Die **Trennungstheorie** unterscheidet zwischen der Leistungskondiktion einerseits und der Nichtleistungskondiktion andererseits. Durch die Aufgliederung in verschiedene Unteranspruchsgrundlagen macht sie präzise und nachvollziehbare Lösungen möglich.[24]

» Erinnern Sie sich noch – wie viele Leistungskondiktionen und Nichtleistungskondiktionen kennen wir? «

21 Vgl. die Nachweise bei *Buck-Heeb*, Besonderes Schuldrecht/2, Rn. 338; MüKo BGB/*Schwab*, BGB § 812 Rn. 43 ff.; *Lorenz/Cziupka*, JuS 2012, 777 (778).

22 So erfrischend ehrlich *Medicus/Petersen*, Bürgerliches Recht, Rn. 665.

23 Vgl. *Medicus/Petersen*, Bürgerliches Recht, Rn. 663.

24 So im Ergebnis auch *Medicus/Petersen*, Bürgerliches Recht, Rn. 664 a.E.

Schließlich hat (vor allem) Canaris[25] für die besonders schwierigen Fälle der bereicherungsrechtlichen Mehrpersonenverhältnisse wertende Kriterien erarbeitet, nach denen Gläubiger und Schuldner zu bestimmen seien. Diese drei Wertungskriterien haben sicher etwas für sich. Vor allem gelangen sie fast immer zu den gleichen Ergebnissen wie die herrschende Meinung.[26] Sie lauten: 158

1. Jede Partei soll die Einwendungen aus ihrem Vertragsverhältnis behalten können.
2. Jede Partei muss vor Einwendungen geschützt werden, die aus einem fremden Vertragsverhältnis stammen.
3. Jede Partei soll nur das Insolvenzrisiko desjenigen Vertragspartners tragen, den er sich selbst ausgesucht hat.

b) Zweckgerichtet und bewusst (Leistungswille)

Die Mehrung des Vermögens des Bereicherungsschuldners muss durch eine Leistung des Anspruchsstellers bewirkt sein, also durch eine bewusste und zweckgerichtete Zuwendung. Dies ist dann näher zu prüfen, wenn der Leistende nicht individuell, sondern generell agiert. 159

Beispiel[27] Der Minderjährige M fliegt von München nach Hamburg. Dort angekommen gelingt es ihm, sich in die wartende Maschine nach New York zu schleichen, ohne für diese Reise ein entsprechendes Ticket zu haben. Er nimmt unbemerkt Platz, und die Lufthansa L transportiert ihn nach Amerika. ■

Zu prüfen ist hier, ob die L an den M geleistet hat. Dies könnte deswegen nicht der Fall sein, weil die L überhaupt nicht den Willen hatte, an den M irgendetwas zu leisten. Andererseits kann man der L unterstellen, dass sie die Beförderung an jeden erbringen will, der in dem entsprechenden Flugzeug sitzt (genereller Leistungswille).

Es muss ausreichen, dass die L den generellen Leistungswillen hatte. Das Argument, dass die L keinen Willen hatte, etwas an blinde Passagiere zu leisten, verfängt nicht. Es liegt im Wesen der ungerechtfertigten Bereicherung, dass der Leistende etwas tut, das er eigentlich nicht tun will. Die Leistungskondiktion soll ja gerade diese als ungerechtfertigt empfundene Vermögensverschiebung ausgleichen. 160

25 Vgl. *Canaris*, WM 1980, 354.
26 Vgl. *Medicus/Petersen*, Bürgerliches Recht, Rn. 667 („vielfach").
27 Fall angelehnt an „Flugreisefall" *BGH*, Urteil v. 7.1.1971 – VII ZR 9/70 = BGHZ 55, 128 = NJW 1971, 609.

161 Gelegentlich kann es allerdings zu Irritationen darüber kommen, wer Leistender ist, wie wir an folgendem *Beispiel* erkennen können. A ist als V-Mann für das BKA tätig. Er kauft von B zum Schein rund 50 kg Cannabis und zahlt dafür mit vom BKA zur Verfügung gestelltem, weisungsgebunden zu verwendenden rund 50 000 €. Als B vom Staat aus § 812 Abs. 1 S. 1 Alt. 1 BGB in Anspruch genommen wird, wendet er ein, dass er den A als seinen Vertragspartner und nicht den Staat als Leistenden angesehen hat.[28]

Hinweis

Wenn mit der Gegenansicht[29] hier eine Leistung abgelehnt wird, muss eine Eingriffskondiktion geprüft werden. Siehe dazu das entsprechende Prüfungsschema nachfolgend unter Rn. 252.

162 Grundsätzlich gilt, dass die Person des Leistungsempfängers aus der objektivierten Sicht des Leistungsempfängers zu bestimmen ist.[30] Das hilft allerdings im konkreten Fall wenig weiter, denn es erscheint höchst zweifelhaft, ob man einen „objektivierten Empfängerhorizont" bei einem Drogenhandel feststellen kann. Das Kammergericht hat daher in diesem Fall zusätzlich die Kriterien „Vertrauensschutz" und „Risikoverteilung" herangezogen und ist zu dem Ergebnis gekommen, dass vorliegend der Staat und nicht der konkret handelnde A Leistender im Sinne des Bereicherungsrechts war.[31]

3. Auf dessen Kosten?

163 Nach dem Wortlaut des § 812 Abs. 1 S. 1 BGB muss das Erlangte auf Kosten des Gläubigers in das Vermögen des Schuldners gelangt sein. Nach der **Trennungstheorie** ist dieses **Merkmal unnötig geworden**, da die Bestimmung von Gläubiger und Schuldner durch den Leistungsbegriff erfolgt. Damit ist das Kriterium „auf dessen Kosten" schlicht und einfach überflüssig.[32]

JURIQ-Klausurtipp

Gleichgültig, ob Sie in einer Klausur den Theorienstreit (wie meistens) gar nicht vertiefen oder ob Sie (in Ausnahmefällen) dazu Stellung genommen haben, sollten Sie die Trennungstheorie vertreten. Für den Normalfall genügt dann folgender Satz:

„… Damit hat der A durch Leistung des B etwas erlangt. Das Merkmal „auf Kosten" hat keine Bedeutung, da nach der herrschenden Trennungslehre die Bestimmung von Gläubiger und Schuldner der Leistungskondiktion allein durch den Leistungsbegriff erfolgt."

In Fällen, in denen Sie etwas zum Theorienstreit geschrieben haben, schreiben Sie zu diesem Kriterium Folgendes:

„… Damit hat der A durch Leistung des B etwas erlangt. Das Merkmal „auf Kosten" diente der alten Einheitslehre dazu, Gläubiger und Schuldner eines bereicherungsrechtlichen Anspruchs

28 Sachverhalt nach KG, Urteil v. 12.2.2015 – 27 U 112/14 = BeckRS 2015, 02997.
29 Vgl. *Looschelders*, Schuldrecht BT, § 54 Rn. 13.
30 Vgl. Palandt/*Sprau*, BGB § 812 Rn. 14 m.w.N.
31 Vgl. KG, Urteil v. 12.2.2015 – 27 U 112/14 = BeckRS 2015, 02997 Rn. 15.
32 Vgl. *Looschelders*, Schuldrecht BT, § 54 Rn. 14; Palandt/*Sprau*, BGB § 812 Rn. 5 a.E.

zu bestimmen. Da die Einheitslehre jedoch gegen den eindeutigen Wortlaut des § 812 Abs. 1 S. 1 BGB steht („oder") vertritt die herrschende Meinung in Rechtsprechung und Lehre zu Recht die Trennungslehre. Nach dieser ist das Merkmal „auf dessen Kosten" dann aber entbehrlich und bedarf hier nicht der weiteren Prüfung."

4. Ohne rechtlichen Grund

a) Grundsatz

Schließlich verlangt § 812 Abs. 1 S. 1 Alt. 1 BGB, dass die Leistung „ohne rechtlichen Grund" 164
erfolgt. Die condictio indebiti dient also dem Ausgleich für bewusste und gewollte Vermögensverschiebungen, bei denen ein Rechtsgrund von vornherein nicht bestand. Es liegt im Wesen des Bereicherungsrechts, dass es eben keinen rechtlichen Grund geben darf, die das Behaltendürfen der Leistung beim Empfänger rechtfertigt.[33] Das Fehlen des rechtlichen Grundes wird wie folgt definiert:

Eine Leistung erfolgt bei der **condictio indebiti ohne rechtlichen Grund**, wenn ein wirksames Schuldverhältnis, aufgrund dessen der Schuldner die Leistung behalten darf, zum Zeitpunkt der Leistung nicht bestand.

Greifen wir zur Verdeutlichung den oben erwähnten Flugreisefall wieder auf. Ein beschränkt 165
geschäftsfähiger Minderjähriger (7–18 Jahre, siehe §§ 2, 106 BGB) kann ohne Einwilligung seines gesetzlichen Vertreters Rechtsgeschäfte nur wirksam vornehmen, wenn sie rechtlich nicht nachteilhaft sind, § 107 BGB. Ohne Zustimmung des gesetzlichen Vertreters geschlossene und rechtlich nachteilhafte Verträge sind schwebend unwirksam (§ 108 BGB) und bedürfen zu ihrer Wirksamkeit der (nachträglichen) Genehmigung. Wird diese verweigert, ist der Vertrag von vornherein unwirksam.

» Fragen Sie sich ehrlich, ob Sie die Fragen der Wirksamkeit von Rechtsgeschäften beschränkt Geschäftsfähiger noch beherrschen. Wenn nicht, wiederholen Sie an dieser Stelle diesen Stoff.[34] «

Hinweis

Eine Genehmigung macht das Rechtsgeschäft von Anfang an gemäß § 184 Abs. 1 BGB wirksam (und nicht etwa erst ab dem Zeitpunkt der Genehmigung).

Da der M die fragliche Flugreise nicht mit Mitteln bewirkt hat, die ihm zu diesem Zweck oder zur freien Verfügung überlassen wurden, bewirkt hat (§ 110 BGB) und eine ausdrückliche Zustimmung der gesetzlichen Vertreter auch nicht in Betracht kommt, scheidet ein wirksamer Vertrag zwischen M und L aus.

Ein rechtlicher Grund für die Leistung der L (Beförderung des M nach New York) hat in diesem F all daher von vornherein gefehlt.[35] L leistete ohne Rechtsgrund.

33 Vgl. MüKo BGB/*Schwab*, BGB § 812 Rn. 417.
34 Z.B. mit *Bönninghaus*, „BGB AT I", Rn. 342 ff.
35 Ein Rechtsgrund aus berechtigter GoA scheitert entweder bereits am fehlenden Fremdgeschäftsführungswillen der Fluggesellschaft, die ihre angenommene eigene Verpflichtung gegenüber M erfüllen will, oder zumindest an den fehlenden Voraussetzungen der §§ 679, 683, da bei Minderjährigen insoweit auf den Willen der gesetzlichen Vertreter abzustellen ist; siehe dazu oben Rn. 82.

b) Anfechtbare Rechtsgeschäfte

166 Umstritten ist die Einordnung bei der Anfechtung von Rechtsgeschäften gemäß §§ 118 bis 124 BGB. Eine wirksame Anfechtung[36] führt gemäß § 142 Abs. 1 BGB zur Nichtigkeit des Rechtsgeschäfts. Mehr noch: Diese Norm sagt ausdrücklich, dass die Nichtigkeit von Anfang an eintritt (sog. Wirkung „ex tunc" im Unterschied zur Wirkung „ex nunc" (von jetzt an)).

Mit diesem Argument können sie getrost alle bereicherungsrechtlichen Ansprüche bei Leistungen aufgrund durch Anfechtung nichtig gewordener Rechtsgeschäfte unter die condictio indebiti subsumieren. Die Gegenansicht ordnet diese Fälle dem § 812 Abs. 1 S. 2 Alt. 1 BGB (condictio ob causam finitam) zu.[37] Praktische Bedeutung hat dieser Streit nicht. Dennoch müssen Sie in Anfechtungsfällen dazu einen oder zwei Sätze verlieren, da Sie sich festlegen müssen, ob Sie § 812 Abs. 1 S. 1 Alt. 1 BGB (condictio indebiti) oder § 812 Abs. 1 S. 2 Alt. 1 BGB als Anspruchsgrundlage prüfen.

167 Die Nichtigkeit des Rechtsgeschäftes nach den § 134 BGB (Verstoß gegen gesetzliches Verbot) und § 138 BGB (Sittenwidrigkeit) führt in aller Regel (zu den Ausnahmen siehe gleich) auch zu einer Leistung des Verfügenden ohne rechtlichen Grund.

168 Der rechtliche Grund fehlt ferner, wenn der Gläubiger des Bereicherungsanspruchs an den Schuldner irrtümlich geleistet hat, weil er zwar eine Verbindlichkeit erfüllen wollte, diese aber nicht gegenüber dem jetzigen Schuldner bestand.

c) Keine Nichtigkeit ex tunc bei in Vollzug gesetzten Arbeitsverhältnissen und Gesellschaftsverträgen

169 Von dem Grundsatz, dass die Nichtigkeit des angefochtenen Rechtsgeschäfts zurückwirkt (ex tunc), gibt es, wie Sie schon in der Rechtsgeschäftslehre gelernt haben,[38] zwei wichtige Ausnahmen. Bei in Vollzug gesetzten Arbeits- und Gesellschaftsverträgen führt die Anfechtung nicht zur rückwirkenden Nichtigkeit, sondern beseitigt den Vertrag nur für die Zukunft.

170 Der Grund dafür liegt im Bereicherungsrecht. Würde man eine (u.U. jahrelange) gesellschaftsrechtliche Verbindung oder ein entsprechendes Arbeitsverhältnis mit dem Instrument insbesondere der Leistungskondiktion zu lösen versuchen, würde man scheitern. In einer Gesellschaft z.B. haben über diese Zeit viele, im Einzelnen gar nicht mehr feststellbare Leistungsverschiebungen stattgefunden, sodass das Faktum der (tatsächlichen) Erfüllung in der Vergangenheit schwerer wiegt als die Unwirksamkeitsnorm. Die Nichtigkeit kann daher nur für die Zukunft geltend gemacht werden.[39]

Beim in Vollzug gesetzten Arbeitsverhältnis kommt noch ein weiterer Gedanke zum Tragen. Wie wir noch sehen werden, muss bei einem Bereicherungsanspruch „Art und Umfang des Anspruchs" eigens geprüft werden. Das kann dazu führen, dass der Arbeitnehmer nach einer Anfechtung durch den Arbeitgeber seinen erhaltenen Lohn zurückzahlen müsste, für die geleistete Arbeit aber nicht entlohnt würde. Dies ist nach verbreiteter Ansicht in der arbeitsrechtlichen Literatur und Rechtsprechung mit der Schutzfunktion des Arbeitsrechts unvereinbar.[40]

---

36 Siehe dazu *Bönninghaus*, „BGB AT II", Rn. 316 ff.

37 Vgl. Palandt/*Sprau*, BGB § 812 Rn. 26.

38 Vgl. *Bönninghaus*, „BGB AT I", Rn. 328.

39 Vgl. *Bönninghaus*, „BGB AT I", Rn. 328.

40 Siehe m.w.N. *Michalski/Westerhoff*, Arbeitsrecht, Rn. 335 ff.

d) Besonderheiten bei wucherischen Mieten und sittenwidrigen sowie gesetzwidrigen Arbeitsverträgen sowie sittenwidrigen Darlehen

Die Rechtsfolge des § 138 BGB ist vom Wortlaut her eindeutig. Ein wucherisches (§ 138 Abs. 2 BGB) bzw. sonst sittenwidriges Rechtsgeschäft ist nichtig. Von diesem Grundsatz sind zwei Ausnahmen anerkannt: **171**

Bei Mietverträgen über Wohnraum (Achtung: bei wucherischen Geschäftsraummieten bleibt es bei der Nichtigkeit[41]) würde die Annahme der Nichtigkeit bei wucherischen Mieten den damit bezweckten Schutz des Mieters in sein Gegenteil verkehren. Wenn Sie also bei einem Wohnraummietvertrag Wucher bzw. ein wucherähnliches Geschäft vorfinden, so bleibt der Vertrag mit der ortsüblichen Miete bestehen. Eine Kondiktion kommt dann nur wegen der darüber hinaus geleisteten Miete in Betracht.

Eine ähnliche Konstellation betrifft wucherische bzw. wucherähnliche Arbeitsverträge. Wenn der geschuldete Lohn unter Zweidrittel bei Wucher[42] bzw. unter der Hälfte des üblicherweise gezahlten Lohns bei wucherähnlichen Arbeitsverträgen[43] liegt, ist nicht der gesamte Vertrag nichtig. Nichtig ist nur die Entgeltabrede, an deren Stelle gemäß § 612 BGB die übliche Vergütung tritt. Für eine Rückabwicklung ist hier kein Raum. Vielmehr hat der Arbeitnehmer einen Anspruch auf Nachzahlung nicht gezahlten Lohnes aus § 611 BGB. Man kann an dieser Stelle methodisch auch mit dem Rechtsinstitut der geltungserhaltenen Reduktion arbeiten.[44]

Nun könnte man auf den Gedanken kommen, auch beim sittenwidrigen Darlehen diesen Rechtsgedanken anzuwenden. Die praktisch wichtigste Fallgruppe des sittenwidrigen Darlehens ist freilich das Wucherdarlehen nach § 138 Abs. 2 BGB[45] bzw. wucherähnlichen Darlehen nach § 138 Abs. 1 BGB.[46] Und hier merken Sie sich bitte, dass eine geltungserhaltene Reduktion hier **nicht** angenommen wird. Das Argument sei der damit einhergehende Wegfall der generalpräventiven Wirkung einer drohenden Nichtigkeit[47] sowie die Gefahr, dass Gerichte überlastet werden könnten.[48] Gemeint ist damit folgendes: Würde man einen überhöhten Zins auf das gerade noch Zulässige reduzieren, wäre das eine Einladung an Darlehensgeber in geeigneten Fällen den Wucher zu vereinbaren, denn „Schlimmeres" als den Marktzins zu erhalten (Folge des Wegfalls der Präventionswirkung), den dann im Ergebnis der Richter zu bestimmen hat (Argument der Überlastung), kann ihm ja nicht passieren. **172**

Auch wenn ich vorsichtig Kritik an dieser Argumentation äußere (In aller Kürze: Nach meiner Auffassung hat das Zivilrecht nicht die Aufgabe, die Beteiligten zu erziehen.[49] Deshalb sind strafrechtliche Argumentationsmuster (Prävention) deplatziert.[50] Auch darf sich meines Erachtens die Judikative nicht einfach dadurch Arbeit ersparen, in dem sie eben mit diesem Argu- **173**

41 Vgl. Palandt/*Ellenberger*, BGB § 138 Rn. 76.
42 Vgl. *Hromadka/Maschmann*, Arbeitsrecht Bd. 1, § 5 Rn. 109.
43 Vgl. *Hromadka/Maschmann*, Arbeitsrecht Bd. 1, § 5 Rn. 111a.
44 Wie ich es unter Berufung auf die wohl herrschende Meinung im Arbeitsrecht tue. Vgl. *Michalski/Westerhoff*, Arbeitsrecht, Rn. 304–306.
45 Zu seinen Voraussetzungen siehe MüKo BGB/*Armbrüster*, BGB § 138 Rn. 146.
46 Zu dessen Voraussetzungen siehe MüKo BGB/*Armbrüster*, BGB § 138 Rn. 119, 120.
47 Vgl. MüKo BGB/*Armbrüster*, BGB § 138 Rn. 161.
48 Vgl. MüKo BGB/*Armbrüster*, BGB § 138 Rn. 161.
49 Vgl. dazu auch meine Kritik an einigen Vorschriften des AGG *Michalski/Westerhoff*, Arbeitsrecht, Rn. 247 f. und 429.
50 So aber ex pressis verbis MüKo BGB/*Schwab*, BGB § 817 Rn. 50, 51.

ment hantiert), empfehle ich Ihnen **dringend** in einer Klausur der völlig vorherrschenden Meinung zu folgen. Allenfalls in einer Hausarbeit können oder sollten Sie sich gegebenenfalls hiermit auseinandersetzen.

174 Nun kann es Konstellationen geben, in denen eine Sittenwidrigkeit eines Darlehensvertrages aus anderen Gründen als einem überhöhten Zins angenommen werden könnte. Dann ist es möglich über eine geltungserhaltene Reduktion nachzudenken.

II. Rechtshindernde Einwendungen

1. Kein Fall des § 814 BGB (Kenntnis der Nichtschuld)

a) Allgemeines

175 Wenn Sie bis hier die Voraussetzungen eines Anspruchs nach § 812 Abs. 1 S. 1 Alt. 1 BGB bejaht haben, darf schließlich kein Fall des § 814 BGB vorliegen. Rechtstechnisch stellt diese Vorschrift eine rechtshindernde Einwendung dar.[51] § 814 BGB gilt nur für diese Kondiktion, die condictio indebiti, und nicht für die anderen Fälle der Leistungskondiktion und erst recht nicht für die Tatbestände der Nichtleistungskondiktionen.[52]

Es entspricht dem allgemeinen Grundsatz von Treu und Glauben (Verbot des widersprüchlichen Verhaltens), wenn der Leistende in Kenntnis seiner Nichtschuld zunächst leistet, dann aber im Wege der Kondiktion das Geleistete wieder herausverlangt.[53] § 814 Alt. 1 BGB ist damit eine Ausprägung des Verbots des widersprüchlichen Verhaltens.

Aus zwei Gründen darf der Leistende trotz Rechtsgrundlosigkeit seiner Leistung an den Empfänger das Erlangte nicht wieder herausverlangen. Einmal dann nicht, wenn er die Rechtsgrundlosigkeit seiner Leistung positiv kannte und zweitens dann, wenn die Leistung einer sittlichen Pflicht oder einen auf den Anstand zu nehmenden Rücksicht entsprach.[54]

b) Positive Kenntnis

176 Kannte er die Rechtsgrundlosigkeit seiner Leistung, ist der Anspruch nach § 812 Abs. 1 S. 1 Alt. 1 BGB ausgeschlossen. Da § 814 Alt. 1 BGB eine Ausnahme darstellt, wird er restriktiv ausgelegt. Der Ausschluss der Leistungskondition greift nur, wenn der Leistende seine Nichtschuld positiv kannte. Im Wege der Parallelwertung in der Laiensphäre (diesen Begriff kennen Sie aus der Irrtumslehre im Strafrecht)[55] muss der Leistende wissen, dass er zur Leistung nicht verpflichtet ist. Es genügt aber nicht, dass er alle Umstände kennt, die zu dieser Folgerung führen, sondern er muss auch noch die richtige rechtliche Schlussfolgerung ziehen.

Beispiel Motorradhändler M verkauft dem minderjährigen J ein Motorrad, obwohl er sich trotz des jugendlichen Aussehens den Ausweis nicht hat zeigen lassen. Gegen die Kondiktion des Motorrades kann J nicht einwenden, M habe seine Nichtschuld gekannt. Auch dass der Rechtsirrtum des M möglicherweise auf grober Fahrlässigkeit beruht, steht dem Anspruch nicht entgegen. ■

---

51 Vgl. Palandt/*Sprau*, BGB § 814 Rn. 1.
52 Vgl. *Buck-Heeb*, Besonderes Schuldrecht/2, Rn. 354a; Palandt/*Sprau*, BGB § 814 Rn. 2.
53 Vgl. Palandt/*Sprau*, BGB § 814 Rn. 2.
54 Vgl. *Brox/Walker*, Besonderes Schuldrecht, § 40 Rn. 26 f.
55 Siehe dazu z.B. *Kindhäuser/Zimmerman*, Strafrecht AT, § 27 Rn. 28 ff.

§ 814 Alt. 1 BGB greift damit nach seinem Sinn auch nicht, wenn die Leistung ausdrücklich unter Vorbehalt oder zur Vermeidung erheblicher Nachteile (z.B. zur Vermeidung der Zwangsvollstreckung) erfolgt.[56]

Schließlich darf die Berufung auf § 814 BGB nicht gegen Treu und Glauben verstoßen.[57] 177

Beispiel Kredithai K vergibt an B ein Darlehen zu einem Wucherzins. B weiß dies, kann aber sonst nirgendwo einen Kredit erhalten. Später verlangt er die wucherischen Zinsen zurück. K wendet ein, dass B doch gewusst habe, zu dieser Leistung nicht verpflichtet gewesen zu sein.

Die von B an K geleisteten Zinsen sind rechtsgrundlos erfolgt. Der Kreditvertrag war nichtig, § 138 BGB (entweder als Wucherdarlehen gemäß Abs. 2 oder als wucherähnliches Darlehen nach Abs. 2). Auch wenn B dies wusste, scheitert die Berufung des K auf § 814 BGB am Einwand von Treu und Glauben. Es wäre geradewegs widersinnig, dass die dem Schutz des B dienende Nichtigkeit des Darlehensvertrages dazu führen würde, dass er die gezahlten Zinsen nicht zurückverlangen kann, nur weil er im Zeitpunkt der Leistung wusste, dass er „eigentlich" nicht verpflichtet war.

c) Moralische Hinderungsgründe

Die in § 814 Alt. 2 BGB genannten Gründe, die einen Anspruch aus der condictio indebiti ebenfalls ausschließen, sind „moralischer" Natur. Dann nämlich, wenn die Leistung entweder einer sittlichen Pflicht oder einer auf den Anstand zu nehmenden Rücksicht entsprach.[58] Wichtig: Kannte der Leistende seine Nichtschuld zum Zeitpunkt der Leistung, ist die Rückforderung schon nach § 814 Alt. 1 BGB ausgeschlossen.[59] 178

Beispiel Der Gast im Restaurant zahlt ein übliches Trinkgeld. Er weiß, dass er rechtlich nur den Rechnungsbetrag ohne Aufschlag zahlen muss. Gegen eine Rückforderung des Trinkgeldes mit der condictio indebiti steht schon § 814 Alt. 1 BGB. Auf die Frage der sittlichen Pflicht oder des Anstands kommt es hier nicht an.

Für § 814 Alt. 2 BGB bleiben also nur die Fälle, in denen der Leistende irrtümlich glaubt, zur Leistung verpflichtet zu sein und dennoch seine Rückforderung mit den herrschenden Moralvorstellungen nicht in Einklang zu bringen ist, weil die Leistung objektiv einer sittlichen oder Anstandspflicht entspricht. 179

56 Vgl. Palandt/*Sprau*, BGB § 814 Rn. 5.
57 Vgl. Palandt/*Sprau*, BGB § 814 Rn. 5.
58 Vgl. Palandt/*Sprau*, BGB § 814 Rn. 8.
59 Vgl. Jauernig BGB/*Stadler*, BGB § 814 Rn. 8; a.A. MüKo BGB/*Schwab*, BGB § 814 Rn. 24.

Beispiel Die Schwester des erfolgreichen Unternehmers U gerät unverschuldet in Not. U geht irrtümlich davon aus, als Bruder zum Unterhalt verpflichtet zu sein (siehe dazu § 1601 BGB: Unterhaltspflicht nur für Verwandte in gerader Linie). Er zahlt mehrere Jahre lang einen angemessenen Betrag, bis ihn sein Rechtsanwalt über seinen Irrtum aufklärt. U geht gegen S aus der condictio indebiti vor. ■

180 Dem Anspruch des U steht § 814 Alt. 2 BGB entgegen, weil Unterhalt an Geschwister zwar nicht gezahlt werden muss. Ein gleichwohl gezahlter Unterhalt entspricht nach den herrschenden Moralvorstellungen einer Anstandspflicht. Die insoweit geleisteten Zahlungen können deswegen nicht zurückgefordert werden.

181 Anders ist es allerdings, wenn der vermeintliche Vater in der irrigen Annahme, er sei Vater des Kindes, Unterhalt an dieses leistet. Es entspricht nicht der sittlichen Pflicht, Unterhalt an ein Kind, dessen Vater man nicht ist, zu leisten. Gleichwohl gezahlter Unterhalt kann deswegen mit der condictio indebiti zurückgefordert werden.

d) Kein Fall des § 817 S. 2 BGB

182 Während § 817 S. 1 BGB lediglich eine Klarstellung ist,[60] ist § 817 S. 2 BGB eine rechtshindernde Einwendung gegen die Leistungskondiktion nach § 812 Abs. 1 S. 1 Alt. 1 BGB.[61] Im Grunde geht es dabei um Folgendes:

183 Wenn **sowohl Leistender als auch Empfänger einer Leistung** durch diese Leistung **beide** entweder **gegen ein gesetzliches Verbot** verstoßen oder **beide gegen die guten Sitten** verstoßen, so soll die Rechtsordnung nicht auch noch Ansprüche zum Ausgleich zur Verfügung stellen. Plastisch hat diesen Gedanken einmal der BGH so formuliert:

„Wer sich selbst außerhalb der Sitten- und Rechtsordnung stellt, soll hierfür keinen Rechtsschutz erhalten“.[62]

Dieser Satz zeigt deutlich, dass es sich bei § 817 BGB um eine Art Strafvorschrift[63] handelt. Derartige Motive sind dem Zivilrecht eigentlich fremd. Deshalb ist diese Norm auch eng auszulegen und darf insbesondere nicht auf Ansprüche außerhalb des Bereicherungsrechts angewendet werden.[64]

184 Bei der condictio indebiti, die wir hier prüfen, gehen Sie in der Frage des § 817 S. 2 BGB wie folgt vor:

1. Der fehlende Rechtsgrund muss sich aus einem Verstoß gegen § 134 oder § 138 BGB ergeben.
2. Wenn beiden Parteien ein Vorwurf gemacht werden kann (beide haben sich z.B. strafbar gemacht), verweigert § 817 S. 2 BGB beiden und damit auch dem Leistenden den Rechtsschutz.
3. Fällt nur dem Leistenden ein solcher Verstoß zur Last (z.B. nur dem Darlehensgeber bei wucherischem Darlehen), ist § 817 S. 2 BGB ebenfalls anwendbar. Argument: Nach dem

60 Umstritten: Siehe *Looschelders*, Schuldrecht BT, § 54 Rn. 33-35 und MüKo BGB/*Schwab*, BGB § 817 Rn. 4-8.
61 Vgl. Palandt/*Sprau*, BGB § 814 Rn. 11.
62 *BGH*, Urteil v. 7.3.1962 – V ZR 132/60 = BGHZ 36, 395 = NJW 1962, 955; ähnlich das KG Urteil v. 12.2.2015 – 27 U 112/14 = BeckRS 2015, 02997 Rd. 17.
63 Vgl. *Looschelders*, Schuldrecht BT, § 54 Rn. 37.
64 Vgl. *Looschelders*, Schuldrecht BT, § 54 Rn. 37.

Sinn und Zweck des Ausschlusses der Kondiktion muss der Ausschluss erst recht gelten, wenn nur der Leistende gegen Gesetz und/oder gute Sitten verstößt, auch wenn der Wortlaut „gleichfalls“ nur für den beiderseitigen Verstoß passt.[65]

4. Einschränken muss man § 817 S. 2 BGB aber im Hinblick auf den Gegenstand der Kondiktion machen. Beim Wucherdarlehen z.B. schließt § 817 S. 2 BGB den Anspruch auf Zinsen (§ 818 Abs. 1 BGB, gezogene Nutzungen) aus, nicht aber die Rückforderung der Darlehensvaluta selbst.[66] Das Argument hierfür wird darin gesehen, dass die Überlassung der Valuta von Anfang an zeitlich befristet war. § 817 S. 2 BGB will nicht verhindern, dass die von vorneherein auf einen befristeten Zeitraum konzipierte Überlassung wieder ausgeglichen wird.

Zwischenergebnis: Mit der Bejahung der vier positiven Merkmale und der Verneinung der **185** Voraussetzungen des § 814 BGB sowie des § 817 S. 2 BGB besteht der Anspruch des Leistenden gegen den Schuldner dem Grunde nach. Zu prüfen ist jetzt, was der Schuldner dem Gläubiger einer condictio indebiti herausgeben muss.

III. Umfang des Anspruchs

186

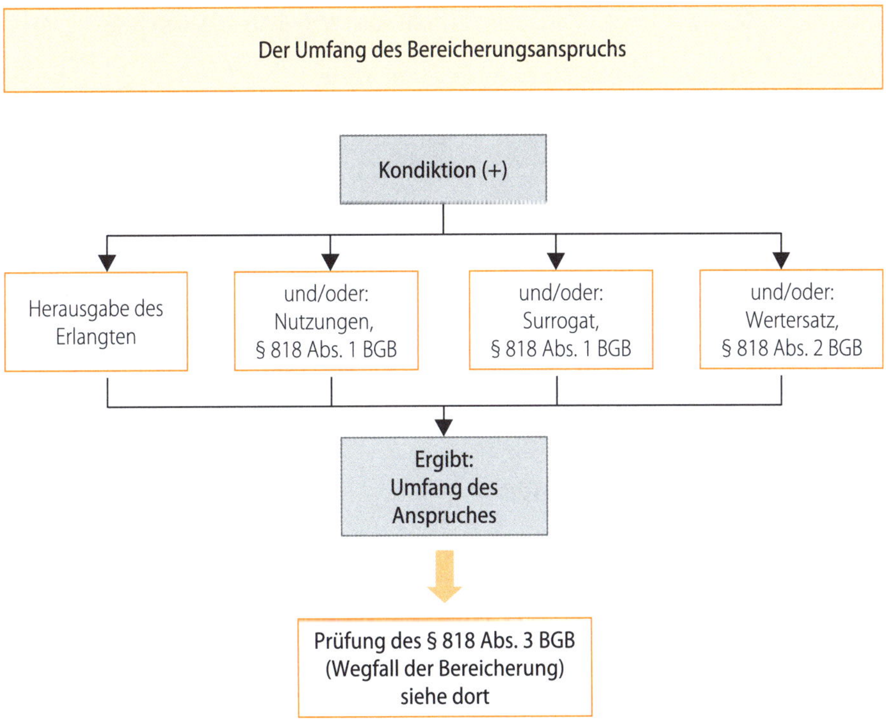

1. Herausgabe des Erlangten

Die entscheidende Vorschrift, um den Umfang des Anspruchs zu bestimmen, ist § 818 BGB. **187** In dessen Abs. 1 heißt es, dass sich der Umfang der Herausgabe auf die gezogenen Nutzun-

65 Vgl. MuKo BGB/*Schwab*, BGB § 817 Rn. 14.
66 Siehe dazu *Bönninghaus*, „Schuldrecht BT II“, Rn. 21 (Wuchermiete) und *Bönninghaus*, „Schuldrecht BT II“, Rn. 459 ff.; Palandt/*Sprau*, BGB § 814 Rn. 21.

gen erstreckt. Das bedeutet im Umkehrschluss, dass zunächst „das Erlangte" zurück zu gewähren ist.

Mithin ist das „etwas" (siehe oben Rn. 151), das der Schuldner durch die Leistung des Gläubigers erhalten hat, dem Gläubiger zurück zu gewähren.

188 Im *obigen Beispiel des Motorradhändlers*, der einem Minderjährigen ein Motorrad verkauft, übergibt und übereignet, hat J dem M den Besitz und das Eigentum am Motorrad wieder zurückzugeben. Damit hat M das „Etwas", was er an J rechtsgrundlos übereignet hat, wieder zurückbekommen.

189 Besonders problematisch ist „das Erlangte" bei Persönlichkeitsrechtsverletzungen zu beantworten. Der rechtswidrige Eingriff in das Persönlichkeitsrecht stellt, wie wir noch sehen werden, einen Tatbestand der Eingriffskondiktion dar. Hier wie dort muss das Erlangte herausgegeben werden. Die Rechtsprechung billigt hier dem Gläubiger eine fiktive Lizenzgebühr zu.[67] Das kann man nicht irgendwo ableiten, das muss man einfach wissen.

2. Ersatz für die gezogenen Nutzungen

190 § 818 Abs. 1 BGB erweitert den Anspruch des Gläubigers auf die gezogenen Nutzungen.

> § 100 BGB definiert **Nutzungen** als die Früchte einer Sache oder eines Rechts sowie die Vorteile, welche der Gebrauch der Sache oder des Rechts gewährt.

Wenn wir das *Beispiel* weiterführen, so wird J das Motorrad eine Zeit lang zum Fahren genutzt haben. M kann deshalb von J den objektiven Wert (§ 818 Abs. 2 BGB) der Nutzung des Motorrades verlangen.[68]

Beispiel Als weiteres *Beispiel* ist an die Herausgabe von Zinsen zu denken, die der Bereicherungsschuldner aus einem zu Unrecht erlangten Geldbetrag tatsächlich gezogen hat. ■

3. Herausgabe eines Surrogates

191 Schließlich gibt § 818 Abs. 1 BGB dem Gläubiger das Recht, vom Bereicherungsschuldner das Surrogat, also das, was der Empfänger als Ersatz für das ursprünglich Erlangte (also den ursprünglichen Gegenstand) erhalten hat, zu verlangen.[69] Hierbei unterscheidet das Gesetz die Fallgruppen „aufgrund eines erlangten Rechts" einerseits und die Surrogate für die „Zerstörung, Beschädigung oder Entziehung des erlangten Gegenstandes".

192 Unter den **Surrogaten**, die der Schuldner **aufgrund eines erlangten Rechts** erhält, sind nur solche zu verstehen, die der Schuldner in bestimmungsgemäßer Ausübung eines Rechts erwirbt.[70]

---

67 So die st. Rspr. *BGH*, Urteil v. 31.5.2012 – I ZR 234/10 = NJW 2013, 793 („Gunter Sachs"); jüngst bestätigt durch *BGH*, Urteil v. 21.1.2021 – I ZR 120/19 = GRUR 2021, 636 („Günter Jauch").

68 Vgl. systematisch dazu auch die Regelung in § 346 Abs. 1–3 BGB beim Rücktritt.

69 Vgl. *Brox/Walker*, Besonderes Schuldrecht, § 43 Rn. 4.

70 Vgl. Palandt/*Sprau*, BGB § 818 Rn. 15.

Beispiel Gläubiger G hat zu Unrecht eine Forderung gegen den Dritten D auf Übereignung eines Bildes gem. § 433 Abs. 1 BGB abgetreten erhalten. G hat das Bild später von D bekommen. Da die Forderung durch Erfüllung erloschen ist, kann diese nicht mehr herausgegeben werden. G schuldet bereicherungsrechtlich anstelle der Forderung nun die Herausgabe des Bildes. Verkauft G das Bild, stellt der Kaufpreis hingegen kein Surrogat i.S.d. § 818 Abs. 1 BGB dar. Vielmehr gilt in diesem Fall die Wertersatzpflicht nach § 818 Abs. 2 BGB.[71]

Bei den Surrogaten für die Zerstörung, Beschädigung oder Entziehung eines Gegenstandes handelt es sich insbesondere um Ansprüche gegen Versicherungen, Schädiger oder (bei rechtmäßiger Enteignung) sogar gegen den Staat. **193**

4. Wertersatz

Kann der Schuldner das Erlangte samt Nutzungen und Surrogaten – aus welchen Gründen auch immer – nicht herausgeben, hat er gemäß § 818 Abs. 2 BGB Wertersatz zu leisten. **194**

Beispiel In dem Flugreisefall (J erschleicht sich die Beförderung nach New York) kann er die erlangte Beförderung nicht „in Natur" herausgeben. Er ist gemäß § 818 Abs. 2 BGB zum Wertersatz in Geld verpflichtet.

Zu ersetzen ist der Wert des Erlangten, das heißt der objektive Verkehrswert, den das Erlangte nach seiner tatsächlichen Beschaffenheit für jedermann hat.[72] **195**

Das ist bei Gegenständen, die einen Marktwert haben, relativ leicht zu ermitteln. Fährt im *Motorradbeispiel* J das Motorrad, das ihm M rechtsgrundlos übereignet hat, zu Schrott, muss J nach § 818 Abs. 2 BGB den Verkehrswert des Motorrads ersetzen.

Im *Flugreisefall* ist die Sache schon schwieriger. Anzusetzen hier dürfte der Preis sein, der üblicherweise für eine Beförderung von Hamburg nach New York entrichtet wird.

Bei Dienstleistungen ist die übliche oder, wenn diese sich nicht feststellen lässt, angemessene Vergütung zu zahlen.[73] Genau deswegen wird bei der Anfechtung von in Vollzug gesetzten Arbeitsverhältnissen bei Anfechtung die Ex-nunc-Wirkung angenommen (siehe oben Rn. 170). Denn im Extremfall war die Arbeitsleistung (noch) nichts wert (Einarbeitungsphase), sodass der Arbeitnehmer nichts erhielte, seinen erhaltenen Lohn aber (in den Grenzen des § 818 BGB, siehe sogleich) in voller Höhe zurückerstatten müsste.

71 Vgl. Palandt/*Sprau*, BGB § 818 Rn. 18.

72 Umstritten vgl. *Looschelders*, Schuldrecht BT, § 56 Rn. 5 f; Palandt/*Sprau*, BGB § 818 Rn. 19; MüKo BGB/*Schwab*, BGB § 818 Rn. 82 f. m.w.N. auf die andere Auffassung, welche einen subjektiven Wertbegriff vertritt.

73 Vgl. *Looschelders*, Schuldrecht BT § 56 Rn. 5; Palandt/*Sprau*, BGB § 818 Rn. 22.

5. Kein Wegfall der Bereicherung

196

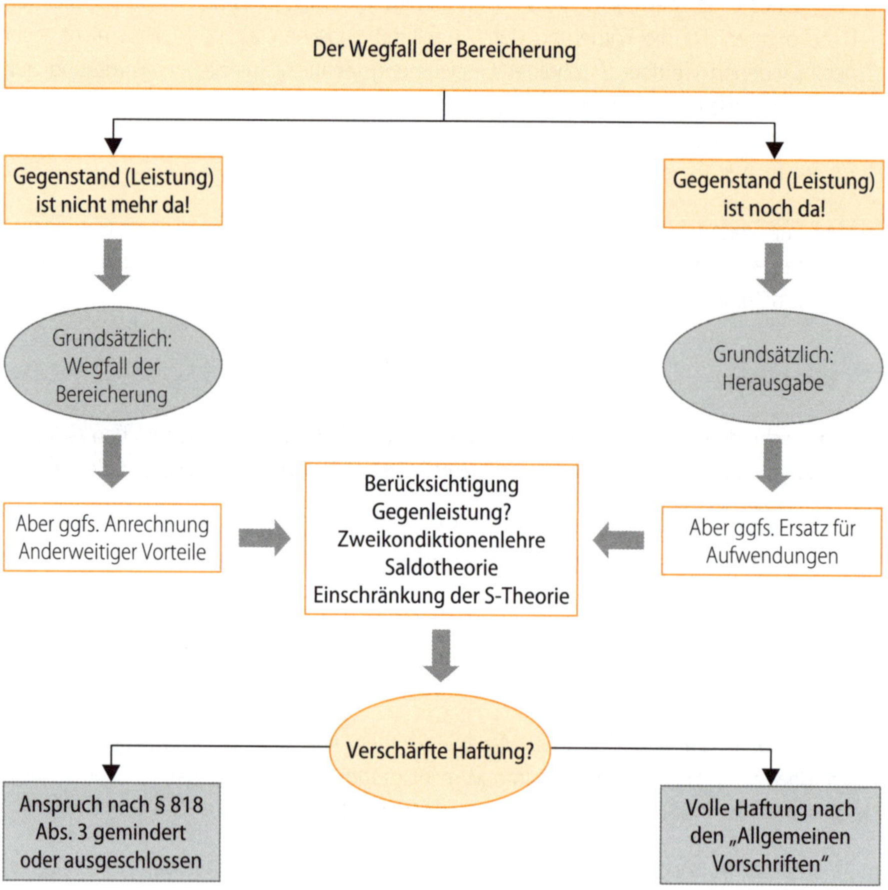

a) Tatbestand des § 818 Abs. 3 BGB

197 Zu den Besonderheiten des Bereicherungsrechts gehört der Wegfall der Bereicherung nach § 818 Abs. 3 BGB. Danach ist der Verpflichtete (Schuldner) zur Rückgewähr nicht verpflichtet, wenn er nicht mehr bereichert ist. Der Grundgedanke dabei ist, dass der gutgläubige Empfänger auf den Fortbestand des Rechts vertrauen können soll und bei der (ihn dann überraschenden) Rückforderung nur noch das zurückgeben muss, was er von der ursprünglichen Leistung noch in seinem Vermögen hat. Aus diesem Gedanken erklären sich dann auch die Haftungsverschärfungen, auf die wir weiter unten eingehen.

198 Gedanklich müssen Sie **drei Fallgruppen** auseinanderhalten:

Einmal solche Fälle, in denen das **ursprünglich Erlangte nicht mehr vorhanden** ist, weiter solche Sachverhalte, in denen das **ursprünglich Erlangte noch vorhanden** ist und schließlich Fälle, bei denen es um die **Frage der Berücksichtigung der Leistung und Gegenleistung** geht.

JURIQ-Klausurtipp

In allen Fällen leiten Sie in das Thema über die von § 818 Abs. 3 BGB vorgegebene Rechtsfolgenformulierung ein – Sie schreiben also: „Der Anspruch könnte (jedoch) wegen fehlender Bereicherung des (B) nach § 818 Abs. 3 BGB (ganz oder teilweise) ausgeschlossen sein." Mit dieser Formulierung sind Sie immer „auf der sicheren Seite".

aa) Ursprünglich Erlangtes ist nicht mehr vorhanden

JURIQ-Klausurtipp 199

Bei dieser Fallgruppe sollten Sie das Thema „Wegfall der Bereicherung" systematisch erst auf der zweiten Prüfungsebene „Anspruch erloschen" als rechtsvernichtende Einwendung untersuchen.

Ist das ursprünglich Erlangte weitergegeben, (ohne Surrogat) untergegangen oder verbraucht worden, kann sich der Bereicherungsschuldner grundsätzlich auf den Wegfall der Bereicherung berufen. Fraglich ist nur, wie sich anderweitige Einsparungen auswirken:

Beispiel Aufgrund eines Irrtums zahlt Arbeitgeber A dem angestellten B monatlich 100 € zu viel Lohn. Als er die aufgelaufene Gesamtsumme von 3500 € geltend macht, hält ihm B entgegen, er hätte das Geld zur Tilgung eines Kredits verwendet. ■

B beruft sich auf den Wegfall der Bereicherung. Tatsächlich aber ist bei B noch ein Vermö- 200
genswert vorhanden, weil er mit dem rechtsgrundlos erhaltenen Geld eine Verbindlichkeit getilgt hat, die er sonst aus ihm zustehenden Mitteln hätte tilgen müssen. Der Wegfall einer Verbindlichkeit stellt eine Bereicherung dar. B ist also insoweit noch bereichert und kann sich nicht auf § 818 Abs. 3 BGB berufen.[74]

Anders ist es, wenn B mit dem Geld eine Urlaubsreise getätigt hätte, die er ansonsten nicht 201
unternommen hätte **(sog. Luxusaufwendung**[75]**)**. In diesem Fall könnte sich B auf den Wegfall der Bereicherung berufen.

Auch der J aus dem *Flugreisefall* kann sich (zunächst) auf den Wegfall der Bereicherung nach § 818 Abs. 3 BGB berufen. Unterstellt, dass sich J eine derartige Reise nicht leisten konnte und wollte, ist er nach Durchführung der Beförderung nicht mehr bereichert.

Sie merken sich: 202
1. Ist der Gegenstand nicht mehr vorhanden, ist der Schuldner zunächst einmal nicht mehr bereichert.
2. Wenn der Schuldner auf der anderen Seite eine Vermögensposition aufbauen konnte, die er ohne den rechtsgrundlos erworbenen Gegenstand nicht aufgebaut hätte, ist er insoweit noch bereichert. Auch der Wegfall einer Verbindlichkeit stellt insoweit einen Vermögensgegenstand dar.
3. Lediglich bei Ausgaben, die dem Luxusbereich zufallen, ist eine endgültige Entreicherung anzunehmen.

---

74 Vgl. dazu Palandt/*Sprau*, BGB § 818 Rn. 40.

75 Vgl. Palandt/*Sprau*, BGB § 818 Rn. 41.

Hinweis

Als Merkhilfe mag Ihnen folgende (wahre) Anekdote dienen. Als man den ehemaligen nordirischen Fußballprofi *George Best* (1946–2005) in einem Interview fragte, wo denn sein ganzes Vermögen geblieben sei, antwortete er: „Ich habe viel Geld für Alkohol, Frauen und Autos ausgegeben, den Rest habe ich einfach verprasst". Das ist Wegfall der Bereicherung.

bb) Ursprünglich Erlangtes ist noch vorhanden

203 Ist der ursprünglich erlangte Gegenstand noch beim Schuldner vorhanden, hat er diesen herauszugeben, egal, in welchem Zustand dieser sich befindet. Fraglich ist nur, ob und wie der Schuldner **Aufwendungen, die er in Bezug auf den erhaltenen Gegenstand getätigt hat**, geltend machen kann.[76]

204 In der Tat werden solche Aufwendungen, die der Schuldner im Vertrauen auf die Rechtsbeständigkeit des rechtsgrundlos erhaltenen Gegenstandes in Bezug auf diesen getätigt hat, berücksichtigt.[77]

Beispiel Kosten der Reparatur des erhaltenen Gegenstandes oder Notarkosten beim (rechtsgrundlosen) Erwerb eines Grundstücks. ■

205 Hierzu ist eine Unmenge von Einzelfallentscheidungen ergangen, die zu lernen nicht sinnvoll ist. Sie merken sich stattdessen nur:

1. Solange der Gegenstand noch vorhanden ist, ist er grundsätzlich herauszugeben.
2. Aufwendungen, die der Schuldner in Bezug auf den Gegenstand getätigt hat, kann er dem Kondiktionsanspruch entgegenhalten, wenn er diese im Vertrauen auf die Rechtsbeständigkeit des Erwerbs getätigt hat und sie in einem **adäquat kausalen** Zusammenhang stehen.[78]

cc) Berücksichtigung der Gegenleistung

206 Die Leistungskondiktion dient der Rückgängigmachung insbesondere auch von Vermögensverschiebungen bei **gescheiterten gegenseitigen Verträgen**. In solchen stehen Leistung (z.B. Übergabe und Übereignung der Kaufsache) und Gegenleistung (Zahlung des Kaufpreises) nicht isoliert nebeneinander, sondern stehen in einem wechselseitigen Abhängigkeitsverhältnis, dem sogenannten Synallagma.[79] Würde man dies bei gescheiterten Verträgen nicht berücksichtigen, käme man zu unbilligen Ergebnissen.

Beispiel A verkauft B ein Auto für 8000 € (objektiver Wert: 7000 €). B erhält Besitz und Eigentum, A erhält den Kaufpreis in Höhe von 8000 €. Kurz bevor sich herausstellt, dass der Vertrag nichtig ist, geht das Fahrzeug bei B ohne dessen Verschulden unter.

Wenn jetzt B gegen A aus § 812 Abs. 1 S. 1 Var. 1 BGB (condictio indebiti) vorgeht, so erhielte er die 8000 € zurück. Der A hingegen, der von B das Auto herausverlangt, sieht sich dem Entreicherungseinwand des B ausgesetzt, der gemäß § 818 Abs. 3 BGB argumentieren kann, die (ursprüngliche) Bereicherung sei inzwischen ersatzlos weggefallen. ■

---

76 Vgl. Palandt/*Sprau*, BGB § 818 Rn. 36.
77 Vgl. MüKo BGB/*Schäfer*, BGB § 818 Rn. 161 f.
78 Vgl. Palandt/*Sprau*, BGB § 818 Rn. 35; BeckOK BGB/*Wendehorst*, BGB § 818 Rn. 64.
79 Vgl. *Bönninghaus*, „Schuldrecht AT II", Rn. 290.

207 Nach der sogenannten (reinen) **Zweikondiktionentheorie** kann jede Partei ihren Anspruch (nur) nach den allgemeinen Regeln geltend machen. Ein etwaiger Gegenanspruch würde nur im Rahmen des § 273 BGB als Einwendung berücksichtigt.[80] A würde nach dieser Lehre leer ausgehen.

Diese Lehre wurde in der Tat früher vertreten. Sehr vereinzelt wurde sie wieder aufgegriffen.[81] Dennoch würde ich sie als faktisch ausgestorben einstufen.

208 Wegen der offensichtlichen Unbilligkeit des Ergebnisses (Warum soll bei einem gegenseitigen Vertrag nur die eine Seite das volle Risiko tragen?) hat die schon die Rechtsprechung des Reichsgerichts[82] die **Saldotheorie** im Rahmen des § 818 Abs. 3 BGB entwickelt. Diese Rechtsprechung wurde vom BGH aufgegriffen, bestätigt und weiterentwickelt.[83]

Es ist faktisch unmöglich, alle Verästelungen, Haupt-, Minder- und Nebenmeinungen in einer Klausur präsent zu haben. Dies gilt für das Bereicherungsrecht ganz allgemein und für die Saldotheorie besonders. Das verlangt in einer Klausur auch niemand von Ihnen. Sich damit zu beschäftigen, ist Gegenstand einer Hausarbeit oder in besonderem Maße, wenn Sie ein Seminar zu diesem Thema belegt haben.

Dieses Buch ist für die Vorbereitung auf eine Klausur konzipiert. Deshalb beschränke ich mich auf folgende Ausführungen:

Die gegenseitigen Ansprüche zwischen Gläubiger und Schuldner bei gescheiterten synallagmatischen Verträgen sind miteinander zu saldieren (= verrechnen). In unserem Fall hätte A gegen B einen Anspruch auf Wertersatz gemäß § 818 Abs. 2 BGB in Höhe von 7000 €. B hingegen hat einen Rückzahlungsanspruch gegen A in Höhe von 8000 € (gezahlter Kaufpreis). Diese beiden Ansprüche werden miteinander saldiert, sodass B von A nur noch 1000 € verlangen kann.

209 Die Saldotheorie gilt aber dann nicht (und es verbleibt bei zwei getrennt voneinander zu prüfenden Kondiktionen), wenn dies im **Widerspruch zu den Wertungen** des Rechts steht.[84]

Daher gilt die Saldotheorie nicht, wenn
1. ein Vertragspartner **nicht (voll) geschäftsfähig** ist. Der Schutz des nicht Geschäftsfähigen verdrängt die Billigkeitserwägungen, die zur Entwicklung der Saldotheorie geführt haben;[85]
2. wenn die **Nichtigkeit des Vertrages auf arglistiger Täuschung oder widerrechtlicher Drohung** eines der Vertragsparteien beruht.[86] Auch hier ist kein Grund ersichtlich dem jenigen, der durch rechtswidrige Mittel selbst den Grund für die Anfechtbarkeit des Vertrages und damit für dessen Nichtigkeit gesetzt hat, das Synallagma des Vertrages zu erhalten.

80 Vgl. hierzu *Lorenz*, JuS 2015, 109 (110); MüKo BGB/*Schwab*, BGB § 818 Rn. 238.
81 Hierzu MüKo BGB/*Schwab*, BGB § 818 Rn. 238 m.w.N.
82 Vgl. RG, Urteil v. 14.3.1903 – Rep. V 458/02 = RGZ 54, 137 (141).
83 Siehe zur historischen Entwicklung und zum Meinungsstand: MüKo BGB/*Schwab*, BGB § 818 Rn. 239 ff. mit umfangreichen Nachweisen. Sehr lesenswert auch *Lorenz*, JuS 2015, 109.
84 Vgl. Palandt/*Sprau*, BGB § 818 Rn. 49.
85 Vgl. *Brox/Walker*, Besonderes Schuldrecht, § 43 Rn. 14.
86 Vgl. Palandt/*Sprau*, BGB § 818 Rn. 49.

JURIQ-Klausurtipp

Zweikondiktionenlehre und Saldotheorie sind systematisch bei § 818 Abs. 3 BGB zu verorten. Sie beginnen bei gescheiterten gegenseitigen Verträgen mit dem Anspruch desjenigen, dessen empfangene Leistung untergegangen ist. Dann stellen Sie dar, dass wegen des Synallagmas des gescheiterten Vertrages die Zweikondiktionenlehre zu unbilligen Ergebnissen führt.[87] Danach erläuterten Sie die Saldotheorie und kommen zu dem Ergebnis, dass nur der saldierte Betrag verlangt werden kann. Zu den beiden Ausnahmen von der Saldotheorie nehmen Sie nur Stellung, wenn der Sachverhalt dazu Anlass bietet.

6. Verschärfte Haftung

a) Einführung

» Lesen Sie den Fall sonst noch einmal kurz oben unter Rn. 159 nach! «

210 Sie erinnern sich an den *Flugreisefall*. Dort erschlich sich der Jugendliche J eine Reise nach New York. Er konnte sich eine solche Reise niemals leisten, sodass er gegen die Leistungskondiktion der L geltend machen konnte, er sei nicht mehr bereichert, § 818 Abs. 3 BGB (siehe Rn. 201 oben). Schon das „Gefühl" sagt hier, dass das im Ergebnis nicht richtig sein kann.

211 Der Grund, warum das Bereicherungsrecht einen Tatbestand des Wegfalls der Bereicherung enthält, war, dass der Bereicherungsschuldner in seinem Vertrauen auf die Rechtsbeständigkeit des Erwerbs in der Regel schutzwürdig ist. Sofern sich aber kein schutzwürdiges Vertrauen bilden konnte, spricht nichts mehr für eine solche Privilegierung des Erwerbers. Es muss also Fälle geben, in denen die Berufung auf den Wegfall der Bereicherung nach § 818 Abs. 3 BGB ausgeschlossen ist und der Schuldner „wie immer" haftet. § 818 Abs. 4 BGB nennt das „Haftung nach den allgemeinen Vorschriften". Wir müssen also zunächst klären, wann eine Verschärfung der Haftung anzunehmen ist und was für Rechtsfolgen daraus abzuleiten sind.

b) Wann haftet der Bereicherungsschuldner „verschärft"?

212 Das Gesetz sieht eine Verschärfung der Haftung in vier Fällen vor. Der Bereicherungsschuldner haftet dann verschärft, wenn

1. der Anspruch rechtshängig ist (§ 818 Abs. 4 BGB) oder
2. ab dem Zeitpunkt, ab dem der Schuldner den Mangel des rechtlichen Grundes erfährt (§ 819 Abs. 1 BGB) oder
3. wenn der Empfänger einer Leistung gegen die guten Sitten oder ein gesetzliches Verbot verstößt (§ 819 Abs. 2) BGB oder
4. im Fall des § 820 BGB.

aa) § 818 Abs. 4 BGB

» Lesen Sie hierzu §§ 253 Abs. 1, 261 Abs. 1 ZPO. «

213 Der § 818 Abs. 4 BGB ist der einfachste Fall der verschärften Haftung. Sobald der Herausgabeanspruch rechtshängig ist, entfällt der Schutzzweck des § 818 Abs. 3 BGB (Schutz des gutgläubigen Bereicherungsschuldners). Wer verklagt ist, weiß, dass er möglicherweise zur Herausgabe verpflichtet ist. Er kann nicht mehr gutgläubig auf den Fortbestand seines Rechtserwerbs vertrauen.[88]

87 So auch der Rat von *Buck-Heeb*, Besonderes Schuldrecht/2, Rn. 438.

88 Vgl. Palandt/*Sprau*, BGB § 818 Rn. 51.

Hinweis

In den Fällen des § 818 Abs. 4 BGB sollten Sie immer auch genau ausführen, wann eine Klage rechtshängig ist. Eine Klage ist mit der Zustellung der Klageschrift rechtshängig (§§ 253 Abs. 1, 261 Abs. 1 ZPO), es sei denn, es ist ein Mahnverfahren vorangegangen. Dann ist der Zeitpunkt der Zustellung des Mahnbescheides einschlägig, wenn die Abgabe an das Streitgericht nach Widerspruch „alsbald" erfolgt, § 696 Abs. 3 ZPO.

bb) § 819 Abs. 1 BGB

§ 819 Abs. 1 BGB verlegt den Zeitpunkt der verschärften Haftung nach vorn. Genauso wie der, 214
der durch die Klage erfährt, dass er das Erlangte (möglicherweise) herausgeben muss, ist auch derjenige nicht mehr schutzwürdig, der den Mangel des rechtlichen Grundes der Leistung im Leistungszeitpunkt kennt oder ihn später erfährt.

Erforderlich ist dabei **positive Kenntnis** der Tatsachen, aus denen sich das Fehlen des Rechts- 215
grundes ergibt sowie die Kenntnis der sich daraus ergebenden Rechtsfolge.[89] Bloßes „Kennenmüssen", fahrlässige (auch grob fahrlässige) Unkenntnis (vgl. § 122 Abs. 2 BGB) genügt dagegen anders als etwa bei § 932 Abs. 2 BGB nicht.

Fraglich ist aber, wie die Verschärfung der Haftung mit dem **Schutz des nicht oder nur** 216
beschränkt Geschäftsfähigen vereinbar ist. Grundsätzlich gilt, dass der Schutz des nicht oder nur beschränkt Geschäftsfähigen Vorrang hat und daher dessen Kenntnis vom Fehlen des Rechtsgrundes nicht die verschärfte Haftung nach §§ 819 Abs. 1, 818 Abs. 4 BGB auslösen kann.[90]

Das würde aber in unserem Flugreisefall zu dem abstrusen Ergebnis führen, dass der Minderjährige nicht verschärft haftet und sich insbesondere auf den Wegfall der Bereicherung berufen könnte. Dagegen spricht aber, dass der Minderjährige hier neben dem Bereicherungsrecht auch aus § 823 BGB deliktisch haftet. Bei Minderjährigen besagt § 828 Abs. 3 BGB, dass eine persönliche Haftung des Minderjährigen je nach Grad der Einsichtsfähigkeit in Betracht kommt. Bei einem 17-jährigen (wie im *Flugreisefall*) wird man diese Einsichtsfähigkeit bejahen können.

Richtigerweise wird man daher wie folgt unterscheiden müssen: 217

Bei Kondiktionen, die die **Rückabwicklung von Leistungen aus gescheiterten Verträgen** zum Gegenstand haben, hat der Schutz des nicht oder nur beschränkt Geschäftsfähigen grundsätzlich Vorrang. Seine Kenntnis vom Fehlen des Rechtsgrundes führt nicht zu einer verschärften Haftung. Vielmehr ist nach dem Gedanken der §§ 104 ff. BGB die Kenntnis seines gesetzlichen Vertreters maßgebend.[91]

In den Fällen, in denen der **nicht voll Geschäftsfähige wegen des erlangten Vorteils auch noch konkurrierend deliktisch haftet** (also nach den §§ 823 ff. BGB), kann der Rechtsge-

89 Vgl. Palandt/*Sprau*, BGB § 819 Rn. 2.

90 Vgl. Palandt/*Sprau*, BGB § 819 Rn. 4; MüKo BGB/*Schwab*, BGB § 819 Rn. 9; BeckOK BGB/*Wendehorst*, BGB § 819 Rn. 8; Jauernig BGB/*Stadler*, BGB § 819 Rn. 5.

91 Vgl. Palandt/*Sprau*, BGB § 819 Rn. 4; zu den verschiedenen Ansätzen auch Jauernig BGB/*Stadler*, BGB § 819 Rn. 5.

danke des § 828 Abs. 3 BGB herangezogen werden. Hatte der minderjährige Leistungsempfänger also den erforderlichen Grad der Einsichtsfähigkeit, verschärft seine eigene Kenntnis vom fehlenden Rechtsgrund die Haftung nach § 819 Abs. 1 BGB.[92]

In unserem *Flugreisefall* haftet der Minderjährige also verschärft.

cc) § 819 Abs. 2 BGB

218 § 819 Abs. 2 BGB steht in einem gewissen Sinnzusammenhang mit § 817 BGB. Der Gesetzgeber „bestraft" diejenigen, die mit einer Leistung einen gesetz- oder sittenwidrigen Zweck verfolgen. Sie erinnern sich an § 817 S. 2 BGB (oben Rn. 182). Wenn beide Seiten gegen das Gesetz verstoßen (oder sittenwidrig handeln), ist die Kondiktion gänzlich ausgeschlossen. Dann braucht man allerdings auch keine verschärfte Haftung, denn wer gar nicht haftet, haftet erst recht nicht verschärft.

219 Anders ist es aber, wenn **nur der Annehmende** gegen ein gesetzliches Verbot oder die guten Sitten verstößt. Die früher sehr beliebten Beispiele aus dem Bereich der Sexualität (Zuwendungen an die Geliebte, Verkauf von Bordellen etc.) haben erheblich an Überzeugungskraft verloren, da heute nicht alle Verträge, die Sexualität und Geld in einen Zusammenhang bringen, automatisch als „gegen das Anstandsgefühl aller billig und recht denkenden Menschen"[93] verstoßend angesehen werden.[94] Wenn aber ein Fall tatsächlich sitten- oder gesetzeswidrig ist, handeln in der Regel beide Parteien sitten- oder gesetzeswidrig, sodass § 817 S. 2 BGB die Kondiktion ausschließt.

220 Bis zur Vorauflage hatte ich als Beispiel für die Sittenwidrigkeit nur auf der Seite des Annehmenden ein solches aus dem Bereich der gewerblichen Sterbehilfe gewählt. Den Fall hatte ich bereits für die 2010 erschienene erste Auflage konzipiert. Ich gebe diesen Standpunkt ausdrücklich auf und halte ihn inzwischen im Gegenteil sogar für falsch.

Die Diskussion über die aktive Sterbehilfe wurde sehr heftig geführt. Im Jahr 2015 wurde sogar eine Strafvorschrift ins StGB aufgenommen (§ 217 StGB)[95], die die geschäftsmäßige Förderung der Selbsttötung pönalisierte.

In einer unbedingt lesenswerten Entscheidung hat das *BVerfG* diese Norm als verfassungswidrig eingestuft.[96] Diesem Urteil schließe ich mich sowohl vom Ergebnis als auch in seiner Begründung vollinhaltlich an.

---

92 Differenzierend zwischen Leistungskondiktion und Eingriffskondiktion: Palandt/*Sprau*, BGB § 819 Rn. 4; auch MüKo BGB/*Schwab*, BGB § 819 Rn. 9.

93 So die Definition der Sittenwidrigkeit in der Rechtsprechung, vgl. statt aller Palandt/*Ellenberger*, BGB § 138 Rn. 2. Diese schon vom RG verwendete sogenannte „Anstandsformel" wird in der Literatur mit Recht z.T. heftig kritisiert. Siehe zur Diskussion MüKo BGB/*Armbrüster*, BGB § 138 Rn. 11 ff. Vgl. auch meine Kritik in *Michalski/Westerhoff*, Arbeitsrecht, Rn. 307-309.

94 Vgl. Palandt/*Ellenberger*, BGB § 138 Rn. 50 und 52.

95 Dieser hatte folgenden Wortlaut:
„§ 217 Geschäftsmäßige Förderung der Selbsttötung
(1) Wer in der Absicht, die Selbsttötung eines anderen zu fördern, diesem hierzu geschäftsmäßig die Gelegenheit gewährt, verschafft oder vermittelt, wird mit Freiheitsstrafe bis zu drei Jahren oder mit Geldstrafe bestraft.
(2) Als Teilnehmer bleibt straffrei, wer selbst nicht geschäftsmäßig handelt und entweder Angehöriger des in Absatz 1 genannten anderen ist oder diesem nahesteht."

96 Vgl. *BVerfG*, Urteil v. 26.2.2020 – 2 BvR 2347/15 = NJW 2020, 905.

Deshalb musste ich nach einem neuen Beispiel fahnden, bei dem nur der Annehmende gegen ein gesetzliches Verbot bzw. gegen die guten Sitten verstößt, deshalb § 817 S. 2 BGB nicht greift und für die Herausgabe er gemäß § 819 Abs. 2 BGB verschärft haftet.

Gefunden habe ich nur eine uralte Entscheidung des *BGH*[97] aus dem Jahr 1958, die zudem noch im Zusammenhang mit einer heute in dieser Form nicht mehr geltenden GrundstückspreisVO steht. Dann wird regelmäßig eine Entscheidung des *OLG München* aus dem Jahr 2000 zitiert, die eine *entsprechende* Anwendung des § 819 Abs. 2 BGB im Zusammenhang mit der Rückabwicklung eines nichtigen Kaufes einer Rechtsanwaltskanzlei zum Gegenstand hat.[98]

Angesichts dieser geringen praktischen Bedeutung soll es mit diesen Ausführungen zum § 819 Abs. 2 BGB sein Bewenden haben.

dd) Die nach § 820 BGB verschärfte Haftung

§ 820 BGB ordnet für die beiden Kondiktionen des § 812 Abs. 1 S. 2 BGB (die „condictio ob rem" (Wegfall des Zwecks) und die „condictio ob causam finitam" (späterer Wegfall des rechtlichen Grundes)) eigene Tatbestände der verschärften Haftung an. Diese stelle ich später im Zusammenhang mit diesen beiden Kondiktionen dar. **221**

7. Folgen der verschärften Haftung

a) Ausschluss des § 818 Abs. 3 BGB

Wer nach den eben besprochenen Normen verschärft haftet, kann sich zunächst einmal nicht mehr auf den Wegfall seiner Bereicherung berufen. Der Jugendliche J im Flugreisefall haftet nach § 819 Abs. 2 BGB verschärft (siehe oben Rn. 216). Trotz des Wegfalls seiner Bereicherung muss er gemäß § 818 Abs. 2 BGB den Wert der Flugreise ersetzen. **222**

b) Verweis auf §§ 291, 292 BGB

Was aber meint § 818 Abs. 4 BGB, wenn von den *allgemeinen Vorschriften* die Rede ist? Hier sind besonders die §§ 291 und 292 BGB einschlägig.[99] **223**

§ 291 BGB besagt, dass eine Geldschuld zu verzinsen ist. Die Höhe der Zinsen ist in § 288 BGB geregelt. Wenn also von einem Bereicherungsschuldner Geld kondiziert wird (entweder, weil ursprünglich Geld geleistet wurde oder weil er gemäß § 818 Abs. 2 BGB Wertersatz zu leisten hat oder weil es um Surrogate geht), hat er ab dem Zeitpunkt der verschärften Haftung mindestens 5 %, im Fall des § 288 Abs. 2 BGB (kein Verbraucher) sogar (seit dem 29.7.2014) 9 % über dem Basiszins zu zahlen. Die entsprechende Paragrafenkette lautet §§ 818 Abs. 4, 291, 288 Abs. 2 (oder Abs. 3) BGB.[100] **224**

Ungleich beliebter in Klausuren ist der in § 818 Abs. 4 BGB enthaltene Verweis auf § 292 BGB. Denn diese Norm verweist auf das Eigentümer-Besitzer-Verhältnis, genau auf die § 987 BGB und § 989 BGB. Ab dem Zeitpunkt der verschärften Haftung hat daher der Bereicherungsschuldner Nutzungen zu erstatten. Die entsprechende Kette lautet: §§ 818 Abs. 4, 292, 987 BGB.[101] **225**

---

97 *BGH*, Urteil v. 19.3.1958 – V ZR 62/57 = NJW 1958, 1725.

98 Vgl. *OLG München*, Urteil v. 5.5.2000 – 23 U 6086/99 = NJW 2000, 2592 (2595).

99 Vgl. MüKo BGB/*Schwab*, BGB § 818 Rn. 315.

100 Vgl. MüKo BGB/*Schwab*, BGB § 818 Rn. 316 (dort auch Hinweise und Auseinandersetzung mit der mM, wonach 4% Zinsen (§ 246 BGB) geschuldet seien.

101 Vgl. MüKo BGB/*Schwab*, BGB § 818 Rn. 319; Palandt/*Sprau*, BGB § 818 Rn. 52.

226 Schließlich regelt § 989 BGB einen Schadenersatzanspruch, der über den Verweis des § 818 Abs. 4 auf den 292 und 989 BGB auch für den verschärft haftenden Bereicherungsschuldner gilt. Danach haftet der Besitzer (und somit auch der verschärft haftende Schuldner einer Kondiktion) für schuldhafte Beschädigungen oder den schuldhaft herbeigeführten Untergang des herauszugebenden Gegenstandes.

Hinweis

Die gerade erwähnten Paragrafenketten sind beliebte Themen in Klausuren. Sie sollten sich diese Verweise daher gut merken!

IV. Rechtsvernichtende Einwendungen

227 Wiederholt habe ich Sie darauf hingewiesen, dass Kondiktionen zivilrechtliche Ansprüche wie alle anderen auch sind. Der Anspruch darf nicht durch Erfüllung/Erfüllungssurrogate untergegangen sein. Hier gelten die allgemeinen Regeln, die Sie beim Studium des Allgemeinen Schuldrechts kennengelernt haben.[102] Hierhin gehört auch der Wegfall der Bereicherung nach § 818 Abs. 3 BGB, wenn der Bereicherungsgegenstand erst nachträglich wieder entfallen ist. Dann sind auch die Fragen einer verschärften Haftung, die zum Ausschluss des § 818 Abs. 3 BGB führen (siehe oben unter Rn. 210 ff.) hier zu erörtern.

V. Durchsetzbarkeit

1. Fälligkeit

228 Der Anspruch ist nach § 271 Abs. 1 BGB sofort fällig, es sei denn dass die Parteien den Anspruch gestundet haben. In der Klausur wird eine Stundung aber regelmäßig keine Rolle spielen.

2. Einreden

a) Peremptorische Einreden

229 Wenn der Schuldner sich auf eine dauernd wirkende Einrede (sog. „peremptorische Einrede") berufen kann und dies auch tut,[103] hat er ein dauerndes Leistungsverweigerungsrecht und muss nicht leisten.

230 Bei der wichtigsten peremptorischen Einrede, der Einrede der Verjährung, müssen Sie sich im Hinblick auf die Ansprüche aus ungerechtfertigter Bereicherung merken, dass nunmehr[104] die Ansprüche nach §§ 812 ff. BGB der Regelverjährung von drei Jahren gemäß §§ 199, 195 BGB unterliegen.[105]

---

102 Vgl. *Bönninghaus*, „Schuldrecht AT I", Rn. 132 ff. sowie *Bönninghaus*, „BGB AT I", Rn. 37 f.

103 Sie erinnern sich: Bei der Einrede muss man reden, vgl. hierzu *Bönninghaus*, „Schuldrecht AT I", Rn. 421.

104 Früher: 30 Jahre!

105 Vgl. Palandt/*Sprau*, BGB § 812 Rn. 69, dort auch Hinweis zu den (seltenen) Ausnahmen und zu den Übergangsvorschriften.

b) Dilatorische Einreden

Dilatorische Einreden geben dem Schuldner ein vorübergehendes Leistungsverweigerungsrecht. Auch hier gibt es keine Besonderheiten, das Zurückbehaltungsrecht nach § 273 BGB gilt auch für den Schuldner eines bereicherungsrechtlichen Anspruchs.[106] **231**

Praktische Auswirkungen bei Fällen im Bereicherungsrecht hat dies insbesondere dann, wenn nach der eingeschränkten Saldotheorie sich ausnahmsweise zwei bereicherungsrechtliche Ansprüche aus Leistungskondiktion gegenüberstehen. Dann kann der in Anspruch genommene Schuldner solange die Leistung verweigern, bis auch der andere seinerseits zur Leistung bereit ist. **232**

106 Vgl. Palandt/*Sprau*, BGB § 812 Rn. 73.

D. Übungsfall Nr. 2

233 „Trau schau wem“

Der 16-jährige M hat mit Wissen und Erlaubnis seiner Eltern die Fahrerlaubnis der Klasse A1 erworben, die zum Führen von Motorrädern bis 125 ccm Hubraum berechtigt. M geht zum Händler H und kauft dort ein entsprechendes gebrauchtes Motorrad für 2000 € und zahlt bar. H ist arglos und lässt sich von M weder Ausweis noch Führerschein vorlegen. Er übergibt dem M das Fahrzeug.

M verheimlicht den Kauf vor seinen Eltern, von denen er weiß, dass sie mit dem Kauf nicht einverstanden wären, und fährt mehrere Monate. Insgesamt legt er mit dem Motorrad dabei 5000 Kilometer zurück.

Als M schuldlos einen Unfall erleidet, bei dem das Motorrad völlig zerstört wird, fliegt die Sache auf. Der verantwortliche Unfallgegner hat sich durch unerlaubtes Entfernen vom Unfallort seiner Ersatzpflicht entzogen. M verlangt von H die 2000 € zurück. H ist nicht einverstanden, jedenfalls aber will er Ersatz für den Wert der zerstörten Maschine sowie 500 € für die von M gezogenen Nutzungen.

Welche Ansprüche haben die Parteien gegeneinander? Gehen Sie bei der Lösung davon aus, dass H den Wert der Nutzung richtig berechnet hat und die Maschine vor dem Unfall einen objektiven Wert von 1500 € hatte.

Lösung

A. Anspruch des M gegen H auf Zahlung von 2000 € aus § 812 Abs. 1 S. 1 Alt. 1 BGB

234 M könnte gegen H einen Anspruch auf Zahlung von 2000 € aus § 812 Abs. 1 S. 1 Alt. 1 BGB (condictio indebiti) haben.

I. Anspruchsentstehung

Dazu müsste M an H den Betrag ohne rechtlichen Grund geleistet haben.

1. „Etwas erlangt“

H hat von M 2000 € und damit „etwas“ im Sinne der Norm erhalten.

2. Leistung des M an H

M müsste diesen Betrag an H geleistet haben. Leistung im Sinne des § 812 Abs. 1 S. 1 Alt. 1 BGB ist die bewusste und zweckgerichtete Mehrung fremden Vermögens. In dem M an H den geforderten Preis von 2000 € in bar entrichtete, hat er das Vermögen des H bewusst und zweckgerichtet vermehrt. Eine Leistung liegt vor.

3. Ohne rechtlichen Grund

Diese Leistung müsste ohne rechtlichen Grund erfolgt sein. Rechtsgrund für die Leistung könnte ein Kaufvertrag nach § 433 BGB gewesen sein. Die Parteien haben einen entsprechenden Vertrag geschlossen und sogar die gegenseitigen Pflichten erfüllt. Zu prüfen ist aber, ob dieser Vertrag nicht wegen der Minderjährigkeit des M gem. § 108 Abs. 1 i.V.m. §§ 2, 106, 107 BGB unwirksam ist.

M ist 17 Jahre alt und deswegen gemäß §§ 2, 106 BGB in seiner Geschäftsfähigkeit nach Maßgabe der §§ 107 ff. BGB beschränkt. Der Vertrag ist nach § 108 Abs. 1 BGB (schwebend) unwirksam, wenn M den Kaufvertrag ohne die nach § 107 BGB erforderliche Einwilligung seines gesetzlichen Vertreters geschlossen hat.

a) Einwilligungsvorbehalt nach § 107 BGB

Eine Einwilligung ist nach § 107 BGB dann erforderlich, wenn der Vertrag rechtlich nicht nur vorteilhaft, sondern unmittelbar auch mit rechtlichen Nachteilen verbunden ist. Der Kaufvertrag als schuldrechtliches Geschäft ist im Gegensatz zur nachfolgenden dinglichen Übereignung für M nicht nur lediglich rechtlich vorteilhaft, da M sich zur Zahlung des Kaufpreises verpflichtet hat.

b) Einwilligung des gesetzlichen Vertreters

Fraglich ist aber, ob die Eltern des M als seine gesetzlichen Vertreter (§§ 1626, 1629 BGB) das Geschäft dadurch gebilligt haben, dass sie dem M den Erwerb der Fahrerlaubnis gestattet haben. Die Einwilligung in den Erwerb der Fahrerlaubnis stellt aber nicht zugleich ein Einverständnis mit dem Kauf von Fahrzeugen durch den Minderjährigen dar. Die Gestattung zum Erwerb der Fahrerlaubnis war nur eine Einwilligung zur Eingehung der damit zwangsläufig verbundenen Rechtsgeschäfte, insbesondere für den mit der Fahrschule abgeschlossenen Vertrag. Damit haben die Eltern aber noch nicht eine Art „Generaleinwilligung" für den Kauf von Fahrzeugen, die mit der erworbenen Fahrerlaubnis geführt werden können, erteilt.

c) Wirksamkeit nach § 110 BGB

Das Geschäft könnte nach § 110 BGB wirksam sein, wenn M die 2000 € aus Mitteln bewirkt hat, die ihm entweder zu diesem Zweck oder zur freien Verfügung überlassen wurden. Da M „heimlich" agiert hat, ist nicht davon auszugehen, dass er die 2000 € zum Kauf eines Motorrades überlassen bekommen hat. Selbst wenn M den Kaufpreis von seinem Taschengeld, das ihm zur freien Verfügung überlassen wurde, zusammengespart haben sollte, ist damit nicht jedes Geschäft gedeckt, sondern nur solche, die sich noch im Rahmen der erkennbaren Zustimmung der Eltern halten.[107] Das ist beim Erwerb eines Kraftfahrzeuges durch Taschengeld sicher nicht der Fall.

d) Genehmigung

Auch haben die Eltern das Geschäft nicht nach § 108 Abs. 1 BGB mit Rückwirkung (§ 184 BGB) genehmigt. Im Gegenteil haben sie den Vertrag ausdrücklich missbilligt.

107 Vgl. *Bönninghaus*, „BGB AT I", Rn. 370 ff.; Palandt/*Ellenberger*, BGB § 110 Rn. 1.

e) Zwischenergebnis

Die Leistung des M erfolgte somit ohne rechtlichen Grund.

4. Kein Fall der §§ 814 und 817 S. 1 BGB

Anhaltspunkte, die einen Ausschluss der condictio indebiti nach § 814 oder § 817 BGB zur Folge haben würden, sind nicht ersichtlich.

5. Umfang des Anspruchs

Gemäß § 818 Abs. 1 BGB kann somit M von H grundsätzlich das Geleistete herausverlangen. Fraglich ist, ob aber nicht im Wege der Saldotheorie ein etwaiger Gegenanspruch des H gegen den M berücksichtigt werden muss.

Es kann an dieser Stelle offenbleiben, ob und in welcher Höhe H gegen M seinerseits einen Anspruch auf Wertersatz und/oder Nutzungen hat. Die Saldotheorie gilt nämlich nach herrschender Meinung in den Fällen, in denen sich die Unwirksamkeit des Rechtsgeschäfts aus der Minderjährigkeit eines der Vertragsparteien ergibt, nicht.[108] Dem ist zu folgen, weil ansonsten der Schutz des Minderjährigen über den Umweg der Saldotheorie konterkariert würde.

Die Kondiktion des H gegen den M hat daher ihr eigenes Schicksal und kann nicht gegen den Anspruch des M gegen H saldiert werden.

II. Ergebnis

Da weder rechtsvernichtende Einwendungen noch Einreden ersichtlich sind, ist der Anspruch auch durchsetzbar. M kann von H 2000 € gemäß § 812 Abs. 1 S. 1 Alt. 1 BGB verlangen.

B. Anspruch des H gegen M aus § 812 Abs. 1 S. 1 Alt. 1 i.V.m. § 818 Abs. 2 BGB

H könnte gegen M einen Anspruch auf Zahlung von 1500 € aus § 812 Abs. 1 S. 1 Alt. 1 i.V.m. § 818 Abs. 2 BGB haben.

108 Vgl. Palandt/*Sprau*, BGB § 818 Rn. 49.

I. Anspruchsentstehung

1. „Etwas erlangt"

M hat „etwas", nämlich den Besitz und das Eigentum erlangt.

2. „Durch Leistung"

H hat mit der Übereignung des Motorrades bewusst und zweckgerichtet das Vermögen des M vermehrt. Eine Leistung liegt vor.

3. „Ohne rechtlichen Grund"

Wie oben A I. 3. ausgeführt erfolgte die Leistung ohne rechtlichen Grund, da M zum Zeitpunkt des Abschlusses des Vertrages minderjährig war.

4. Umfang des Anspruchs

a) Herausgabe des Erlangten

Die Herausgabe des Erlangten ist wegen des Untergangs des Motorrades dem M nicht mehr möglich.

b) Wertersatz nach § 818 Abs. 2 BGB

M könnte aber dem H auf Ersatz des Wertes des Motorrades in Höhe von 1500 € verpflichtet sein. Fraglich ist aber, ob M noch bereichert ist (§ 818 Abs. 3 BGB). Da durch den Unfall das Motorrad zerstört wurde, ist hat M buchstäblich nichts mehr. Grundsätzlich kann er sich auf den Wegfall der Bereicherung berufen.

c) Verschärfte Haftung nach §§ 818 Abs. 4, 819 BGB

Die Berufung auf den Wegfall der Bereicherung könnte aber ausgeschlossen sein, wenn M den Mangel des rechtlichen Grundes kannte, § 819 Abs. 1 BGB. Ob M beim Abschluss des Vertrages wusste, dass aufgrund seiner Minderjährigkeit der geschlossene Vertrag unwirksam ist, kann dahingestellt bleiben.

§ 819 Abs. 1 BGB gilt nämlich nicht in den Fällen, in denen der Mangel des rechtlichen Grundes darauf basiert, dass der Minderjährige geschützt werden soll. Ansonsten würde nämlich über die Hintertür des § 818 Abs. 4 BGB der Schutz des Minderjährigen durch die verschärfte Haftung wieder aufgehoben.[109]

109 Vgl. Palandt/*Sprau*, BGB § 819 Rn. 4.

d) Abtretung des Ersatzanspruches

H kann daher von M lediglich gemäß § 818 Abs. 1 BGB die Abtretung des Ersatzanspruches gegen den Unfallfahrer als Surrogat i.S.d. § 818 Abs. 1 BGB verlangen.

II. Ergebnis

H kann von M nur Abtretung der dem M infolge des Unfalls zustehenden Schadensersatzansprüche nach § 812 Abs. 1 S. 1 Alt. 1 i.V.m. § 818 Abs. 1 BGB verlangen. Dieser Anspruch hat aber, da der Unfallfahrer nicht ermittelt werden konnte, keinerlei wirtschaftlichen Wert.

C. Anspruch des H gegen M auf Ersatz der gezogenen Nutzungen

H könnte gegen M einen Anspruch auf Ersatz der gezogenen Nutzungen gemäß §§ 812 Abs. 1 S. 1 Alt. 1, 818 Abs. 1 BGB in einer Höhe von 500 € haben.

I. Anspruchsentstehung

Dass die Voraussetzungen des § 812 Abs. 1 S. 1 Alt. 1 BGB gegeben sind, ist oben ausgeführt. Fraglich ist allein, ob M die gezogenen Nutzungen erstatten muss.

Grundsätzlich hat der Schuldner der Leistungskondiktion auch die gezogenen Nutzungen dem Gläubiger zu erstatten, § 818 Abs. 1 BGB. Der Wert der Nutzung (§ 100 BGB) ist laut Sachverhalt mit 500 € anzusetzen.

Fraglich ist auch hier, ob M noch bereichert ist. Dies wäre der Fall, wenn M für die gezogenen Nutzungen sich anderweitige Aufwendungen erspart hätte. Tatsächlich aber war das Fahren mit dem Motorrad für M reiner Luxus, den er sich ohne den rechtsgrundlosen Kauf nicht geleistet hätte (und nicht leisten durfte). Deshalb ist M endgültig entreichert, § 818 Abs. 3 BGB.

II. Ergebnis

H kann von M die gezogenen Nutzungen nicht nach §§ 812, 818 Abs. 1, 100 BGB verlangen.

Hinweis

Die Prüfung der nachfolgenden Anspruchsgrundlagen gehört zur Lösung, auch wenn das Deliktsrecht erst später in diesem Skript ausführlich behandelt wird.

D. Anspruch des H gegen M aus § 823 Abs. 1 BGB

H könnte gegen M einen Anspruch auf Ersatz des Motorrades nach § 823 Abs. 1 BGB haben.

I. Anspruch entstanden

1. Verletzung eines absoluten Rechts

a) Eigentum

M müsste durch den Unfall ein absolutes Recht des H verletzt haben. In Betracht kommt die Verletzung des Eigentums. Fraglich ist zunächst, ob H noch Eigentümer des Motorrades war, als M damit verunfallte.

H war bis zum Zeitpunkt des Kaufes Eigentümer. Er könnte das Eigentum am Fahrzeug aber nach § 929 S. 1 BGB an M verloren haben. H hat M den unmittelbaren Besitz an der Sache verschafft. Fraglich bleibt, ob eine wirksame Einigung vorlag, weil M zum Zeitpunkt der Übereignung minderjährig war und seine Erklärung deshalb gem. §§ 107, 108 BGB unwirksam sein könnte.

Die Übereignung ist jedoch ein vom zugrundeliegenden Kausalgeschäft getrennt zu betrachtender Sachverhalt. Die Einigung auf den Eigentumsübergang verschafft dem M lediglich einen rechtlichen Vorteil, sodass die Einigung gemäß § 106 BGB von vornherein wirksam ist und zu ihrer Wirksamkeit keiner Zustimmung des gesetzlichen Vertreters nach §§ 107, 108 BGB bedurfte.

H war damit nicht Eigentümer. Ein Anspruch aus § 823 Abs. 1 BGB wegen Verletzung des Eigentums scheidet daher aus.

b) Sonstiges Recht

§ 823 Abs. 1 BGB schützt auch „sonstige Rechte". M könnte das Vermögen des H durch den Unfall verletzt haben. Das Vermögen an sich ist jedoch kein von § 823 Abs. 1 BGB geschütztes „sonstiges Recht", da § 823 Abs. 1 BGB nur absolute Rechte schützt.

c) Jedenfalls kein Verschulden

Im Übrigen war der Unfall nicht von M verschuldet, sodass § 823 Abs. 1 BGB mangels Verschulden ohnehin ausscheidet.

JURIQ-Klausurtipp

Mit diesem Argument „kein Verschulden" könnten Sie den Anspruch aus § 823 Abs. 1 BGB gleich zu Anfang „erschlagen". Damit nehmen Sie sich aber die Chance, auf das Abstraktionsprinzip und auf den „lediglich rechtlichen Vorteil" im Sinne des § 106 BGB einzugehen. Beides bringt Punkte!

E. Anspruch aus § 823 Abs. 2 in Verbindung mit § 263 StGB BGB

H könnte gegen M einen Anspruch auf Ersatz des ihm entstandenen Schadens aus § 823 Abs. 2 BGB in Verbindung mit § 263 StGB haben.

Nach § 823 Abs. 2 BGB ist derjenige, der gegen ein sogenanntes Schutzgesetz verstößt, demjenigen, zu dessen Schutz das Gesetz erlassen wurde, zu Schadenersatz verpflichtet.

M könnte einen Betrug zulasten des M begangen haben, in dem er den H nicht darauf hinwies, dass er minderjährig war, weswegen sich der H täuschte und eine Vermögensverfügung tätigte, die sein Vermögen beschädigte. Der § 263 StGB ist ein Schutzgesetz im Sinne des § 823 Abs. 2 BGB.

M könnte aber allenfalls eine Täuschung durch Unterlassen begangen haben. Gemäß § 13 StGB steht das Unterlassen dem Tun nur dann gleich, wenn eine Rechtspflicht zum Tun bestand. Es bestand aber im vorliegenden Sachverhalt keine rechtliche Pflicht des M, den H auf die Minderjährigkeit hinzuweisen, zumal sich H jederzeit durch Vorlage eines Ausweises hätte absichern können.

Ein Anspruch aus § 823 Abs. 2 BGB in Verbindung mit § 263 StGB besteht daher nicht.

F. Gesamtergebnis

M kann von H die geleisteten 2000 € zurückverlangen. H hat gegen M keinerlei Ansprüche.

Online-Wissens-Check

Wissen Sie noch, unter welchen Voraussetzungen eine beschränkt geschäftsfähige Person verschärft haftet i.S.d. § 819 Abs. 1 BGB?

Überprüfen Sie jetzt online Ihr Wissen zu den in diesem Abschnitt erarbeiteten Themen. Unter **www.juracademy.de/skripte/login** steht Ihnen ein Online-Wissens-Check speziell zu diesem Skript zur Verfügung, den Sie kostenlos nutzen können. Den Zugangscode hierzu finden Sie auf der Codeseite.

E. Die anderen Leistungskondiktionen

Nachdem wir nun die allgemeine Leistungskondiktion detailliert besprochen haben, müssen wir nur noch die drei Sonderfälle beachten. Einmal ist dies der § 813 BGB als Sonderfall des Fehlens eines rechtlichen Grundes. Dann erörtern wir den § 812 Abs. 1 S. 2 Alt. 1 BGB (späterer Wegfall des rechtlichen Grundes) sowie den § 812 Abs. 1 S. 2 Alt. 2 BGB (Kondiktion wegen Zweckverfehlung, sogenannte condictio ob rem). **235**

I. Der Spezialfall § 813 BGB

Der Anwendungsbereich des § 813 BGB ist kleiner, als man zunächst vermuten könnte. Rechtstechnisch erweitert er das Merkmal „fehlender rechtlicher Grund" der condictio indebiti auf die Fälle, in denen der Schuldner leistet, obwohl der Leistung eine dauernde Einrede (peremptorische Einrede) entgegenstand.[110] **236**

Im nächsten Satz aber schränkt § 813 BGB sein Anwendungsbereich wieder erheblich ein, in dem er die wichtigste dauernde Einrede, die Einrede der Verjährung, aus seinem Anwendungsbereich wieder herausnimmt. **237**

Übrig bleiben damit neben der Einrede nach § 853 BGB (lesen!) nur Fälle, die so speziell sind, dass wir sie im Rahmen der Vorbereitung auf das Examen hier nicht weiter vertiefen wollen.[111]

II. Der § 812 Abs. 1 S. 2 Alt. 1 BGB (condictio ob causam finitam)

Das Komplizierteste an dieser Kondiktion ist ihr Name. Die „condictio causam finitam" oder „condictio causa data, causa non secuta", wie sie auch genannt wird, besagt im Grunde nur, dass eine Leistungskondiktion auch dann möglich ist, wenn zwar zum Zeitpunkt der Leistung ein rechtlicher Grund gegeben war, dieser dann aber später weggefallen ist. **238**

Die Vorschrift hätte einen breiten Anwendungsbereich, wenn nicht § 142 BGB der Anfechtung eine Wirkung ex-tunc, also eine Vernichtung des rechtlichen Grundes mit Rückwirkung beimessen würde. So aber sind Leistungen, die aufgrund eines anfechtbaren Rechtsgeschäfts getätigt werden, nach der Anfechtung mit der „normalen" Leistungskondiktion (condictio indebiti) rückforderbar. § 812 Abs. 1 S. 2 Alt. 1 BGB ist daher nicht anwendbar.[112] **239**

Übrig bleiben daher hauptsächlich die Fallgruppen, in denen der rechtliche Grund nur mit Wirkung für die Zukunft wegfällt, wie z.B. bei einer auflösenden Bedingung.

---

110 Vgl. Palandt/*Sprau*, BGB § 813 Rn. 1.

111 Vgl. Palandt/*Sprau*, BGB § 813 Rn. 3 f.

112 So die ganz herrschende Meinung: Vgl. *Looschelders*, Schuldrecht BT, § 54 Rn. 25; Palandt/*Sprau*, BGB § 812 Rn. 26; BeckOK BGB/*Wendehorst*, BGB § 812 Rn. 64.

III. Die Kondiktion wegen Zweckverfehlung (condictio ob rem)

240 Bei der Kondiktion nach § 812 Abs. 1 S. 2 Alt. 2 BGB handelt es sich zunächst einmal um eine Leistungskondiktion. Das bedeutet, dass der Leistende „etwas" (siehe Rn. 151) bewusst und zweckgerichtet in das Vermögen des Leistungsempfängers transferiert hat.

241 Im Fall der condictio ob rem soll der Leistende aber das „etwas" zurückverlangen können, weil der mit der Leistung nach dem Inhalt des Rechtsgeschäfts bezweckte Erfolg nicht eingetreten ist. Das bedeutet aber wiederum nicht, dass die (enttäuschten) Motive, auch wenn sie beiden Seiten bekannt sind, zu einer solchen Kondiktion führen.

Beispiel Die Braut geht in ein Fachgeschäft für Brautmoden und ersteht ein Hochzeitskleid. Beiden Seiten ist bekannt, dass der „Zweck" eines solchen Kaufes die Eingehung der Ehe ist. Kommt diese nicht zustande, kann die Braut **natürlich nicht** den Kaufpreis nach § 812 Abs. 1 S. 2 Alt. 2 BGB kondizieren. ■

Erforderlich für die Annahme eines Ausbleibens eines Erfolges ist vielmehr, dass die Beteiligten **einen besonderen zukünftigen Erfolg rechtlicher oder tatsächlicher Natur** über den mit jeder Leistung notwendig verfolgten Zweck vorausgesetzt haben, dieser Erfolg aber nicht eingetreten ist.

242 Diese Beschreibung[113] hilft zugegebenermaßen kaum weiter. Dennoch müssen Sie sie beherrschen, um einen Einstieg in den Fall zu finden. Welche Fälle zu den mit der „condictio ob rem" zu lösenden Sachverhalte gehört, ist – ausnahmsweise – für die Klausur nur fallbezogen (kasuistisch) zu lernen. In Anlehnung an Medicus[114] sind dies vier Fallgruppen:

1. Leistung ohne Verpflichtung, aber mit bestimmter Absicht

243 Es kommt vor, dass jemand leistet, damit er eine Gegenleistung erhält, auf die er rechtlich keinen Anspruch hat.

Beispiel Neffe N pflegt aufopferungsvoll seine Großtante G, die ihm immer wieder versichert, dass er dafür eines Tages „alles erben" würde. Als G verstirbt, muss N zu seinem Entsetzen erfahren, dass G im letzten Augenblick ihr Testament geändert und ihr Vermögen dem Tierschutzverein vermacht hatte.

113 Zu finden beispielsweise bei Palandt/*Sprau*, BGB § 812 Rn. 30 f.; Jauernig BGB/*Stadler*, BGB § 812 Rn. 15 ff.
114 Vgl. *Medicus/Petersen*, Bürgerliches Recht, Rn. 691 ff.; vgl. auch bei BeckOK BGB/*Wendehorst*, BGB § 812 Rn. 88 ff.

In einem solchen Fall hat N an G „etwas" (Dienstleistungen) erbracht in der beiden Parteien bekannten und vorausgesetzten Absicht, Erbe der G zu werden. Der Nichteintritt dieses Erfolges rechtfertigt die Annahme einer condictio ob rem.[115] ■

2. Der vorausgesetzte Erfolg kann nicht vertraglich vereinbart werden

Zweitens kommt es vor, dass ein Erfolg von beiden Parteien vorausgesetzt wurde, obwohl er gar nicht Gegenstand eines verpflichtenden Vertrages sein kann. 244

Beispiel Drastisches *Beispiel* hierfür ist der Fall, dass der unsterblich in die Prostituierte verliebte Freier dieser Geld dafür gibt, dass sie von ihrem Beruf ablassen und sich von ihrem Zuhälter freikaufen kann. Sie nimmt das Geld und entscheidet sich danach, weiter in ihrem „Beruf" für Z tätig zu bleiben.

Der Freier hätte mit der P gar nicht wirksam einen verpflichtenden Vertrag schließen können, nachdem sie sich freikaufen sollte, um dann mit ihm zusammenleben zu können. Wohl aber haben beide Parteien einen Zweck mit der Leistung des Freiers vereinbart. Sie sollte von ihrem Zuhälter loskommen und den Beruf aufgeben. Dieser Zweck ist verfehlt worden. Sie muss das Erhaltene gemäß § 812 Abs. 1 S. 2 Alt. 2 BGB herausgeben. ■

3. Leistung auf einen bekannt nichtigen Vertrag

Drittens schließlich kommt die condictio ob rem praktisch häufig in folgender Konstellation vor: Um Grunderwerbssteuer zu sparen, vereinbaren die Parteien eines Grundstückskaufvertrages Folgendes: Vor dem Notar wird eine niedrigerer als der vereinbarte Kaufpreis angegeben. Dieser Vertrag kommt nach §§ 117 Abs. 1 BGB nicht wirksam zustande.[116] Die Parteien erklärten vor dem Notar nur zum Schein, dass sie einen Grundstückskaufvertrag zu dem niedrigen Preis abschließen. Das eigentlich Gewollte (Verkauf zum höheren Preis) ist aber nach §§ 117 Abs. 2, 311b Abs. 1 S. 1, 125 BGB nichtig. 245

Nunmehr leistet der Käufer die Differenz zwischen dem beurkundeten Betrag und dem eigentlich vereinbarten Preis in bar an den Verkäufer. Dies tut er in der Absicht, dass der Verkäufer die Auflassung erklärt und schließlich durch die Eintragung des Eigentumsüberganges in das Grundbuch der Formmangel gemäß § 311b Abs. 1 S. 2 BGB geheilt wird. 246

Scheitert dies aus welchen Gründen auch immer, könnte der Käufer vom Verkäufer versuchen, den geleisteten Betrag durch die condictio indebiti (§ 812 Abs. 1 S. 1 Alt. 1 BGB) zurückzufordern. Die Anspruchsgrundlage ist gegeben (Leistung ohne Rechtsgrund), jedoch scheitert diese Kondiktion an § 814 BGB. Der Käufer wusste, dass er auf eine Nichtschuld leistete. 247

Der Zweck seiner Leistung war vielmehr, den Verkäufer zu bewegen, die Willenserklärung „Auflassung" abzugeben. Dieser Zweck ist nicht eingetreten, sodass der Käufer den Betrag über § 812 Abs. 1 S. 2 Alt. 2 BGB zurückverlangen kann.

---

115 Diese Fallgruppe wird auch „Erwartungsfälle" genannt vgl. BeckOK BGB/*Wendehorst*, BGB § 812 Rn. 89-91.

116 Vgl. *Bönninghaus*, „BGB AT I", Rn. 224 ff.

4. Mehrleistung trotz wirksamen Vertrages

248 Viertens schließlich bietet die condictio ob rem eine Lösung für die Sachverhalte, in denen der Leistende sich auf einen „schlechten" Vertrag einlässt, weil er damit einen weitergehenden Zweck verfolgt, den auch der Leistungsempfänger kennt und akzeptiert hat. Hier sind zwei Unterfallgruppen zu differenzieren.

a) Verfehlung des „höheren Ziels"

249 **Beispiel** Bauer B verkauft zu sehr günstigen Bedingungen Land an den örtlichen Sportverein, damit dieser auf dem Gelände ein Trainingszentrum für Jugendliche errichten soll. Wenig später verkauft der Verein das Gelände, damit dort ein Gewerbebetrieb errichtet werden kann. ■

Hier liegt ein wirksamer Kaufvertrag vor. Die Leistung des B an den Verein erfolgte mit Rechtsgrund. Doch die Parteien haben einen besonderen Erfolg vorausgesetzt, der über den mit jedem Vertrag notwendig verfolgten Zweck hinausgeht. Sie gingen davon aus, dass auf dem Gelände ein Trainingszentrum entsteht. Dieser „angestaffelte" Zweck ist verfehlt worden. Deshalb kann B vom Verein das Gelände mit der condictio ob rem wieder herausverlangen.[117]

b) Enttäuschte Vergütungserwartung

250 Diese Fallgruppe ist mit der oben Rn. 243 besprochenen Leistung ohne Vertrag verwandt. Wenn z.B. die Haushaltshilfe sich auf einen „Hungerlohn" einlässt mit der beiden Seiten bekannten Erwartung, eines Tages einmal zu erben, und dieser Fall tritt dann wider Erwarten nicht ein, hat diese einen Anspruch auf Ersatz der Differenz zwischen gezahltem Lohn und Mehrleistung nach § 812 Abs. 1 S. 2 Alt. 2 BGB.

JURIQ-Klausurtipp

Die condictio ob rem ist eine beliebte Spielwiese für Dogmatiker und Theoretiker jeder Couleur. Hüten Sie sich davor, in einer Klausur in große dogmatische Diskussionen abzugleiten. Es genügt, dass Sie bei Klausuren, die eine der oben erwähnten Fallgruppen betreffen, wie folgt vorgehen:

1. Sie gehen von § 812 Abs. 1 S. 2 Alt. 2 BGB als Anspruchsgrundlage aus.
2. Sie definieren die Zweckverfehlung, wie oben in Rn. 241 beschrieben.
3. Sie subsumieren den Sachverhalt unter einer der genannten Fallgruppen.

251 Damit haben wir die Tatbestände der Leistungskondiktion abgeschlossen. Was noch fehlt, ist die Behandlung der sogenannten „Mehrpersonenverhältnisse". Dies erfolgt aber erst nach der Erörterung der Nichtleistungskondiktion, da es bei den Mehrpersonenverhältnissen genau um die Problematik der Abgrenzung der Leistungs- von der Nichtleistungskondiktion geht.

117 Restriktiv *BGH*, Urteil v. 14.5.1991 – X ZR 2/90 = NJW-RR 91, 1269; Palandt/*Sprau*, BGB § 812 Rn. 34; a.A. BeckOK BGB/*Wendehorst*, BGB § 812 Rn. 92; MüKo BGB/*Schwab*, BGB § 812 Rn. 474 ff. m.w.N.

F. Die (allgemeine) Eingriffskondiktion

Anspruch aus § 812 Abs. 1 S. 1 Var. 2 BGB 252

I. Anspruchsentstehung

1. Hat Schuldner „Etwas erlangt"?
   - Sonderfall des § 951 BGB Rn. 258
2. In sonstiger Weise auf Kosten des Gläubigers?
   - Lehre vom Zuweisungsgehalt, Rn. 261
   - Spezialfälle § 816 Abs. 1, Abs. 2 und § 822 BGB Rn. 265
3. Ohne rechtlichen Grund
4. Umfang des Anspruchs
   - a) Herausgabe des Erlangten
   - b) Ersatz für gezogene Nutzungen, § 818 Abs. 1 BGB
   - c) Herausgabe eines Surrogates, § 818 Abs. 1 BGB
   - d) Wenn Herausgabe nicht (mehr) möglich: Wertersatz, § 818 Abs. 2 BGB
   - e) Kein Anspruch bei fehlender der Bereicherung
     - aa) Voraussetzungen des § 818 Abs. 3 BGB
       - (1) Gegenstand ist nicht mehr vorhanden
       - (2) Gegenstand ist noch vorhanden
       - (3) Berücksichtigung der Gegenleistung
     - bb) Verschärfte Haftung
       - (1) § 818 Abs. 4 BGB
       - (2) § 819 BGB

II. Rechtsvernichtende Einwendungen,
insbesondere durch Erfüllung, Aufrechnung, nachträgliche Entreicherung (§ 818 Abs. 3 BGB)

III. Durchsetzbarkeit

1. Fälligkeit
2. Einreden

PRÜFUNGSSCHEMA

Die (allgemeine) Eingriffskondiktion nach § 812 Abs. 1 S. 1 Alt. 2 BGB („oder in sonstiger Weise") ist der Grundtatbestand der Nichtleistungskondiktionen. Sie unterscheidet sich grundlegend von der bis hier erörterten Leistungskondiktion. Während die Leistungskondiktion – bildlich gesprochen – dadurch gekennzeichnet ist, dass einer etwas ohne Grund gibt (und es dann zurückhaben will), ist die Eingriffskondiktion von dem Bild geprägt, dass jemandem etwas ohne Grund genommen wird (und er es deswegen wiederhaben möchte). Wenn man so will, ist der Tatbestand des Betruges die strafrechtliche Entsprechung der Leistungskondiktion (der Betrogene gibt) und der Diebstahl das Analogon zur Eingriffskondiktion (dem Bestohlenen wird genommen). **253**

Sie erkennen, dass sich das Aufbauschema nur in wenigen, aber durchaus entscheidenden Punkten vom Prüfungsschema für die Leistungskondiktion unterscheidet. Wichtig ist, dass die Ausschlusstatbestände des § 814 BGB[118] und des § 817 S. 2 BGB[119] nur für die allgemeine Leistungskondiktion gelten und nicht für die Tatbestände der Eingriffskondiktion. **254**

118 Vgl. Palandt/*Sprau*, BGB § 814 Rn. 1 a.E.; MüKo BGB/*Schwab*, BGB § 814 Rn. 5.

119 Vgl. Palandt/*Sprau*, BGB § 817 Rn. 2 und 12; MüKo BGB/*Schwab*, BGB § 817 Rn. 11 a.E.

I. Anspruchsentstehung (§ 812 Abs. 1 S. 1 Var. 2 BGB)

1. Etwas erlangt

255 Dieses Merkmal ist bei der Eingriffskondiktion genauso auszulegen wie bei der Leistungskondiktion. Auf das oben Gesagte (Rn. 151) kann somit verwiesen werden. Gegenstand der Eingriffskondition kann deshalb sein: Eigentum, Besitz, Immaterialgüterrechte (Patent-, Marken- und Urheberrechte), Recht am eigenen Bild, allgemeines Persönlichkeitsrecht usw.

256 Gerade das Persönlichkeitsrecht insbesondere prominenter Personen hat dabei in letzter Zeit enorme praktische Bedeutung erlangt. Im Grunde geht es immer um die gleiche Problematik: Es wird über eine prominente Person berichtet. Diese fühlt sich in ihrem Persönlichkeitsrecht verletzt.[120]

257 Wenn Sie deliktische Ansprüche vor solchen aus ungerechtfertigter Bereicherung prüfen,[121] ist der weitere zu prüfende Anspruch aus § 812 Abs. 1 S. 1 Alt. 2 BGB an dieser Stelle einfach. Sie haben nämlich schon bei der Prüfung der Verletzung des allgemeinen Persönlichkeitsrechts im Rahmen des § 823 Abs. 1 BGB festgestellt, dass die Veröffentlichung das Persönlichkeitsrecht verletzt. Das werden wir in diesem Skript unter Rn. 433 ff. kennen lernen.

Im Rahmen des § 812 Abs. 1 S. 1 Alt. 2 BGB schreiben Sie dann nur noch: „A müsste „etwas" erlangt haben. Etwas ist jeder vermögenswerte Vorteil. Die Verwendung des Fotos ist als wesentlicher vermögensrechtlicher Bestandteil des Persönlichkeitsrechts anerkannt."

258 Besondere Bedeutung hat die Eingriffskondiktion durch § 951 BGB. Dort heißt es in Abs. 1 S. 1, dass derjenige, der aufgrund der Vorschriften der §§ 946 bis 950 BGB einen Rechtsverlust erleidet, eine Vergütung in Geld nach den Vorschriften der ungerechtfertigten Bereicherung verlangen kann.

259 Die §§ 946 bis 950 BGB behandeln bekanntlich den Untergang des Eigentums durch Verbindung, Vermischung und Verarbeitung. Auf die Details dieser (sachenrechtlichen) Problematik kann an dieser Stelle nicht eingegangen werden.[122]

260 Sie müssen sich für das Bereicherungsrecht nur merken, dass § 951 Abs. 1 S. 1 BGB eine sogenannte Rechtsgrundverweisung ist.[123] Mit anderen Worten: § 951 Abs. 1 S. 1 BGB verweist nicht (nur) auf die Folgen einer ungerechtfertigten Bereicherung (also insbesondere auf § 818 Abs. 3 BGB, Wegfall der Bereicherung). Vielmehr muss der Tatbestand der Eingriffskondiktion im Einzelnen geprüft werden. Diese Kondiktion wird auch als ein Fall der „Verwendungskondiktion" bezeichnet.[124]

120 Vgl. *BGH*, Urteil v. 26.10.2006 – I ZR 182/04 (Lafontaine) = BGHZ 169, 340 = NJW 2007, 689; *BGH*, Urteil v. 11.3.2009 – I ZR 8/07 („Wer wird Millionär") = NJW 2009, 3032; *BGH*, Urt. v. 31.5.2012 – I ZR 234/10 („Gunter Sachs") = NJW 2013, 793; aktuell *BGH*, Urt. v. 21.1.2021 – I ZR 120/19 = GRUR 2021, 636 (Günter Jauch als Opfer sog. Clickbaitings).

121 Was Ihnen überlassen ist, vgl. *Medicus/Petersen*, Bürgerliches Recht, Rn. 11.

122 Ausführlich hierzu *Vieweg/Werner*, Sachenrecht, § 6 Rn. 1-35.

123 Vgl. MüKo BGB/*Füller*, BGB § 951 Rn. 3; Palandt/*Herrler*, BGB § 951 Rn. 2.

124 Vgl. *Brox/Walker*, Besonderes Schuldrecht, § 43 Rn. 12 ff.

JURIQ-Klausurtipp

Wenn in einer Klausur das Eigentum an einer Sache wegen Verbindung, Vermischung oder Verarbeitung untergegangen sein sollte, prüfen Sie zunächst den Herausgabeanspruch nach § 985 BGB. Dieser wird scheitern, weil nach der Verbindung, Vermischung oder Verarbeitung nach den §§ 946 bis 950 BGB das Eigentum an der Sache untergegangen ist.

In einem zweiten Schritt unter einer neuen Überschrift prüfen Sie dann einen Kondiktionsanspruch nach § 812 Abs. 1 S. 1 Alt. 2 BGB in Verbindung mit § 951 Abs. 1 S. 1 BGB. Sie könnten z.B. schreiben:

„A könnte gegen B einen Anspruch auf Ersatz des Wertes der gelieferten Stoffe nach § 812 Abs. 1 S. 1 Alt. 2 BGB in Verbindung mit § 951 Abs. 1 S. 1 BGB haben. Letztere Vorschrift stellt eine Rechtsgrundverweisung auf die Normen des Bereicherungsrechts dar. Die Voraussetzungen der Eingriffskondiktion müssen daher vorliegen. B müsste daher „etwas" erlangt haben. Dazu ...."

2. In sonstiger Weise auf Kosten des Gläubigers

a) Die Lehre vom Zuweisungsgehalt

Das, was der Gläubiger vom Schuldner der Eingriffskondiktion verlangt, darf dem Schuldner zunächst nicht durch Leistung einer Person zugeflossen sein. Es gilt der Grundsatz des Vorrangs der Leistungskondiktion. Die Vermögensverschiebung darf also nicht auf einer Leistung an dem Empfänger beruhen. 261

Ähnlich wie bei der Leistungskondiktion der Leistungsbegriff Schuldner und Gläubiger der Leistungskondiktion definiert, gibt es eine genauso bedeutsame Lehre bei der Eingriffskondiktion, die für das Merkmal „in sonstiger Weise auf Kosten des Gläubigers" diese Funktion übernimmt. Es gilt die sog. „Lehre vom Zuweisungsgehalt".[125] 262

Nach der **Lehre vom Zuweisungsgehalt** ist zu prüfen, ob die Vermögensverschiebung nach dem Zuweisungsgehalt der einschlägigen rechtlichen Güterzuordnung nicht dem Empfänger, sondern einem anderen gebührt.

Diese Lehre ist – wie fast alles im Bereicherungsrecht – nicht unumstritten, kann aber mit Fug und Recht als die herrschende Meinung[126] und vor allem die von der Rechtsprechung[127] vertretene Auflassung bezeichnet werden. Sie sollten ihr folgen.

Damit ist auf jeden Fall schon einmal der Gläubiger der Eingriffskondiktion bestimmt. Es ist derjenige, „auf dessen Kosten" in ein Recht, das nach der Zuweisungslehre ihm gebührt, eingriffen wurde. Solange Eingreifender und Begünstigter ebenfalls nur eine Person sind, ist auch der Schuldner eindeutig bestimmt. Auf die besonderen Probleme bei Mehrpersonenverhältnissen gehen wir in einem gesonderten Kapitel ein (siehe unten Rn. 353 ff.). 263

125 Vgl. MüKo BGB/*Schwab*, BGB § 812 Rn. 287.

126 Vgl. die umfangreichen Nachweise bei *Medicus/Petersen*, Bürgerliches Recht, Rn. 706; MüKo BGB/*Schwab*, BGB § 812 Rn. 287.

127 Vgl. *BGH*, Urteil v. 30.1.1987 – V ZR 32/86 = BGHZ 99, 385 = NJW 1987, 1631.

264 An dieser Stelle prüfen Sie in den Fällen der Verletzung des Persönlichkeitsrechts, ob diese „auf Kosten des Gläubigers" erfolgt ist ebenfalls mit der Lehre vom Zuweisungsgehalt des Rechts. Sie schreiben dann: „Ob der Eingriff durch B auf Kosten des A erfolgte, muss mit der Lehre vom Zuweisungsgehalt des Rechts beantwortet werden. Schon oben bei der Prüfung des § 823 Abs. 1 BGB wurde festgestellt, dass die Veröffentlichung nicht ohne Genehmigung des A (§ 22 S. 1 KunstUrhG[128]) hätte erfolgen dürfen, sich der B nicht auf § 23 Abs. 1 Nr. 1 KunstUrhG berufen konnte, da überwiegende Interessen des A gemäß § 23 Abs. 2 KunstUrhG dem entgegenstanden. Somit liegt nicht nur eine deliktische Verletzung des Persönlichkeitsrechts vor, sondern zugleich auch ein Eingriff auf Kosten des A."

b) Die Spezialfälle § 816 Abs. 1, Abs. 2 sowie § 822 BGB

265 Wir haben bis hierher erarbeitet, dass die Eingriffskondiktion einen Ausgleich dafür bereithält, dass dem Berechtigten vom Eingreifenden etwas weggenommen wird. Diese ungerechtfertigte Vermögensverlagerung gleicht die Eingriffskondiktion aus. Das Gesetz hat nun drei Spezialfälle dieses Rechtsgedankens ausdrücklich geregelt. Es sind dies die Verfügung eines Nichtberechtigten (§ 816 Abs. 1 BGB), die Bewirkung einer Leistung an den Nichtberechtigten (§ 816 Abs. 2 BGB) sowie die Durchgriffskondiktion nach § 822 BGB bei unentgeltlichem Erwerb einer Sache.

JURIQ-Klausurtipp

Sollte in einer Klausur eine der nachfolgend skizzierten Fallgestaltungen vorliegen, ist die erste zu prüfende Anspruchsgrundlage natürlich das Spezialgesetz. Weiter unten liefern wir die Details für diese speziellen Eingriffskondiktionen nach. Die jetzt folgenden Erläuterungen dienen nur der Abgrenzung der allgemeinen Eingriffskondiktion von den Spezialfällen.

aa) § 816 Abs. 1 BGB (Verfügung eines Nichtberechtigten)

266 Den § 816 Abs. 1 BGB kann man – wie gesagt – als Kind der Vorschriften über den gutgläubigen Erwerb einer Sache oder eines Rechts bezeichnen. Zwar hat der Gesetzgeber an einigen Stellen aus z.B. Verkehrsschutzgründen angeordnet, dass die Verfügung eines Nichtberechtigten (ausnahmsweise) gegenüber dem Berechtigten wirksam sein soll.

Beispiel A verleiht sein Fahrrad an B. B gibt sich als Eigentümer aus und veräußert und übereignet dieses an C. Der Herausgabeanspruch des A gegen C aus § 985 BGB scheitert, weil C von B gemäß § 932 Abs. 1 BGB (Gutgläubigkeit nach § 932 Abs. 2 BGB unterstellt) Eigentum erworben hat, obwohl B selbst gar nicht Eigentümer gewesen war.

Für solche (und vergleichbare, siehe unten Rn. 286 ff.) Fälle verschafft § 816 Abs. 1 BGB dem „entreicherten" ehemaligen Eigentümer (genauer: Berechtigten, da es auch um Rechte gehen kann) einen Ersatzanspruch.

bb) § 816 Abs. 2 BGB (Wirksame Leistung an Nichtberechtigten)

267 An dieser Stelle genügt für das Verständnis der Vorschrift zunächst ein Blick auf § 407 Abs. 1 BGB. Unter den dort genannten Voraussetzungen muss der (wahre) Gläubiger eine Leistung, die an einen (nicht mehr) Berechtigten bewirkt wurde, gegen sich gelten lassen.

128 Abkürzung für Kunsturhebergesetz.

Beispiel A hat gegen B eine Forderung aus Darlehen in Höhe von 5000 €, das in drei Monaten zur Rückzahlung fällig ist. A tritt diese Forderung an C ab. B weiß von der Abtretung nichts und zahlt vereinbarungsgemäß pünktlich die Darlehensschuld an A zurück. Wenn C nun von B gemäß §§ 488 Abs. 1 S. 2, 398 BGB aus abgetretenem Recht die Darlehensvaluta geltend macht, kann C sich nach § 407 BGB auf die Erfüllung berufen, auch wenn er an den eigentlich Falschen gezahlt hat.

Auch in diesem Fall wurde durch einen Eingriff das Vermögen des Berechtigten vermindert. Zwar soll C geschützt sein (er wusste schließlich nichts von der Abtretung), doch soll A das unberechtigt Erhaltene nicht auf Dauer behalten dürfen.

cc) § 822 BGB (Durchgriffskondiktion)

§ 822 BGB wiederum gleicht eine Rechtsfolge des § 818 Abs. 3 BGB (Wegfall der Bereicherung) aus, die vom Gesetzgeber als „ungerecht" empfunden wird. Im Ergebnis geht es darum, dass der Schuldner einer Kondiktion nach § 812 BGB das Erlangte einem Dritten unentgeltlich übertragen hat. Wird er nun vom Entreicherten in Anspruch genommen, kann er sich wegen § 818 Abs. 3 BGB auf den Wegfall der Bereicherung berufen (siehe oben Rn. 199, „Sache ist nicht mehr vorhanden"), weil ein Dritter die Sache hat. **268**

Dieser Dritte soll die Sache aber nur dann endgültig behalten dürfen, wenn er etwas dafür geleistet (also meist bezahlt) hat. Hat er hingegen den Gegenstand unentgeltlich erworben, ordnet § 822 BGB an, dass er ihn an den Entreicherten herauszugeben hat. **269**

c) Ohne rechtlichen Grund

Auch bei der Eingriffskondiktion muss das Merkmal „ohne rechtlichen Grund" gegeben sein. Dies ist oftmals schwieriger zu begründen, als es den ersten Anschein hat.[129] In einer Klausur gehen Sie wie folgt vor: **270**

Wenn der Bereicherungsschuldner etwas in sonstiger Weise auf Kosten des Schuldners erlangt hat (Prüfungsschritte 1 und 2), dann besitzt er etwas, was nach der Lehre vom Zuweisungsgehalt eigentlich einem anderen zusteht. Damit ist durch die Bejahung der ersten beiden Punkte das Merkmal „ohne rechtlichen Grund" bereits indiziert.[130] Der Bereicherungsschuldner muss sich also auf einen Behaltensgrund berufen können. Dieser ergibt sich in aller Regel aus dem Gesetz. **271**

Beispiel Der gutgläubige Erwerber einer Sache hat ohne Frage „etwas" auf Kosten des Eigentümers auf sonstige Weise erhalten. Dennoch ordnen die §§ 932 ff. BGB an, dass er endgültig Eigentümer bleiben soll (Ausnahme § 816 Abs. 1 S. 2 BGB, siehe unten Rn. 307).

Gegenbeispiel: Schraubenlieferant S liefert an Maschinenbauer M Schrauben unter Eigentumsvorbehalt. M baut diese Schrauben in eine wertvolle Maschine ein. S hat sein Eigentum an den Schrauben gemäß § 950 Abs. 1 S. 1 BGB zwar verloren. Doch die Entreicherung soll nicht endgültig sein, weil § 951 BGB (in diesem Fall ausdrücklich) anordnet, dass zu prüfen ist (Rechtsgrundverweisung, siehe oben Rn. 260), ob nicht eine Kondiktion wegen Eingriff in sonstiger Weise vorliegt.

129 Siehe als Beispiel die kaum durchschaubare Kasuistik bei Palandt/*Sprau*, BGB § 812 Rn. 93 ff.
130 Vgl. *Looschelders*, Schuldrecht BT, § 53 Rn. 15 ff.

JURIQ-Klausurtipp

Auch an dieser Stelle möchten wir Ihnen einen Formulierungsvorschlag unterbreiten, was Sie zum Merkmal „ohne rechtlichen Grund" im Rahmen einer Klausur schreiben können. Als Beispiel mag die Kondiktion nach § 812 Abs. 1 S. 1 Alt. 2 BGB wegen des Untergangs des Eigentums durch Verarbeitung der gelieferten Sache dienen. Sie haben bereits die Merkmale „etwas erlangt" und „auf Kosten des Gläubigers" bejaht und bei der Prüfung des zweiten Merkmales auch die Lehre vom Zuweisungsgehalt erwähnt. Nun kommen Sie zum Prüfungspunkt „ohne rechtlichen Grund".

„Der Eingriff des A müsste ohne rechtlichen Grund erfolgt sein. Da nach der oben erwähnten Lehre vom Zuweisungsgehalt das Eigentum an den gelieferten Sachen zusteht, indiziert diese Zuweisung bereits die Rechtswidrigkeit und damit einen Eingriff ‚ohne rechtlichen Grund,. Im vorliegenden Fall besagt § 951 Abs. 1 BGB sogar ausdrücklich, dass die Vermögensverschiebung durch § 946 BGB nicht endgültig sein soll. Der Eingriff des A in das Vermögen des B erfolgte also auch ‚ohne rechtlichen Grund'".

272 Die Struktur dieses Merkmals veranschaulicht folgende Grafik:

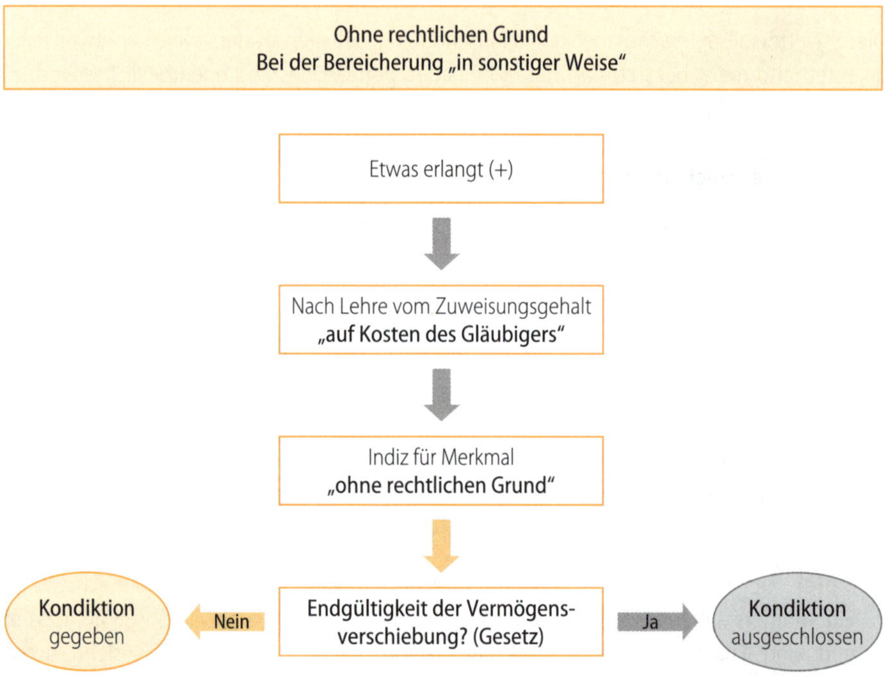

d) Umfang des Anspruchs

273 Der Umfang des Anspruchs richtet sich dann wieder nach §§ 812, 818, 819 BGB. Es gelten die oben zur allgemeinen Leistungskondiktion unter Rn. 196 ff. beschriebenen Grundsätze.

In den Fällen der unerlaubten Nutzung von Bildnissen gewährt die Rechtsprechung dem Gläubiger einen Anspruch auf Zahlung einer fiktiven Lizenzgebühr.[131] Sie können dies mit § 818 Abs. 2 BGB begründen. Das, was sich der Schuldner genommen hat, nämlich die Nutzung des Bildes des Prominenten, kann nicht herausgegeben werden. Folglich ist der Wert zu ersetzen. Der Wert der Nutzung von Bildnissen Prominenter kann bestimmt werden. **274**

II. Weitere Prüfungsschritte

Die weitere Prüfung des Anspruchs, also die rechtsvernichtenden Einwendungen und die Frage der Durchsetzbarkeit richten sich nach den allgemeinen Regeln. Es gelten hier keine Besonderheiten. **275**

G. Die speziell geregelten Eingriffskondiktionen

I. Die entgeltliche Verfügung eines Nichtberechtigten (§ 816 Abs. 1 S. 1 BGB)

Anspruch aus § 816 Abs. 1 S. 1 BGB **276**

PRÜFUNGSSCHEMA

I. Anspruchsentstehung
1. Entgeltliche Verfügung durch Anspruchsgegner?
2. War Verfügender Nichtberechtigter?
3. Wirksamkeit der Verfügung gegenüber dem Berechtigten
   a) Kraft Gesetzes
   b) Kraft Genehmigung
4. Umfang des Anspruchs
   a) Herausgabe des durch die Verfügung Erlangten
      Abweichender Verkehrswert Rn. 293
   b) Erweiterungen nach § 818 Abs. 1 BGB
   c) Wenn Herausgabe nicht (mehr) möglich: Wertersatz, § 818 Abs. 2 BGB
   d) Kein Anspruch bei fehlender der Bereicherung
      aa) Voraussetzungen des § 818 Abs. 3 BGB
      bb) Verschärfte Haftung?

II. Rechtsvernichtende Einwendungen,
insbesondere durch Erfüllung, Aufrechnung, nachträglicher Wegfall des Anspruchs nach § 818 Abs. 3 BGB

III. Durchsetzbarkeit
1. Fälligkeit
2. Einreden

131 Vgl. *BGH*, Urteil v. 31.5.2012 – I ZR 234/10 („Gunter Sachs") = NJW 2013, 793 m.w.N. u. Anm. v. *Stender-Vorwachs*; aktuell *BGH*, Urt. v. 21.1.2021 – I ZR 120/19 = GRUR 2021, 636 (Günter Jauch als Opfer sog. Cllickbaitings).

1. Anspruchsentstehung

a) Verfügung

277 § 816 Abs. 1 BGB verlangt die Verfügung über einen Gegenstand.[132]

> Eine **Verfügung** ist ein Rechtsgeschäft, das unmittelbar auf die Aufhebung, Übertragung, Belastung oder Veränderung eines bestehenden Rechtes gerichtet ist.[133]

278 Im Normalfall bereitet das Merkmal der Verfügung in bereicherungsrechtlichen Klausuren keine besonderen Probleme. Wie schon erwähnt dient § 816 BGB insgesamt dem Ausgleich für zwar unberechtigte, aber aus Verkehrsschutzgründen vom Gesetz (zunächst) akzeptierte Verfügungen, insbesondere aus dem Bereich des Gutglaubensschutzes. Immer dann also, wenn in einem Sachverhalt eine Person ein Recht verliert, weil ein Dritter es gutgläubig erworben hat, sollten Sie an die Prüfung der speziellen Eingriffskondiktionen denken. Dann definieren Sie wie gerade beschrieben den Verfügungsbegriff und bejahen ihn.

279 In nur wenigen Ausnahmefällen kann aber das Merkmal „Verfügung" problematisch werden. Entscheidend ist dann das Merkmal der Unmittelbarkeit. Bloß verpflichtende (schuldrechtliche) Verträge (z.B. der Kaufvertrag nach § 433 BGB) führen nicht unmittelbar zur Rechtsveränderung, sondern erst in einem zweiten Schritt, der Erfüllung. Auch die Vermietung einer fremden Sache ist keine Verfügung, da das Rechtsgeschäft des ohne Frage hierzu nicht Berechtigten nicht unmittelbar auf eine Rechtsänderung im Sinne der erwähnten Definition gerichtet ist.[134] Der Eigentümer einer solchen Sache muss daher im Fall der unberechtigten Untervermietung aus § 812 Abs. 1 S. 1 Alt. 2 BGB („Eingriffskondiktion") vorgehen, um vom unberechtigten Vermieter über § 818 Abs. 1 BGB die Miete zu erhalten.[135]

280 Ferner muss es sich um ein Rechtsgeschäft handeln. Keine Verfügung ist daher der Verbrauch einer Sache.[136]

Beispiel Medizinstudent S gibt sich als Teilnehmer eines medizinischen Kongresses aus, um am bekannt üppigen Abendbuffet teilnehmen zu können. Bereicherungsrechtlich[137] liegt im Verspeisen keine Verfügung über fremdes Eigentum, sondern ein Eingriff in das Vermögen eines anderen, der mit der Eingriffskondiktion ausgeglichen wird. ■

b) Verfügender Nichtberechtigter

281 § 816 Abs. 1 S. 1 BGB setzt den unbefugten Eingriff in ein fremdes Verfügungsrecht voraus. Wie sich aus § 185 BGB ergibt, ist zwar regelmäßig der Inhaber des Rechts (z.B. der Eigentümer, der Gläubiger der Forderung) verfügungsbefugt. Das muss aber nicht zwangsläufig der Fall sein. Bereits der Umkehrschluss aus § 185 Abs. 1 BGB zeigt, dass der mit Einwilligung des Rechtsinhabers auftretende Verfügende kein „Nichtberechtigter" ist. Für § 816 Abs. 1 S. 1 BGB ist also nicht die Rechtsinhaberschaft zum Zeitpunkt der Verfügung maßgebend, sondern die

---

132 Sehr lesenswert *Lorenz*, JuS 2018, 654.

133 Vgl. Palandt/*Ellenberger*, vor BGB § 104 Rn. 16; *Brox/Walker*, Besonderes Schuldrecht, § 42 Rn. 19.

134 Vgl. MüKo BGB/*Schwab*, BGB § 816 Rn. 12.

135 Vgl. zu den verschiedenen Konstellationen und Lösungsansätzen MüKo BGB/*Schwab*, BGB § 816 Rn. 12 f.

136 Vgl. MüKo BGB/*Schwab*, BGB § 816 Rn. 21.

137 Dieser Sachverhalt hat auch eine deliktsrechtliche Seite, die aber hier ausgeklammert wird.

Verfügungsbefugnis.[138] Allen Fallgestaltungen ist gemeinsam, dass der Verfügende im eigenen Namen auftritt. Handelt der Verfügende im fremden Namen, sind nur die Vertretungsvorschriften der §§ 164 ff. BGB anwendbar und nicht der § 816 BGB!

Es gibt vier Fallgruppen der Nichtberechtigung:

- Der Verfügende **handelt ohne Einwilligung** des Rechtsinhabers. Wichtig: Nur die (vorherige) Einwilligung des Rechtsinhabers macht den Verfügenden zum Rechtsinhaber. Die spätere Genehmigung, auch wenn sie gesetzlich Rückwirkung hat, (§ 184 Abs. 1 BGB), macht aus dem ursprünglich Nichtberechtigten keinen Berechtigten (siehe Rn. 288). 282
- Der Verfügende ist **nicht allein verfügungsberechtigt**, wie der Mit- oder Gesamthandseigentümer, der über den gesamten Gegenstand verfügt. 283
- Der Verfügende ist **nicht mehr berechtigt**, weil er (der praktisch häufigste Fall) die schon abgetretene Forderung ein zweites Mal zediert. 284
- Der Verfügende ist zwar **Rechtsinhaber**, hat aber (ausnahmsweise) nicht **das Recht zur Verfügung**. Diese zunächst befremdlich anmutende Konstellation (jemand hat die volle Rechtsinhaberschaft, darf aber nicht über das ihm gehörende Recht verfügen), kommt doch vor. Fälle von praktischer Bedeutung sind der Schuldner im Insolvenzverfahren (§ 80 InsO) sowie der Erbe, wenn Testamentsvollstreckung angeordnet ist, oder bei Nachlassverwaltung. 285

c) Wirksamkeit der Verfügung gegenüber dem Berechtigten

Diese Verfügung muss dem Berechtigten gegenüber wirksam sein. Die Wirksamkeit kann sich entweder aus dem Gesetz ergeben oder durch den Berechtigten durch Genehmigung herbeigeführt werden. 286

aa) Wirksamkeit der Verfügung kraft Gesetzes

§ 816 BGB insgesamt ist der Ausgleich für dem Berechtigten gegenüber wirksame Vermögensverschiebungen. Diese ergeben sich kraft Gesetzes aus den Vorschriften über den gutgläubigen Erwerb. Dabei sind die §§ 932 ff. BGB (gutgläubiger Erwerb vom Nichteigentümer)[139] die wichtigsten Fälle. Bei beweglichen Sachen sind § 1032 BGB (gutgläubiger Erwerb eines Nießbrauchsrechts) sowie § 1207 BGB (gutgläubiger Erwerb eines Pfandrechts) zu nennen.[140] Besonderen öffentlichen Glauben genießt ferner das Grundbuch. Ist es falsch, kann derjenige, der als z.B. Eigentümer eines Grundstücks eingetragen ist, einem gutgläubigen Dritten das Grundstück übertragen §§ 892, 873 BGB.[141] Aus dem Erbrecht sind die §§ 2366 bis 2368 BGB zu nennen. Ist jemand im Erbschein als Erbe ausgewiesen, so sind seine Verfügungen wirksam, auch wenn sich später herausstellen sollte, dass er in Wahrheit gar nicht Erbe und damit gar nicht verfügungsbefugt war. 287

bb) Wirksamkeit kraft Genehmigung

Eine sehr beliebte Konstellation – vor allem in Klausuren – ist die Fallgestaltung, dass die Verfügung zum Zeitpunkt ihrer Vornahme zwar durch einen Nichtberechtigten vorgenommen wurde, diese Verfügung aber zu diesem Zeitpunkt dem Berechtigten gegenüber nicht wirksam ist, was § 816 Abs. 1 S. 1 BGB voraussetzt. 288

138 Vgl. Palandt/*Sprau*, BGB § 816 Rn. 5.
139 Vertiefend dazu *Vieweg/Werner*, Sachenrecht, § 16 Rn. 12; § 10 Rn. 26 ff.
140 Vertiefend dazu *Vieweg/Werner*, Sachenrecht, § 6 Rn. 1-35.
141 Vertiefend dazu *Vieweg/Werner*, Sachenrecht, § 13 Rn. 47 ff.

Beispiel Kunsthändler H verkauft an Sammler S ein wertvolles Gemälde. S zahlt 100 000 € an H. H hat das Werk zuvor günstig von D gekauft, ohne zu wissen, dass D es dem Eigentümer E gestohlen hat. Als die Sache ans Licht kommt, ist das Gemälde bei einem Brand bei S zerstört worden. S ist zudem zahlungsunfähig und E überlegt, ob er Ansprüche gegen H hat. ■

Dieses *Beispiel* zeigt, dass Verfügungen eines Nichtberechtigten durchaus auch von völlig arglosen Personen vorgenommen werden können, die sich durchaus als berechtigt angesehen haben, es aber nicht waren.

289 H war hier Nichtberechtigter, denn auch wenn er beim Erwerb des Gemäldes gutgläubig war, konnte er wegen § 935 BGB nicht Eigentümer werden (kein gutgläubiger Erwerb bei abhanden gekommenen Gegenständen). Doch auch der Verkauf an S ändert an dieser Rechtslage zunächst einmal nichts. Das Bild war nach wie vor abhandengekommen. Auch S hatte kein Eigentum erworben.

290 In solchen Fällen hilft der Weg über § 184 Abs. 1 BGB. E kann die Verfügung H an S genehmigen. Diese Genehmigung macht die Verfügung wirksam. E kann daher von H das Erlangte, also den Kaufpreis herausverlangen. Wie bei allen Kondiktionen ist ein Verschulden nicht erforderlich. H muss zahlen, auch wenn er noch so gutgläubig war. Ob H einwenden kann, er selbst habe schließlich etwas an D gezahlt, prüfen wir beim Prüfungsschritt „Wegfall der Bereicherung" im Rahmen des Unterpunktes „Berücksichtigung von Aufwendungen".

291 Eine Genehmigung kann ausdrücklich erklärt werden oder aber sich aus dem Verhalten des Gläubigers konkludent ergeben. Die Klageerhebung gegen den Nichtberechtigten, dessen Verfügung nicht wirksam war, ist in aller Regel eine solche konkludente Genehmigung seiner Verfügung.[142]

d) Umfang des Anspruchs

aa) Herausgabe des durch die Verfügung Erlangten

292 Die erste Rechtsfolge nach einer dem Berechtigten gegenüber wirksamen Verfügung eines Nichtberechtigten ist die Herausgabe des durch die Verfügung Erlangten. Dies regelt bereits § 816 Abs. 1 S. 2 BGB, ohne dass wir (wie bei den Kondiktionen aus § 812 BGB) erst den § 818 Abs. 1 BGB bemühen müssen.

293 Das durch die Verfügung Erlangte stellt in aller Regel einen Geldbetrag dar, den der Verfügende für den unberechtigt verkauften Gegenstand erhalten hat.[143] Dies ist solange unproblematisch, wie das Erlangte in etwa dem objektiven Verkehrswert des Gegenstandes entspricht. Fraglich ist aber einerseits, was nach § 816 Abs. 1 S. 1 BGB an den Berechtigten zu zahlen ist, wenn der Verfügende deutlich weniger als den Verkehrswert erlangt hat sowie andererseits der gegenteilige Fall, wenn also der Verfügende deutlich mehr als den Verkehrswert erzielen konnte.

142 Vgl. Palandt/*Sprau*, BGB § 816 Rn. 7.
143 Vgl. zur a.A. *Medicus/Petersen*, Bürgerliches Recht, Rn. 723.

bb) Verfügender erzielt weniger als den Verkehrswert

Gäbe es den § 816 Abs. 1 S. 1 BGB nicht, wäre die Verfügung eines Nichtberechtigten ein Fall einer Eingriffskondiktion nach § 812 Abs. 1 S. 1 Alt 2 BGB. Dann hätte der Nichtberechtigte nach § 818 Abs. 2 BGB den Wert zu ersetzen, denn die Sache selbst gehört ja wirksam einem Dritten. **294**

Die Rechtsprechung sieht aber § 816 Abs. 1 S. 1 BGB mit seiner ausdrücklichen Rechtsfolge „Herausgabe des durch die Verfügung erlangten" als abschließende Spezialvorschrift gegenüber dem § 818 Abs. 2 BGB.[144] Wenn also in unserem *Beispiel* des Kunsthändlers, der ein gestohlenes Gemälde verkauft, das Gemälde einen Wert von 200 000 € hatte, er aber nur 100 000 € erzielte, so hat er aber auch nur diese 100 000 € herauszugeben. **295**

> **Hinweis**
>
> **Sie merken sich also:** § 818 Abs. 2 BGB ist beim Anspruch aus § 816 Abs. 1 S. 1 BGB nicht anwendbar.

cc) Verfügender erzielt mehr als den Verkehrswert

Mit dem gleichen Argument wie beim umgekehrten Fall spricht die Rechtsprechung dem Berechtigten den vollen erlangten Kaufpreis zu, auch wenn dieser (sogar deutlich) über dem Verkehrswert liegt. **296**

Der Nichtberechtigte wird nicht damit gehört, dass der höhere Kaufpreis allein auf seine besondere Geschäftstüchtigkeit zurückzuführen sei. Neben der Tatsache, dass diese Auffassung insbesondere auch von der Rechtsprechung[145] vertreten wird, sprechen einige weitere Argumente dafür: Einmal deutet der eindeutige Wortlaut „das durch die Verfügung Erlangte" auf eine vollumfängliche Herausgabe hin. Es steht dort eben nicht „Wert des verfügten Gegenstandes". Ferner ist kaum abzugrenzen, inwieweit die über dem Verkehrswert liegende Gegenleistung auf „Geschäftstüchtigkeit des Verfügenden", „Glück" oder bloße Dummheit des Erwerbers zurückzuführen ist. Abgesehen von den Schwierigkeiten, in einem streitigen Fall hier einen Beweis zu führen.[146] **297**

> **Hinweis**
>
> **Sie merken sich:** Im Fall des § 816 Abs. 1 S. 1 BGB hat der Verfügende genau das herauszugeben, was er für den Gegenstand erhalten hat, gleich ob zu wenig (keine Anwendung des § 818 Abs. 2 BGB) oder zu viel (Wortlaut des § 816 Abs. 1 S. 1 BGB).

144 Vgl. *OLG Hamm*, Urteil v. 2.2.1995 – 21 U 113/94 = NJW-RR 1995, 1010.

145 Vgl. *BGH*, Urteil v. 8.1.1959 – VII ZR 26/56 = NJW 1959, 668; *BGH*, Urteil v. 24.9.1996 – XI ZR 227/95 = NJW 1997, 190.

146 Vgl. MüKo BGB/*Schwab*, BGB § 816 Rn. 39-41 (mit umfangreichen Nachweisen zur Gegenmeinung sowie einer ausführlichen Stellungnahme); a.A. *Medicus/Petersen*, Bürgerliches Recht, Rn. 723.

e) Wegfall der Bereicherung

298 § 816 Abs. 1 S. 1 BGB ist eine speziell geregelte Eingriffskondiktion. Deshalb richtet sich der Umfang des Bereicherungsanspruchs mit Ausnahme des hier nicht anwendbaren § 818 Abs. 2 BGB nach den §§ 818, 819 BGB.[147] In diesem Zusammenhang sind zwei Probleme zu erörtern.

aa) Berücksichtigung von Aufwendungen

299 Im Rahmen des Wegfalls der Bereicherung kann der Kondiktionsschuldner (hier der verfügende Nichtberechtigte) Ersatz der Aufwendungen verlangen, die er ohne die Verfügung nicht gehabt hätte. Dazu zählen z.B. Kosten der notariellen Beurkundung, Maklerkosten usw. Auch gehören werterhöhende Aufwendungen vor der Veräußerung (wie z.B. Reparaturen, Restaurierungen etc.) zu den abzugsfähigen Aufwendungen.[148]

300 Fraglich aber ist, ob der Kaufpreis, den der Verfügende zuvor an einen Dritten gezahlt hat, als ein solcher Aufwand abzugsfähig ist.

Beispiel Der oben beschriebene gutgläubige Kunsthändler zahlt an den Dieb D einen Preis von 50 000 € für das Bild, das er später für 100 000 € an S verkauft. Nachdem Eigentümer E die unwirksame Verfügung (§ 935 BGB) genehmigt, verlangt er von H das „Erhaltene", also die 100 000 € zurück.

Wir haben schon erarbeitet, dass E von H nach § 816 Abs. 1 S. 1 BGB den vollen Kaufpreis verlangen kann. Die etwaige Geschäftstüchtigkeit des H soll nicht ihm, sondern dem Inhaber des Rechts zugutekommen. Fraglich ist aber, ob H nicht wenigstens seinen eigenen Aufwand, nämlich die an D gezahlten 50 000 € zurückverlangen kann. Man könnte dies damit begründen, dass H nur in Höhe der Differenz zwischen Aufwand und Verkaufspreis bereichert sei. Die herrschende Meinung ist aber anderer Auffassung.[149] Sie können diese Auffassung mit der Rechtsprechung damit begründen, dass vor der Veräußerung der H dem Eigentümer E, der nach § 985 BGB die Herausgabe verlangt, auch nicht entgegenhalten könnte, er habe schließlich etwas für den Gegenstand bezahlt.[150]

301 Der H muss daher in unserem *Beispielsfall* an den E den vollen erhaltenen Kaufpreis nach § 816 Abs. 1 S. 1 BGB herausgeben, ohne dass er den an D gezahlten Preis abzuziehen berechtigt wäre.

302 H kann schließlich auch nicht analog § 255 BGB vom E verlangen, dass dieser ihm die Ersatzansprüche gegen D abtritt. § 255 BGB ist eine Norm des Schadenersatzrechtes und im Rahmen des § 816 BGB nicht, auch nicht entsprechend anwendbar.[151]

bb) Sonstiger Wegfall der Bereicherung

303 Im Übrigen kann sich der Nichtberechtigte wie jeder andere Schuldner einer Kondiktion im Grunde auch, auf § 818 Abs. 3 BGB berufen. § 818 Abs. 3 BGB führt dazu, dass die Verpflichtung zur Herausgabe dann ausgeschlossen ist, wenn der Kondiktionsschuldner nicht mehr bereichert ist.

---

147 Vgl. Palandt/*Sprau*, BGB § 816 Rn. 11.

148 Vgl. Palandt/*Sprau*, BGB § 816 Rn. 11.

149 Siehe die Nachweise bei *Medicus/Petersen*, Bürgerliches Recht, Rn. 725 sowie bei *Looschelders*, Schuldrecht BT, § 55 Rn. 27; MüKo BGB/*Schwab*, BGB § 816 Rn. 55.

150 Kritisch dazu: *Medicus/Petersen*, Bürgerliches Recht, Rn. 725.

151 Vgl. Palandt/*Sprau*, BGB § 816 Rn. 11.

Der Schuldner der Kondiktion nach § 816 Abs. 1 S. 1 BGB ist der nicht berechtigt Verfügende. Er erhält in aller Regel als Gegenleistung Geld, sodass hier im Normalfall nur ein Wegfall der Bereicherung anzunehmen ist, wenn der Schuldner das Geld für Luxusaufwendungen ausgibt, die er ansonsten nicht getätigt hätte (siehe oben Rn. 201). 304

Durchaus praktische Bedeutung erhält aber § 818 Abs. 3 BGB im Rahmen der Verfügung eines Nichtberechtigten bei der Verkaufskommission. Wenn Kommissionär K die dem E gehörende Sache im Auftrag des D als Nichtberechtigter veräußert, so erhält er zunächst den Verkaufspreis. Hat er ihn vor der Inanspruchnahme durch E schon an D weitergeleitet, ist K insoweit nicht mehr bereichert. Eine Bereicherung liegt nur noch im Rahmen der bei ihm verbliebenen Verkaufsprovision vor. 305

2. Anspruch erloschen/Durchsetzbarkeit des Anspruchs

Bei der Frage des Erlöschens und der Durchsetzbarkeit des Anspruchs gibt es bei der Kondiktion nach § 816 Abs. 1 S. 1 BGB keine Besonderheiten in der Fallprüfung. Es gelten die allgemeinen Regeln. 306

II. Die unentgeltliche Verfügung eines Nichtberechtigten (§ 816 Abs. 1 S. 2 BGB)

Anspruch aus § 816 Abs. 1 S. 2 BGB 307

PRÜFUNGSSCHEMA

I. Anspruchsentstehung
1. Verfügung
2. eines Nichtberechtigten
3. Wirksamkeit gegenüber dem Berechtigten
4. Unentgeltlichkeit
   Analogie bei rechtsgrundlosem Erwerb? Rn. 311
5. Umfang des Anspruchs (wie im Prüfungsschema zu Rn. 276)
   a) Herausgabe des durch die Verfügung Erlangten
   b) Ersatz für gezogene Nutzungen, § 818 Abs. 1 BGB
   c) Herausgabe eines Surrogates, § 818 Abs. 1 BGB
   d) Wenn Herausgabe nicht (mehr) möglich: Wertersatz, § 818 Abs. 2 BGB
   e) Kein Anspruch bei fehlender Bereicherung
      (Siehe dazu im Prüfungsschema unter Rn. 276)

II. Rechtsvernichtende Einwendungen,
insbesondere durch Erfüllung, Aufrechnung, nachträgliche Entreicherung (§ 818 Abs. 3 BGB)

III. Durchsetzbarkeit
1. Fälligkeit
2. Einreden

308 Ein weiterer Spezialfall der Eingriffskondiktion ist in § 816 Abs. 1 S. 2 BGB enthalten. Hier hat der Entreicherte (also der, in dessen Vermögenssphäre eingegriffen wurde) ausnahmsweise einen Anspruch nicht gegen den Eingreifenden, sondern gegen den Letztempfänger. Entscheidend ist hier das Merkmal der Unentgeltlichkeit. Der Gesetzgeber belässt es also dabei, dass die Verfügung eines Nichtberechtigten z.B. gemäß §§ 932 ff. BGB gegenüber dem Berechtigten wirksam bleibt. Wenn aber die Leistung unentgeltlich erfolgt, wird der „Beschenkte" als weniger schutzwürdig eingestuft und muss das „Erlangte" herausgeben.[152] Juristisch korrekt formuliert ist der unentgeltliche Erwerb vom Nichtberechtigten somit nicht kondiktionsfest.

1. Anspruchsentstehung

a) Wirksame Verfügung eines Nichtberechtigten

309 Die Prüfungen der oben im Schema unter I 1 bis 3 genannten Voraussetzungen des § 816 Abs. 1 S. 2 BGB sind wie bei § 816 Abs. 1 S. 1 BGB durchzuführen.

b) Unentgeltlichkeit

aa) Definition und Normalfall

310 Verschenkt ein Nichtberechtigter einen ihm nicht gehörenden Gegenstand, scheitert die Kondiktion des Berechtigten nach § 816 Abs. 1 S. 1 BGB gegen ihn daran, dass der Nichtberechtigte eben „nichts erlangt" hat. Folglich kann er nichts herausgeben.[153]

Hinweis

Achtung! Natürlich hat der Berechtigte möglicherweise Anspruch auf Schadenersatz gegen den Nichtberechtigten aus anderen Anspruchsgrundlagen. Hier ist insbesondere an §§ 280, 275 oder §§ 823 ff. BGB zu denken.

Deshalb ist Schuldner der Kondiktion nach § 816 Abs. 1 S. 2 BGB auch nicht der Nichtberechtigte, sondern der, der aufgrund der Verfügung unmittelbar einen rechtlichen Vorteil erlangt hat, sofern die Leistung an ihn unentgeltlich war.

Unentgeltlichkeit bedeutet, dass die Leistung unabhängig von einer Gegenleistung erfolgt.[154]

311 Dies ist bei einer „reinen" Schenkung leicht zu beantworten. Der Beschenkte hat einen Vermögensgegenstand, ohne dass er irgendetwas dafür aus seinem Vermögen hingeben musste. Fraglich ist aber die Unentgeltlichkeit, wenn eine gemischte Schenkung vorliegt.

Beispiel Nichtberechtigter N „verkauft" an seinen Neffen D ein ihm nicht gehörendes Auto für einen symbolischen Preis von 1000 €, obwohl der Wagen des E 25 000 € wert ist. ■

152 Vgl. *Brox/Walker*, Besonderes Schuldrecht, § 42 Rn. 23.

153 Vgl. *Brox/Walker*, Besonderes Schuldrecht, § 42 Rn. 23.

154 Vgl. Palandt/*Sprau*, BGB § 816 Rn. 14 sowie Palandt/*Weidenkaff*, BGB § 516 Rn. 8.

Zunächst scheint gegen die Kondiktion des E gegen N die von § 816 Abs. 1 S. 2 BGB ver- **312**
langte Unentgeltlichkeit zu stehen. N hat schließlich etwas, wenn auch wenig, für das Auto bezahlt. Überwiegt aber bei gemischten Schenkungen der unentgeltliche Teil (wie in unserem *Beispiel*), wendet die herrschende Meinung § 816 Abs. 1 S. 2 BGB auf die gesamte Verfügung an.[155] N muss daher an E das Auto herausgegeben.

Exkurs: Jetzt stellt sich natürlich die Frage, gegen wen N wegen der doch tatsächlich gezahl- **313**
ten 1000 € vorgehen muss. Die Antwort ist einfach. E kann nicht derjenige sein, der diesen Verlust zu tragen hat. Schon im Falle des § 816 Abs. 1 S. 1 BGB war die Gegenleistung nicht abzugsfähig (obwohl diese recht beträchtlich sein kann). Dann kann es erst recht nicht sein, dass der als wenig schutzwürdig angesehene Empfänger einer (überwiegend) unentgeltlichen Zuwendung den entgeltlichen Anteil vom Eigentümer erstattet bekommt. D muss sich wegen der gezahlten 1000 € an E halten und wegen der Nichterfüllung des Vertrages (gemischter Schenkungsvertrag) gegen ihn vorgehen.

bb) Analoge Anwendung des § 816 Abs. 1 S. 2 BGB beim rechtsgrundlosen Erwerb?

Fraglich ist, ob nicht § 816 Abs. 1 S. 2 BGB dann analog angewandt werden kann, wenn die **314**
Verfügung des Nichtberechtigten zwar nicht unentgeltlich, aber rechtsgrundlos erfolgt ist. Diese Meinung ist in der Tat vertreten worden. Auf den ersten Blick spricht viel für eine solche Analogie, weil z.B. bei der erfolgreichen Anfechtung der Empfänger der Leistung nichts zu zahlen braucht und deshalb genauso schutzunwürdig erscheint, wie der, der kraft Schuldverhältnis (Schenkung) keine Gegenleistung entrichten muss.

Die ganz herrschende Meinung lehnt diese als Einheitskonditktionslehre bezeichnete **315**
Ansicht ab.[156] Sie vertritt die Lehre von der Doppelkondiktion, die ihren Namen aus folgendem Grund trägt:

Ein Nichtberechtigter verfügt über einen Gegenstand an einen Dritten aufgrund eines (aus **316**
welchen Gründen auch immer) nichtigen Vertrages. Eigentümer E muss nun gegen den Nichtberechtigten aus § 816 Abs. 1 S. 1 BGB vorgehen. „Erlangt" hat der Nichtberechtigte hier einen Kondiktionsanspruch gegen den Dritten, den er nun als „das Erlangte" an E abtreten muss („Kondiktion der Kondiktion" oder eben „Zweikondiktionenlehre").

JURIQ-Klausurtipp

Sie stellen sich jetzt zu Recht die Frage, ob und wann dieser Streit in einer Klausur zu besprechen ist. Leider hat die Rechtsprechung zwar vor Jahren und in einem speziellen Fall die Einheitslehre angewandt. Somit wäre es unklug, in geeigneten Fällen nicht auf diese Auseinandersetzung einzugehen.

Wir empfehlen:

1. Nur Sachverhalte, bei denen ein Nichtberechtigter aufgrund eines nichtigen Vertrages über eine Sache verfügt, sind geeignet für die Darstellung des Problems.

2. Sie beginnen mit der Kondiktion nach § 816 Abs. 1 S. 2 BGB gegen den Empfänger der Leistung. Beim Merkmal „Unentgeltlichkeit" stellen sie fest, dass der Vertrag zwischen Verfügendem und Empfänger nicht unentgeltlich war, sondern nur rechtsgrundlos. Dann schreiben Sie beispielsweise:

155 Vgl. Palandt/*Sprau*, BGB § 816 Rn. 14; MüKo BGB/*Schwab*, BGB § 816 Rn. 70 m.w.N. zum Meinungsstand.
156 Vgl. *Looschelders*, Schuldrecht BT, § 55 Rn. 29; MüKo BGB/*Schwab*, BGB § 816 Rn. 61 f., 71.

„Fraglich ist, ob § 816 Abs. 1 S. 2 BGB entsprechend auf die rechtsgrundlose Verfügung eines Nichtberechtigten angewandt werden kann. Eine Ansicht bejaht dies. Das würde dazu führen, dass der Berechtigte mit nur einer Kondiktion gegen den Empfänger der Sache dieselbe herausverlangen kann. Für diese Ansicht spricht, dass der Partner eines nichtigen Vertrages zu keiner Leistung verpflichtet ist und deshalb genauso wenig schutzwürdig scheint, wie derjenige, der die Leistung unentgeltlich erhalten hat.

Dagegen spricht aber entscheidend, dass der Vertragspartner eines nichtigen Vertrages vorgeleistet haben kann. Richtig ist deshalb die Zweikondiktionenlehre der herrschenden Meinung, wonach der Berechtigte gegen den Nichtberechtigten aus § 816 Abs. 1 S. 2 BGB vorgeht und das von diesem Erlangte (nämlich die Kondiktion gegen den Empfänger der Leistung) herausverlangt (Kondiktion der Kondiktion). Aus diesem abgetretenen Recht kann dann der Berechtigte gegen den Empfänger vorgehen.

Ergebnis: Ein direkter Anspruch gegen den Empfänger aus § 816 Abs. 1 S. 2 BGB scheidet mangels Unentgeltlichkeit aus."

3. Dann stellen Sie kurz die erwähnte Kondiktion der Kondiktion nach § 816 Abs. 1 S. 1 BGB gegen den verfügenden Nichtberechtigten dar. Im Anschluss daran zeigen Sie auf, dass der Berechtigte aus dann abgetretenem Recht die Sache vom Empfänger herausverlangen kann.

c) Umfang

aa) Herausgabe des Erlangten

317 Herausgeben muss der Schuldner der Kondiktion nach § 816 Abs. 1 S. 2 BGB ist das Erlangte, also den unentgeltlich erhaltenen Gegenstand. Ist die Herausgabe unmöglich (Gegenstand ist untergegangen, verloren gegangen usw.), ist nach § 818 Abs. 2 BGB der Wert zu ersetzen.[157] In einem solchen Fall liegt natürlich ein Wegfall der Bereicherung (siehe sofort) nahe.

bb) Kein Wegfall der Bereicherung

- Sache ist nicht mehr vorhanden

318 Hat der Schuldner die Sache, die er unentgeltlich erhalten hat, nicht mehr und hat er auch kein Surrogat (z.B. Versicherungsleistung) dafür erhalten, kann er sich gemäß § 818 Abs. 3 BGB auf den Wegfall der Bereicherung berufen mit dem Ergebnis, dass er nichts herausgeben muss. Dies gilt nur dann nicht, wenn er verschärft haftet (siehe Rn. 210 ff.).

Hinweis

Diese Fallgruppe sollte in der Klausur auf der Ebene „Anspruch erloschen" als rechtsvernichtende Einwendung geprüft werden.

- Sache ist zwar vorhanden, Schuldner hatte jedoch Aufwendungen

319 Der Schuldner auch der Kondiktion nach § 816 Abs. 1 S. 2 BGB kann die Aufwendungen, die er ohne die Sache nicht gehabt hätte, ersetzt verlangen. Dies gilt natürlich dann nicht, sobald er verschärft haftet.

157 Vgl. Palandt/*Sprau*, BGB § 816 Rn. 17.

cc) Keine verschärfte Haftung

Wie oben Rn. 211 zur allgemeinen Leistungskondiktion dargestellt, scheitert die Berufung auf den Wegfall der Bereicherung, sobald der Gläubiger seinen Anspruch rechtshängig gemacht hat, § 819 Abs. 4 BGB: Der Grund dafür ist, dass ab diesem Zeitpunkt (spätestens) der Schuldner nicht mehr mit der Dauerhaftigkeit seines Rechtserwerbs rechnen darf und deshalb den (weiteren) Schutz des § 818 Abs. 3 BGB nicht mehr verdient. **320**

» Wann tritt Rechtshängigkeit ein? Wenn Sie die Vorschriften aus der ZPO nicht mehr wissen, lesen Sie oben Rn. 213 noch einmal nach. «

Wie Sie von der Erörterung der allgemeinen Leistungskondiktion ebenfalls noch wissen, erweitert § 818 Abs. 1 BGB den Anwendungsbereich des § 818 Abs. 4 BGB auf die Fälle, in denen der Schuldner den Mangel des rechtlichen Grundes kannte oder später erfahren hat. Dasselbe gilt für den Schuldner der Durchgriffskondiktion nach § 816 Abs. 1 S. 2 BGB, sobald der Schuldner von der Nichtberechtigung des Verfügenden erfahren hat. **321**

III. Die Bewirkung einer Leistung an einen Nichtberechtigten (§ 816 Abs. 2 BGB)

Anspruch aus § 816 Abs. 2 BGB **322**

PRÜFUNGSSCHEMA

I. Anspruchsentstehung
1. Empfang einer Leistung
2. Durch Nichtberechtigten
3. Gegenüber Berechtigtem wirksam
   a) Kraft Gesetzes
   b) Genehmigung
4. Umfang des Anspruchs
   a) Herausgabe des Geleisteten, § 816 Abs. 2 BGB
   b) Erweiterungen nach § 818 Abs. 1 BGB
   c) Wenn Herausgabe nicht (mehr) möglich: Wertersatz, § 818 Abs. 2 BGB
   d) Kein Anspruch bei fehlender Bereicherung
      aa) Voraussetzungen des § 818 Abs. 3 BGB
      bb) Verschärfte Haftung nach §§ 818 Abs. 4, 819 BGB?

II. Rechtsvernichtende Einwendungen,
insbesondere durch Erfüllung, Aufrechnung, nachträgliche Entreicherung (§ 818 Abs. 3 BGB)

III. Durchsetzbarkeit des Anspruchs
1. Fälligkeit
2. Einreden

323 Während Abs. 1 des § 816 BGB dem Ausgleich von unberechtigten Verfügungen über Vermögensgegenstände dient, schafft Abs. 2 einen Ersatz für den unberechtigten Empfang von Leistungen (in der Regel Geld). Die Struktur des § 816 Abs. 2 BGB sieht wie folgt aus:

Die Bewirkung einer Leistung an den Nichtberechtigten
Struktur des § 816 Abs. 2 BGB

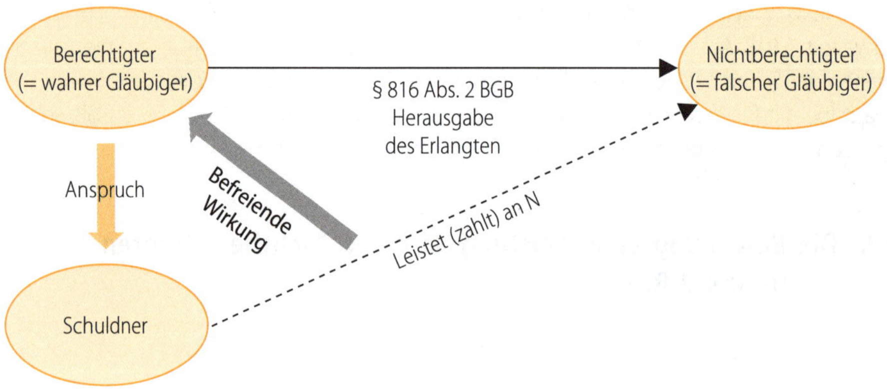

1. Anspruchsentstehung

a) Empfang einer Leistung

324 Der Schuldner des § 816 Abs. 2 BGB muss eine Leistung empfangen haben. Geleistet werden kann im Grunde jeder Gegenstand, in aller Regel wird es aber um den Empfang von Geld gehen.

b) Durch einen Nichtberechtigten

325 Der Leistungsempfänger darf zur Entgegennahme der Leistung nicht berechtigt gewesen sein. Nicht berechtigt ist der Empfänger, wenn er weder Inhaber des Anspruchs war, auf den geleistet wurde, noch zur Entgegennahme der Leistung durch Rechtsgeschäft mit dem Inhaber oder kraft Gesetzes befugt gewesen zu sein.[158]

c) Gegenüber dem Berechtigten wirksam

326 § 816 Abs. 2 BGB setzt ferner voraus, dass der Empfang der Leistung durch den Nichtberechtigten dem Berechtigten gegenüber wirksam war.

aa) Wirksamkeit kraft Gesetzes

327 Die Wirksamkeit der Leistung gegenüber dem Berechtigten kann sich aus dem Gesetz ergeben.[159] Es sind (ähnlich wie bei § 816 Abs. 1 BGB) Gutglaubensvorschriften, die der Leistung an den „falschen" Gläubiger eine befreiende Wirkung zukommen lassen.

158 Vgl. Palandt/*Sprau*, BGB § 816 Rn. 19; MüKo BGB/*Schwab*, BGB § 816 Rn. 76.
159 Vgl. *Lorenz*, JuS 2018, 654 (656).

Die wichtigsten gesetzlichen Vorschriften, die eine solche befreiende Wirkung bei (in der Regel:) Zahlung an den falschen Gläubiger erzeugen, sind: 328

§ 370 BGB:	Zahlung an den Überbringer einer Quittung.
§ 407 BGB:	Zahlung an den Zedenten, obwohl Forderung inzwischen Zessionar gehört.
§ 408 BGB:	Zahlung an einen falschen Gläubiger bei Mehrfachabtretung.
§ 409 BGB:	Zahlung an den falschen Gläubiger nach Abtretungsanzeige.
§ 851 BGB:	Schadenersatzleistung an Nichtberechtigten.
§ 893 BGB:	Zahlung an einen fälschlicherweise im Grundbuch eingetragenen Gläubiger.
§ 2367 BGB:	Leistung an den, der einen Erbschein vorlegt.

Hinweis

Wir legen Ihnen dringend nahe, sich die oben erwähnten Vorschriften genau durchzulesen. Derartige Normen sind beliebt, um einer Klausur mit Schwerpunkt in einem völlig anderen Gebiet noch einen bereicherungsrechtlichen Zusatz zu geben. So kann eine erbrechtliche Klausur z.B. durch einen Sachverhaltsschlenker leicht die Voraussetzungen des § 2367 BGB schaffen und damit Ihre Kenntnis des § 816 Abs. 2 BGB abfragen.

bb) Wirksamkeit kraft Genehmigung

Genauso wie es bei § 816 Abs. 1 BGB möglich war, dass der Eigentümer die eigentlich unwirksame Verfügung des Nichtberechtigten durch Genehmigung wirksam machen konnte und so die Voraussetzungen des § 816 Abs. 1 BGB erst geschaffen hatte, kann der „wahre" Gläubiger die eigentlich unwirksame Zahlung an den Falschen durch Genehmigung wirksam machen (§ 184 Abs. 2 BGB).[160] 329

Diese quasi Erweiterung des § 816 Abs. 2 BGB durch die Möglichkeit der Genehmigung einer eigentlich unwirksamen Empfangnahme einer Leistung ist zwar nicht unbestritten, aber herrschende Meinung.[161] In jüngerer Zeit hat das OLG Koblenz in einer lesenswerten Entscheidung diese Meinung nochmals bestätigt.[162] 330

Es stellt sich aber die naheliegende Frage, warum der wahre Gläubiger eine unwirksame Zahlung an den Falschen genehmigen sollte. Das wird er dann tun, wenn der „falsche" Gläubiger, der Geld vom Schuldner erhalten hat, liquider ist, als der Schuldner selber. 331

2. Zu den übrigen Voraussetzungen

Bei der Prüfung der weiteren Voraussetzungen des § 816 Abs. 2 BGB kann auf die Ausführungen zu § 816 Abs. 1 BGB verwiesen werden (siehe Rn. 292 ff.). 332

160 Vgl. Palandt/*Sprau*, BGB § 816 Rn. 21.

161 Vgl. *Looschelders*, Schuldrecht BT, § 55 Rn. 31; ausführlich zum Streitstand MüKo BGB/*Schwab*, BGB § 816 Rn. 98 ff. m.w.N.

162 Vgl. *OLG Koblenz* – 5 U 333/ 14 = BeckRS 2015, 02418 Rn. 24 f.

IV. Die Durchgriffskondiktion nach § 822 BGB

PRÜFUNGSSCHEMA

333 **Anspruch aus § 822 BGB**

I. Anspruchsentstehung
1. Bereicherungsanspruch gegen den Verfügenden
2. Unentgeltliche Zuwendung
3. An einen Dritten
4. Enthaftung des Verfügenden
5. Umfang des Anspruchs
   a) Herausgabe des Erlangten
   b) Erweiterungen nach § 818 Abs. 1 BGB
   c) Wenn Herausgabe nicht (mehr) möglich: Wertersatz, § 818 Abs. 2 BGB
   d) Kein Anspruch bei fehlender Bereicherung
      aa) Voraussetzungen des § 818 Abs. 3 BGB
      bb) Verschärfte Haftung?

II. Rechtsvernichtende Einwendungen,
insbesondere durch Erfüllung, Aufrechnung, nachträglicher Wegfall des Anspruchs nach § 818 Abs. 3 BGB

III. Durchsetzbarkeit
1. Fälligkeit
2. Einreden

334 Der als Durchgriffskondiktion bezeichnete Anspruch nach § 822 BGB dient der Korrektur als unbillig empfundener Ergebnisse des § 818 Abs. 3 BGB.[163] Wenn sich nämlich jemand erfolgreich auf den Wegfall der Bereicherung beruft, weil die Sache nicht mehr in seinem Eigentum ist, und er auch kein Surrogat dafür erhalten hat, geht der Gläubiger einer Kondiktion leer aus.

335 Basiert aber dieser Wegfall der Bereicherung auf einer unentgeltlichen Verfügung (im Regelfall also dem Vollzug einer Schenkung), würde ohne § 822 BGB der ursprüngliche Eigentümer leer ausgehen.

Beispiel A übereignet dem B rechtsgrundlos ein Grundstück. B verschenkt dieses Grundstück an seinen Sohn S. A kann zwar gegen B aus der „allgemeinen Leistungskondiktion" gemäß § 812 Abs. 1 S. 1 Alt. 1 BGB vorgehen. Sein Anspruch scheitert aber im Ergebnis an § 818 Abs. 3 BGB, da B wegen der Schenkung nicht mehr bereichert ist und auch kein Surrogat vorhanden ist. ■

336 Dass S das Grundstück behalten können soll, obwohl er es unentgeltlich von jemandem erhalten hat, der es eigentlich einem anderen zurückzugeben hätte, wird vom Gesetzgeber als unbillig empfunden. Deshalb kann der ursprüngliche Rechtsinhaber (in unserem Fall der A) direkt gegen S vorgehen. Insoweit ist § 822 mit § 816 Abs. 1 S. 2 BGB verwandt. Auch dort soll der, der einen Gegenstand unentgeltlich erhalten hat, ihn nicht auf Dauer

163 Siehe zum Normzweck: MüKo BGB/*Schwab*, BGB § 822 Rn. 1; lesenswert *Lorenz*, JuS 2019, 6.

behalten dürfen. Allerdings setzt § 816 Abs. 1 S. 2 BGB eine Verfügung eines Nichtberechtigten voraus, während § 822 BGB die Rückabwicklung der Verfügung eines Berechtigten im Blick hat.[164]

1. Anspruchsentstehung

a) Bereicherungsanspruch gegen den Verfügenden

§ 822 BGB verlangt zunächst, dass ein bereicherungsrechtlicher Anspruch gegen den Verfügenden besteht. Diese Primärkondiktion kann jede Kondiktion sein, gleich ob Leistungs- oder Eingriffskondiktion. Sogar § 822 BGB selbst ist eine mögliche Primärkondiktion, dann nämlich, wenn der Dritte, der den Gegenstand unentgeltlich erhalten hat, diesen an einen „Vierten" unentgeltlich weitergibt.[165] 337

b) Zuwendung

Der Gegenstand muss vom Schuldner der Primärkondiktion dem Dritten (= Schuldner des Anspruchs[166] nach § 822 BGB) unentgeltlich zugewendet worden. 338

Zuwendung im Sinne des § 822 BGB bedeutet jede rechtsgeschäftliche Übertragung.[167] 339

Damit scheiden alle Erwerbstatbestände, die nicht rechtsgeschäftlicher Natur sind, aus. Dazu zählen insbesondere der Erwerb als Erbe und der Erwerb durch Ersitzung.

Diese Zuwendung muss ferner unentgeltlich gewesen sein. Die Unentgeltlichkeit bei § 822 BGB ist genauso auszulegen wie bei § 816 Abs. 1 BGB.[168] Auf die Ausführungen dort wird verwiesen. 340

c) An einen Dritten

Dritter im Sinne des § 822 BGB ist (wie bei § 123 BGB) nur derjenige, der bei der Primärkondiktion nicht am Geschäft Beteiligte. Kein Dritter ist daher ein Empfänger, der beim die Primärkondiktion auslösenden Rechtsgeschäft als Vertreter eines anderen aufgetreten ist. 341

2. Übrige Voraussetzungen

Bei der Prüfung der weiteren Voraussetzungen des § 816 Abs. 2 BGB kann auf die Ausführungen zu § 816 Abs. 1 BGB verwiesen werden (siehe Rn. 292 ff.). Die Prüfung der rechtsvernichtenden Einwendungen und der Durchsetzbarkeit richtet sich nach den allgemeinen Regeln. 342

164 Zu den Unterschieden siehe auch *Brox/Walker*, Besonderes Schuldrecht, § 42 Rn. 24 f.

165 Vgl. Palandt/*Sprau*, BGB § 822 Rn. 2.

166 § 822 BGB wird hier als eigene Anspruchsgrundlage behandelt. Auf den Streit, ob § 822 BGB nicht vielmehr ein „verlängerter" Anspruch ist, wird nicht eingegangen. Siehe dazu Palandt/*Sprau*, BGB § 822 Rn. 1; MüKo BGB/*Schwab*, BGB § 822 Rn. 3.

167 Vgl. Palandt/*Sprau*, BGB § 822 Rn. 5.

168 Vgl. Palandt/*Sprau*, BGB § 822 Rn. 6.

V. Die Rückgriffskondiktion

PRÜFUNGSSCHEMA

343 **Anspruch aus § 812 Abs. 1 S. 1 Var. 2 BGB (Rückgriffskondiktion)**

I. Anspruchsentstehung
1. Etwas Erlangt: Befreiung von einer Verbindlichkeit
   a) (Kein) Vorrang anderer Ausgleichsmechanismen
   b) Fall des § 267 BGB ohne „268"
      aa) Keine Anwendung der Auftragsregeln
      bb) Änderung der Tilgungsbestimmung
2. In sonstiger Weise auf Kosten des Gläubigers
3. Ohne rechtlichen Grund
4. Umfang des Anspruchs
   a) Herausgabe des Erlangten
   b) Erweiterungen nach § 818 Abs. 1 BGB
   c) Wenn Herausgabe nicht (mehr) möglich: Wertersatz, § 818 Abs. 2 BGB
   d) Kein Anspruch bei fehlender Bereicherung
      aa) Voraussetzungen des § 818 Abs. 3 BGB
      bb) Verschärfte Haftung?

II. Rechtsvernichtende Einwendungen,
insbesondere durch Erfüllung, Aufrechnung, nachträglicher Wegfall des Anspruchs nach § 818 Abs. 3 BGB

III. Durchsetzbarkeit
1. Fälligkeit
2. Einreden

344 Als letzte Fallgruppe der Nichtleistungskondiktionen bleibt die Rückgriffskondiktion zu besprechen. Gemeint ist hier der Rückgriff auf einen Begünstigten, an den nicht geleistet wurde, der aber Nutznießer einer Leistung des Gläubigers war. Diese etwas kryptisch anmutende Formulierung wird klarer, wenn man sich den wirtschaftlichen Hintergrund verdeutlicht. Es geht darum, einen Ausgleich dafür zu schaffen, dass durch die Leistung an einen Gläubiger ein Dritter (Schuldner der Rückgriffskondiktion) von seiner Leistungspflicht befreit wird. Da der Leistende an den Gläubiger und nicht an den Dritten geleistet hat, bleibt also die Eingriffskondiktion nach § 812 Abs. 1 S. 1 Alt. 2 BGB, die hier als Rückgriffskondiktion[169] bezeichnet wird.

345 Aber Vorsicht: In der weit überwiegenden Mehrzahl der Fälle, in denen jemand eine fremde Schuld bezahlt, hält das Gesetz spezielle und damit vorrangige Ausgleichsmechanismen bereit. Für eine Rückgriffskondiktion ist dann kein Raum mehr.[170]

169 Vgl. zur Rückgriffskondiktion: Jauernig/*Stadler*, BGB § 812 Rn. 72-79; *Looschelders*, Schuldrecht BT, § 55 Rn. 41 ff.

170 Vgl. *Looschelders*, Schuldrecht BT, § 55 Rn. 41.

Beispiel A und B haften dem C aus vorsätzlich, gemeinsam begangener Körperverletzung gemäß §§ 823 Abs. 1, 830, 426 BGB gesamtschuldnerisch auf Schadenersatz. C nimmt den liquideren A allein auf die volle Summe in Anspruch. A zahlt. Hier kann A gegen B aus § 426 Abs. 1 BGB vorgehen. Diese Anspruchsgrundlage verdrängt den § 812 Abs. 1 S. 1 Alt. 2 BGB. ■

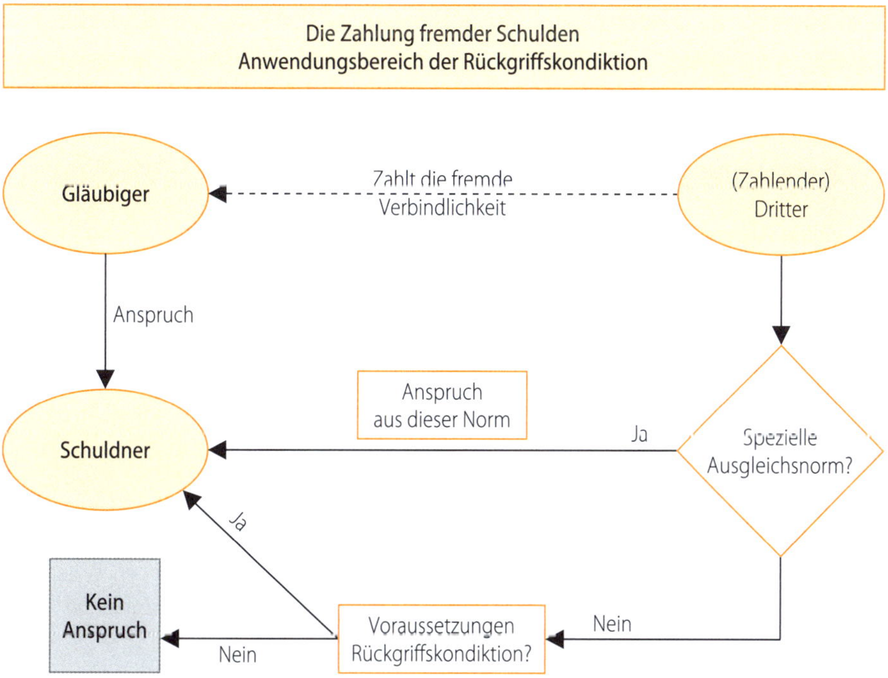

1. Etwas erlangt

Die Rückgriffskondiktion ist eine Eingriffskondiktion im Sinne des § 812 Abs. 1 S. 1 Alt. 2 BGB Deshalb muss als Erstes geprüft werden, ob der in Anspruch genommene Schuldner „Etwas" im Sinne dieser Norm erlangt hat.[171] **346**

Bei den Fallkonstellationen der Rückgriffskondiktion ist dies in aller Regel die Befreiung von einer dem Gläubiger gegenüber bestehenden Verbindlichkeit.

2. (Kein) Vorrang anderer Ausgleichsmechanismen

Wie einleitend zu diesem Abschnitt bereits gesagt, verdrängen vielfältige spezielle Ausgleichsmechanismen nach Zahlung fremder Schulden die Rückgriffskondiktion. Oben hatten wir bereits den § 426 Abs. 1 BGB erwähnt. Spezieller sind daneben auch alle Fälle des gesetzlichen Forderungsüberganges (cessio legis). Diese sind insbesondere: **347**

§ 268 Abs. 3 BGB:	Übergang der Forderung auf den Dritten, der zur Abwendung der Zwangsvollstreckung in sein Vermögen die Forderung eines Gläubigers gegen einen Schuldner begleicht.
§ 426 Abs. 2 BGB:	Übergang der Forderung auf den zahlenden Gesamtschuldner.

171 Vgl. *Looschelders*, Schuldrecht BT, § 55 Rn. 41.

§ 774 und § 1225 BGB:	Übergang der Forderung auf den zahlenden Bürgen/Verpfänder.
§ 1143 Abs. 1 BGB:	Übergang der Forderung auf den zahlenden Grundstückeigentümer, auf dessen Grundstück eine Hypothek lastet, die eine Fremdverbindlichkeit sichert.

348 Übrig bleibt für die Anwendung der Rückgriffskondiktion wohl nur eine Fallgestaltung.[172] Jemand bezahlt gemäß § 267 BGB Schulden eines anderen und hat kein Ablösungsrecht nach § 268 BGB (und deshalb auch keinen speziellen Ausgleich gemäß § 268 Abs. 3 BGB):

3. Der Fall des § 267 BGB

a) Keine Anwendung der Auftragsregeln

349 Eine Rückgriffskondiktion kommt ferner dann nicht in Betracht, wenn der Zahlende entweder aufgrund eines Auftrages oder als Geschäftsführer ohne Auftrag gehandelt hat.

350 Hat er einen (gegebenenfalls konkludent) abgeschlossenen Auftrag des durch die Zahlung befreiten Schuldners, bedarf es der subsidiären Eingriffskondiktion nach § 812 Abs. 1 S. 1 Alt. 2 BGB nicht, da der Zahlende Dritter gegen den befreiten Schuldner einen Anspruch aus § 670 BGB (Aufwendungsersatz des Beauftragten) hat.

351 Dasselbe gilt auch für die Geschäftsführung ohne Auftrag. Wenn die Übernahme der Geschäftsführung dem Interesse und dem wirklichen oder dem mutmaßlichen Willen des Geschäftsherrn (also in unserem Fall des Schuldners) entsprach, hat der Zahlende einen Anspruch auf Aufwendungsersatz nach § 683 BGB.

352 Ist das (ausnahmsweise) nicht der Fall, scheint § 684 BGB endlich die Rückgriffskondiktion für anwendbar zu erklären. Aber das ist nur auf den ersten Blick so. § 684 BGB ist lediglich eine Rechtsfolgeverweisung.[173] Es sind also nur die Rechtsfolgen einer ungerechtfertigten Bereicherung und damit die Regeln über den Wegfall der Bereicherung nach §§ 818, 819 BGB anzuwenden.

b) Änderung der Tilgungsbestimmung

353 Damit bleibt für die Eingriffkondiktion nur die Fallgestaltung, dass bei der Zahlung der Schuld der Leistende meint, eine eigene Schuld zu erfüllen. Solange das so bleibt, ist wieder kein Raum für die Rückgriffskondiktion, da durch das vermeintliche Leisten auf eine eigene Schuld die Verbindlichkeit des Schuldners nicht erlischt.

354 Jetzt lässt aber die herrschende Meinung einen „Trick" zu. Der Zahlende kann im Nachhinein die Tilgungsbestimmung ändern und so den eigentlichen Schuldner von seiner Verbindlichkeit befreien.[174] Jetzt endlich gibt es keine verdrängende Sondervorschrift, aus denen der zahlende Dritte gegen den Schuldner vorgehen kann und der Anwendungsbereich der Rückgriffskondiktion ist eröffnet.

---

172 So im Ergebnis *Looschelders*, Schuldrecht BT, § 55 Rn. 41.

173 Vgl. *Looschelders*, Schuldrecht BT, § 45 Rn. 9.

174 Vgl. MüKo BGB/*Schwab*, BGB § 812 Rn. 397 m.w.N.

Beispiel A zahlt an ein Versandhaus eine Rechnung über eine Waschmaschine in Höhe von 500 € versehentlich das zweite Mal. Sein Nachbar B hat ebenfalls eine solche Maschine erworben, aber den Kaufpreis noch nicht entrichtet. Bevor B zahlt und das Versandhaus die Doppelzahlung ausgeglichen hat, gerät die Firma in die Insolvenz. ■

Wenn A nichts tut, hat er zwar einen Bereicherungsanspruch gegen das Versandhaus (Leis- 355
tungskondiktion, condictio indebiti: A leistet ohne rechtlichen Grund das Geld an die Firma). Dieser Anspruch ist aber wertlos. Nun kann A die Tilgungsbestimmung ändern, in dem er erklärt, dass die Zahlung auf die Schuld des B angerechnet werden soll. Nun kann A von B die 500 € aus der Rückgriffskondiktion verlangen.

H. Weitere Prüfungsschritte

Bei der Prüfung der weiteren Voraussetzungen des § 816 Abs. 2 BGB kann auf die Ausführun- 356
gen zu § 816 Abs. 1 BGB verwiesen werden (siehe Rn. 292 ff.). Die Prüfung der rechtsvernichtenden Einwendungen und der Durchsetzbarkeit richtet sich nach den allgemeinen Regeln.

Online-Wissens-Check

Was versteht man noch einmal unter einem „Verfügungsgeschäft"?

Überprüfen Sie jetzt online Ihr Wissen zu den in diesem Abschnitt erarbeiteten Themen. Unter **www.juracademy.de/skripte/login** steht Ihnen ein Online-Wissens-Check speziell zu diesem Skript zur Verfügung, den Sie kostenlos nutzen können. Den Zugangscode hierzu finden Sie auf der Codeseite.

I. Die Besonderheiten des Bereicherungsausgleichs bei mehreren Beteiligten

I. Grundproblem

Wir haben bis hier die beiden Grundformen der Kondiktionen kennen gelernt. Es sind dies 357
einmal die verschiedenen Fallgestaltungen der Leistungskondiktion. Diese war durch den Leistungsbegriff (bewusste und zweckgerichtete Mehrung fremden Vermögens) gekennzeichnet. Dahinter und subsidiär (also bei gänzlichem Fehlen einer Leistung) gibt es die Nichtleistungskondiktionen.

Solange wir nur einen Schuldner und einen Gläubiger haben, ist die Lösung auch eindeutig. 358
Schwierig wird es aber dann, wenn ein Dreiecksverhältnis gegeben ist.

Beispiel Der geisteskranke G kauft in einer akuten manischen Phase seiner manisch-depressiven Erkrankung einen Luxus-PKW. Er überweist tatsächlich den Kaufpreis, in dem er bei seiner Bank einen Kredit aufnimmt und diese auf sein Geheiß den Betrag an H überweist. Daraufhin erhält er den PKW. G gerät wenig später in völligen Vermögensverfall. ■

359 Im Grunde liegen hier zwei völlig getrennte Leistungsverhältnisse vor. Einmal gibt es den Vertrag zwischen G und der Bank (in diesen Konstellationen „Deckungsverhältnis" genannt – Merke *„Der Scheck muss gedeckt sein"*). Die Bank wollte die Anweisung des G ausführen, leistete also ihm gegenüber. Deshalb hat die Bank keinen Anspruch gegen den bereicherten Händler H. Im Verhältnis zwischen H und G (als „Valutaverhältnis"[175] bezeichnet, Merke: *„Hier fließt die Valuta"*) liegt eine Leistung des G an H (Zahlung) und des H an G (Übergabe des PKW) vor. Für einen direkten Anspruch der Bank gegen den Händler ist danach überhaupt kein Raum. Die Bank bliebe also auf dem Schaden „sitzen", während G von H den Kaufpreis zurückverlangen kann und H das Auto wiederbekommt.

360 Dieses Ergebnis wird als „unbillig" empfunden und man lässt in der Tat in einer solchen Fallgestaltung die Direktkondiktion der Bank gegen den Händler zu (zur Begründung gleich eingehend). Es handelt sich dabei aber um eine klare Durchbrechung des Leistungsbegriffs. Es handelt sich also um eine Ausnahme. So sollten sie diese Fälle auch behandeln. Dass die Rechtsprechung damit argumentiert, dass sich in diesem Bereich jede schematische Lösung verbiete,[176] hilft dagegen nämlich nicht wirklich weiter.

II. Pragmatischer Lösungsansatz

361 Die Grundstruktur aller bereicherungsrechtlichen Fälle, in denen mehrere Personen beteiligt sind, ist immer gleich:

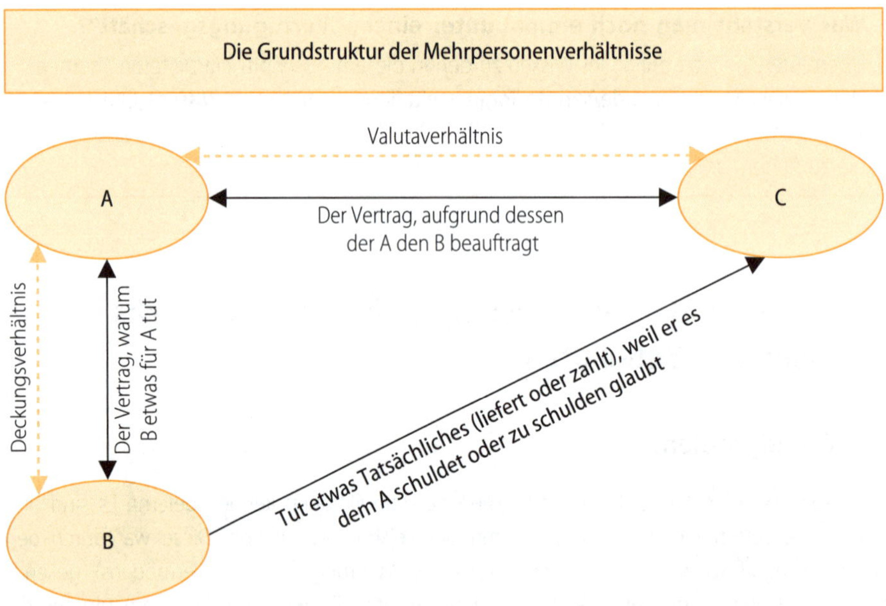

362 Aus dieser immer gleichen Grundkonstellation folgt auch das immer gleiche Problem: Statt der sich aufdrängenden Lösung innerhalb der jeweiligen Vertragsverhältnisse (B klärt die Probleme aus dem Deckungsverhältnis nur mit dem A, dieser wiederum löst die Schwierigkeiten des Deckungsverhältnisses nur mit C) wird versucht, eine Direktkondiktion zwischen B und C herzustellen.

---

175 Vgl. zu den Begrifflichkeiten auch *Looschelders*, Schuldrecht BT, § 57 Rn. 9.
176 Vgl. *BGH*, Urteil v. 4.2.1999 – III ZR 56–98NJW 1999, 1394.

Fast immer geht es darum, ob der tatsächlich dem C etwas gebende, aber eben nicht im bereicherungsrechtlichen Sinne an diesen leistende B einen Direktanspruch gegen C hat, obwohl der Leistungsbegriff dagegen steht. Deswegen ist es sinnvoll, stets mit der Leistungskondiktion anzufangen. Diese ist der Regelfall. Den Sonderfall diskutieren Sie dann im Rahmen der Prüfung des Leistungsbegriffs (im nachfolgenden Schema „Durchbrechung" genannt). Kommen Sie zum Ergebnis, dass der Leistungsbegriff durchbrochen werden muss, schließen Sie den Anspruch B gegen A ab und prüfen (dann in der gebotenen Kürze) den Anspruch B gegen C aus Direktkondiktion (§ 812 Abs. 1 S. 1 Alt. 2 BGB). **363**

III. Das Prüfungsschema für Ansprüche bei Mehrpersonenverhältnissen

Ansprüche beim Mehrpersonenverhältnis **364**

A. Prüfung im Leistungsverhältnis
- **I. Ansprucheentstehung**
  - 1. Etwas erlangt
  - 2. Durch Leistung
    - a) Definition
    - b) Durchbrechung des Leistungsbegriffs und Annahme einer Direktkondiktion?
      - aa) Leistungsketten
      - bb) Anweisungsfälle
        - (1) Widerrufene Anweisung
        - (2) Fehlende Anweisung bzw. nicht zurechenbare Anweisung
        - (3) Fehlerhaft ausgeführte Anweisung
      - cc) Vertrag zugunsten Dritter
      - dd) Abtretungsfälle

        Abhängig vom Ergebnis prüfen Sie wie folgt weiter:
  - 3. Auf dessen Kosten
  - 4. Ohne rechtlichen Grund
  - 5. Kein Fall des § 814 BGB (Kenntnis der Nichtschuld)
  - 6. Kein Fall des § 817 S. 2 BGB
  - 7. Umfang des Anspruchs (wie im Prüfungsschema unter Rn. 150)
- **II. Rechtsvernichtende Einwendungen,**
  insbesondere durch Erfüllung, Aufrechnung, nachträglicher Wegfall des Anspruchs nach § 818 Abs. 3 BGB
- **III. Durchsetzbarkeit**
  - 1. Fälligkeit
  - 2. Einreden

B. Prüfung der Nichtleistungskondiktion (Direktkondiktion)
Hier prüfen Sie das Ihnen schon oben Rn. 252 bekannte Schema für die Nichtleistungskondiktion durch.

PRÜFUNGSSCHEMA

IV. Die Prüfung im Einzelnen

1. Etwas erlangt

365 Wie oben B ausgeführt, beginnen Sie die Prüfung mit der allgemeinen Leistungskondiktion. Ihre Anspruchsgrundlage ist daher § 812 Abs. 1 S. 1 Alt. 1 BGB. Die Ausführungen oben Rn. 151 zum Erlangten „etwas" gelten daher auch hier.

2. Durch Leistung

a) Definition

366 Leistung ist die bewusste und zweckgerichtete Mehrung fremden Vermögens. Diesen Leistungsbegriff haben wir ganz zu Anfang kennengelernt.

Beispiel Nehmen wir als *Beispiel* den oben skizzierten Fall des geisteskranken G, der bei der Bank B einen Kredit bekommt, der dem H für einen Autokauf direkt von der B auf Veranlassung des G ausbezahlt wird.

Sie schreiben in einem solchen Fall:

„B müsste an G etwas geleistet haben. Leistung ist die bewusste und zweckgerichtete Mehrung fremden Vermögens. B wollte mit der (direkten) Zahlung an den H allerdings nicht das Vermögen des H mehren, sondern ihre Verpflichtung aus dem Darlehensvertrag und der Anweisung des G, den Betrag an H auszuzahlen, erfüllen. Damit wollte B bewusst und zweckgerichtet das Vermögen des G mehren, in dem sie die (vermeintliche) Kaufpreisschuld des G bei H tilgte. Grundsätzlich sind bei Mehrpersonenverhältnissen Rückabwicklungen im Rahmen der jeweiligen Leistungsverhältnisse durchzuführen. Zu prüfen ist aber, ob nicht im vorliegenden Fall eine Ausnahme von diesem Grundsatz gemacht werden muss und der B (ausnahmsweise) eine Direktkondiktion gegen den G zu gewähren. Hier ist problematisch, dass …" ■

b) Durchbrechung des Leistungsbegriffs

aa) Leistungsketten/Durchlieferungsfälle

367 Die einfachste Fallgruppe der Mehrpersonenverhältnisse sind die sogenannten Leistungsketten bzw. Durchlieferungsfälle. Eine Leistungskette liegt dann vor, wenn A etwas von B kauft und dann weiter an C verkauft. Von einem Durchlieferungsfall spricht man, wenn A bei B kauft und ihm gleichzeitig mitteilt, er möge die Sache doch direkt an C liefern.[177]

368 Beiden Fallgestaltungen ist gemeinsam, dass hier die Lösung nur innerhalb der Leistungsverhältnisse erfolgt. Außer im (gesetzlich geregelten) Ausnahmefall des § 822 BGB (siehe oben Rn. 333), bei dem eine Direktkondiktion gegen dem Empfänger zugelassen wird, hat die Rückabwicklung nur innerhalb der jeweiligen Leistungsverhältnisse zu erfolgen. Das heißt konkret: A hat sich mit B auseinanderzusetzen und C wiederum mit A. B kann von C nichts fordern. Dies gilt auch, wenn beide Kausalverhältnisse gescheitert sind (Doppelmangel).

Umstritten ist in den Fällen des Doppelmangels bei einem Leistungsketten- bzw. Durchlieferungsfall nur der Umfang des Bereicherungsanspruchs.

177 Vgl. *Looschelders*, Schuldrecht BT, § 57 Rn. 6 f.

Beispiel A bestellt beim Großhändler V einen Flachbildfernseher und weist diesen an, das Gerät direkt an C, der bei A entsprechend eingekauft hat, zu liefern. Beide Kaufverträge sind nichtig. ■

V hat gegen A einen Anspruch aus § 812 Abs. 1 S. 1 Alt. 1 BGB. Fraglich ist, was V von A verlangen kann. Die Rechtsprechung argumentiert mit § 818 Abs. 1 BGB und spricht dem V den Anspruch des A gegen den C auf Herausgabe des Fernsehers zu (Kondiktion der Kondiktion). Die herrschende Lehre[178] hingegen argumentiert mit § 818 Abs. 2 BGB und gibt dem V einen Anspruch auf Wertersatz. Für diesen Ansatz spricht, dass mit der Kondiktion der Kondiktion der V sich mit den Einwendungen auseinandersetzen müsste, die allein aus dem Rechtsverhältnis zwischen A und C stammen, mit dem der V nichts zu tun hatte. Vertretbar sind aber hier beide Auffassungen. **369**

bb) Anweisungsfälle

- Widerrufene Anweisung

A wird durch eine Täuschung des B zu einem Kauf veranlasst. A weist seine Bank an, dem B den Kaufpreis anzuweisen, in dem er der Bank ein ausgefülltes Überweisungsformular zuschickt. Noch bevor die Überweisung bei der Bank ankommt, bemerkt A die Täuschung, ficht den Kaufvertrag mit B an und widerruft bei der Bank die Überweisung. Der Widerruf geht dort verloren und so wird die Überweisung dennoch ausgeführt. **370**

Wie oben beschrieben, beginnen Sie Ihre Prüfung mit dem Anspruch A gegen B auf Rückzahlung des erhaltenen Geldes aus § 812 Abs. 1 S. 1 Alt. 1 BGB (condictio indebiti). Bei der Frage des Leistungsbegriffs stellen Sie infrage, ob dieser nicht ausnahmsweise durchbrochen werden muss.[179] **371**

In den Fällen der widerrufenen Anweisung lehnt aber die ganz herrschende Meinung eine solche Durchbrechung des Leistungsbegriffs ab.[180] Die Rückabwicklungen haben innerhalb der Leistungsverhältnisse zu erfolgen. Dies ist auch nur billig, weil den Parteien die Einwendungen aus den Leistungsverhältnissen erhalten bleiben müssen, die sie selbst eingegangen sind. Diese Argumentation deckt sich auch mit den Wertungskriterien in der Literatur, wonach jede Partei sich nur mit den Einwendungen des Vertragspartners auseinandersetzen muss, den sie sich selbst ausgesucht hat.[181] Ferner soll jede Partei auch nur das Insolvenzrisiko des eigenen Vertragspartners und nicht irgendeines Dritten ausgesetzt sein.[182] Hinzu kommt, dass der A durch die (zunächst wirksame) Anweisung einen zurechenbaren Rechtsschein gesetzt hat. Es ist mehr als billig, dass deshalb das Risiko der Zahlungsunfähigkeit des B bei ihm verbleibt und nicht bei der Bank. **372**

---

178 Vgl. die Nachweise bei *Looschelders*, Schuldrecht BT, § 57 Rn. 6 f.; sowie *Medicus/Petersen*, Bürgerliches Recht, Rn. 671 ff.

179 Vgl. zu den Besonderheiten im Rahmen von Zahlungsdienstverträgen im Deckungsverhältnissen zwischen Angewiesenem und Anweisendem *Kaiser/Kaiser/Kaiser*, Materielles Zivilrecht, S. 111 f.

180 Vgl. MüKo BGB/*Schwab*, BGB § 812 Rn. 128 f. m.w.N. zum Meinungsstand.

181 Vgl. *Medicus/Petersen*, Bürgerliches Recht, Rn. 667.

182 Vgl. *Medicus/Petersen*, Bürgerliches Recht, Rn. 667.

- **Fehlende bzw. nicht zurechenbare Anweisung**

373 Anders entscheidet die herrschende Lehre, wenn eine Anweisung von vornherein gefehlt hat bzw. (häufigerer Fall) dem Anweisenden nicht zugerechnet werden kann.[183]

Beispiel Fälle fehlender Zurechnung sind etwa:

Anweisung war gefälscht, Anweisender war geschäftsunfähig oder die Anweisung wurde von einem Vertreter ohne Vertretungsmacht erteilt. ■

374 Hier ist es nicht gerechtfertigt, den Anweisenden auf die Leistungsverhältnisse zu verweisen. Vielmehr bedarf derjenige, der keinen Rechtsschein einer Anweisung veranlasst hat, besonderen Schutz. Daher ist es gerechtfertigt, hier den Leistungsbegriff zu durchbrechen und die direkte Kondiktion zwischen Bank und Empfänger zuzulassen.

- **Fehlerhaft ausgeführte Anweisung**

375 Sehr umstritten war lange Zeit, ob bei einer fehlerhaft ausgeführten Anweisung (Bank überweist mehr als in Auftrag gegeben) es bei der Rückabwicklung in den Leistungsverhältnissen bleibt oder die Bank eine Direktkondiktion gegen den Zahlungsempfänger hat. Für die Annahme einer Direktkondiktion spricht auf den ersten Blick, dass der Anweisende den Rechtsschein nur einer geringeren und nicht der höheren Summe gesetzt hat. Dagegen argumentiert die Rechtsprechung, dass dieser Fall nicht anders gehandhabt werden könne wie der Fall des missachteten Widerrufs einer Anweisung (oben Rn. 370).[184] Denn der Widerruf einer Anweisung und deren Nichtbeachtung ist der Extremfall einer Zuvielüberweisung (Kunde wollte gar nichts mehr überweisen!). Der Kunde, der eine Anweisung gibt, setzt den Rechtsschein einer Anweisung und muss das Risiko, dass sein Geschäftspartner (Bank) diese falsch ausführt, daher auch selber tragen.

cc) Vertrag zugunsten Dritter

376 Sehr umstritten ist auch, wie die Rückabwicklung bei einem echten Vertrag zugunsten Dritter zu erfolgen hat.[185] Aber auch hier hilft die Rückbesinnung auf die geschlossenen Verträge. Derjenige, der bei einem Vertrag zugunsten Dritter die tatsächliche Verfügung tätigt, tut dies (hauptsächlich), um seine Verpflichtung aus dem Deckungsverhältnis zu erfüllen. Dass der Begünstigte etwas erhalten soll, ist eine Frage des Valutaverhältnisses, mit dem der tatsächlich verfügende nichts zu tun hat.

Die Rückabwicklung bei gescheiterten Verträgen zugunsten Dritter erfolgt daher innerhalb der Leistungsverhältnisse.

dd) Abtretungsfälle

377 Diese als Abtretungsfälle bezeichneten Sachverhalte sind bezeichnenderweise dadurch gekennzeichnet, dass eine Forderung abgetreten wurde, die gar nicht existierte. Zahlt der (bloß) vermeintliche Schuldner aufgrund der vermeintlichen Abtretung an diesen Dritten, kann er einen Anspruch nur gegen den Zedenten der vermeintlichen Forderung geltend

183 Vgl. MüKo BGB/*Schwab*, BGB § 812 Rn. 94; *Looschelders*, Schuldrecht BT, § 57 Rn. 12.
184 Vgl. *BGH*, Urteil v. 25.9.1986 – VII ZR 349/85; *Looschelders*, Schuldrecht BT, § 57 Rn. 14.
185 Vgl. MüKo BGB/*Schwab*, BGB § 812 Rn. 229 ff., nach dem hier für die bereicherungsrechtliche Rückabwicklung alle denkbaren Ergebnisse vertretbar sind.

machen. Der Grund der Rechtsprechung hierfür: Dieser Fall soll nicht anders behandelt werden, als wenn der Zedent die Leistung vom Schuldner erhalten und sie dann im Wege einer weiteren Leistung an den Dritten weitergegeben hätte. Dann lägen nämlich unstreitig zwei Leistungsverhältnisse vor.[186]

3. Fortgang der Prüfung

a) Leistungsbegriff wird nicht durchbrochen

Wenn es nach der Prüfung der Fallgruppen oben (Rn. 363 ff.) bei der Rückabwicklung in den **378** jeweiligen Leistungsverhältnissen bleibt, prüfen Sie die Leistungskondiktion so zu Ende, wie wir es schon oben Rn. 163 ff. detailliert besprochen haben.

b) Direktkondiktion wird zugelassen

In den Ausnahmefällen, in denen eine Direktkondiktion zugelassen wird, schließen Sie die **379** Prüfung der Leistungskondiktion ab und bejahen dann entsprechend dem Prüfungsschema oben Rn. 252 ff. eine Nichtleistungskondiktion.

186 Vgl. *BGH*, Urteil v. 19.1.2005 – VIII ZR 173/03 = NJW 2005, 1369; *Looschelders*, Schuldrecht BT, § 57 Rn. 20.

J. Übungsfall Nr. 3

380 **„Ein Unglück kommt selten allein"**

Oldtimernarr A ist überglücklich. Der V bietet ihm ein überaus seltenes Exemplar eines Borgward Cabriolets an. Das Fahrzeug ist allerdings in einem erbarmungswürdigen Zustand. Aufgrund der Seltenheit ist aber der von V verlangte Preis von 12 500 € günstig. V legt ihm einen alten Kfz-Brief, der einen G als Eigentümer ausweist, sowie einen Kaufvertrag zwischen ihm und dem G vor.

V schickt an seine Bank eine Überweisung über den Betrag. Aufgrund eines Eingabefehlers (Zahlendreher) überweist das Bankhaus B aber 21 500 statt 12 500 € an den V. A fällt dies zunächst nicht auf, da er über das Konto eine Vielzahl von Bewegungen abwickelt.

V versucht sich an der Restaurierung des Autos, gibt aber nach ein paar Monaten entnervt auf. Zu seinem Glück findet er den Profirestaurateur R, der ihm sogar 23 000 € für das Auto zahlt. R investiert in die Restauration insgesamt 40 000 € und verkauft ihn schließlich an den halbseidenen Z, der ihm 120 000 € für das Fahrzeug zahlt.

Wenige Wochen später meldet sich D und macht zutreffend geltend, dass der V das Fahrzeug bei seinem altersschwachen Großonkel G in dessen Scheune erblickt hatte und es dann bei einem Einbruch gestohlen habe. Der Kaufvertrag war eine Fälschung und der Kfz-Brief (Zulassungsbescheinigung Teil II) gehörte zu einem anderen, nicht mehr existenten Fahrzeug, wie die unterschiedlichen Fahrgestellnummern am Fahrzeug und im Brief auch zeigen. Inzwischen sei der Großonkel verstorben und D sein Alleinerbe.

D versucht zunächst, das Fahrzeug von Z heraus zu verlangen. Z war aber der Boden zu heiß geworden. Der Borgward wurde auf dunklen Kanälen ins Ausland verbracht und ist unauffindbar. Z ist untergetaucht.

Daraufhin wendet sich D an R und verlangt die 120 000 € heraus. R wendet ein, dass er das Fahrzeug in gutem Glauben gekauft habe. Ferner habe er den Kaufpreis entrichtet und die Restaurationskosten gehabt. Im Übrigen sei der außerordentlich hohe Kaufpreis, den Z bezahlt hatte, nur darauf zurückzuführen, dass er (R) in der Branche einen hervorragend guten Ruf genieße. Jeder andere hätte höchstens 80 000 € für ein entsprechendes Auto erzielt. Tatsächlich sind diese 80 000 € der Verkehrswert für ein solches restauriertes Fahrzeug.

V sitzt derweil wegen verschiedener Einbruchsdelikte in der Justizvollzugsanstalt. Er hat außerdem eine eidesstattliche Versicherung über seine Vermögensverhältnisse abgegeben.

Welche Ansprüche haben die Parteien gegeneinander? Ansprüche gegen Z sind nicht zu prüfen.

381 Lösung

A. Ansprüche des D gegen den R

I. Anspruch aus § 816 Abs. 1 S. 1 BGB

1. Anspruchsentstehung

V könnte gegen R einen Anspruch aus § 816 Abs. 1 S. 1 BGB haben. Dazu müsste R als Nichtberechtigter eine Verfügung getroffen habe, die dem Berechtigten gegenüber wirksam ist.

a) Verfügung

Indem R den Borgward an den Z übereignet hat, könnte er über den Gegenstand verfügt haben. Verfügung ist ein Rechtsgeschäft, das unmittelbar auf die Veränderung, Übertragung oder Aufhebung eines bestehenden Rechts gerichtet ist.

R hat mit Z eine Einigung über den Eigentumsübergang am Auto erzielt. Er hat ihm das Fahrzeug auch übergeben. R hat damit die Voraussetzungen des § 929 S. 1 BGB geschaffen und über das Eigentum am Auto verfügt.

b) Eines Nichtberechtigten

R müsste Nichtberechtigter gewesen sein. Fraglich ist, ob ihm zum Zeitpunkt der Verfügung das Eigentum am Auto zustand. R macht geltend, dass er den Wagen von A in gutem Glauben erworben hatte.

Ob die Voraussetzungen des § 932 BGB hier vorliegen, kann jedoch dahingestellt bleiben. Laut Sachverhalt wurde der Borgward dem damaligen Eigentümer, dem Großonkel des D, gestohlen. Gemäß § 935 Abs. 1 BGB ist ein gutgläubiger Erwerb bei abhanden gekommenen Gegenständen ausgeschlossen. Der Diebstahl ist einer der typischen Fälle des Abhandenkommens von Gegenständen.

R hat also nicht gutgläubig Eigentum am Auto erworben.

R könnte jedoch das Eigentum dadurch erworben haben, dass er durch die umfangreiche Restauration gemäß § 950 Abs. 1 BGB eine neue bewegliche Sache hergestellt hat. Fraglich ist, ob durch die Restauration aus dem bisherigen Auto eine neue Sache wurde.

§ 950 BGB dient der Eigentumsveränderung, wenn durch den Verarbeitungsprozess eine neue, höhere Verarbeitungsstufe erreicht wird. Dies ist bei der bloßen Reparatur, auch sehr umfangreicher Natur, einer bestehenden Sache nicht der Fall. Es ist geradewegs der Sinn der Restauration von Oldtimern, dass die Sache an sich erhalten bleibt und eben keine neue Sache entsteht.

R hat auch nicht gemäß § 950 Abs. 1 S. 1 BGB Eigentum am Fahrzeug erworben.

Hinweis

Die gegenteilige Auffassung zu § 950 BGB erscheint in diesem Fall durchaus vertretbar. Wer dieser folgt, muss dann über § 951 Abs. 1 BGB mit der darin enthaltenen Rechtsgrundverweisung die Eingriffskondiktion des D gegen den R prüfen.

Somit war zum Zeitpunkt der Verfügung des R dieser nicht Eigentümer. Er hat als Nichtberechtigter gehandelt.

c) Wirksamkeit gegenüber dem Berechtigten

Die Verfügung des R müsste dem Berechtigten gegenüber wirksam sein. Dazu müsste D zunächst der Berechtigte sein. Ursprünglich war der Großonkel des D Eigentümer und damit Berechtigter. Nachdem dieser verstorben war und den D zu seinem Alleinerben bestimmt hatte, ist dieser gemäß § 1922 Abs. 1 BGB Eigentümer (auch) des Borgwards geworden. D war Berechtigter.

Die Verfügung des R müsste ihm gegenüber wirksam sein. Dies ist fraglich, weil, wie oben unter 1 b) dargestellt, die Verfügung des R eben nicht wirksam war, da er kein Eigentum am Fahrzeug erwerben konnte.

Der D könnte aber die Verfügung des R im Nachhinein genehmigt und sie damit wirksam gemacht haben. Eine Genehmigung wirkt gemäß § 184 BGB auf den Zeitpunkt der Vornahme der Rechtshandlung zurück. Die herrschende Meinung lässt es zu, dass die ursprünglich unwirksame Verfügung eines Nichtberechtigten genehmigt werden kann und der Berechtigte nach der Genehmigung gegen den Verfügenden aus § 816 Abs. 1 S. 1 BGB vorgehen kann.[187]

Fraglich ist, ob D die Verfügung genehmigt hat, da D hierzu nichts ausdrücklich erklärt hat. Eine solche Genehmigungserklärung muss jedoch nicht unbedingt ausdrücklich, sondern kann auch konkludent erfolgen. Dadurch, dass D von R die 120 000 € Kaufpreis herausverlangt, gibt er unzweideutig zu erkennen, dass er die Verfügung des R akzeptiert und vielmehr das Erlangte und nicht mehr den Gegenstand haben will. D hat somit die Verfügung des R an Z genehmigt.

Die Verfügung war damit wirksam im Sinne des § 816 Abs. 1 S. 1. BGB

Zwischenergebnis: D kann gegen R einen Anspruch aus § 816 Abs. 1 S. 1 BGB geltend machen. Fraglich ist, was er verlangen kann.

2. Umfang des Anspruchs

a) Herausgabe des durch die Verfügung erlangten

D könnte von R 120 000 € verlangen. § 816 Abs. 1 S. 1 BGB gibt dem Gläubiger einen Anspruch auf „das durch die Verfügung Erlangte".

187 Vgl. Palandt/*Sprau*, BGB § 816 Rn. 7.

Es ist jedoch zu prüfen, ob der Anspruch des D nicht wegen § 818 Abs. 2 BGB auf den objektiven Verkehrswert des Gegenstandes, also auf 80 000 € beschränkt ist. Gäbe es den § 816 Abs. 1 BGB als Spezialnorm nicht, müsste man auf die allgemeine Eingriffskondiktion nach § 812 Abs. 1 S. 1 Alt. 2 BGB (Bereicherung in sonstiger Weise) zurückgreifen. Für diesen Anspruch würde § 818 Abs. 2 BGB gelten. § 816 Abs. 1 S. 1 BGB ist aber eine Sonderregelung, die nach dem klaren Wortlaut dem Gläubiger einen Anspruch auf das durch die Verfügung Erlangte gibt. Die Spezialregelung verdrängt somit den § 818 Abs. 2 BGB.

Zu prüfen ist aber der Einwand des R, der höhere Kaufpreis (40 000 € mehr als der Verkehrswert) sei nicht durch die Verfügung, sondern durch seinen eigenen Ruf und seine besondere Geschäftstüchtigkeit erzielt worden. Doch auch dieser Einwand kann im Ergebnis nicht greifen. Der Wortlaut des § 816 Abs. 1 S. 1 BGB ist eindeutig und es ist im Übrigen auch kaum rational nachvollziehbar, wann ein höherer Verkaufspreis auf die besondere Leistung des Verfügenden und wann auf anderen, nicht auf den Verfügenden beruhenden Umständen zurückzuführen ist.

Zwischenergebnis: Nach § 816 Abs. 1 S. 1 BGB kann D von R aus § 816 Abs. 1 S. 1 BGB einen Betrag von 120 000 € verlangen. Zu prüfen ist jetzt, inwieweit R noch bereichert ist.

b) Wegfall der Bereicherung

aa) Berücksichtigung von Aufwendungen

R macht geltend, er habe 40 000 € in die Restauration investiert und außerdem 23 000 € an den A als Kaufpreis bezahlt.

Im Rahmen des § 818 Abs. 3 BGB sind Aufwendungen grundsätzlich zu berücksichtigen. Der R kann daher den objektiven Wert der Restaurierung abziehen.

Problematisch ist aber, ob R auch die 23 000 €, die er an A als Kaufpreis für das Auto gezahlt hat, als Aufwand abziehen kann. Dafür könnte sprechen, dass R nur in Höhe der Differenz zwischen erzieltem Verkaufspreis und selbst gezahltem Einkaufspreis bereichert sei. Der Abzug des Kaufpreises im Rahmen des § 816 Abs. 1 S. 1 BGB als berücksichtigungsfähiger Aufwand wird jedoch zu Recht abgelehnt. Diese Auffassung ist zutreffend, denn wenn R noch im Besitz des Fahrzeuges gewesen wäre, hätte er gegen den Vindikationsanspruch des D aus § 985 BGB auch nicht einwenden können, er habe schließlich für den Wagen etwas bezahlt.

Zwischenergebnis: Gemäß § 818 Abs. 3 BGB kann R im Rahmen des Wegfalls der Bereicherung einen Betrag von 40 000 € für die Restauration in Abzug bringen. Den an A gezahlten Kaufpreis hingegen kann er nicht geltend machen.

bb) Weiterer Wegfall der Bereicherung

Weitere Anhaltspunkte für einen Wegfall der Bereicherung liegen nicht vor.

c) Verschärfte Haftung

R könnte sich dann nicht auf den Wegfall der Bereicherung und damit auf die Berücksichtigung seiner Aufwendungen berufen, wenn ihm die Umstände bekannt waren, §§ 818 Abs. 4, 819 BGB.

Anhaltspunkte dafür, dass R gemäß § 819 BGB die Umstände kannte, liegen jedoch nicht vor. R haftet deshalb auch nicht verschärft und kann sich weiter auf den Wegfall der Bereicherung in einer Gesamthöhe von 40 000 € berufen.

3. Rechtsvernichtende Einwendungen

Es sind keine rechtsvernichtenden Einwendungen ersichtlich.

4. Durchsetzbarkeit

Der Anspruch ist auch durchsetzbar, weil R keine dauernden oder vorübergehenden Einreden zur Seite stehen.

5. Ergebnis zu I

D kann von R aus § 816 Abs. 1 S. 1 BGB einen Betrag von 80 000 € verlangen.

II. Weitere Ansprüche des D gegen R

Weitere Ansprüche des D gegen den R sind nicht ersichtlich.

B. Ansprüche des R gegen den A

I. Anspruch des R aus § 311a Abs. 2 BGB

1. Anspruchsentstehung

R könnte gegen A einen Anspruch auf Schadenersatz in Höhe von 80 000 € gemäß §§ 311a Abs. 2 BGB haben. Zwischen R und A bestand ein Kaufvertrag nach § 433 BGB.

a) Leistungshindernis gemäß § 275 BGB schon bei Vertragsschluss

Zunächst müsste A von einer Verpflichtung zur Leistung gemäß § 275 Abs. 1 bis Abs. 3 BGB befreit sein und dieses Leistungshindernis müsste bereits bei Vertragsabschluss bestanden haben. A und R haben einen Kaufvertrag geschlossen, wonach sich A verpflichtete, dem R Eigentum am fraglichen Borgward zu verschaffen. A könnte von dieser Verpflichtung zur Leistung befreit sein, weil die Erfüllung dieser Verpflichtung für ihn unmöglich war.

Wie oben dargestellt, konnte nur der G, nicht aber der A dem R das Eigentum verschaffen. Die Verpflichtung zur Leistung war für A mithin unmöglich. A ist damit gemäß § 275 BGB von seiner Leistungspflicht befreit. Diese subjektive Unmöglichkeit bestand bereits beim Vertragsabschluss.

b) Kenntnis bzw. schuldhafte Unkenntnis des A

A müsste die Unkenntnis über sein fehlendes Eigentum zu vertreten haben. Gemäß § 276 BGB hat der Schuldner Vorsatz und Fahrlässigkeit zu vertreten. Fraglich ist, ob A fahrlässig gehandelt. Fahrlässig handelt, wer die im Verkehr erforderliche Sorgfalt nicht beachtet.

Zwar hat sich A den Brief (Zulassungsbescheinigung Teil II) zeigen lassen und hat auch eine Urkunde über den angeblichen Kauf des Wagens durch V erhalten. Doch bereits der Vergleich der eingeschlagenen Fahrgestellnummer mit der im vorgelegten Brief hätte bei A Zweifel aufkommen lassen müssen, ob der V wirklich berechtigt war, ihm das Fahrzeug zu verkaufen.

Der A hat daher fahrlässig gehandelt.

2. Ergebnis

R kann von A gemäß § 311a Abs. 2 BGB Schadenersatz in Höhe von 80 000 € verlangen.

> **Hinweis**
>
> Wer hier (vertretbar) argumentiert, A habe nicht schuldhaft gehandelt, kommt über §§ 346, 326 Abs. 5 BGB zu dem Ergebnis, dass R von A den gezahlten Kaufpreis zurückverlangen kann.

C. Ansprüche des Bankhauses B gegen V

I. Anspruch B gegen V aus § 812 Abs. 1 S. 1, Alt. 2 BGB

B könnte gegen V einen Anspruch auf 9000 € aus § 812 Abs. 1 S. 1 Alt. 2 BGB haben. Dazu müsste V „Etwas" auf Kosten der B auf sonstige Weise erlangt haben.

B hat an den V einen Betrag von 21 500 € überwiesen. V hat daher etwas erlangt.

Fraglich ist, ob V durch das Verhalten der B auf sonstige Weise bereichert wurde. Durch die Überweisung wollte nämlich B nicht bewusst und zweckgerichtet das Vermögen des V mehren, sondern vielmehr ihre Verpflichtung zu ihrem Kunden A erfüllen. B leistete somit an A und nicht an V.

Die Eingriffskondiktion ist aber gegenüber der Leistungskondiktion subsidiär. Deshalb ist auch bei Mehrpersonenverhältnissen eine Rückabwicklung grundsätzlich in den Leistungsverhältnissen vorzunehmen.

Eine Durchbrechung dieses Grundsatzes (und damit die Zulässigkeit einer Direktkondiktion bei V) wird nur dann anerkannt, wenn die fehlerhafte Überweisung nicht aufgrund eines dem anweisenden A zurechenbaren Rechtsscheins ausgeführt wurde.

A hat im vorliegenden Fall der B eine Anweisung zur Überweisung von € 12 500 gegeben. Aufgrund eines Fehlers wurden jedoch 21 500 € überwiesen. Fraglich ist, ob diese fehlerhaft ausgeführte Anweisung dem Fall gleichzustellen ist, dass überhaupt keine Anweisung oder keine zurechenbare Anweisung (z.B. durch einen Geschäftsunfähigen) vorliegt.

Dafür könnte sprechen, dass A nur den Rechtsschein für einen niedrigeren als den tatsächlich ausgeführten Betrag gesetzt hat. Der darüber hinaus überwiesene Geldbetrag wäre dann im Wege der Direktkondiktion auszugleichen.

Andererseits ist anerkannt, dass bei Ausführung einer Anweisung trotz vorliegendem Widerruf der Anweisende einen Rechtsschein gesetzt hat und deshalb die Rückabwicklung in den Leistungsverhältnissen (hier also zwischen A und B) durchzuführen ist.

Der letzteren Ansicht ist zuzustimmen, da die fehlerhafte Mehrüberweisung nur ein Unterfall der Überweisung trotz vollumfänglichem Widerruf ist. In diesem Fall will der Anweisende, dass überhaupt kein Geld mehr fließt. Dennoch hat er durch die einmal erteilte Anweisung einen Rechtsschein gesetzt. Nicht anders kann der Fall behandelt werden, dass aufgrund einer erteilten Anweisung mehr als der eigentlich gewollte Betrag überwiesen wird.

Die Direktkondiktion der B gegen den A scheitert also an der Subsidiarität der Eingriffskondiktion gegenüber der Leistungskondiktion.

B hat keinen Anspruch gegen V aus § 812 Abs. 1 S. 1 Alt. 2 BGB.

D. Ansprüche des A gegen den B

I. Anspruch aus § 280 Abs. 1 BGB

A könnte gegen B einen Anspruch auf Zahlung von 9000 € aus § 280 Abs. 1 BGB haben.

1. Anspruchsentstehung

a) Schuldverhältnis

Zwischen B und A müsste ein Schuldverhältnis bestanden haben. B und A unterhalten eine Geschäftsbeziehung, wonach B für A ein Konto zu führen hat. Ein Schuldverhältnis ist daher gegeben.

b) Pflichtverletzung

B müsste eine Pflicht aus dem Schuldverhältnis verletzt haben. Zu den Hauptpflichten aus dem Kontoführungsvertrag gehört es, Überweisungen exakt und eben gerade nicht erhöht auszuführen. B hat diese Hauptpflicht aus dem Kontoführungsvertrag verletzt.

Hinweis

Vertretbar ist auch, eine Nebenpflichtverletzung (Sorgfaltspflicht) anzunehmen. Es ändert sich aber am Ergebnis und am weiteren Prüfungsfortgang dadurch nichts. Der Vollständigkeit halber müssten Sie hier einen Anspruch aus § 675u S. 2 BGB „Wiedergutschriftsanspruch" prüfen. Eine höhere als die in Auftrag gegebene Überweisung erfolgt ohne Autorisierung i.S.d. § 675j BGB.[188]

Eine Ersatzpflicht nach § 280 Abs. 1 BGB tritt gemäß § 280 Abs. 1 S. 2 BGB nicht ein, wenn der Schuldner die Pflichtverletzung nicht zu vertreten hat. Zu vertreten hat der Schuldner gemäß § 276 BGB Vorsatz und Fahrlässigkeit. Fahrlässig handelt, wer die im Verkehr ihm obliegende Sorgfalt nicht beachtet.

Da die B nichts zu ihrer Entlastung vorträgt, ist von einer schuldhaften Pflichtverletzung auszugehen. § 280 Abs. 1 S. 2 BGB verlangt im Wege der Beweislastumkehr, dass der Schuldner die Umstände dartut, nach denen er die objektive Pflichtverletzung (ausnahmsweise) nicht zu vertreten hat. Die B hat keinerlei derartige Umstände vorgetragen, sodass es bei der Vermutung des schuldhaften Handelns bleibt.

c) Schaden

Hätte die B vertragsgemäß gehandelt, hätte sie nicht 21 500 €, sondern lediglich 12 500 €, also 9000 € weniger an V überwiesen. Damit hat sie dem A die zu viel überwiesenen 9000 € zu ersetzen.

d) Art und Umfang der Restitution

Nach § 249 Abs. 1 BGB muss die B den Zustand herstellen, der bestehen würde, wenn der zum Ersatz verpflichtende Umstand nicht eingetreten wäre. A kann von B deshalb Zahlung von 9000 € verlangen.

2. Durchsetzbarkeit

Rechtsvernichtende Einwendungen sind nicht ersichtlich. Fraglich ist aber, ob sich die B nicht

188 Vgl. MüKo BGB/*Zetzsche*, BGB § 675u Rn. 12.

auf die Einrede nach § 255 BGB berufen kann. Dazu müsste dem Ersatzberechtigten, dem A, ein Ersatzanspruch gegen einen Dritten zustehen.

a) Ersatzansprüche des A gegen den V

aa) Anspruch aus § 311a Abs. 2 BGB

A könnte gegen V einen Schadenersatzanspruch aus § 311a Abs. 2 BGB haben. Dem V war seine Leistungsverpflichtung (Übertragung des Eigentums am Borgward gemäß § 433 Abs. 1 S. 1 BGB) von Anfang an unmöglich. Da V sogar vorsätzlich handelte, hat er das Leistungshindernis auch zu vertreten.

A hat also einen Anspruch gegen V auf Ersatz des diesem entstandenen Schadens. Dieser besteht neben dem Ersatz der gezahlten 21 500 € auch für die 80 000 €, die der A dem R zu ersetzen hat. Hätte V dem A nämlich das Eigentum verschafft, hätte R gegen A keinen Schadenersatzanspruch gehabt.

bb) Anspruch aus § 823 Abs. 2 BGB in Verbindung mit § 263 StGB

A hat auch einen Anspruch auf Ersatz des ihm entstandenen Schadens in Höhe von 101 500 € aufgrund § 823 Abs. 2 BGB in Verbindung mit § 263 StGB. In dem V vorsätzlich dem A gestohlenes Gut zum Kauf anbot, täuschte er ihn über seine Verfügungsbefugnis und löste damit eine Vermögensverfügung des A aus, die zu dem gerade dargestellten Schaden geführt hat. § 263 StGB ist eine Schutznorm im Sinne des § 823 Abs. 2 BGB.

> **Hinweis**
>
> Die Ansprüche des A gegen den V werden hier in der gebotenen Knappheit dargestellt. Sie sind (siehe Sachverhaltsangabe: V sitzt ein und ist vermögenslos) nicht kriegsentscheidend, liegen völlig auf der Hand und *müssen* daher nicht in voller Breite gutachtlich untersucht werden.

b) Abtretungsanspruch der B

B kann daher von A nach § 255 BGB verlangen, in einer Höhe von 9000 € den Ersatzanspruch des A gegen den V gegen Leistung des Schadenersatzes abzutreten.

Wirtschaftlich aber wird der in der JVA einsitzenden V, der eine eidesstattliche Versicherung über seine Vermögensverhältnisse abgegeben hat, jedoch weder A noch B den entstandenen Schaden ersetzen können.

E. Gesamtergebnis

D kann von R einen Betrag von 80 000 € aus § 816 Abs. 1 S. 1 BGB verlangen.

R kann von A diese 80 000 aus § 311a Abs. 2 BGB als Schadenersatz geltend machen.

A kann von B einen Betrag von 9000 € aus § 280 Abs. 1 BGB geltend machen. B kann aber eine Teilabtretung des Schadenersatzanspruches des A gegen den V in eben dieser Höhe verlangen.

A kann von V 101 500 € aus § 311a BGB sowie § 823 Abs. 2 BGB in Verbindung mit § 263 StGB verlangen.

> **Online-Wissens-Check**
>
> **Haben Sie die Definition einer „Leistung" im bereicherungsrechtlichen Sinne verinnerlicht?**
>
> Überprüfen Sie jetzt online Ihr Wissen zu den in diesem Abschnitt erarbeiteten Themen. Unter **www.juracademy.de/skripte/login** steht Ihnen ein Online-Wissens-Check speziell zu diesem Skript zur Verfügung, den Sie kostenlos nutzen können. Den Zugangscode hierzu finden Sie auf der Codeseite.

3. Teil
Die deliktischen Anspruchsgrundlagen

A. Die außervertragliche Haftung auf Schadenersatz im Überblick

I. Der Grundgedanke

382 Wenn jemand von einem anderen etwas will (Tun – z.B. Zahlung – oder Unterlassen), dann bedarf es dazu eines Schuldverhältnisses. Dies ist Ihnen aus dem allgemeinen Schuldrecht, § 241 Abs. 1 BGB, bekannt.[1] Wie ich einleitend gesagt habe, entstehen Schuldverhältnisse aufgrund Vertrages, vertragsähnlicher Beziehung (vgl. § 311 Abs. 2 und 3 BGB)[2] oder kraft Gesetzes. In den ersten beiden Abschnitten dieses Buches habe ich Ihnen die Ansprüche aus der Geschäftsführung ohne Auftrag sowie diejenigen aus ungerechtfertigter Bereicherung vorgestellt.

383 Die deliktischen Anspruchsgrundlagen sind die nächste Gruppe der wichtigsten gesetzlichen Schuldverhältnisse. Aus Delikt kann also der Gläubiger von einem Schuldner Zahlung oder Beseitigung eines Zustandes verlangen, ohne dass zwischen diesen beiden zuvor eine Sonderbeziehung bestanden haben muss.

Beispiel Ein Gebrauchtwagenhändler verkauft Käufer K arglistig einen Unfallwagen. Natürlich hat K einen vertraglichen Anspruch auf Schadenersatzanspruch nach §§ 437 Nr. 3, 311a Abs. 2 BGB[3]. Ficht aber der Käufer den gesamten Vertrag wegen arglistiger Täuschung an (§ 123 Abs. 1 BGB), entfällt der Anspruch nach §§ 437 Nr. 3, 311a Abs. 2 BGB, weil es überhaupt keinen wirksamen Vertrag gegeben hat (§ 142 Abs. 1 BGB). Wohl aber behält K seinen Anspruch nach § 823 Abs. 2 BGB[4] in Verbindung mit § 263 StGB. ■

Hinweis

Natürlich kann es vorkommen, dass ein Gläubiger einen Schadenersatzanspruch nach Vertrag hat und aufgrund des gleichen Verhaltens den Schuldner auch aufgrund einer deliktischen Anspruchsgrundlage in Anspruch nehmen kann. Dann müssen (!) Sie beide Anspruchsgrundlagen prüfen. Der Grund hierfür liegt darin, dass beide Ansprüche unterschiedliche Schicksale haben können (Verjährung) und insbesondere unterschiedliche Voraussetzungen. Wenn beispielsweise ein vertraglicher Anspruch an einer Anfechtung des Vertrages (und damit seiner Nichtigkeit, siehe § 142 BGB), scheitert, der eingetretene Schaden aber sehr wohl aufgrund einer deliktischen Anspruchsgrundlage liquidiert werden kann.

1 Vgl. *Bönninghaus*, „Schuldrecht AT I", Rn. 7 ff.
2 Siehe (auch zur Historie) MüKo BGB/*Emmerich*, BGB § 311 Rn. 35–41.
3 Unterstellt, der Wagen wurde übergeben. Vor Übergabe wäre die Anspruchsgrundlage § 311a Abs. 2 BGB. Siehe zur Wiederholung *Bönninghaus*, „Schuldrecht BT I", Rn. 335 ff.
4 Zu den Einzelheiten der Norm siehe Rn. 653.

II. Die Struktur der deliktischen Anspruchsgrundlagen

Die Bezeichnung „deliktische Ansprüche" verleitet zu dem Gedanken, dass das Gesetz hier einen Ausgleich für besonders verwerfliches Tun des Schuldners schaffen wollte. Dies ist zwar bei einigen Vorschriften (§§ 824, 825 und 826 BGB) der Fall, ist aber keineswegs das prägende Grundprinzip der deliktischen Anspruchsgrundlagen.[5] Es gibt sogar Anspruchsgrundlagen, die einen Schuldner für einen Schaden verantwortlich machen, für dessen Eintritt ihm nicht einmal der geringste Fahrlässigkeitsvorwurf gemacht werden kann. **384**

Beispiel Der bisher völlig friedliche und kinderliebe Hund der Witwe W beißt und verletzt ohne jeden Anlass die zufällig bei W zu Besuch weilende Nachbarin N. Nach § 833 S. 1 BGB haftet die W für den Schaden der N, ohne dass hier ein Verschulden vorliegen (und damit geprüft) werden müsste. **385**

Dazwischen stehen die beiden Fallgruppen deliktischer Anspruchsgrundlagen, die Verschulden erfordern. Hier gibt es zunächst eine Gruppe von Anspruchsgrundlagen, die das Verschulden vermuten. **386**

Hinweis **387**

Auswirkungen hat dies vor allem im Prozess. Grundsätzlich gilt im Zivilverfahren, dass jede Partei die Tatsachen im Streitfalle vortragen und beweisen muss, die für sie günstig sind. Folglich muss der Geschädigte grundsätzlich bei einer Anspruchsgrundlage, die das Verschulden des Schädigers voraussetzt, auch selbiges nachweisen. Wenn allerdings das Gesetz die Beweislast umkehrt (wie bei den Fallgruppen des vermuteten Verschuldens), dann muss sich der Schädiger exkulpieren. Eine ähnliche Technik haben Sie bereits bei § 280 Abs. 1, S. 2 BGB (Vermutung des Vertretenmüssens der Pflichtverletzung)[6] und bei § 477 BGB (Beweislastumkehr bei Mängeln der Kaufsache beim Verbrauchsgüterkauf)[7] kennen gelernt.

Beispiel Hauseigentümer E beschäftigt Hausmeister H. Dieser vergisst fahrlässig, den Bürgersteig vor dem Haus zu streuen. D kommt auf dem eisglatten Bürgersteig zu Schaden. Unterstellt, E hat sich durch die Beauftragung des H erfolgreich von seiner eigenen Verkehrssicherungspflicht befreit,[8] bleibt gleichwohl ein Anspruch gegen E aus § 831 BGB. Gegen die Vermutung des Gesetzes, dass E (mindestens) fahrlässig seine Überwachungspflicht verletzt habe, kann E gemäß § 831 S. 2 BGB den Entlastungsbeweis führen.

In den meisten Fällen bleibt es zum anderen dabei, dass nur derjenige haftet, dem auch ein Verschulden nachgewiesen werden kann. Die meisten Normen verlangen (mindestens) Fahrlässigkeit, einige wenige setzen Vorsatz voraus. **388**

Hieraus ergibt sich die am Grad des Verschuldens orientierte Struktur der Ansprüche aus Delikt: **389**

5 Zu der Funktion der „deliktischen Ansprüche" vgl. *Looschelders*, Schuldrecht BT, § 58 Rn. 2.
6 Vgl. *Bönninghaus*, „Schuldrecht AT II", Rn. 37 ff.
7 Vgl. *Bönninghaus*, „Schuldrecht BT I", Rn. 177 ff.
8 Siehe dazu später Rn. 497.

Die deliktischen Tatbestände in Abhängigkeit von der persönlichen Verantwortlichkeit des Schuldners

Zunehmender Grad der persönlichen Verantwortung des Schuldners →

Haftung ohne Verschulden	Haftung aus vermutetem Verschulden	Haftung aus nachgewiesenem Verschulden	Haftung aus nachgewiesenem Vorsatz
• § 833 S. 1 BGB • § 7 StVG • §§ 33 und 54 LuftVG • §§ 25, 26 AtomG • § 22 WHG • § 1 ProdHaftG • § 84 ArzneimittelG • § 1 UmweltHG • § 32 GentechnikG	• § 831 BGB • § 832 BGB • § 833 S. 2 BGB • § 834 BGB • § 18 StVG • §§ 44, 45 LuftVG	• § 823 Abs. 1 BGB • § 823 Abs. 2 BGB mit Schutzgesetz, wenn Schutzgesetz Fahrlässigkeit genügen lässt • § 839 BGB • § 839 a BGB	• § 832 Abs. 2 BGB mit Schutzgesetz, wenn Schutzgesetz Vorsatz erfordert • § 824 BGB • § 825 BGB • § 826 BGB

JURIQ-Klausurtipp

„Begnügen" Sie sich im Deliktsrecht nicht mit einer einzigen Anspruchsgrundlage, auch wenn damit das Rechtsschutzziel des Gläubigers vollständig erfüllt zu sein scheint. Selbst wenn also der Autofahrer, der zugleich auch Halter des Fahrzeuges ist, verschuldet einen Verkehrsunfall verursacht, müssen Sie zusätzlich den Anspruch aus § 18 StVG (Haftung aus vermutetem Verschulden) und § 7 StVG (verschuldensunabhängige Halterhaftung) prüfen.

B. Die verschuldensabhängigen deliktischen Ansprüche

390 Jeder muss das allgemeine Lebensrisiko selber tragen. Daher muss bei einem erlittenen Schaden der Geschädigte prüfen, ob er dies quasi als Schicksal ertragen muss, oder ob es doch einen gibt, den er dafür verantwortlich machen kann.[9]

391 Die weitaus größte Gruppe dieser deliktischen Ansprüche (vor allem der im BGB geregelten) sind die der verschuldensabhängigen Ansprüche. Wie Sie der obigen Grafik entnommen haben, gibt es Anspruchsgrundlagen, bei denen bereits einfache Fahrlässigkeit genügt und andere, die Vorsatz erfordern.

392 Die mit Abstand wichtigste Norm ist § 823 Abs. 1 BGB. Sie ordnet einen Ersatzanspruch für die schuldhafte Verletzung sogenannter absoluter Rechtsgüter des Geschädigten an.

Hinweis

Zitieren Sie – ähnlich wie bei den bereicherungsrechtlichen Ansprüchen – die Anspruchsgrundlage genau! Es ist schlicht ungenau oder sogar falsch, bei einer Eigentumsverletzung zu sagen oder gar zu schreiben, der Gläubiger könnte einen Anspruch „aus § 823 BGB" haben. Richtig, weil exakt, ist es, „§ 823 Abs. 1 BGB" zu zitieren.[10]

9 Dies wird in der Literatur auch mit dem lateinischen Rechtsgrundsatz „Casum sentit dominus" beschrieben. Vgl. MüKo BGB/*Wagner*, vor BGB § 823 Rn. 43, 48; Jauernig BGB/*Teichmann*, vor BGB § 823 Rn. 2.

10 Hierauf weisen *Medicus/Petersen*, Bürgerliches Recht, Rn. 605 zu Recht hin.

I. Anspruch aus § 823 Abs. 1 BGB

Anspruch aus § 823 Abs. 1 BGB 393

I. Anspruchsentstehung

1. Verletzung eines absoluten Rechts
   a) Leben, Körper, Gesundheit
   b) Freiheit
   c) Eigentum
      - Unerhebliche Gebrauchsbeeinträchtigung Rn. 404
      - Weiterfressermängel Rn. 408
   d) Sonstiges Recht
      (1) Sonstige dingliche Rechte
      (2) Familienrechtliche Positionen
      (3) Allgemeines Persönlichkeitsrecht (Ergänzendes Prüfungsschema Rn. 432)
      (4) Recht am eingerichteten und ausgeübten Gewerbebetrieb (Ergänzendes Prüfungsschema Rn. 459)
2. Verhalten des Schuldners
   a) Tun
   b) Unterlassen
      - Verkehrssicherungspflichten Rn. 497
      - Produkthaftung Rn. 507
3. Haftungsbegründende Kausalität
   a) Äquivalenz
   b) Adäquanz
   c) Lehre vom Schutzzweck der Norm
4. Rechtswidrigkeit
   a) Indizwirkung des Tatbestandes
   b) Rechtfertigungsgründe
      - Einwilligung Rn. 549
5. Verschulden
   - Verschuldensfähigkeit Rn. 568
   - objektiv abstrakter Sorgfaltsmaßstab Rn. 582
   - Haftungsbeschränkungen Rn. 596
6. Schaden
   - Kind als Schaden Rn. 623
   - Mitverschulden Rn. 644
7. Art und Umfang des Schadensersatzes, §§ 249 ff. BGB

II. Rechtsvernichtende Einwendungen,
insbesondere durch Erfüllung oder Aufrechnung

III. Durchsetzbarkeit

1. Fälligkeit
2. Einreden

PRÜFUNGSSCHEMA

1. Verletzung eines absoluten Rechts

a) Verletzung von Leben, Körper und Gesundheit

394 Die Verletzung des Lebens bedeutet schlicht und einfach Tötung. Für den Ersatzanspruch nach § 823 Abs. 1 BGB ist es dabei allerdings gleichgültig, ob die Tötung vorsätzlich oder fahrlässig erfolgt.[11] Die zivilrechtlichen Folgen sind dieselben.

Die Grenze zwischen der Verletzung des Körpers und der Verletzung der Gesundheit gehen ineinander über:

> Die **Verletzung des Körpers** ist die Verletzung der körperlichen Integrität. Die **Verletzung der Gesundheit** ist die Störung der körperlichen, geistigen oder seelischen Lebensvorgänge, jedes Hervorrufen oder Steigern eines von dem normalen körperlichen Funktionen nachteilig abweichenden Zustands unabhängig davon, ob Schmerzen oder eine tief greifende Veränderung der Befindlichkeit auftreten.[12]

395 Es leuchtet unmittelbar ein, dass ein Schlag ins Gesicht eine Verletzung der körperlichen Integrität und deshalb unter Verletzung des Körpers zu subsumieren ist. Die Gesundheitsverletzung hingegen verlangt nicht, dass der Betroffene erstens Schmerzen erleidet und zweitens ist nicht erforderlich, dass der Körper an sich Schaden genommen hat. Deshalb gehören zur Gesundheitsverletzung auch solche Fälle, in denen der Betroffene von der Verletzung[13]

(1) überhaupt nichts mitbekommt;

Beispiel Körperverletzung vor der Geburt; Sexueller Missbrauch Bewusstloser. ■

(2) eine körperliche Beeinträchtigung (noch) nicht eingetreten ist;

Beispiel Ansteckung mit dem HI-Virus. ■

(3) oder „nur" psychische Beeinträchtigungen ohne körperliche Konsequenzen zu beklagen sind.

Beispiel Schock der nahen Angehörigen, nachdem sie vom Unfalltod erfahren haben. ■

b) Freiheit

396 Die Beeinträchtigung der Freiheit im Sinne des § 823 Abs. 1 BGB bedeutet, dass der Betroffene in seiner **körperlichen Fortbewegungsfreiheit** mehr als nur unerheblich beeinträchtigt wird. Die bloße Beeinträchtigung der Handlungs- und Entschlussfreiheit, auch wenn sie durch Drohung oder Zwang herbeigeführt wurde, genügt hingegen nicht.[14]

Beispiel Wenn der Erpresser seinem Opfer mit Enthüllungen aus der Vergangenheit droht und das Opfer deswegen den geforderten Geldbetrag zahlt, ist dies sicher ein Eingriff in

---

11 Ganz im Gegensatz zum Strafrecht, wie die unterschiedlichen Strafandrohungen für vorsätzliche Tötungen nach den §§ 211 ff. BGB und bloße fahrlässige Tötung nach § 222 StGB deutlich machen.

12 Vgl. Palandt/*Sprau*, BGB § 823 Rn. 4; *Looschelders*, Schuldrecht BT, § 60 Rn. 3 ff.

13 Vgl. hierzu auch MüKo BGB/*Wagner*, BGB § 823 Rn. 200-203; *Buck-Heeb*, Besonderes Schuldrecht/2, Rn. 99 ff.

14 Vgl. Palandt/*Sprau*, BGB § 823 Rn. 6; *Buck-Heeb*, Besonderes Schuldrecht/2, Rn. 105.

die freie Willensentschließung des Opfers. Es handelt sich aber nicht um einen Fall der Freiheitsverletzung im Sinne des § 823 Abs. 1 BGB.[15]

c) Eigentum

Schutzgut hier das das Eigentum, so wie es das Zivilrecht definiert.[16] Um also tatbestandlich eine Eigentumsverletzung nach § 823 Abs. 1 BGB annehmen zu können, muss der Gläubiger nachweisen, zum Zeitpunkt der Verletzungshandlung tatsächlich Eigentümer gewesen zu sein. Hier gilt aber – wie auch sonst – die Vermutung des § 1006 BGB![17] Wer Eigenbesitzer einer Sache ist, gilt im Zweifel auch als der Eigentümer der Sache. Bei Grundstücken ist § 891 BGB heranzuziehen.[18] **397**

JURIQ-Klausurtipp

Sollte es sich im zu behandelnden Fall um eine „eigentumsähnliche“ Rechtsposition handeln, müssen Sie das Merkmal „Eigentum“ ablehnen, um dann gegebenenfalls eine Verletzung eines „sonstigen Rechts“ (siehe gleich Rn. 418) zu prüfen.

Das so festgestellte Eigentum des Gläubigers des Schadenersatzanspruches kann dann entweder durch rechtliche Beeinträchtigungen oder durch tatsächliche Schädigungen verletzt sein. **398**

aa) Rechtliche Beeinträchtigung

Der Schuldner des Schadenersatzanspruches kann durch eine Rechtshandlung das Eigentum des Gläubigers schädigen. **399**

Beispiel Der Mieter einer beweglichen Sache geriert sich als Eigentümer und verkauft diese an den gutgläubigen dritten D.

D erwirbt gemäß § 932 BGB Eigentum. Damit verliert der ursprüngliche Eigentümer das Eigentum. Er hat (neben dem Anspruch aus § 816 Abs. 1 BGB, siehe oben Rn. 276) auch einen Anspruch gegen den veräußernden Mieter. Aber Achtung: Der gutgläubige Erwerber selbst verletzt das Eigentum nicht.[19] Der Grund ist einleuchtend. Wenn man den gutgläubigen Erwerb als möglicherweise fahrlässige Eigentumsverletzung ansehen würde, würden die Gutglaubensvorschriften durch § 823 Abs. 1 BGB konterkariert, weil der fahrlässig handelnde Erwerber zwar nach diesen Vorschriften Eigentum erwerben könnte, es aber dem ursprünglichen Eigentümer im Wege des Schadenersatzes nach § 823 Abs. 1 BGB wieder zurückgeben müsste. **400**

15 Wohl aber um einen Fall des § 823 Abs. 2 BGB in Verbindung mit § 253 StGB.

16 Siehe zum Eigentumsbegriff MüKoBGB/*Wagner*, BGB § 823 Rn. 242-244; *Looschelders*, Schuldrecht BT, § 60 Rn. 9.

17 Vgl. *Vieweg/Werner*, Sachenrecht, § 7 Rn. 40 ff.

18 Vgl. *Vieweg/Werner*, Sachenrecht, § 13 Rn. 8.

19 Vgl. Palandt/*Sprau*, BGB § 823 Rn. 8.

bb) Tatsächliche Beeinträchtigung

401 Den Schwerpunkt der Eigentumsverletzungen im Rahmen des § 823 Abs. 1 BGB bilden jedoch die tatsächlichen Beeinträchtigungen der Sache. Dies bereitet im Normalfall keine besonderen Schwierigkeiten. Probleme treten vor allem bei folgenden Sachverhaltsgestaltungen auf:

(1) Die Beschädigung betrifft nicht die physische Konsistenz der Sache

402 Fraglich ist hier, wie der Eingriff auf gespeicherte Daten (auf Festplatten beispielsweise)[20] zu werten ist.

Beispiel Der wegen seiner Kündigung auf Rache sinnende Mitarbeiter M eines Unternehmens hinterlässt als „Abschiedsgeschenk" einen Killervirus auf seinem PC, der die gesamten Buchhaltungsdaten des Unternehmens zerstört. U hat einen immensen Schaden. ■

403 Hier ist fraglich, ob tatsächlich eine Sache beschädigt wurde. Das Virusprogramm nämlich lässt die physische Konsistenz des Speichermediums unberührt. Lediglich die (allerdings recht entscheidende) Ordnung der Daten auf dem Träger ist durcheinander. Dieses Problem kann man elegant damit lösen, dass man die Speicherung auf Datenträgern als Verkörperung des Datenbestandes im Material ansieht und so zu einer Verletzung einer Sache kommt.[21]

(2) Es wird nur der Gebrauch der Sache beeinträchtigt

404 Sehr schwierig und hoch umstritten sind die Fälle, in denen eine Handlung dazu führt, dass die Sache des Eigentümers zwar unbeschädigt bleibt, jedoch (eine Zeit lang) nicht mehr genutzt werden kann.

Beispiel A parkt die Einfahrt des Bäckereibetriebes zu, sodass die Filialen des Unternehmens erst nach dem Abschleppen des Autos des A beliefert werden können. Dem Unternehmen entgehen Einnahmen. ■

405 Das Problem dieser Fälle liegt darin, dass das Eigentum an sich unbeschädigt bleibt, dem Eigentümer (hier dem Bäckereibetrieb) lediglich die Nutzung unmöglich gemacht wurde. Zur Lösung dieser Abgrenzungsfrage können solche Fälle mit dem Zuweisungsgehalt des Eigentums gelöst werden.[22] Es kommt also darauf an, ob die Beeinträchtigung ein Element des Eigentums betrifft, das vom Zuweisungsgehalt des Eigentums mitumfasst ist.

406 Der Eigentümer des Grundstücks hat das Recht, dieses ungehindert betreten und verlassen zu können. Dieses vom Zuweisungsgehalt des Eigentums umfasste Recht beeinträchtigt derjenige, der das Grundstück zuparkt.

407 Das *Gegenbeispiel* wäre, wenn der A in der einzigen Zufahrtstraße zum Grundstück des A einen Verkehrsunfall verursacht, der zu einer Vollsperrung der öffentlichen Zufahrtstraße und damit dazu führt, dass die Bäckereifahrzeuge genauso wenig das Grundstück verlassen können. Hier hat A den Gemeingebrauch der Straße beeinträchtigt, die vom Zuweisungsgehalt des Eigentums am konkreten Grundstück mitumfasst ist.[23]

---

20 Siehe zu dieser Problematik MüKo BGB/*Wagner*, BGB § 823 Rn. 245–248; Palandt/*Sprau*, BGB § 823 Rn. 9.

21 Vgl. Palandt/*Sprau*, BGB § 823 Rn. 9; Jauerning BGB/*Teichmann*, BGB § 823 Rn. 18; BeckOK BGB/*Förster*, BGB § 823 Rn, 141.

22 Vgl. *Looschelders*, Schuldrecht BT, § 60 Rn. 10 ff.; hierzu auch *Buck-Heeb*, Besonderes Schuldrecht/2, Rn. 117 ff.

23 Vgl. den Fall bei *Buck-Heeb*, Besonderes Schuldrecht/2, Rn. 117.

(3) Mängel an der Kaufsache, insbesondere „Weiterfressermängel"

Grundsätzlich stehen einem Geschädigten vertragliche und deliktische Ansprüche nebeneinander zu (Anspruchskonkurrenz). Nun könnte man bei der Lieferung einer mangelhaften Sache argumentieren, dass eben diese Lieferung eine Verletzung des Eigentums des Käufers an eben jener Sache sei. Dies ist aber unrichtig. § 823 Abs. 1 BGB schützt nur das Integritätsinteresse des Gläubigers (das Eigentum soll nicht nachteilig verändert werden).[24] Das Eigentum an der Kaufsache hat er aber so bekommen, wie sie ist, nämlich mit dem Mangel. Das Äquivalenzinteresse (Käufer soll für eine mangelhafte Sache nicht den (vollen) Kaufpreis zahlen müssen) regeln die §§ 434 ff. BGB abschließend.[25] 408

Bei Mängeln an der Kaufsache (und daraus resultierenden Schäden) sind vier Stufen zu unterscheiden: 409

Verletzung beschränkt sich auf den Mangel der Sache an sich. Hier sind die §§ 434 ff. BGB (kaufrechtliche Mängelgewährleistung) eine abschließende Regelung. Es geht nur um das Äquivalenzinteresse des Käufers. § 823 Abs. 1 BGB kommt mangels Eigentumsverletzung nicht in Betracht. 410

Verletzung des Eigentums aufgrund weitergehender Schäden an der Kaufsache (Weiterfressermängel) bei Stoffgleichheit. Der Mangel der Kaufsache führt dazu, dass die Kaufsache an sich noch weitere Schäden nimmt. Hier kommt eine Eigentumsverletzung nur in Betracht, wenn die weitergehende Beschädigung der Sache mit dem (ursprünglichen Mangel) nicht stoffgleich ist. 411

Stoffgleich ist der Schaden an der Kaufsache dann, wenn der Schaden eine notwendige Folge des Mangels an der Sache ist. Dies ist dann der Fall, wenn die Sache bei Lieferung aufgrund des Mangels als insgesamt schadhaft anzusehen ist.[26]

Verletzung des Eigentums aufgrund des Mangels ohne Stoffgleichheit. Wenn durch einen Mangel die Sache selbst beschädigt oder zerstört wird, obwohl vorher nur ein abgrenzbarer Teil der Kaufsache beschädigt war oder ein zusätzlicher Schaden entstanden ist, der bei mangelfreier Lieferung nicht entstanden wäre. 412

Beispiel V liefert K eine Maschine, die einen Schutzschalter hat, der die Maschine vor Überhitzung schützen sollte. Dieser Schalter ist mangelhaft, sodass es zu einer Überhitzung mit nachfolgendem Brand kommt, der die Maschine zerstört.[27]

Hier war der Mangel auf einen abgrenzbaren Teil der Maschine, den Schutzschalter, begrenzt. Deshalb war die Maschine insgesamt nicht mangelhaft geliefert worden. Die Schäden an der im Übrigen mangelfreien Maschine durch das Versagen des abgrenzbaren Bauteils sind daher als Verletzung des Eigentums des V anzusehen. 413

Beispiel A verkauft dem B einen Gebrauchtwagen und sichert einen einwandfreien technischen Zustand zu. Es war jedoch eine falsche Bereifung montiert, die nach Ablauf der kaufrechtlichen Gewährleistungsfristen zu einem Reifenplatzer, dadurch zu einem Unfall und zu erheblichen Schäden am Fahrzeug führte.[28]

24 Vgl. *Buck-Heeb*, Besonderes Schuldrecht/2, Rn. 113; *Looschelders*, Schuldrecht BT, § 60 Rn. 14.
25 Vgl. *Looschelders*, Schuldrecht BT, § 8 Rn. 11.
26 Vgl. *Buck-Heeb*, Besonderes Schuldrecht/2, Rn. 113; Palandt/*Sprau*, BGB § 823 Rn. 178.
27 Verkürzter sog. „Schwimmschalterfall" nach *BGH*, Urteil v. 24.11.1976 – VIII ZR 137/75 = NJW 1977, 379 = BGHZ 67, 359.
28 Fall ähnlich *BGH*, Urteil v. 5.7.1978 – VIII ZR 172/77 = NJW 1978, 2241.

414 Wegen des Schadens am Fahrzeug durch den Unfall ist von einer Eigentumsverletzung auszugehen, weil der Schaden am Wagen ein über den bei Lieferung vorhandenen Unwert hinausgeht. Der Schaden wegen der falschen Reifen kann B hingegen nicht geltend machen.[29]

415 **Die Eigentumsverletzung tritt an einer anderen als der Kaufsache auf.** Völlig eindeutig ist die Eigentumsverletzung, wenn der Schaden aufgrund des Mangels nicht an der Kaufsache an sich, sondern an einer anderen, davon völlig unabhängigen Sache eintritt.

Beispiel Wenn in dem Sportwagenfall der B aufgrund des Reifenplatzers ins Schleudern gerät und dabei seinen eigenen Gartenzaun zerstört, ist fraglos eine Eigentumsverletzung anzunehmen.

416 Zu diskutieren sind die Fälle, in denen die Kaufsache in einer vom Käufer hergestellten neuen Sache aufgeht und sich dann der Mangel realisiert. Hier bejaht die Rechtsprechung einen Schadenersatzanspruch im Hinblick auf die durch die Verbindung unbrauchbar gewordenen eigenen Teile, die der Käufer in die Sache verbaut hat. Die Wertminderung aufgrund der Mangelhaftigkeit der gesamten Sache hingegen gehört zum Äquivalenzinteresse und ist deshalb nicht vom § 823 Abs. 1 BGB gedeckt.[30]

417 Diese Zusammenhänge verdeutlicht folgendes Schaubild.

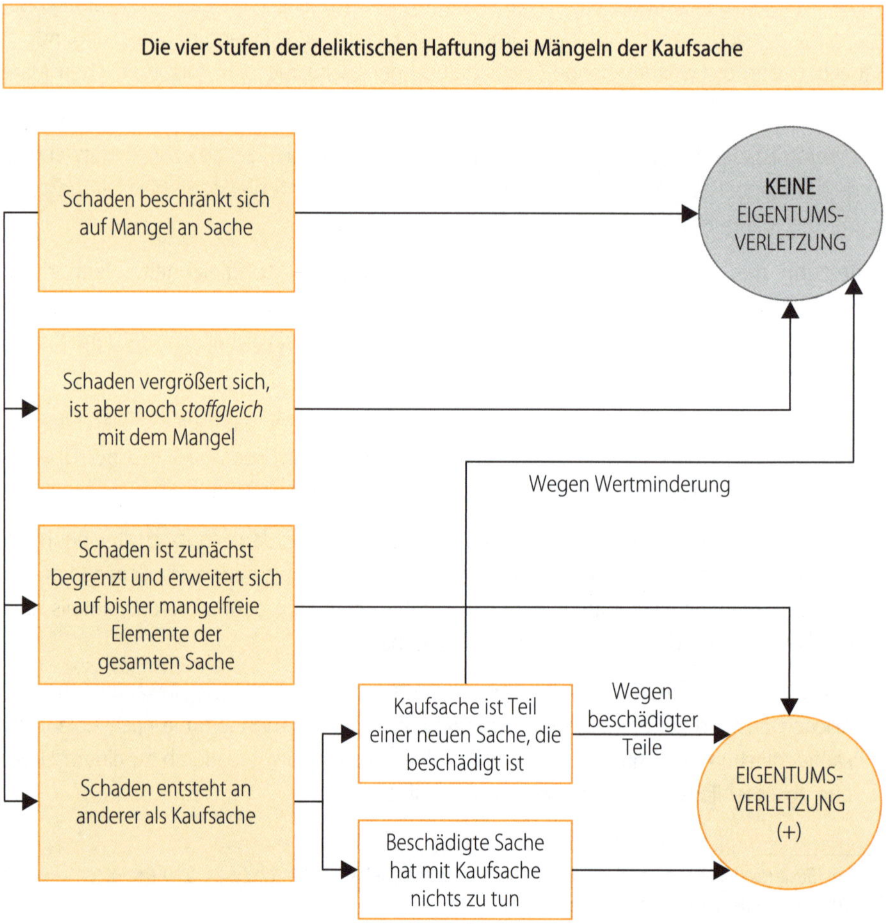

29 So richtig differenzierend *Looschelders*, Schuldrecht BT, § 60 Rn. 15.

30 Vgl. *Looschelders*, Schuldrecht BT, § 60 Rn. 15.

d) Sonstiges Recht

Um zu verstehen, wie der Begriff „sonstiges Recht" nach § 823 Abs. 1 BGB auszulegen ist, müssen wir einen kurzen Blick auf die Entstehungsgeschichte der Vorschrift werfen. Der Gesetzgeber des BGB hat eine deliktische Generalklausel abgelehnt und die Schadenersatzansprüche an ganz bestimmte Schutzgüter und deren Beeinträchtigungen geknüpft.[31] **418**

Deshalb können als „sonstige Rechte" im Sinne des § 823 Abs. 1 BGB nur solche Rechtspositionen verstanden werden, die mit den ausdrücklich genannten Rechtsgütern, insbesondere dem Eigentum, vergleichbar sind. Dies sind nur solche Rechte, die wie das Eigentum (§ 903 BGB) durch Zuweisungsgehalt und Ausschlussfunktion gekennzeichnet sind.[32] Sonstiges Recht nach § 823 Abs. 1 BGB sind demgemäß nur absolute Rechte.[33] **419**

Anders ausgedrückt fallen relative Rechte (wie z.B. die Forderung des Gläubigers) oder das Vermögen an sich nicht unter das „sonstige Recht" nach § 823 Abs. 1 BGB.[34]

Hinweis

Damit ist der Schaden, den der Betrogene durch die Tat des Betrügers erleidet, nicht nach § 823 Abs. 1 BGB ersatzfähig. Wohl aber kommt eine deliktische Haftung nach § 823 Abs. 2 BGB in Verbindung mit einem Schutzgesetz (hier § 263 StGB) oder § 826 BGB in Betracht.

Praktisch sind es vier Gruppen von Rechten, bei denen eine Vergleichbarkeit mit dem Eigentum angenommen und deshalb diese als „sonstiges Recht" im Sinne des § 823 Abs. 1 BGB angesehen werden. Es sind dies die dinglichen Rechte, einige familienrechtliche Positionen, bestimmte Ausprägungen des Persönlichkeitsrechts sowie das Recht am eingerichteten und ausgeübten Gewerbebetrieb. **420**

aa) Dingliche Rechte

Zuallererst sind hier die beschränkten dinglichen Rechte wie Hypothek, Grundschuld, Nießbrauch, Pfandrecht und Erbbaurecht zu nennen. Auch die Immaterialgüterrechte, wie Patent-, Urheber und Markenrechte zählen zu den nach § 823 Abs. 1 BGB als „sonstiges Recht" geschützten Rechtsgütern. Ferner gehören Aneignungsrechte, das Jagd- und Fischereirecht sowie das Anwartschaftsrecht dazu.[35] Werden derartige Rechte verletzt, ist ein „sonstiges Recht" gemäß § 823 Abs. 1 BGB betroffen. **421**

Auch der (berechtigte) Besitzer einer Sache genießt den Schutz des § 823 Abs. 1 BGB. Wenn also dem Mieter einer Sache dieselbe entzogen wird, so liegt darin eine Verletzung eines sonstigen Rechts und (alle anderen Vorsausetzungen des § 823 Abs. 1 BGB unterstellt) führt zu einem Schadenersatzanspruch des Mieters gegen den Entzieher der Sache.

31 Siehe dazu *Emmerich*, Schuldrecht BT, § 22 Rn. 3; ausführlich MüKo BGB/*Wagner*, vor BGB § 823 Rn. 7 ff.

32 Vgl. *Emmerich*, Schuldrecht BT, § 22 Rn. 3; *Medicus/Petersen*, Bürgerliches Recht, § 24 Rn. 607.

33 Vgl. Palandt/*Sprau*, BGB § 823 Rn. 11; *Gursky*, SRBT, S. 215.

34 Vgl. *Gursky*, SRBT S. 217; *Looschelders*, Schuldrecht BT, § 60 Rn. 16.

35 Allgemeine Meinung. Siehe nur *Gursky*, SRBT, S. 215; *Emmerich*, Schuldrecht BT, § 22 Rn. 4; *Looschelders*, Schuldrecht BT, § 60 Rn. 17 ff.

bb) Familienrechtliche Positionen

422 Zum Teil heftig umstritten ist die Frage, ob und in welchem Umfang familienrechtliche Rechtspositionen unter den Schutz des „sonstigen Rechts" nach § 823 Abs. 1 BGB fallen. Es lassen sich drei Fälle unterscheiden.

(1) Unstreitig geschützte Positionen

423 Die elterliche Sorge nach den §§ 1626 ff. BGB gehört zu den absolut geschützten Rechtsgütern. Greift jemand in dieses Recht ein (in dem er z.B. das Kind entführt), ist er zum Ersatz des sich daraus ergebenden Schadens (Detektivkosten) verpflichtet.

(2) Der räumlich-gegenständliche Bereich der Ehe

424 Die Rechtsprechung erkennt an, dass der räumlich-gegenständliche Bereich der Ehe (sprich die Ehewohnung) zu den nach § 823 Abs. 1 BGB als sonstiges Recht geschützten Gütern zählt.[36] Diese Rechtsprechung ist für die Fälle entwickelt worden, dass der eine Ehepartner seine Geliebte mit in die Ehewohnung bringt, in der die Ehefrau mit dem Ehemann lebt (der Fall wäre natürlich auch mit getauschten Geschlechterrollen möglich).

Dass dieses Verhalten an Geschmacklosigkeit nicht zu überbieten ist, steht außer Frage. Die Rechtsprechung gibt dem betrogenen Ehegatten aber die Möglichkeit durch die Anerkennung des „räumlich-gegenständlichen Bereichs" den Störenfried aus der Wohnung weisen zu können, den notwendigen Rechtsschutz. Aber auch nicht mehr: Mehr als die Beseitigung des störenden Zustandes (und die künftige Unterlassung) soll der betrogene Ehepartner vom Störer nicht verlangen dürfen.[37]

(3) Die Ehe an sich

425 Heftiger Streit herrscht aber darüber, ob die Ehe an sich ein absolut geschütztes Rechtsgut ist und deshalb derjenige, der der dieses Gut verletzt, zum daraus entstehenden Schaden verpflichtet ist.

Bejaht man dies[38] mit Teilen der Literatur, so wäre neben dem Ehepartner auch die Person, die ein Verhältnis mit einer verheirateten Person beginnt, einem unkalkulierbaren Schadenersatzrisiko des anderen Ehegatten ausgesetzt. Und dies sogar in den Fällen, in denen der anderen Person die Tatsache, dass der andere verheiratet ist, nur fahrlässig unbekannt geblieben ist.

426 Für die Vorbereitung auf das Examen empfehlen wir, mit der Rechtsprechung und verbreiteten Meinung in der Literatur[39] mit Ausnahme des gerade dargestellten Rechtsschutzes bei Verletzung des „räumlich-gegenständlichen Bereichs" keinen Anspruch aus § 823 Abs. 1 BGB gegen den untreuen Ehegatten und den in die Ehe „einbrechenden" Dritten anzunehmen. Sie können dies damit begründen, dass die familienrechtlichen Folgen der Ehescheidung abschließend durch die Vorschriften der §§ 1564 ff. BGB geregelt sind.

36 Vgl. *Looschelders*, Schuldrecht BT, § 60 Rn. 22.

37 Vgl. *Looschelders*, Schuldrecht BT, § 60 Rn. 22 m.w.N.

38 Siehe die Nachweise bei *Looschelders*, Schuldrecht BT, § 60 Rn. 22; sowie bei BeckOK BGB/*Förster*, BGB § 823 Rn. 162 ff.

39 Vgl. *Emmerich*, Schuldrecht BT, § 22 Rn. 5 m.w.N.; MüKo BGB/*Wagner*, BGB § 823 Rn. 342.

cc) Das Persönlichkeitsrecht

(1) Entwicklung und Struktur des Allgemeinen Persönlichkeitsrechts

Die Rechtsprechung und die herrschende Lehre erkennt das „allgemeine Persönlichkeitsrecht" grundsätzlich als sonstiges Recht nach § 823 Abs. 1 BGB an.[40] Letztlich geht es um Ansprüche bei Handlungen, die den Betroffenen in seiner ganz persönlichen Würde und der freien Entfaltung seiner Persönlichkeit betreffen. **427**

Doch damit endet auch schon die dogmatische Klarheit. Zunächst einmal ist herrschende Meinung, dass es sich bei dem allgemeinen Persönlichkeitsrecht nur um ein sogenanntes Rahmenrecht handelt.[41] Das hat einmal zur Konsequenz, dass sämtliche speziellen Haftungstatbestände der Anwendung des § 823 Abs. 1 BGB vorgehen (Subsidiarität des allgemeinen Persönlichkeitsrechts). **428**

JURIQ-Klausurtipp

Sachverhalte, bei denen man von Ihnen die Prüfung eines Schadenersatzanspruches wegen Verletzung des allgemeinen Persönlichkeitsrechts erwartet, sind problematisch, weil hier in der Tat eine erlernbare Dogmatik fehlt und die entschiedenen Fälle stark vom Einzelfall geprägt sind.[42]

Wir empfehlen Ihnen daher, in einem solchen Fall die nachfolgenden Prüfungsschritte abzuarbeiten und im Rahmen der „umfassenden Güter- und Interessenabwägung" zu argumentieren. Im Zweifel ist jedes gut begründete Ergebnis vertretbar.

Zweitens indiziert – anders als die Verletzungen der übrigen Rechtsgüter des § 823 Abs. 1 BGB – die Verletzung nicht die Rechtswidrigkeit des Handelns. Bei einer Verletzung des allgemeinen Persönlichkeitsrechts muss daher aufgrund einer umfassenden Güter- und Interessenabwägung auf der Tatbestandsebene entschieden werden, ob die geltend gemachte Verletzung tatsächlich das allgemeine Persönlichkeitsrecht des Anspruchstellers verletzt.[43] **429**

Beispiel Schriftsteller S schreibt einen fiktionalen, jedoch auf wahren Tatsachen beruhenden Roman. Der ‚Bösewicht' der Handlung hat frappierende Ähnlichkeit mit einer real existierenden Person A. S stellt diese Person negativ dar und ergeht sich in Details der Privat- und Intimsphäre des A. Hier muss in einer Güter- und Interessenabwägung das allgemeine Persönlichkeitsrecht des A mit der Kunstfreiheit des S (Art 5 Abs. 3 S. 1 GG) abgewogen werden. Je näher das Abbild (Romanfigur) am Urbild (Person A) steht, desto strengere Anforderungen stellt die Rechtsprechung an den Grad der Fiktionalisierung.[44] ■

40 Vgl. Palandt/Sprau, BGB § 823 Rn. 19; *Looschelders*, Schuldrecht BT, § 61 Rn. 2.

41 Vgl. MüKo BGB/*Wagner*, BGB § 823 Rn. 417.

42 Vgl. nur *Gursky*, SRBT, S. 216: „Inhalt und Umfang stehen mithin nicht von vornherein fest, sondern müssen jeweils im Einzelfall von der Rechtsprechung konkretisiert werden."; *Looschelders*, Schuldrecht BT, § 61 Rn. 6.

43 Vgl. *Buck-Heeb*, Besonderes Schuldrecht/2, Rn. 128.

44 Vgl. *VerfG*, Beschluss v. 13.6.2007 – 1 BvR 1783/05 = NJW 2008, 39 (41 f.); didaktisch aufbereitet durch *Muckel*, JA 2008, 153.

430 Das allgemeine Persönlichkeitsrecht hat im Laufe der Jahre eine Konkretisierung durch die Rechtsprechung erfahren, sodass im Ergebnis fünf Fallgruppen unterschieden werden können. Diese sind im Überblick:

1. Schutz der personalen Identität und Individualität
2. Schutz der Privat- und Intimsphäre
3. Schutz des eigenen (gesprochenen oder geschriebenen) Wortes
4. Recht am eigenen Bild
5. Ehrschutz

431 Damit ergibt sich für die Struktur dieses „Rahmenrechts" als geschütztes sonstiges Recht nach § 823 Abs. 1 BGB folgendes Bild.

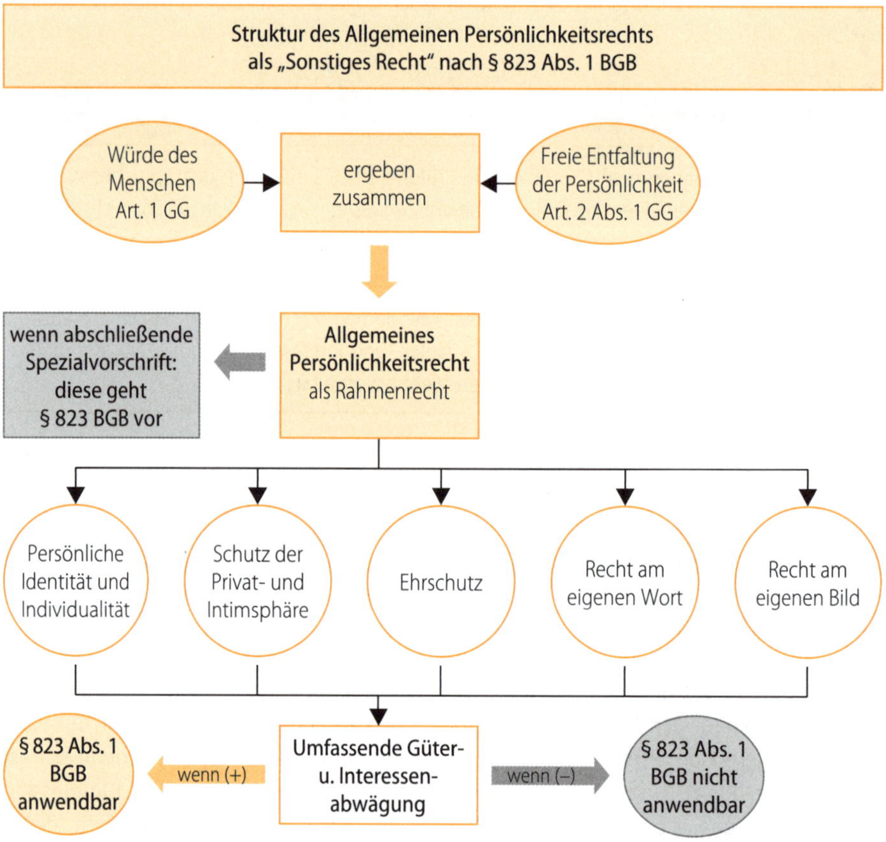

(2) Die (zu prüfenden) Merkmale bei Verletzung des allgemeinen Persönlichkeitsrechts

Wie oben in Rn. 393 im allgemeinen Prüfungsschema für Ansprüche aus § 823 Abs. 1 BGB **432**
bereits angedeutet, bedarf es für Verletzungen des allgemeinen Persönlichkeitsrechts einer Ergänzung des Prüfungsschemas:

Verletzung des Allgemeinen Persönlichkeitsrechts

PRÜFUNGSSCHEMA

I. Ist das allgemeine Persönlichkeitsrecht betroffen?

II. Abschließende Spezialvorschriften (Subsidiarität des Schutzes des allgemeinen Persönlichkeitsrechts nach § 823 Abs. 1 BGB)

III. Fallgruppe der Verletzung
1. Personale Identität und Individualität
2. Privat- und Intimsphäre
3. Schutz des eigenen Wortes
4. Ehrschutz
5. Recht am eigenen Bild

IV. Umfassende Güter- und Interessenabwägung
1. Keine Indizwirkung der Verletzung für die Rechtswidrigkeit
2. Güter- und Interessenabwägung

(3) Betroffenheit des allgemeinen Persönlichkeitsrechts

Der Sachverhalt muss Anlass bieten, sich mit der Rechtsfigur des allgemeinen Persönlich- **433**
keitsrechts zu beschäftigen.

> Das **allgemeine Persönlichkeitsrecht** ist betroffen, wenn die Handlung des Schädigers das Grundrecht des Geschädigten auf Wahrung und Achtung seiner Menschenwürde (Art 1 GG) und/oder freien Entfaltung seiner Persönlichkeit (Art 2 Abs. 1 GG) beeinträchtigt.[45]

(4) Keine verdrängende Spezialvorschrift

Das nur als Rahmenrecht[46] anerkannte allgemeine Persönlichkeitsrecht darf nicht durch spe- **434**
zielle Schutznormen abschließend geschützt werden.

Beispiel Zu den anerkannten Fallgruppen des allgemeinen Persönlichkeitsrechts gehört der Schutz des eigenen geschriebenen Wortes. Wenn nun aber jemand unter Missachtung des Urheberrechts einen Roman eines Schriftstellers in wesentlichen Teilen übernimmt, ist dem S aus § 97 UrhG vollumfänglich zum Schadenersatz und zur Unterlassung verpflichtet. Für den § 823 Abs. 1 BGB ist dann kein Raum mehr. ■

45 Vgl. zum Schutzbereich Palandt/*Sprau*, BGB § 823 Rn. 86 f.
46 Vgl. MüKo BGB/*Wagner*, BGB § 823 Rn. 417.

435 Anders ist dies bei solchen Schutznormen, die das Interesse des Geschädigten nicht oder nur teilweise abdecken. So verbietet z.B. § 22 KunstUrhG die Verbreitung von Bildern ohne Zustimmung des Berechtigten, sieht aber keinen Schadenersatzanspruch vor. Es bleibt also in solchen Fällen bei der Anwendbarkeit des allgemeinen Persönlichkeitsrechts.[47]

(5) Fallgruppen bei der Verletzung des allgemeinen Persönlichkeitsrechts

436 Wie erwähnt, ist die Rechtsprechung zum allgemeinen Persönlichkeitsrecht stark kasuistisch geprägt. Es ist daher kaum möglich, die denkbaren Fälle, die zur Prüfung (aber nicht unbedingt zur Bejahung) der Verletzung des allgemeinen Persönlichkeitsrechts Anlass bieten, wie sonst einem abstrakten Obersatz zuzuordnen.

JURIQ-Klausurtipp

Versuchen Sie im Klausurfall, den zu prüfenden Sachverhalt einer der nachfolgend genannten Fallgruppen (siehe die erwähnten *Beispiele*) zuzuordnen. Dabei helfen Ihnen die gleich folgenden Fallgruppen nebst *Beispielen*. Die Fallgruppen sind nicht trennscharf. Dies liegt in der Natur der Sache. Halten Sie sich deshalb auch nicht zu lange mit der Zuordnung auf, sondern begründen, warum die konkrete Handlung einer der Ausprägungen des allgemeinen Persönlichkeitsrechts zuzuordnen ist und fahren dann in der Prüfung fort. Wichtig ist, dass – anders als bei den sonstigen durch § 823 Abs. 1 BGB geschützten Rechtsgütern – Sie mit der Bejahung der Verletzung des allgemeinen Persönlichkeitsrechts noch kein indizielles Urteil über die Rechtswidrigkeit abgegeben haben. Mit anderen Worten: Erst mit der zusätzlichen Prüfung der Ziffer 4 dieses ergänzenden Prüfungsschemas liegt eine tatbestandliche Verletzung des allgemeinen Persönlichkeitsrechts vor!

437 Die erste Fallgruppe betrifft den Schutz auf Anerkennung der eigenen **personalen Identität und Abstammung**. Damit sind vor allem Fallgruppen gemeint, in denen es um die Frage der genetischen Abstammung geht, aber auch der Schutz davor, ungefragt die Wahrheit zu seiner Abstammung zu erfahren.

Beispiel In einer reißerischen Talkshow wird eine Person mit dem Ergebnis eines ohne ihr Wissen angefertigten genetischen Gutachtens konfrontiert, das eindeutig belegt, dass der Mann, den diese Person seit jeher als Vater angesehen hat, nicht der „wahre" (genetische) Vater ist. Die Betroffene trägt psychische Schäden davon und muss sich in Behandlung begeben. ■

438 Einer der zentralen Anwendungsbereiche des allgemeinen Persönlichkeitsrechts ist der des Schutzes der **Privat- und Intimsphäre** des Einzelnen.

Die **Privatsphäre** umfasst den Lebensbereich, zu dem andere Menschen nach den sozialen Anschauungen nur mit Zustimmung des Betroffenen Zugang haben sollen. Die **Intimsphäre** umfasst die innere Gedanken- und Gefühlswelt, für die aufgrund ihrer Natur nach Anspruch auf Geheimhaltung besteht.[48]

47 Vgl. *Buck-Heeb*, Besonderes Schuldrecht/2, Rn. 123.

48 Vgl. Palandt/*Sprau*, BGB § 823 Rn. 87.

In der Praxis findet diese Fallgruppe ihre häufigste Bedeutung bei der Berichterstattung über (bekannte[49] oder unbekannte) Personen. **439**

Beispiel Dem Sensationsreporter R fällt die „Gästeliste" des örtlichen Swingerclubs in die Hände. In seinem nachfolgenden Artikel nennt er die Namen der Gäste und ergeht sich über deren sexuelle Vorlieben und deren praktische Umsetzung im fraglichen Etablissement. ■

Ferner geht es um den Schutz der Geheimhaltung des Gesundheitszustandes, der Wahrung des Geheimnisses von Tagebüchern, geheimen Aufzeichnungen usw. **440**

Hinweis

Der Schutz der Privat- und Intimsphäre geht nahtlos in den Schutz am eigenen Bild und dem Schutz am eigenen Wort über. Eine trennscharfe Abgrenzung ist nicht erforderlich.

Das allgemeine Persönlichkeitsrecht **schützt ferner das eigene (geschriebene oder gesprochene) Wort.** Damit ist insbesondere die Verwertung von geheimen Aufnahmen von persönlichen Aussagen oder Telefongesprächen gemeint.[50] Ferner fallen hierunter auch die Verwendung von Tagebuchaufzeichnungen (Überschneidung mit dem Schutz der Privatsphäre) oder die Veröffentlichung erfundener Interviews. **441**

Besonders Personen, die in der Öffentlichkeit stehen (Prominente), erleben es immer wieder, dass von Ihnen aufgenommene **Bilder unbefugt veröffentlicht werden oder ihr Bild in einem (meist kommerziellen Zusammenhang)** benutzt wird. **442**

Beispiel Im Jahr 2001 benutzte der Autovermieter Sixt ein Konterfei der damaligen Oppositionsführerin und jetzigen Kanzlerin Angela Merkel zu Werbezwecken. Merkels Frisur galt als unvorteilhaft, sodass die Werbeagentur sie in großformatigen Anzeigen zunächst mit ihrer eigentlichen Frisur und daneben in einer Fotomontage nach der Frage „Neue Frisur gefällig?" mit einer durch einen Sturm aufgewühlten Haarpracht zeigte. Darunter war der Spruch zu lesen: „Sixt vermietet auch Cabriolets". Merkel hatte dieser Veröffentlichung (natürlich) nicht zugestimmt. ■

Dass damit (und in vergleichbaren Fällen) das Recht am eigenen Bild zunächst betroffen ist, liegt in derartigen Fällen auf der Hand. Die entscheidende Frage (und das entscheidende juristische Problem) ist hier schwerpunktmäßig bei der umfassenden Güter- und Interessenabwägung.[51] **443**

Die frühere, inzwischen aufgegebene Linie der Rechtsprechung orientierte sich an der Wertung des § 23 Abs. 1 Nr. 1 KunstUrhG, nachdem Bildnisse ohne die nach § 22 KunstUrhG erforderliche Zustimmung grundsätzlich verbreitet werden dürfen, wenn es sich um Bildnisse aus dem Bereich der Zeitgeschichte handelt.[52] **444**

---

49 Hierzu *Looschelders*, Schuldrecht BT, § 61 Rn. 7 ff.

50 Was sogar dazu führt, dass solche Aufnahmen in einem Prozess einem sogenannten Beweisverwertungsverbot unterliegen, also die dort gespeicherten Erkenntnisse nicht verwendet werden dürfen. Siehe dazu (für den Zivilprozess: MüKo ZPO/*Prütting*, ZPO § 284 Rn. 69).

51 Wozu es im Fall „Sixt – Merkel" nie kam, weil die Betroffene mit Humor reagierte („ein Gag der intelligenteren Sorte") und die Sache auf sich beruhen ließ.

52 Vgl. zur Entwicklung der Rspr. und mit Hinweisen auf die aufgegebene Rspr. *Looschelders*, Schuldrecht BT, § 61 Rn. 7 ff.

445 Solche absoluten Personen der Zeitgeschichte hatten es nach der bisherigen Rechtsprechung hinzunehmen, dass Aufnahmen von ihnen auch ohne ihre Zustimmung veröffentlicht wurden, selbst wenn sie nicht bei der Ausübung ihrer Tätigkeit, sondern im reinen privaten Bereich gemacht wurden.

Strenger war die Rechtsprechung nur bei relativen Personen der Zeitgeschichte, die nur aufgrund eines einmaligen Ereignisses in den Fokus der Öffentlichkeit gerieten.

446 Diese gefestigte Rechtsprechung des BGH stieß beim Europäischen Gerichtshof für Menschenrechte auf Kritik. Nach dieser Auffassung soll die Veröffentlichung von Fotos nur dann zulässig sein, wenn diese der Diskussion über eine Frage des allgemeinen Interesses dient und nicht nur der Befriedigung der Neugier eines bestimmten Publikums dienen soll.

Der BGH[53] hat sich dieser Rechtsprechung angeschlossen und unterscheidet nun auch danach, ob die Veröffentlichung dem Informationsinteresse der Allgemeinheit dient.

447 Gerade bei der Nutzung von Bildern mehr oder weniger Prominenter ohne deren Einwilligung geht es um die Frage, ob dies nun eine rechtswidrige Verletzung des Persönlichkeitsrechts ist oder sich der Eingreifende noch im durch die Meinungsfreiheit gedeckten Bereich befindet.

Die Rechtsprechung hat hierzu das sogenannte „dreistufige Schutzkonzept" entwickelt.[54] Danach ist bei einer Bildberichterstattung unter Verwendung eines Bildes zunächst der § 22 KunstUrhG diese nur bei Einwilligung zulässig. Diese gilt als im Zweifel erteilt, wenn der Abgebildete für die Verbreitung ein Entgelt erhalten hat.

448 Aber Vorsicht: Diese Einwilligung muss wirksam erteilt werden. Dies setzt bei Unerfahrenen Personen unter Umständen voraus, dass diese über die Folgen der Verwendung des Bildmaterials aufgeklärt werden müssen. In dem Fall ging es um Aufnahmen für die RTL-Show „Frauentausch". Eine Beteiligte hatte den Aufnahmen zugestimmt und wurde sogar bezahlt (siehe Wortlaut des § 22 S. 2 KunstUrhG). Was sie allerdings nicht ahnte, war, dass durch geschickten Zusammenschnitt später eine Sendung entstand, die sie besonders lächerlich machte. Über derartige Möglichkeiten hätte, so das Landgericht Berlin, der Produzent die Frau, die erkennbar unerfahren war, aufklären müssen. Die ohne diese Aufklärung erteilte Einwilligung war somit unwirksam.[55]

449 Liegt somit keine (wirksame) Einwilligung vor, so sind auf der zweiten Stufe die Ausnahmetatbestände des § 23 KunstUrhG zu prüfen.

(6) Personen der Zeitgeschichte (§ 23 Abs. 1 Nr. 1 KunstUrhG)

450 Die früher sehr bedeutsame Unterscheidung zwischen relativen[56] und absoluten[57] Personen der Zeitgeschichte hat letztlich an Bedeutung verloren. Entscheidend ist nunmehr, ob die Abbildung der Person einen zeitgeschichtlichen Nachrichtenwert hat, also ein nachvollziehbares Informationsbedürfnis einer breiteren Öffentlichkeit besteht. Dies wurde zum Beispiel

53 Vgl. *BGH*, Urteil v. 6.3.2007 – VI ZR 51/06 = BGHZ 171, 275.
54 Vgl. *BGH*, Urteil v. 31.5.2012 – I ZR 234/10 = BGH NJW 2013, 794.
55 Vgl. *LG Berlin*, Urteil v. 26.7.2012 – 27 O 14/12 = BeckRS 2012, 17236.
56 Siehe hierzu BeckOK InfoMedienR/*Herrmann* KunstUrhG § 23 Rn. 6–7.1.
57 Siehe hierzu BeckOK InfoMedienR/*Herrmann* KunstUrhG § 23 Rn. 8–8.2.

im Fall des Moderators Günter Jauch verneint, dessen Konterfei auf dem Titelblatt eines Rätselheftes verbreitet wurde.[58]

JURIQ-Klausurtipp 451

Ich empfehle Ihnen, in einschlägigen Fällen, sich an diesem Punkt kurz zu fassen. Der Schwerpunkt der Prüfung liegt in solchen Fällen regelmäßig nämlich in der umfassenden Interessenabwägung (siehe dazu Rn. 454 ff.). Sie könnten also beispielsweise schreiben: *„Die fehlende Einwilligung könnte aber auf der zweiten Stufe der Prüfung unerheblich sein. Gemäß § 23 Abs. 1 Nr. 1 KunstUrhG dürfen nämlich Bildnisse aus dem Zeitgeschehen auch ohne Einwilligung des Abgebildeten veröffentlicht werden. Die früher getroffene Unterscheidung zwischen relativen und absoluten Personen der Zeitgeschichte hat dabei an Unterscheidungskraft verloren. Entscheidend ist, ob das geschehen einen nachrichtlichen Wert hat, also ein nachvollziehbares Informationsinteresse der Öffentlichkeit an der Verbreitung besteht. Dies kann im vorliegenden Fall angenommen werden (kurze Sachverhaltsschilderung mit Begründung).“*

Das allgemeine Persönlichkeitsrecht schützt ferner vor der Verletzung der **sozialen Anerkennung des Einzelnen in der Öffentlichkeit**.[59] Strafrechtlich relevante **Beleidigungen** (§ 185 StGB), üble Nachreden (§ 186 StGB) und selbstverständlich **Verleumdungen** (§ 187 StGB) sind damit automatisch auch eine Verletzung des allgemeinen Persönlichkeitsrechts. Die strafrechtlich relevante Frage der Wahrnehmung berechtigter Interessen nach § 193 StGB gehört beim Rahmenrecht „allgemeines Persönlichkeitsrecht“ in die Güter- und Interessenabwägung.[60] 452

Hinweis

Neben der Verletzung des allgemeinen Persönlichkeitsrechts kommt als deliktische Anspruchsgrundlage auch § 823 Abs. 2 BGB in Verbindung mit den genannten Strafvorschriften in Betracht. Siehe dazu näher unten Rn. 653.

Der Schutz der sozialen Anerkennung des Einzelnen in der Öffentlichkeit umfasst daneben auch den Schutz vor Mobbing oder verfälschenden Darstellungen der Person, seines Lebens oder seines Charakters in der Öffentlichkeit.[61] 453

(7) Umfassende Güter- und Interessenabwägung

Wie erwähnt, ist das allgemeine Persönlichkeitsrecht als Rahmenrecht ausgestaltet. Wenn Sie also eine Verletzung des Rechts bejahen, ist damit noch lange kein Urteil über die Rechtswidrigkeit des Handelns gefällt. Mit anderen Worten: **Anders als bei der Verletzung der übrigen durch § 823 Abs. 1 BGB geschützten Rechte indiziert die Verletzung des Rechts die Rechtswidrigkeit des Handelns nicht.** 454

58 Vgl. *BGH*, Urteil v. 11.3.2009 – I ZR 8/07 („Wer wird Millionär“) = NJW 2009, 3032.

59 Vgl. Palandt/*Sprau*, BGB § 823 Rn. 110.

60 Strittig vgl. *Buck-Heeb*, Besonderes Schuldrecht/2, Rn. 128. Anders z.B. *Looschelders*, Schuldrecht BT, § 61 Rn. 5 (§ 193 StGB hat keine Bedeutung bei § 823 Abs. 1 BGB, sondern wird von der Güter- und Interessenabwägung verdrängt).

61 Vgl. *Looschelders*, Schuldrecht BT, § 61 Rn. 6.

455 Das allgemeine Persönlichkeitsrecht wurde von der Rechtsprechung aus den Art. 1 Abs. 1 und 2 Abs. 1 GG abgleitet. So verwundert es nicht, dass sich auch der Schädiger auf die Grundrechte berufen kann und so die beiden grundrechtlichen Positionen miteinander abgewogen werden müssen.[62] Die Grundrechte, auf die sich üblicherweise diejenigen berufen, gegen die ein Anspruch wegen Verletzung des allgemeinen Persönlichkeitsrechts geltend gemacht wird, sind die in Art 5 GG genannten Freiheiten (Meinung, Presse, Kunst, Wissenschaft, Forschung und Lehre) sowie die in Art. 4 GG gewährte Religionsfreiheit.

456 In einer Klausur müssen Sie nun die verschiedenen Güter und Interessen darstellen und abwägen. Dies ist naturgemäß schwer abstrakt darzustellen. Folgende Stichworte[63] sollen Ihnen daher einen Anhalt geben:

457 Beim Verletzten ist zu berücksichtigen:

1. Welche Sphäre ist betroffen?
   Die Intimsphäre ist am stärksten geschützt, dann folgt die Privatsphäre. Die Sozialsphäre (Betätigung im öffentlichen, wirtschaftlichen oder politischen Leben) genießt den geringsten Schutz.
2. Wie schwer wiegt der Eingriff?
   Hier müssen die Schwere des Eingriffs und seine Folgen für den Verletzten dargestellt werden.
3. Welches eigene Verhalten des Verletzten ist zu berücksichtigen?
   Ein sich in der öffentlichen Diskussion zurückhaltender „normaler" Bürger muss sich z.B. weniger „gefallen" lassen, als ein Politiker, dessen scharfzüngigen Äußerungen Kritik und Gegenangriffe provozieren.[64]

458 Auf der Seite des Verletzers gilt es darzustellen:

1. Welchen Zweck verfolgte der Eingriff?
   Lag ein billigenswertes Motiv vor (z.B. Information der Allgemeinheit) oder lag der Zweck mehr im Rahmen des Privaten? Welche Funktion bekleidet der Schädiger?
2. Art und Weise des Eingriffs
   Hier ist festzustellen, ob zwischen dem (billigenswerten) Motiv für den Eingriff und der Art und Weise ein vertretbares Verhältnis gegeben ist. Hierbei sind auch die Art und Weise des Eingriffs und sein Ausmaß zu berücksichtigen. Die niemals überschreitbare Grenze ist die Verletzung der Menschenwürde (Art. 1 GG).[65]

Hinweis

Im Rahmen der politischen Auseinandersetzung haben Politiker eine Menge „zu ertragen". Das Grundrecht auf Meinungsfreiheit geht sehr weit. Selbst oft das, was jeder normale Bürger sich zu Recht als Beleidigung verbitten würde (und deshalb auch einen Anspruch aus § 823 Abs. 1 BGB wegen Verletzung des Persönlichkeitsrechts hätte), müssen sich Politiker regelmäßig gefallen lassen.

62 Vgl. *Buck-Heeb*, Besonderes Schuldrecht/2, Rn. 128.

63 Angelehnt an Palandt/*Sprau*, BGB § 823 Rn. 96 ff.

64 Vgl. zum Beispiel *BGH*, Urteil v. 26.10.2006 – I ZR 182/04 BGH = NJW 2007, 689 mit Besprechung *Balthasar*, NJW 2007, 664.

65 Vgl. *Emmerich*, Schuldrecht BT, § 22 Rn. 24.

dd) Der Schutz des eingerichteten und ausgeübten Gewerbebetriebes

Verletzung des Rechts am eingerichteten und ausgeübten Gewerbebetrieb 459

PRÜFUNGSSCHEMA

I. Eingerichteter und ausgeübter Gewerbebetrieb

II. Betriebsbezogenheit des Eingriffs

III. Keine Spezialvorschrift (Subsidiarität des Schutzes)

IV. Fallgruppe der Verletzung
1. Unberechtigte Schutzrechtsverwarnung
2. Unberechtigte Boykottaufrufe/rechtswidrige Streiks
3. Gewerbeschädigende Äußerungen
4. physische Behinderung der Gewerbeausübung

V. Umfassende Güter- und Interessenabwägung
1. Keine Indizwirkung der Verletzung für die Rechtswidrigkeit
2. Güter- und Interessenabwägung

(1) Einleitung

Wie Sie diesem strukturell dem vorangegangen doch sehr ähnlichen Prüfungsschema entnehmen können, ist der Schutz des eingerichteten und ausgeübten Gewerbebetriebes eng mit dem des gerade ausführlich behandelten allgemeinen Persönlichkeitsrechts verwandt.[66] 460

Auch hier geht es um einen von der Rechtsprechung geschaffenen „Auffangtatbestand"[67] für eine als nicht erträglich gehaltene Lücke im Deliktsrecht. Gemeinsam haben die beiden Rechtsfiguren zudem, dass sie als Rahmenrecht ausgestaltet sind und deshalb die Rechtswidrigkeit auch hier nicht indiziert ist, sondern wiederum erst nach einer umfassenden Güter- und Interessenabwägung festgestellt werden kann.[68] 461

Nicht unerwähnt bleiben kann an dieser Stelle der Hinweis, dass die Rechtsfigur des Schutzes des eingerichteten und ausgeübten Gewerbebetriebes genauso wie das des allgemeinen Persönlichkeitsrechts[69] nicht unumstritten ist. Der Streit ist sicher von hohem akademischen Interesse, kann aber hier nicht weiter vertieft werden.[70] Für eine erfolgreiche Klausur im Examen spielt er keine entscheidende Rolle. 462

(2) Eingerichteter und ausgeübter Gewerbebetrieb

Zunächst muss beim Geschädigten dessen sogenannter eingerichteter und ausgeübter Gewerbebetrieb betroffen sein. Die Bezeichnung „Gewerbebetrieb" ist allerdings etwas irre- 463

66 Vgl. zur Historie dieser Rechtsfigur: MüKo BGB/*Wagner*, BGB § 823 Rn. 361-363.
67 So zutreffend: *Gursky*, SRBT, S. 216; *Looschelders*, Schuldrecht BT, § 62 Rn. 2.
68 Vgl. *Emmerich*, Schuldrecht BT, § 22 Rn. 6; *Buck-Heeb*, Besonderes Schuldrecht/2, Rn. 138a.
69 Vgl. *Medicus/Petersen*, Bürgerliches Recht, Rn. 615.
70 Siehe dazu *Looschelders*, Schuldrecht BT, § 61 Rn. 1 ff.

führend, da nicht nur Gewerbebetriebe im Sinne der Gewerbeordnung, sondern auch alle anderen selbstständig betriebenen Unternehmen damit gemeint sind.[71]

Gewerbebetrieb ist jede Form der selbstständigen Teilnahme am wirtschaftlichen Verkehr, gleichgültig ob sie gewerblich im engeren Sinne, freiberuflich oder sonst wie selbstständig ausgeübt wird.[72]

(3) Betriebsbezogenheit des Eingriffs

464 Es liegt auf der Hand, dass mit der Rechtsfigur des Schutzes des eingerichteten und ausgeübten Gewerbebetriebes nicht das Unternehmen vor Angriffen jedweder Art geschützt werden soll. Auch kann nicht jedes Ereignis, das zu Schäden beim Unternehmen führt, eine Verletzung des Rechtsgutes darstellen.

Beispiel Unternehmer U beschäftigt den Diplom-Ingenieur D. D ist der verantwortliche Projektleiter für die Entwicklung eines neuen Produktes. Autofahrer A verletzt den D bei einem Unfall so schwer, dass D daraufhin verstirbt. U entsteht wegen des Ausfalls einer seiner zentralen Mitarbeiter ein erheblicher Schaden. ■

465 Die Rechtsprechung versucht dieses Problem durch das Erfordernis der Betriebsbezogenheit des Eingriffs zu lösen. Die Betriebsbezogenheit besteht aus einem objektiven und einem subjektiven Element. Objektiv muss der Eingriff sich gegen den Betrieb als solchen richten und nicht nur gegen von diesem ohne weiteres ablösbaren Rechte oder Rechtsgüter.[73]

Beispiel Im vorangegangenen *Beispiel* richtet sich der Eingriff des A gegen die Gesundheit und das Leben des D. Dass damit auch der Gewerbebetrieb des U betroffen ist, ist eine mittelbare Folge. Ein Anspruch des U scheitert schon an der Betriebsbezogenheit des Eingriffs. ■

466 Ferner muss der Eingriff sich subjektiv gegen den fraglichen Betrieb richten.

Beispiel Baggerführer B zerstört mit seinem Bagger fahrlässig das zum Betrieb des U führende Stromkabel. U erleidet Produktionsausfälle wegen des über Stunden dauernden Stromausfalls. ■

467 Hier kann man ohne weiteres von einer objektiven Betriebsbezogenheit ausgehen. Die Stromzufuhr zum Unternehmen ist kein vom Betrieb ohne weiteres ablösbares Recht. Allerdings fehlt es am subjektiven Element. Die „Stoßrichtung“[74] des Eingriffs ging nicht gegen den Betrieb, sondern gegen das Kabel an sich.[75]

---

71 Deshalb sprechen manche auch vom Recht am eingerichteten und ausgeübten Unternehmen (vgl. Nachweise bei *Looschelders*, Schuldrecht BT, § 62 Rn. 1.).

72 Vgl. *Buck-Heeb*, Besonderes Schuldrecht/2, Rn. 137.

73 Vgl. *Emmerich*, Schuldrecht BT, § 22 Rn. 7; Palandt/*Sprau*, BGB § 823 Rn. 135; *Brox/Walker*, Besonderes Schuldrecht, § 45 Rn. 20.

74 So die Formulierung des *BGH*, BGHZ 29, 65; vgl. Nachweise bei *Medicus/Petersen*, Bürgerliches Recht, Rn. 612.

75 Vgl. auch KG, 4.7.2003 – 9 U 307/01 = r + s 2005, 40.

Betriebsbezogen ist ein Eingriff dann, wenn sich der Eingriff objektiv gegen den Betrieb als solchen und nicht gegen ohne weiteres davon ablösbare Rechte oder Rechtsgüter wendet und die subjektive Stoßrichtung des Eingriffs sich direkt gegen den fraglichen Betrieb richtet.

(4) Keine (verdrängende) Spezialvorschrift

Wie das allgemeine Persönlichkeitsrecht ist auch das Recht am eingerichteten und ausgeübten Gewerbebetrieb nur ein Auffangtatbestand, der dann nicht greift, wenn abschließende Spezialnormen den Schadenersatzanspruch des Geschädigten abschließend regeln.[76] **468**

Zu nennen sind hier neben den vorgehenden Vorschriften aus dem BGB (§ 824 und § 826 **469**
BGB), beispielsweise die speziellen Schadenersatzansprüche aus dem UWG (§§ 3, 9), dem MarkenG (§ 14 f.) und des GWB (§ 33).

Hinweis

Die Rechtsprechung zum eingerichteten und ausgeübten Gewerbebetrieb entstand in einer Zeit, als es die erwähnten speziellen Schadenersatzvorschriften noch nicht gab. Letztlich bleiben für die Praxis daher nur noch die Fallgruppen übrig, die wir Ihnen sogleich aufzeigen werden.

(5) Fallgruppen

Genauso wie beim allgemeinen Persönlichkeitsrecht haben sich für den eingerichteten und **470**
ausgeübten Gewerbebetrieb inzwischen Fallgruppen herausgebildet. Diese sollen Ihnen als Leitlinie dafür dienen, was als ersatzfähiger Eingriff in dieses Rechtsgut angesehen wird und was nicht.

- **Die unberechtigte Schutzrechtsverwarnung**

Eine große Bedeutung haben in der Praxis Ansprüche nach § 823 Abs. 1 BGB wegen Verlet- **471**
zung des eingerichteten und ausgeübten Gewerbebetriebes die sogenannten unberechtigten Schutzrechtsverwarnungen. Dabei geht es um Folgendes: Unternehmer 1 meint, ein besonderes Schutzrecht (Geschmacks- oder Gebrauchsmuster, Patent) zu haben und glaubt ferner, dass Unternehmer 2 unter Verletzung dieser Schutzrechte produziert. In der Praxis wird dann regelmäßig eine „strafbewehrte Unterlassungserklärung" versandt, in der sich der (angeblich) das Schutzrecht verletzende Unternehmer verpflichten soll, in Zukunft (z.B.) die Herstellung und den Vertrieb eines bestimmten Produktes zu unterlassen. Unternehmer 2 tut dies, weil er erhebliche Schadenersatzforderungen des U 1 fürchtet. Später stellt sich nun heraus, dass das fragliche Schutzrecht gar nicht existiert oder nicht auf das von U 2 hergestellte Produkt bezogen ist.

In solchen Fällen räumt der BGH[77] dem zu Unrecht abgemahnten Unternehmer einen Anspruch wegen Eingriffs in den eingerichteten und ausgeübten Gewerbebetrieb ein.[78]

76 Vgl. MuKo BGB/*Wagner*, BGB § 823 Rn. 372.
77 Vgl. BGH, Beschluss v.15.7.2005 – GSZ 1/04 = NJW 2005, 3141 (3142).
78 Siehe auch *Looschelders*, Schuldrecht BT, § 62 Rn. 8.

- **Unberechtigte Boykottaufrufe/rechtswidrige Streiks**

472 Unter Boykott versteht man ein wirtschaftliches Druckmittel, mit dem jemand versucht, ein Unternehmen vom Wirtschaftsleben auszuschließen. Erfolgreiche Boykotts können im schlimmsten Fall den Ruin des Boykottierten zur Folge haben.

473 Dass ein solcher Boykott einen betriebsbezogenen Eingriff in den eingerichteten und ausgeübten Gewerbebetrieb darstellt, liegt auf der Hand. Ist diese Maßnahme allerdings von einem Konkurrenten initiiert worden, verdrängen die Spezialvorschriften[79] des UWG den möglichen Anspruch nach § 823 Abs. 1 BGB.

474 Übrig bleiben also Boykottaufrufe von Dritten.

Beispiel Eine Vereinigung zum Schutz der Kinder verteilt in der Fußgängerzone vor den Verkaufsräumen des Textildiskonters T Handzettel, in denen die Passanten aufgefordert werden, nicht bei T zu kaufen, weil dieser seine Ware in Billiglohnländern unter Ausbeutung der dort lebenden Kinder herstellen lassen soll. ■

475 Auch hier ist die Bejahung der ersten Merkmale (betriebsbezogener Eingriff in den eingerichteten und ausgeübten Gewerbebetrieb) relativ einfach zu bewerkstelligen. Auch ist keine verdrängende Sondervorschrift in Sicht. Der entscheidende „Kriegsschauplatz" ist deshalb auch nicht der Tatbestand des § 823 Abs. 1 BGB, sondern die Rechtswidrigkeit, die, wie mehrfach erwähnt, bei den beiden Rahmenrechten nicht indiziert ist, sondern durch eine umfassende Güter- und Interessenabwägung erst vorgenommen werden muss (dazu unten Rn. 486 ff.).

476 Auch der rechtswidrige Streik[80] gehört in diese Fallgruppe. Streiks sind grundgesetzlich garantierte Mittel der tariflichen Auseinandersetzung. Doch dies gilt nur für den rechtmäßigen Streik. Rechtswidrige Streiks sind dagegen – genauso wie der dargestellte Boykottaufruf – grundsätzlich ein Eingriff in den eingerichteten und ausgeübten Gewerbebetrieb des Unternehmens.[81]

- **Gewerbeschädigende Äußerungen**

477 Mit der in den vergangenen Jahrzehnten exorbitant gewachsenen Macht der Medien spielen die gewerbeschädigenden Äußerungen auch bei der Frage, ob in ihnen eine Verletzung des eingerichteten und ausgeübten Gewerbebetriebes gesehen werden kann, eine besondere Rolle.

478 Einmal sind die Warentests zu nennen.

Beispiel Eine bekannte Warentestorganisation testet die unter dem Namen einer nicht minder bekannten Schauspielerin auf den Markt gebrachten Hautcremes und kommt zum vernichtenden Urteil „mangelhaft" verbunden mit einer Warnung vor der Anwendung wegen Gesundheitsrisiken. ■

479 Dass mit solcher Kritik das Ende der fraglichen Hautcremeserie besiegelt war, steht wohl außer Frage. Genauso eindeutig ist, dass die Veröffentlichung der Ergebnisse ein betriebsbe-

79 Die hier nicht weiter vertieft werden können.

80 Wegen der Voraussetzungen, unter denen ein Streik rechtmäßig ist, muss ins kollektive Arbeitsrecht verwiesen werden. Siehe dazu einführend *Michalski/Westerhoff*, Arbeitsrecht, Rn. 882 ff.

81 Vgl. MüKo BGB/*Wagner*, BGB § 823 Rn. 403-407; *Looschelders*, Schuldrecht BT, § 62 Rn. 7.

zogener Eingriff in den eingerichteten und ausgeübten Gewerbebetrieb darstellt. Fraglich ist allein, ob dieser Eingriff rechtswidrig ist.

Obwohl methodisch die Frage erst unter Prüfungspunkt 4 zu erörtern ist (umfassende Güter- und Interessenabwägung), sei der besseren Übersichtlichkeit halber für diese Fallgruppe die Position der Rechtsprechung bereits an dieser Stelle dargestellt: **480**

Eine Rechtswidrigkeit des durch die Veröffentlichung von Warentestergebnissen bewirkten Eingriff in den Gewerbebetrieb wird dann verneint, wenn die der Veröffentlichung zugrundeliegende Untersuchung erstens objektiv war, zweitens neutral gewesen ist, drittens sachkundig durchgeführt wurde und viertens schließlich das Ergebnis nicht offensichtlich unrichtig erscheint.[82] **481**

Der zweite Bereich sind die nicht minder praktisch wichtigen Bewertungen von Leistungen und Dienstleistungen durch mehr oder weniger dazu berufene Personen, die ihre Urteile dann in zum Teil scharfzüngigen Berichten in den Medien veröffentlichen. Das Musterbeispiel hierzu sind Restaurantkritiken. **482**

Auch hier erlaube ich mir, das entscheidende Problem methodisch vorzuziehen. Eine negative (oder gar vernichtende) Kritik, die in einem dem breiten Publikum zugänglichen Medium veröffentlicht wird, ist fast immer ein berufsbezogener Eingriff in den Gewerbebetrieb des Getesteten. Im Rahmen der gesondert zu prüfenden Rechtswidrigkeit und der damit notwendigen Güter- und Interessenabwägung geraten damit die Grundrechte des (z.B.) Restaurantbesitzers aus Art. 12 und Art 14 mit denen des Testers aus Art. 5 Abs. 3 GG in Widerstreit.

Hinweis

Die Rechtsprechung neigt dazu, den Kritikern einen sehr großen Spielraum zu geben.[83] Seien also auch Sie in einer entsprechenden Klausur also nicht zu streng!

Seine Grenze erreicht die zulässige Kritik, die auch plakative Darstellungen erlebter Mängel und Empfindungen erlaubt, in der sogenannten Schmähkritik. Die Grenzziehung zwischen (noch erlaubter) plakativer Darstellung und (verbotener bzw. zu Schadenersatz verpflichtender) Schmähkritik ist fraglos schwierig und kann nicht abstrakt beantwortet werden.[84] **483**

Beispiele „Ungenießbarer Schweinefraß." (Schmähkritik)

„Purer Zitronensaft wäre genießbarer als das, was als Riesling kredenzt wurde." (plakative Kritik)

- **Physische Beeinträchtigung der Gewerbeausübung**

Als letzte Fallgruppe sind die physischen Beeinträchtigungen der Gewerbeausübung zu nennen. **484**

82 Vgl. *LG* Berlin, Urteil v. 14.4.2005 – 27 O 922/04 = GRUR-RR 2005, 290; *Looschelders*, Schuldrecht BT, § 62 Rn. 6 m.w.N.

83 Vgl. *Looschelders*, Schuldrecht BT, § 62 Rn. 6 m.w.N.

84 Vgl. z.B. *BVerfG*, Beschluss v.14.6.2019 – 1 BvR 2433/17 = NJW 2019, 2600.

Beispiel Eine Gruppe von Umweltaktivisten organisiert ein „Sit-in" auf der öffentlichen Zufahrtstraße zum Betriebsgelände des Bauzulieferers B, der wichtige Teile für ein Kohlekraftwerk liefern soll. Dieses Kraftwerk wollen die Aktivisten verhindern. ■

485 Auch hier kommt man nicht umhin, einen betriebsbezogenen Eingriff in den Gewerbebetrieb des B zwanglos zu bejahen. Inwieweit die Abwägung der Güter und Interessen (Art. 12 und 14 GG für B, Art. 5 Abs. 3 GG – Meinungsfreiheit – sowie Art. 8 – Versammlungsfreiheit – für die Aktivisten) zu einer Rechtswidrigkeit kommt, hängt von den Umständen ab (Länge der Blockade, Art und Weise etc.).

Hinweis

Dieses *Beispiel* unterscheidet sich von dem oben angesprochenen Stromkabelfall. Wenn der Baggerführer – sozusagen ‚aus Versehen, – das zu B führende Stromkabel zerstört und B deshalb nicht produzieren kann, fehlt die Betriebsbezogenheit (B hatte nicht die objektive Stoßrichtung gegen B). Die Umweltaktivisten zielten aber (in diesem Fall bewusst) auf den Betrieb des B ab.

(6) Umfassende Güter- und Interessenabwägung

486 Wie nun mehrfach gesagt, haben anders als bei den übrigen Schutzgütern des § 823 Abs. 1 BGB die beiden Rahmenrechte keine Indizwirkung im Hinblick auf die Rechtswidrigkeit. Sie muss mithin gesondert festgestellt werden.

487 Bei der umfassenden Güter- und Interessenabwägung gilt es, die Rechtswidrigkeit des nun schon festgestellten Eingriffs in den eingerichteten und ausgeübten Gewerbebetrieb festzustellen. Wie oben bei demselben Prüfungsschritt im Rahmen der Verletzung des allgemeinen Persönlichkeitsrechts bereits dargelegt, gibt es keine Patentformel, die auf alle möglichen in Betracht kommenden Einzelfälle Anwendung finden könnte.

488 Wir empfehlen Ihnen deshalb, dieses Tatbestandsmerkmal in drei gedanklichen Schritten abzuarbeiten und niederzuschreiben.

1. Sie stellen fest, welche (Grund)rechte beim Verletzten tangiert sind. Dies sind beim eingerichteten und ausgeübten Gewerbebetrieb in aller Regel die Art. 12 und Art. 14 GG.
2. Sie legen dar, auf welche Rechte sich der Verletzende berufen könnte. Dies sind (wiederum regelmäßig) die Art. 5 Abs. 1 GG (Meinungs- und Pressefreiheit) sowie Art. 5 Abs. 2 GG (Kunstfreiheit), Versammlungsfreiheit (Art. 8 GG) sowie (gerade bei Streikfällen) die Koalitionsfreiheit (Art. 9 Abs. 3 GG).
3. Im dritten Schritt schließlich wägen Sie die beiden in 1. und 2. Ausgearbeiteten Rechtspositionen ab und begründen ihr Ergebnis.

Hinweis

Außer in den Fallgruppen, die wir Ihnen oben als typische Fälle des Eingriffs in den eingerichteten und ausgeübten Gewerbebetrieb beschrieben haben (und bei denen Sie zu dem Ergebnis der Rechtsprechung kommen sollten), kommt es bei der Lösung solcherart Fälle weniger auf das Ergebnis, sondern auf die Art und Weise, wie Sie zu dem von Ihnen als richtig empfundenen Ergebnis gefunden haben, an.

Online-Wissens-Check

Wie prüfen Sie die Verletzung des Allgemeinen Persönlichkeitsrechts im Rahmen eines Anspruchs aus § 823 Abs. 1 BGB?

Überprüfen Sie jetzt online Ihr Wissen zu den in diesem Abschnitt erarbeiteten Themen. Unter **www.juracademy.de/skripte/login** steht Ihnen ein Online-Wissens-Check speziell zu diesem Skript zur Verfügung, den Sie kostenlos nutzen können. Den Zugangscode hierzu finden Sie auf der Codeseite.

2. Verhalten des Schuldners

a) Tun

Wenn das den Schaden beim Geschädigten verursachende Verhalten des Schädigers ein **489**
aktives Tun darstellt, haben Sie im Rahmen einer Klausur im Grunde kein Problem. Anders als beim gleich darzustellenden Unterlassen hat für die Folgen von aktivem Tun der Handelnde stets einzustehen. Beim aktiven Tun kommt es daher „nur" noch darauf an, ob zwischen dem Handeln des Schädigers und dem Schaden eine haftungsbegründende Kausalität besteht (dazu 3.), das Verhalten rechtswidrig (dazu 4.) und der Handelnde schuldhaft (dazu 5.) gehandelt hat.

b) Unterlassen

Schwieriger wird es, wenn dem Verantwortlichen nicht ein Tun, sondern das Gegenteil vor- **490**
geworfen wird. In einem solchen Fall basiert der Vorwurf gegen den Schädiger darauf, dass er den Schaden hätte vermeiden können, wenn er Gegenmaßnahmen rechtzeitig ergriffen hätte.

Wie Sie aus dem Strafrecht zu § 13 StGB wissen, führt auch dort nicht jedes Unterlassen einer **491**
möglichen „Rettung" dazu, dass der Unterlassende für den eingetretenen Erfolg verantwortlich gemacht wird. Im Zivilrecht ist es ganz ähnlich. Nur dann, wenn eine rechtliche Pflicht besteht, den eingetretenen Schaden zu verhindern, kann dem insoweit nur Unterlassenden ein Vorwurf gemacht werden, der eine Haftung nach § 823 Abs. 1 BGB rechtfertigt.[85]

aa) Allgemeine Haftungstatbestände

Sozusagen grundlegend ist die Haftung für Unterlassen in den drei – Ihnen wiederum aus **492**
dem Strafrecht bekannten – Fallgruppen der Haftung für Unterlassen aus

- Gesetz,
- vertraglicher Verpflichtung sowie aus
- pflichtwidrigem, vorangegangenen Tun (sogenannte Ingerenz).

Wenn also jemand kraft Gesetzes zur Wahrung des verletzten Rechtsgutes verpflichtet ist, so **493**
„reicht" das Unterlassen, das zum Schaden geführt hat, aus, seine Haftung zu begründen.

85 Vgl. Palandt/*Sprau*, BGB § 823 Rn. 2; BeckOK BGB/*Förster*, BGB § 823 Rn. 100–103.5. Einen dogmatisch anderen Ansatz verfolgt diese Meinung: MüKo BGB/*Wagner*, BGB § 823 Rn. 19, 20, was ich im Rahmen dieses Buches nicht vertiefen werde.

Beispiel Ehegatten tragen gemäß § 1353 Abs. 1 S. 2 BGB füreinander Verantwortung. Fällt nun die Ehefrau in ein Gewässer, ist (straf- und zivilrechtlich) der Ehemann zur Rettung der Frau (im Rahmen seiner Möglichkeiten) verpflichtet. Dieser haftet damit auch zivilrechtlich gemäß § 823 Abs. 1 BGB. Anders wäre es für eine Zufallsbekanntschaft. Dieser gegenüber hat der Mann keine aus Gesetz abzuleitende Garantenpflicht. ■

494 Zweitens gehören hierhin die Fälle, in denen jemand vertraglich die Obhut über ein Rechtsgut übernommen hat. Wenn er dann (schuldhaft und rechtswidrig) ein rettendes Verhalten unterlässt, ist sein Unterlassen dem Tun gleichzustellen.

Beispiel Babysitter B hat es durch den entsprechenden Vertrag mit den Eltern übernommen, auf das Kleinkind K „aufzupassen". Wenn K sich nun z.B. verschluckt und zu ersticken droht, ist B zu entsprechenden Hilfsmaßnahmen verpflichtet. Unterlässt B diese, ist das Unterlassen der B genauso zu werten wie ein aktives Tun. ■

495 Drittens schließlich leitet man eine Garantenstellung aus der sogenannten „Ingerenz", dem pflichtwidrigen, vorangegangenen Tun ab.

Beispiel In einer kalten Winternacht geraten A und B in eine körperliche Auseinandersetzung. A schlägt den B in „bloßer" Körperverletztungsabsicht, woraufhin B bewusstlos zu Boden geht. A ist dafür verantwortlich, dass B geholfen wird (und er nicht bewusstlos erfriert), weil der den hilflosen Zustand des B pflichtwidrig herbeigeführt hat. ■

496 Diese Ingerenz ist auch die „dogmatische Heimat" der Verkehrssicherungspflichten und der Haftung für fehlerhafte Produkte, die aber wegen ihrer Bedeutung einen eigenen Gliederungspunkt „verdient" haben.

bb) Die Verkehrssicherungspflichten (VSP)

497 Die Haftung wegen Verletzung von VSP gehört mit zu den wichtigsten Haftungstatbeständen innerhalb des § 823 Abs. 1 BGB. Der Grundgedanke ist der, dass jemand für eine Gefahr, die er selbst geschaffen hat bzw. für die er verantwortlich ist, auch einstehen und (für den Fall, dass sich die Gefahr realisiert) auch für den daraus resultierenden Schaden haftet.

498 Andererseits bemüht sich die Rechtsprechung, die sinnvolle Haftung für selbst geschaffene gefährliche Situationen vom bloßen Unglück abzugrenzen. Es besteht auch bei den VSP die naheliegende Gefahr, für jedes erdenkliche Unglück einen „zu suchen", den man dafür verantwortlich machen kann.

499 In einem Sachverhalt also, in dem ein Geschädigter den Schädiger deswegen verantwortlich macht, weil dieser den Schaden durch geeignete Maßnahmen hätte verhindern können, gehen Sie deshalb wie folgt vor:

PRÜFUNGSSCHEMA

Verletzung von Verkehrssicherungspflichten

I. Herrschaft über eine Gefahrenquelle?

II. Schutzvorkehrungen getroffen?
1. Alle erforderlichen und zumutbaren Maßnahmen getroffen
2. Befreiende Übertragung der VSP auf Dritte
   a) Grundsätzliche Zulässigkeit
   b) Haftung aus Verletzung der Organisationspflicht

Sie beginnen also die Prüfung mit der Frage, ob der in Anspruch genommene Schädiger eine Herrschaft über eine Gefahrenquelle hatte. **500**

Für die Herleitung einer **Verkehrssicherungspflicht** können Sie folgende Definition verwenden:[86] Wer eine Situation, in der absolut geschützte Rechte oder Rechtsgüter Dritter gefährdet sind, schafft oder eine solche Gefahrenlage in seinem Verantwortungsbereich andauern lässt, muss alle erforderlichen und ihm zumutbaren Maßnahmen treffen, damit die Gefahr sich nicht realisiert.

Sodann prüfen Sie, ob der Schädiger alle erforderlichen und zumutbaren Maßnahmen getroffen hat, um den Eintritt des Schadens zu verhindern. Dies ist der Schritt, bei dem entschieden wird, ob es sich im zu untersuchenden Fall um einen nie völlig vermeidbaren Unfall[87] handelt oder ob tatsächlich jemand persönlich für den Schaden verantwortlich ist. **501**

Erforderlich und zumutbar sind diejenigen Maßnahmen, die ein umsichtiger und verständiger, in vernünftigen Grenzen vorsichtig handelnder Angehöriger des betreffenden Verkehrskreises für notwendig und ausreichend halten darf, um andere Personen vor Schäden zu bewahren.[88]

Nun entscheiden Sie, ob die getroffenen Maßnahmen ausreichend waren oder eben nicht.

Beispiele Der Eigentümer eines Hauses muss deshalb dafür sorgen, dass im Winter z.B. gestreut wird, oder dass man das Haus ohne besondere Gefahren betreten und verlassen kann (z.B. durch geeignete Beleuchtung des Hausflures bei Dunkelheit). Wer gefährliche Gegenstände besitzt (Waffen, Sprengstoff, aber auch ätzende Säuren und dergleichen), muss diese sicher aufbewahren (z.B. durch Verwahrung in einem gesondert abschließbaren Schrank; keine Aufbewahrung einer Säure in einer zweckentfremdeten Bierflasche).[89] ■

Bei der Frage, ob die getroffenen Maßnahmen ausreichend waren oder nicht, kommt es auf die Anschauung der jeweiligen Verkehrskreise an (also auf das, was man als üblich bezeichnen kann). Bei der Frage der Zumutbarkeit muss eine Abwägung zwischen den Kosten der Vermeidungshandlung und der Wahrscheinlichkeit eines Schadeneintritts und dessen Schwere vorgenommen werden. **502**

Sehr häufig werden sich Verkehrssicherungspflichtige darauf berufen, dass sie diese Pflicht auf einen Dritten (z.B. durch Vertrag) abgewälzt haben. Grundsätzlich ist festzuhalten, dass eine solche Übertragung der VSP auf einen Dritten zulässig ist und der eigentlich Verantwortliche durch die Übertragung von seiner deliktischen Haftung befreit ist (die nun der Dritte hat).[90] Voraussetzung dafür ist, dass die Übertragung die Sicherung der Gefahrenquelle zuverlässig garantiert. **503**

86 Vgl. *Gursky* SRBT, S. 209; zu den Merkmalen auch *Medicus/Petersen*, Bürgerliches Recht, § 25 Rn. ff.
87 Vgl. Palandt/*Sprau*, BGB § 823 Rn. 51.
88 So die Definition der Rechtsprechung, siehe dazu Palandt/*Sprau*, BGB § 823 Rn. 51 m.w.N.
89 Vgl. als Beispiel den Amoklauf von Winnenden (Schüler erschoss mit Waffe des Vaters am 11.3.2009 15 Menschen und sich selbst). Vater wurde die nicht ordnungsgemäße Verwahrung der Waffe im Wege des Unterlassens zum Vorwurf gemacht. Siehe *LG Stuttgart*, 1.2.2013 – 7 KLs 112 Js 21916/09; becklink 1024711.
90 Vgl. *Buck-Heeb*, Besonderes Schuldrecht/2, Rn. 178.

504 Jedoch wandelt sich die bisherige VSP wegen der Haftung für eine Gefahrenlage in eine Kontroll- und Überwachungspflicht um. Mit anderen Worten: Der für die Gefahrenquelle „eigentlich" Verantwortliche muss aufpassen, ob der Dritte tatsächlich sorgfältig arbeitet. Die Kriterien dafür sind in etwa dieselben, wie sie beim Entlastungsbeweis bei § 831 S. 1 BGB entwickelt wurden. Auf die Rn. 688 ff. wird daher verwiesen.

505 Wichtig: Im Rahmen der Haftung einer Gemeinschaft (insbesondere Unternehmen) muss der Geschäftsherr dafür sorgen, dass alle wesentlichen Entscheidungen bei dem Geschäftsherrn bzw. dessen verfassungsmäßigen Vertretern (Geschäftsführer bei GmbH, Vorstand bei Verein oder AG, persönlich haftender Gesellschafter bei OHG und KG) verbleiben. Ist dies nicht der Fall, haftet die juristische Person wegen Organisationsmangel weiter aus § 823 Abs. 1 BGB.

506 Diese Haftung wegen Organisationsmängeln besteht auch dann, wenn die (betriebliche) Organisation der Gemeinschaft keine Gewähr dafür bietet, dass Dritte vor vermeidbaren Gefahren geschützt werden.[91]

cc) Haftung für fehlerhafte Produkte

(1) Allgemeines

507 Die Haftung des Herstellers für fehlerhafte Produkte hat in den letzten Jahren (Jahrzehnten) eine beinahe schon inflationäre Entwicklung genommen. Seine Hauptheimat hat dieser Komplex bei den deliktischen Tatbeständen. Die Ursache dafür liegt im (regelmäßig) fehlenden Vertragsverhältnis zwischen Hersteller und Endverbraucher. Ein Anspruch aus §§ 437 Nr. 3, 280 Abs. 1 BGB scheidet in derartigen Fällen ebenso aus wie diejenigen aus Vertrag mit Schutzwirkung zugunsten Dritter[92] sowie aus einer Drittschadensliquidation. Was also bleibt, ist ein Anspruch aus § 823 Abs. 1 BGB sowie (seit 1.1.1990) aus § 1 ProdHaftG.

Hinweis

Im Folgenden wird zunächst die Produkthaftung nach § 823 Abs. 1 BGB dargestellt. Das Aufbauschema zu § 1 ProdHaftG finden Sie bei den verschuldensunabhängigen Tatbeständen unten unter Rn. 729.

91 Aktuell z.B. Annahme eines Organisationsverschuldens im sogenannten VW-Abgasskandal: *LG Kiel*, Urteil v. 9.10.2019 – 11 O 153/18 = BeckRS 2019, 27948.

92 Vgl. hierzu *Bönninghaus*, „Schuldrecht AT II", Rn. 401 ff.

Die Haftung nach § 823 Abs. 1 BGB bei fehlerhaften Produkten

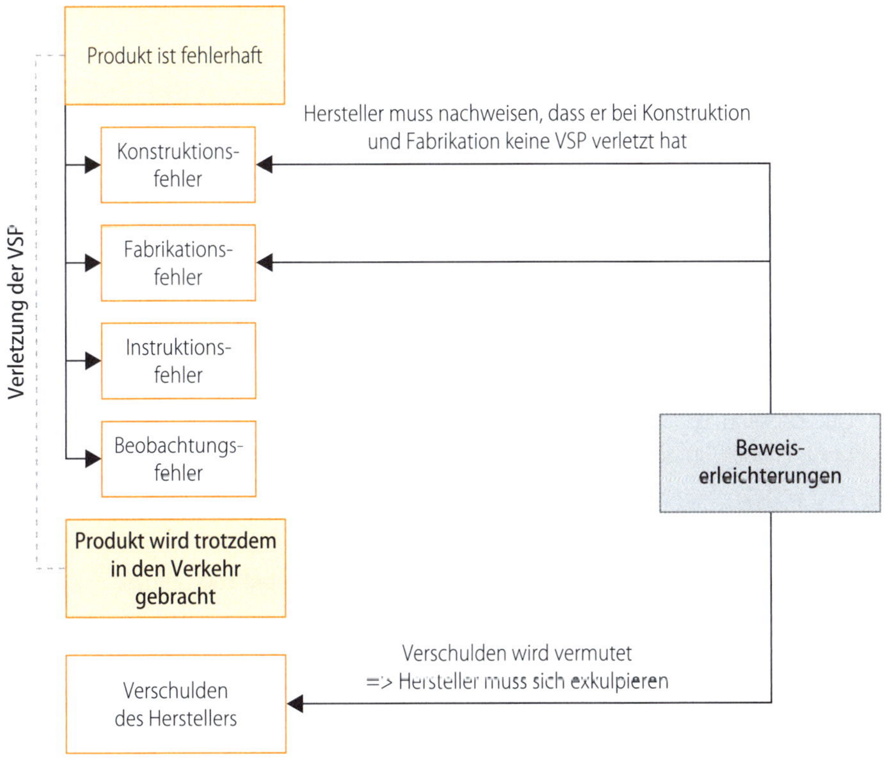

Ausgangspunkt für die Haftung des Herstellers für fehlerhafte Produkte ist die Verletzung **508**
einer Verkehrssicherungspflicht. Insoweit unterscheidet sich die Haftung des Herstellers für seine Produkte dogmatisch nicht von der Haftung (beispielsweise) des Hauseigentümers für die vom Haus ausgehenden Gefahren.

Die Definition der dem **Hersteller obliegenden Verkehrssicherungspflicht** lautet wie folgt: Der Hersteller einer Sache hat im Rahmen des technisch Möglichen und wirtschaftlich Zumutbaren alle erforderlichen Vorkehrungen zu treffen, um zu verhindern, dass Dritte durch seine Produkte geschädigt werden.[93]

JURIQ-Klausurtipp

Geht es in einer Klausur um die Haftung wegen eines durch ein Produkt verursachten Schadens, prüfen Sie § 823 Abs. 1 BGB durch. Sobald Sie zum Prüfungspunkt Verkehrssicherungspflicht kommen, schreiben Sie:

„Dem Hersteller müsste die Verletzung einer Verkehrssicherungspflicht vorzuwerfen sein. Der Hersteller eines Produktes hat ... (*folgt die obige Definition*)"

93 Vgl. *Looschelders*, Schuldrecht BT, § 63 Rn. 6.

Danach subsumieren Sie den Sachverhalt unter die Begriffe „technisch möglich" und „wirtschaftlich zumutbar", in dem Sie die VSP für die vier Fallgruppen (siehe sofort) näher beschreiben.

(2) Fallgruppen der Haftung für fehlerhafte Produkte

509 Im Wesentlichen sind es vier typische Fallgruppen, bei denen der Hersteller für fehlerhafte Produkte haftet:[94]

510 Ein **Konstruktionsfehler** liegt vor, wenn das Produkt schon nach seiner Konzeption nicht den berechtigten Sicherheitserwartungen eines durchschnittlichen Benutzers entspricht. Ein solcher Fehler haftet der ganzen Serie an.

Beispiele Das Fahrwerk eines Sportwagens ist so konstruiert, dass bei einer bestimmten Fahrsituation der durchschnittliche Autofahrer das Fahrzeug nicht mehr sicher beherrscht.[95]

Eine Küchenmaschine wird ohne Schutzvorkehrung entwickelt, sodass der Benutzer oder Dritte (Kinder!) in den laufenden Mixer greifen können. ■

511 Der Hersteller ist verpflichtet, seinen Produktionsprozess so zu organisieren, dass menschliches und technisches Versagen nach Möglichkeit ausgeschlossen wird. Dazu gehört auch die ständige Überwachung des Produktionsvorgangs auf solche **Fabrikationsfehler.**[96]

512 Hier haftet der Hersteller letztlich also dafür, dass er seine Produktion (optimal) organisiert und so verhindert, dass die Qualität (und damit die Sicherheit) seiner Produkte schwankt und so Ausreißer gefertigt werden, die die Sicherheit des oder der Benutzer oder der Allgemeinheit gefährden.[97]

Beispiele Aufgrund eines Montagefehlers verklemmt sich der Gaszug eines Autos, sodass trotz Wegnahme des Fußes vom Pedal der Wagen immer weiter beschleunigt.

Ein Monteur vergisst eine Gummimuffe in die Kabelaufwicklung eines Staubsaugers einzubauen, weswegen das Kabel scheuert und nach einiger Zeit die Isolation am Strom führenden Kabel fehlt. ■

Hinweis

Sollte ein sogenannter Ausreißer vorliegen (Fehler war trotz hinreichender Organisation und Überwachung unvermeidbar) fehlt es am (auch für die Haftung nach § 823 Abs. 1 BGB) notwendigem Verschulden. Beachten Sie aber, dass § 1 ProdHaftG kein Verschulden voraussetzt (vgl. unten Rn. 729).

513 Zur Sicherheit und damit Fehlerfreiheit eines Produktes gehört auch, dass der Hersteller dieses vorab testet, auf mit dem Gebrauch verbundene Gefahren prüft und anschließend die

94 Vgl. *Looschelders*, Schuldrecht BT, § 63 Rn. 9 ff.

95 Das kommt wirklich vor: https://www.focus.de/auto/neuheiten/sicherheit-sensible-schoenheit_aid_180235.html zuletzt aufgerufen am 1.5.2021.

96 Vgl. *Emmerich*, Schuldrecht BT, § 23 Rn. 26.

97 Vgl. *Looschelders*, Schuldrecht BT, § 63 Rn. 11.

Abnehmer in geeigneter Form über die verbleibenden Gefahren des Gebrauchs sowie über die notwendigen Maßnahmen zu deren Vermeidung informiert.[98]

Das Faszinierende an der Haftung für **Instruktionsfehler** ist es, dass der Hersteller eines „an sich" fehlerfreien Produktes dafür haftet, dass sich Gefahren realisieren, die bei Gebrauch desselben entstehen können.

Beispiel Der Hersteller von Kindertee ist verpflichtet, darauf hinzuweisen, dass ein Dauernuckeln mit gesüßtem Tee zu Kariesschäden führen kann.[99] ■

Keine Verletzung von Instruktionsfehlern liegt vor, wenn nicht vor Gefahren gewarnt wird, 514
die jedermann bekannt sind. So soll keine Warnpflicht bestehen für Hersteller von Süßigkeiten (Warnung vor der Gefahr der Fettleibigkeit und im Extremfall Diabetes?)[100], Alkohol (Warnung vor Gesundheitsschäden und der Abhängigkeitsgefahr?) sowie Zigaretten[101] (deutsche Rechtsprechung, durch EU-Verordnung überholt. Tabakwaren aller Art tragen einen Warnhinweis).

Hinweis

Die Angst der Hersteller, wegen Instruktionsfehlern haftbar gemacht zu werden, treibt viele dazu, fast schon ins Skurrile bis Abstruse gehende Warnhinweise ihren Produkten mit auf den Weg zu geben. Diese entbehren zuweilen nicht einer gewissen Komik.

Beispiele:

„Vorsicht: Inhalt ist heiß" (Aufdruck auf McDonald's Kaffeebechern)

„Kleidung nicht am Körper bügeln" (Rowenta Bügeleisen)

„Kind vor dem Zusammenfalten entfernen" (Hersteller eines klappbaren Kinderwagens)

Und schließlich die Krönung:

„Wenn dieses Thermometer rektal eingesetzt wird, sollte anschließend keine Messung im Mund durchgeführt werden." (Hersteller eines Fieberthermometers)

... und da sage noch einer, Jura sei trocken!

Der Hersteller ist verpflichtet, auch nach Auslieferung seines Produktes dasselbe im Hinblick 515
auf (bisher unbekannt gebliebene) schädliche Eigenschaften und eine sonstige Gefahrenlage schaffende Verwendungsfolge **zu beobachten** und zwar auch unter Berücksichtigung von Fachzeitschriften und der Produktentwicklungen seiner wichtigsten Mitbewerber. Ergeben sich daraus Hinweise auf vermeidbare Gefahren, hat der Hersteller in geeigneter Form **zu informieren und zu warnen.**[102]

Jeder von Ihnen hat schon entsprechende Zeitungsannoncen gesehen, in denen entweder 516
vor der Benutzung eines bestimmten Produktes gewarnt wurde oder Sicherheitshinweise gegeben werden. Besonders wichtig in diesem Zusammenhang ist der Umstand, dass die

98 Vgl. *Emmerich*, Schuldrecht BT, § 23 Rn. 27; *Looschelders*, Schuldrecht BT, § 63 Rn. 12.
99 Vgl. *BGH*, Urteil v. 12.11.1991 – VI ZR 7/91 = NJW 1992, 560.
100 Vgl. *OLG Düsseldorf*, Urteil v. 20.12.2002 – 14 U 99/02 = BeckRS 2003, 7429.
101 Vgl. *OLG Hamm*, Beschluss v. 14.7.2004 – 3 U 16/04 = NJW 2005, 295.
102 Vgl. *Medicus/Petersen*, Bürgerliches Recht, Rn. 650e; *Looschelders*, Schuldrecht BT, § 63 Rn. 13.

Produktbeobachtungspflicht sich nicht nur auf das Produkt selbst, sondern auch auf die Gefahren erstreckt, die mit dem Zubehör anderer Hersteller in Kombination mit dem Produkt entstehen können.

Beispiel A fährt ein Motorrad einer bestimmten Marke. Das Motorrad ist fehlerfrei.[103] A montiert jedoch eine von einem Zubehörproduzenten entwickelte Lenkradverkleidung, die das Motorrad bei hohen Geschwindigkeiten instabil macht. A verunglückt.[104]

Da das Zubehör „üblich" sei und es Hinweise auf die realisierte Gefahr gegeben hatte, nahm die Rechtsprechung eine Haftung des Motorradherstellers wegen Verletzung der Produktbeobachtungs- und Warnpflicht an. ■

3. Haftungsbegründende Kausalität

517 Zunächst mag es verwirren, dass im Rahmen deliktischer Tatbestände die Kausalität zwei Mal zu prüfen ist. Einmal gibt es die hier gleich näher zu besprechende haftungsbegründende Kausalität. Später (beim Schaden, siehe Rn. 630) wird uns die haftungsausfüllende Kausalität begegnen. In beiden Fällen wird der Begriff Kausalität benutzt. Der Unterschied ist jedoch ein grundlegender.

518 Bei der haftungsbegründenden Kausalität geht es darum, zwischen dem Verhalten des Schädigers und der Rechtsgutverletzung des Geschädigten einen Zusammenhang zu begründen.[105] Mit anderen Worten: Der Schaden am Rechtsgut muss auf die Handlung des Schädigers (zurechenbar) zurückzuführen sein.

Beispiel A verursacht schuldhaft einen Verkehrsunfall. Es entsteht nur Sachschaden, aber wegen des Unfalls wird der Geschädigte B zwei Stunden aufgehalten. Er setzt seine Fahrt fort und gerät in einen plötzlichen Eisregen, weswegen er die Kontrolle über sein Fahrzeug verliert und bei dem Aufprall auf einen Alleebaum erheblich verletzt wird. Hätte es den Unfall des A nicht gegeben, wäre B lange vor dem Eisregen zu Hause gewesen. Die Frage, ob die Verletzung des B im zweiten Unfall kausal dem Verursacher des ersten Unfalls, dem A, zugerechnet werden kann, ist eine Frage der haftungsbegründenden Kausalität. ■

519 Bei der haftungsausfüllenden Kausalität geht es dagegen um den Zusammenhang zwischen der Rechtsgutverletzung und dem eingetretenen Schaden. Sie stellt sich logischerweise erst dann, wenn der Zurechnungszusammenhang zwischen Handlung und Verletzung bejaht worden ist.[106]

Beispiel A verletzt den B bei einem Unfall. B begibt sich in Behandlung, bei der (sozusagen beiläufig) festgestellt wird, dass B an einer Hirnsklerose leidet, die ihn berufsunfähig macht. Deshalb muss B in Frührente und hat Einkommenseinbußen, die er nicht gehabt hätte, wenn die Krankheit unentdeckt geblieben wäre. Dass A den B (zurechenbar) verletzt hat, liegt auf der Hand. Die hier interessierende Frage ist vielmehr, ob zwischen dem (weiteren) Schaden und der Verletzung ein zurechenbarer Zusammenhang hergestellt werden kann. ■

103 Oder „nicht gefährlicher, als es Motorräder nun einmal sind", wie es *Medicus/Petersen*, Bürgerliches Recht, Rn. 650e formuliert hat.

104 Verkürzter sogenannter „HONDA-Fall", *BGH*, Urteil v. 9.12.1986 – VI ZR 65/86 BGHZ 99, 167 ff.

105 Vgl. *Buck-Heeb*, Besonderes Schuldrecht/2, Rn. 156.

106 Vgl. *Buck-Heeb*, Besonderes Schuldrecht/2, Rn. 221.

In Rechtsprechung und der herrschenden Lehre im Schrifttum wird die haftungsbegründende Kausalität in drei Schritten geprüft.[107] Die Ursache muss erstens äquivalent kausal für die Rechtsgutverletzung gewesen sein, zweitens muss es sich um einen adäquaten Zusammenhang handeln und drittens schließlich muss zwischen der Rechtsgutverletzung und der sie auslösenden Ursache festgestellt werden, ob sich der so festgestellte Zusammenhang noch im Rahmen des Schutzzwecks der Norm bewegt. 520

a) Äquivalenz (conditio-sine-qua-non Formel)

In einem ersten Schritt ist festzustellen, ob die Schädigungshandlung naturwissenschaftlich kausal die Rechtsgutverletzung bewirkt hat. Dies geschieht anhand der Conditio-sine-qua-non-Formel. Danach ist jede Ursache kausal, die nicht hinweggedacht werden kann, ohne dass die Rechtsgutverletzung wegfiele. 521

Hinweis

Die conditio sine qua non Formel lautet übersetzt so viel wie „**Bedingung** (conditio), **ohne** (sine) **die** (qua) **nicht** (non)."

Weil somit jede Ursache gleich (äquivalent) behandelt wird, heißt diese Lehre auch Äquivalenztheorie. 522

Eine Ursache (Verhalten) ist somit **äquivalent kausal**, wenn sie nicht hinweggedacht werden kann, ohne dass die Rechtsgutverletzung entfiele.

Beim Unterlassen einer geforderten Handlung darf das geforderte Handeln nicht hinzugedacht werden, ohne dass die eingetretene Rechtsgutverletzung mit an Sicherheit grenzender Wahrscheinlichkeit entfiele.

Eigentlich ist damit die (naturwissenschaftliche) Kausalität in den allermeisten Fällen einfach zu beantworten. Schwierigkeiten machen nur noch die Fallgruppen der sogenannten „kumulativen Kausalität" (oder „Gesamtkausalität" genannt) sowie der Doppelkausalität.[108] 523

Bei der kumulativen Kausalität führen nur zwei Handlungen zusammen dazu, dass die Rechtsgutverletzung eintritt.

Beispiel A und B verprügeln den C. C verstirbt im Krankenhaus. Sicher ist, dass die von A **und** B beigebrachten Verletzungen zum Tod geführt haben. Für sich allein hätten aber weder die Schläge des A oder des B ausgereicht, den Tod zu verursachen. ■

Streng genommen würde die Äquivalenztheorie zum Ergebnis kommen, weder A noch B hätten kausal den Tod des C herbeigeführt. Dächte man nämlich die Schläge des A weg, blieben zwar die des B, die jedoch allein nicht den Tod herbeigeführt haben. Auch der A könnte sich auf eine entsprechende Argumentation berufen. 524

107 Vgl. Palandt/*Sprau*, BGB § 823 Rn. 2; MüKo BGB/*Wagner*, vor BGB § 823 Rn. 71 ff.
108 Vgl. *Buck-Heeb*, Besonderes Schuldrecht/2, Rn. 157.

525 Zivilrechtlich[109] genügt es, dass ein Zurechnungszusammenhang auch dann gegeben ist, wenn bei zwei oder mehr Handlungen nur diese zusammen den Schaden verursacht haben.[110]

526 Ähnlich können Sie bei der Doppelkausalität argumentieren. In diesen Fällen führen zwei Handlungen zum Erfolg mit der Besonderheit, dass jede für sich bereits ausgereicht hätte.

Beispiel A und B verprügeln den C. C verstirbt. Es hätten sowohl die Schläge des A als auch die Schläge des B ausgereicht, um C zu töten. ■

527 Eine „strenge" Anwendung der conditio-sine-qua-non-Formel würde zu dem grotesken Ergebnis führen, dass weder A noch B kausal den Tod herbeigeführt haben, da das Hinwegdenken der Schläge des jeweils einen die Rechtsgutverletzung nicht wegfallen lassen würde (da die Schläge des anderen blieben).

528 In den Fällen der Doppelkausalität sind bei mehreren Bedingungen, die zwar jede für sich, aber nicht insgesamt hinweggedacht werden können, ohne dass der Erfolg entfiele, jede für sich ursächlich.[111]

b) Adäquanz

529 Mit der Bejahung des äquivalent-kausalen Zusammenhangs haben wir aber nur den ersten notwendigen Schritt getan. Weil jede, selbst die unbedeutendste, wohl aber kausale Ursache gleichbehandelt wird, droht die Äquivalenztheorie die Haftungsrisiken teilweise grotesk auszudehnen.

530 Deshalb ist es nach herrschender Meinung[112] erforderlich, den Ursachenzusammenhang so zu reduzieren.

> Die Zurechenbarkeit eines Schadens zu einem Verhalten ist nach der Lehre der **Adäquanz** dann ausgeschlossen, wenn das Verhalten nur unter höchst ungewöhnlichen, selbst für den optimalen Beurteiler nicht vorhersehbaren Umständen geeignet ist, den missbilligten Erfolg herbeizuführen.

531 In der Tat ist es selten („optimaler Beobachter"!), dass die Rechtsprechung aufgrund der Adäquanz einen Ursachenzusammenhang ausschließt.

> **JURIQ-Klausurtipp**
>
> In aller Regel genügt es, in einer Klausur festzuhalten: „Es liegt nicht außerhalb jeder Wahrscheinlichkeit, dass das Verhalten des A zum Schaden an … des B geführt hat."
>
> Erst wenn der Sachverhalt Anlass dazu bietet, sollten sie den Begriff Adäquanz benutzen und mehr dazu ausführen.

109 Dass dazu im Strafrecht etwas anderes gelten kann, liegt auf der Hand, bedarf hier aber nicht der Vertiefung.

110 Vgl. Palandt/*Grüneberg*, vor BGB § 249 Rn. 33.

111 Vgl. *Buck-Heeb*, Besonderes Schuldrecht/2, Rn. 157.

112 Die Ädäquanztheorie ist umstritten. Vgl. *Looschelders*, Schuldrecht BT, § 60 Rn. 31 m.w.N., H.L. und die Rechtsprechung vertreten sie aber weiterhin, vgl. Palandt/*Grüneberg*, vor BGB § 249 Rn. 26, 68.

Ein *Beispiel* des fehlenden adäquaten Kausalzusammenhangs ist der eingangs Rn. 518 **532**
genannte Fall. Zwar war der erste Unfall (und die damit einhergehende Zeitverzögerung) äquivalent kausal für die verspätete Weiterfahrt und den durch den unerwartet einsetzenden Eisregen verursachten weiteren Unfall. Doch dies hätte zum Zeitpunkt des ersten Unfalls auch kein optimaler Beobachter vorhersehen können.

c) Lehre vom Schutzzweck der Norm

Im dritten Schritt ist zu prüfen, ob – sozusagen trotz festgestelltem Kausalzusammenhang – **533**
nicht doch eine Zurechnung verneint werden muss. Es handelt sich fraglos um eine Wertung.[113]

> Nach der **Lehre vom Schutzzweck der Norm** muss sich im Rahmen der haftungsbegründenden Kausalität gerade die Gefahr realisiert haben, vor der die vom Schädiger verletzte Verhaltenspflicht schützen sollte.[114]

Sinn dieses Kriteriums ist es wiederum, dem Schädiger bestimmte Rechtsgutverletzungen **534**
trotz adäquat kausaler (siehe a und b) Verursachung nicht anzulasten. Solche Fälle kommen bei der haftungsbegründenden Kausalität vor allem bei der mittelbaren Kausalität (das Verhalten des Schädigers löst ein Verhalten des Geschädigten oder eines Dritten aus, der zur Rechtsgutverletzung führt) sowie bei den sogenannten Schockschäden vor.

Bei den Herausforderungsfällen (erst ein durch die „eigentliche" Schädigungshandlung des **535**
Schädigers ausgelöstes Verhalten des Geschädigten bzw. eines Dritten – sogenannte psychisch vermittelte Kausalität) gilt Folgendes:

Führt erst ein weiteres Verhalten des Geschädigten oder eines Dritten zur Rechtsgutverlet- **536**
zung, so haftet der Schädiger dann, wenn die Handlung des Verletzten durch das haftungsbegründende Ereignis herausgefordert wurde und nicht eine ungewöhnliche Reaktion auf diese darstellt.[115]

Beispiel Flüchtet der Untersuchungshäftling U während eines Gerichtstermins durch einen beherzten Sprung aus dem Fenster, kann sich der Polizist P herausgefordert fühlen, die Verfolgung aufzunehmen. Stürzt und verletzt er sich dabei, haftet U für die Verletzung des P. ■

Dies gilt natürlich erst recht, wenn die Handlung des Geschädigten nach den Grundsätzen **537**
der Nothilfe gerechtfertigt oder einer sittlich gebotenen Handlung entsprach.

Beispiel A verunglückt mit seinem PKW. Er ist in dem Wrack eingeklemmt. Das Unfallauto fängt Feuer. Helfer H verletzt sich dabei, als er A aus dem brennenden Fahrzeug befreit. ■

Diese Grundsätze gelten auch dann, wenn sich durch das schädigende Verhalten Dritte zu **538**
einem Tun herausgefordert fühlen dürfen und erst so die Rechtsgutverletzung eintritt.

Beispiel Der Fahrzeughalter F gestattet dem Minderjährigen M, sein Fahrzeug zu benutzen, obwohl M keine Fahrerlaubnis besitzt. M verursacht einen Verkehrsunfall, bei dem B verletzt wird. ■

---

113 Vgl. Palandt/*Grüneberg*, vor BGB § 249 Rn. 29 ff.
114 Vgl. *Looschelders*, Schuldrecht BT, § 60 Rn. 31.
115 Vgl. Palandt/*Grüneberg*, vor BGB § 249 Rn. 43.

539 F haftet, weil er durch sein Fehlverhalten (Gestatten der Schwarzfahrt) eine gesteigerte Gefahrenlage verursacht hat und deshalb ihm der nachfolgende Unfall (auch unter Berücksichtigung der normativen (wertenden) Korrektur durch die Lehre vom Schutzzweck der Norm) zugerechnet werden kann.

540 Bei der weiteren Fallgruppe, den sogenannten Schockschäden, geht es hier bei der haftungsbegründenden Kausalität um die Frage, ob Rechtsgutverletzungen, die aufgrund eines schädigenden Ereignisses bei Dritten auftreten, dem Schädiger auch normativ noch zugerechnet werden kann.

Beispiel A verursacht einen schweren Verkehrsunfall, bei dem B getötet wird. Als der Ehefrau die Nachricht überbracht wird, bricht diese zusammen und erleidet einen schweren Nervenzusammenbruch, der eine mehrwöchige Behandlung erforderlich macht. ■

541 Als Merksatz können Sie sich einprägen, dass immer dann, wenn der Schädiger mit einer solchen Reaktion rechnen konnte, auch eine Kausalität bejaht wird. Die Rechtsprechung grenzt nämlich das „allgemeine Lebensrisiko" (löst keine Ersatzpflicht aus) von der ersatzpflichtigen Haftung für Schockschäden wie folgt ab:[116]

542 Ersatzberechtigt sind persönlich nur nahe Angehörige oder dem Geschädigten nahestehenden Personen oder solche, die dem schockierenden Ereignis unmittelbar ausgesetzt sind. Deshalb können Leser einer Zeitung, in der über ein Ereignis berichtet wird, sich nicht auf den dadurch erlittenen Schock berufen und den Verursacher des Ereignisses haftbar machen. In sachlicher Hinsicht darf die Reaktion des durch den Schock Geschädigten nicht völlig unverhältnismäßig sein.[117]

Beispiel A verursacht verkehrswidrig einen Unfall, bei dem das Kleinkind K schwer verletzt wird. Augenzeuge B eilt sofort dem Kind zu Hilfe. In seinen Armen verstirbt das Kind. B erleidet einen Schockschaden. ■

543 In diesem Fall war B dem schockierenden Ereignis unmittelbar ausgesetzt. Dem A kann die Rechtsgutverletzung des B auch normativ zugerechnet werden.

Gegenbeispiel Oberstudienrat O bezeichnet im Unterricht den Schüler S als „faule Sau". S berichtet dies seiner Mutter, die daraufhin hysterisch reagiert und mehrere Tage stationär behandelt werden muss. ■

544 Zwischen der Schädigungshandlung (Beleidigung des S) und der Rechtsgutverletzung bei M besteht ein äquivalent kausaler Zusammenhang (ohne Beleidigung kein Nervenzusammenbruch). Auch die Lehre von der Adäquanz hilft nicht weiter. Ein optimaler Beobachter hätte damit rechnen können, dass M so reagiert. M gehört auch zu dem Personenkreis, die grundsätzlich sich auf Schockschäden berufen dürfen. Allerdings ist die Reaktion von M auf eine zwar rechtswidrige, aber doch geringfügige Beleidigung völlig unangemessen. Die Rechtsgutverletzung bei M lag damit nicht mehr im Schutzbereich des § 823 Abs. 1 BGB und kann daher nicht dem O zugerechnet werden.

116 Vgl. Palandt/*Grüneberg*, vor BGB § 249 Rn. 40.

117 Statt vieler *Buck-Heeb*, Besonderes Schuldrecht/2, Rn. 166a.

Online-Wissens-Check

Was versteht man unter einem „adäquaten" Ursachenzusammenhang?

Überprüfen Sie jetzt online Ihr Wissen zu den in diesem Abschnitt erarbeiteten Themen. Unter **www.juracademy.de/skripte/login** steht Ihnen ein Online-Wissens-Check speziell zu diesem Skript zur Verfügung, den Sie kostenlos nutzen können. Den Zugangscode hierzu finden Sie auf der Codeseite.

4. Rechtswidrigkeit

a) Indizwirkung des Tatbestandes

Wie erwähnt, indiziert eine Verletzung der in § 823 Abs. 1 BGB erwähnten Rechtsgüter grund- **545**
sätzlich die Rechtswidrigkeit.[118] Eine Ausnahme gilt nur bei den beiden offenen Tatbeständen (Allgemeines Persönlichkeitsrecht und Schutz des eingerichteten und ausgeübten Gewerbebetriebs). Hier müssen Sie durch eine umfassende Interessenabwägung die Rechtswidrigkeit ausdrücklich feststellen (siehe dazu ausführlich oben Rn. 454).

Im Übrigen reicht es im Regelfall also aus, zu schreiben: „Die Rechtswidrigkeit ist durch die **546**
Tatbestandsmäßigkeit indiziert."

b) Rechtfertigungsgründe

Liegt somit (regelmäßig) eine indizierte Rechtswidrigkeit bei einer Verletzung eines nach **547**
§ 823 Abs. 1 BGB geschützten Rechtsgutes vor, so entfällt die Rechtswidrigkeit nur dann, wenn sich der Schädiger auf einen der anerkannten Rechtfertigungsgründe berufen kann.

Hinweis

Außer der unter c zu besprechenden Einwilligung sind Probleme der Rechtfertigung kaum Gegenstand zivilrechtlicher Arbeiten und wenn, dann auch nur am Rande. Die Rechtfertigungsgründe werden mit Ausnahme der erwähnten Einwilligung deshalb in der gebotenen Kürze dargestellt.

Bitte lesen Sie aber die erwähnten Vorschriften unbedingt im Gesetz nach!

Die wichtigsten Rechtfertigungsgründe sind: **548**

- **Notwehr** nach § 227 BGB.
- **Defensiver Notstand** nach § 228 BGB (Gefahr geht von einer Sache aus und wird deshalb beschädigt und zerstört) sowie **Angriffsnotstand** nach § 904 BGB (in einer Gefahrensituation benutzt und/oder beschädigt jemand eine Sache, um eine gegenwärtige Gefahr abzuwenden) sowie die Regelungen des § 34 StGB und (nahezu wortgleich) § 16 OWiG.
- **Erlaubte Selbsthilfe** nach den §§ 229, 561, 859, 860, 910 und 962 BGB.
- Die **Wahrnehmung berechtigter Interessen** nach § 193 StGB[119] in den Fallgruppen der Verletzung des Allgemeinen Persönlichkeitsrechts.

118 Vgl. nur *Buck-Heeb*, Besonderes Schuldrecht/2, Rn. 179; *Looschelders*, Schuldrecht BT, § 60 Rn. 32.

119 Strittig. Nach anderer Auffassung ist nach der Prüfung der umfassenden Interessenabwägung für § 193 StGB kein Raum mehr; *Looschelders*, Schuldrecht BT, § 61 Rn. 5.

- Das **Erziehungsrecht** der Eltern nach § 1631 BGB, wobei streitig ist, ob das Gebot der gewaltfreien Erziehung nunmehr jedwede Form körperlicher Einwirkung verbietet.
- Die **berechtigte Geschäftsführung ohne Auftrag** (Ersthelfer zerreißt die teure Jacke des bewusstlos gewordenen Mannes, um bei ihm Wiederbelebungsmaßnahmen einleiten zu können).
- Nach der Rechtsprechung der Rechtfertigungsgrund des **verkehrsrichtigen Verhaltens.** (Jemand verursacht einen Verkehrsunfall, obwohl er alle Regeln befolgt hat. Dann soll seine Verletzungshandlung nicht rechtswidrig sein.)[120]
- **Einwilligung** des Verletzten. Dies ist der (für die Klausur) wichtigste Rechtfertigungsgrund.

c) Die Einwilligung insbesondere

aa) Die Einwilligung in die Körperverletzung beim ärztlichen Heileingriff

549 Die Einwilligung als Rechtfertigungsgrund ist Ihnen bereits aus dem Strafrecht bekannt. In § 228 StGB heißt es:

Wer eine Körperverletzung mit Einwilligung der verletzten Person vornimmt, handelt nur dann rechtswidrig, wenn die Tat trotz der Einwilligung gegen die guten Sitten verstößt.

550 Auf die spezifischen Probleme der Auslegung dieser Vorschrift kann an dieser Stelle nicht eingegangen werden. Bemerkenswert ist aber, dass „die Einwilligung an sich" offensichtlich nicht ausreicht, um die Rechtswidrigkeit einer Körperverletzung zu beseitigen.

551 Seine besondere Brisanz hat diese Rechtsfigur dadurch, dass auch der ärztliche Heileingriff als tatbestandliche Körperverletzung angesehen wird.[121] Es ist also für einen Arzt von nahezu existenzieller Bedeutung zu wissen, wann sein Heileingriff gerechtfertigt ist.[122] Dies ist besonders problematisch in den Fällen, in denen eine Einwilligung vom Betroffenen nicht rechtzeitig eingeholt werden kann (bewusstloser, verletzter Patient).

552 Bis zum sogenannten Patientenrechtegesetz vom 20.3.2013[123] waren die Voraussetzungen, die an eine wirksame Einwilligung gestellt wurden, durch die Rechtsprechung aufgestellt worden. Mit den in §§ 630a bis 630h in das BGB eingefügten Normen hat der Gesetzgeber versucht, dieses Richterrecht zu kodifizieren.[124]

553 Somit ist nunmehr klar, dass es sich bei dem Behandlungsvertrag um einen (speziellen) Dienstvertrag handelt.[125] Was sich nicht geändert hat, sind die Anspruchsgrundlagen bei fehlerhafter Behandlung bzw. bei Behandlung ohne wirksame Aufklärung. Mangels eigener Regelung im den §§ 630a ff BGB. bleibt es dabei, dass die in Betracht kommenden Anspruchsgrundlagen einmal der § 280 Abs. 1 BGB ist.[126] Eine fehlerhafte bzw. ohne wirksame Einwilligung vorgenommene Behandlung stellt eine Pflichtverletzung dar. Außerdem handelt es sich, wie ich bereits erwähnt habe, bei einem Heileingriff um eine Körperverletzung. Somit tritt in Anspruchskonkurrenz § 823 Abs. 1 BGB hinzu.

---

120 Vgl. Palandt/*Sprau*, BGB § 823 Rn. 36.

121 Vgl. Palandt/*Sprau*, BGB § 823 Rn. 148 unter Verweis auf die ständige Rechtsprechung.

122 Gespräche zwischen Juristen und Medizinern in dieser Frage enden nicht selten in verständnislosem Kopfschütteln auf Seiten der Ärzte – bis zu dem Moment, in dem der Arzt selbst Patient wird.

123 BGBl. I, S. 277 Gesetz zur Verbesserung der Rechte von Patientinnen und Patienten.

124 Vgl. *Thole*, Das Patientenrechtegesetz – Ziele der Politik, MedR 2013, 145.

125 Vgl. Palandt/*Weidenkaff*, BGB § 630a Rn. 1.

126 Vgl. Palandt/*Weidenkaff*, BGB § 630a Rn. 25.

JURIQ-Klausurtipp 554

Nicht nur in den hier einschlägigen „Ärztefällen", sondern grundsätzlich sollten Sie beherzigen, dass immer alle ernsthaft in Betracht kommenden Anspruchsgrundlagen geprüft werden müssen. Eine Ausnahme gilt nur dann, wenn der Bearbeitervermerk ausdrücklich (!) die Bearbeitung bestimmter Anspruchsgrundlagen ausschließt. (Beispiel: Hat P gegen A einen Anspruch auf Schadenersatz? Deliktische Ansprüche sind nicht zu prüfen.) Das ist aber die Ausnahme.

Sobald sie in einem zivilrechtlichen Fall mit einem Heileingriff konfrontiert werden, der mit tatsächlicher oder mutmaßlicher Einwilligung des Betroffenen erfolgte, prüfen Sie die Rechtswidrigkeit wie folgt: 555

Rechtfertigung durch Einwilligung gemäß § 630c BGB 556

PRÜFUNGSSCHEMA

I. Einwilligungserklärung
1. Geschäftsähnliche Handlung
2. Einwilligungsfähigkeit

II. Umfassende Aufklärung

III. Kein Widerruf

IV. Wenn I. nicht möglich: mutmaßliche Einwilligung?
1. Feststellung des mutmaßlichen Willens
2. Die Patientenverfügung insbesondere

(1) Einwilligungserklärung

Die Einwilligung in die Körperverletzung ist eine sogenannte geschäftsähnliche Handlung, bei denen die Vorschriften der §§ 104 ff. BGB nicht schematisch Anwendung finden.[127] 557

(2) Einwilligungsfähigkeit

Entscheidend für das Vorliegen einer wirksamen Einwilligung eines Minderjährigen ist, dass dieser ein solches Maß an Verstandesreife erreicht hat, dass er die Tragweite seiner Entscheidung zu übersehen vermag.[128] Im Zweifel ist die Einwilligung der gesetzlichen Vertreter einzuholen (§ 1626 BGB). 558

(3) Umfassende Aufklärung

Die Wirksamkeit der Einwilligung setzt voraus, dass der Patient oder – im Falle der Einwilligungsunfähigkeit – der hierzu Berechtigte (z.B. die Eltern des Kindes) nach Maßgabe des § 630e BGB aufgeklärt worden sind (§ 630c Abs. 2 BGB). 559

127 Vgl. Palandt/*Ellenberger*, BGB vor § 104 Rn. 8.; Vgl. Palandt/*Weidenkaff*, BGB § 630d Rn. 2.

128 Vgl. Palandt/*Ellenberger*, BGB vor § 104 Rn. 8. Zur Frage, ob Minderjährige in ein Tattoo einwilligen können MüKo BGB/*Wagner*, BGB § 630d Rn. 41-44.

» Bitte lesen Sie – wie immer – die Vorschriften mit! «

§ 630e BGB enthält eine ausführliche Beschreibung dessen, was der Arzt tun muss, damit die Aufklärung wirksam ist.

(4) Mutmaßliche Einwilligung

560 Kann eine Einwilligung nicht eingeholt werden, muss der Arzt entscheiden, ob der Eingriff im mutmaßlichen Interesse des Patienten liegt (§ 630d Abs. 1 S. 4 BGB). Dies ist insbesondere dann problematisch, wenn der Patient eine sogenannte Patientenverfügung verfasst hat, in der er ausdrücklich bestimmte Eingriffe untersagt.

Beispiel P gehört einer religiösen Gemeinschaft an, die jedwede Bluttransfusion als Sünde ansieht. P verfasst eine Patientenverfügung, in der er ausdrücklich auch und gerade für den Fall der Bewusstlosigkeit eine solche Transfusion untersagt, selbst wenn dies für ihn die einzige Maßnahme sein sollte, sein Leben zu retten. ■

561 Grundsätzlich ist die freiwillig abgegebene Patientenverfügung auch für den behandelnden Arzt verbindlich.[129] Dies stellt nunmehr § 630d BGB ausdrücklich klar.

(5) Kein Verstoß gegen gesetzliches Verbot/guten Sitten

562 Ferner darf die Einwilligung nicht gegen ein gesetzliches Verbot oder die die guten Sitten verstoßen. Diese Frage spielt beim ärztlichen Heileingriff seltener eine Rolle. Wohl aber ist es denkbar, dass ein Patient von seinem Arzt „verstümmelnde" Maßnahmen verlangt und der Arzt im Vertrauen auf die gegebene Einwilligung diese dann auch vornimmt. Eine solche „Behandlung" wäre trotz gegebener Einwilligung sittenwidrig und damit rechtswidrig.[130]

563 Die „Einwilligung" in die Tötung durch einen anderen beseitigt die Rechtswidrigkeit nicht. Entweder argumentiert man damit, dass der Rechtsträger über dieses Rechtsgut nicht disponieren könne[131] oder indem man auf § 134 BGB und § 216 StGB verweist.

bb) Die Einwilligung in anderen Fällen

564 Das oben Rn. 557 dargestellte Schema gilt auch in anderen Fällen, in denen der Rechtsgutträger vor der Handlung des Schädigers seine Einwilligung erklärt hat. Lediglich der Punkt „Aufklärung" entfällt aus naheliegenden Gründen.

cc) Einwilligung als Rechtfertigungsgrund bei Verletzungen im Sport?

565 Nach neuerer Rechtsprechung stellt die Übernahme des Verletzungsrisikos bei bestimmten Sportarten (Boxen, Fußball etc.) keinen Fall der Einwilligung dar, sondern wird in besonderen Fällen über § 242 BGB als Ausschlussgrund und sonst im Rahmen des § 254 BGB als „Handeln auf eigene Gefahr" gewürdigt.[132]

129 Vgl. Palandt/*Götz*, BGB § 1901a Rn. 2, 5, 16.
130 Vgl. *Buck-Heeb*, Besonderes Schuldrecht/2, Rn. 185a.
131 So z.B. *Gursky*, SRBT, S. 211; zweifelhaft: immerhin ist die Selbsttötung erlaubt.
132 Vgl. Palandt/*Sprau*, BGB § 823 Rn. 217; § 833 Rn. 8; *Looschelders*, Schuldrecht BT, § 59 Rn. 17.

5. Verschulden

§ 823 Abs. 1 BGB gehört zu den deliktischen Haftungstatbeständen, die eine Verschuldensfähigkeit (§§ 827, 828 BGB) und Verschulden voraussetzen („wer vorsätzlich oder fahrlässig …"). Das Verschulden und seine Ausprägungen in Vorsatz und Fahrlässigkeit sind Ihnen bereits aus dem Allgemeinen Schuldrecht von § 276 BGB bekannt.[133] 566

Das Verschulden bezieht sich auf den Tatbestand des § 823 Abs. 1 BGB, nicht aber auf den Schaden und die sie begründende Kausalität. Dies ist der Grund dafür, dass Sie das Verschulden vor dem Schaden und der haftungsausfüllenden Kausalität zu prüfen haben.[134] 567

a) Verschuldensfähigkeit

§ 828 BGB differenziert die Fähigkeit, überhaupt für einen Schaden verantwortlich zu sein, zunächst nach dem Alter des Schädigers. Wer noch nicht sieben Jahre alt ist, haftet für einen einem Dritten zugefügten Schaden überhaupt nicht, § 828 Abs. 1 BGB. 568

Hinweis

Die Frage nach dem Verschuldensgrad stellt sich mithin nicht. Eltern wissen, dass Kinder auch unter sieben Jahren durchaus bewusst und gewollt Schäden verursachen. Nur sind sie dafür eben nicht verantwortlich.

Beachten Sie aber, dass möglicherweise eine (eigene) Haftung der aufsichtspflichtigen Person in Betracht kommt (§ 832 BGB), siehe dazu Rn. 694.

Ferner gibt es nach § 829 BGB eine Billigkeitshaftung, siehe unten Rn. 572.

Für Minderjährige von sieben bis achtzehn Jahre gilt Folgendes: 569

Zwischen dem siebten und zehnten Lebensjahr (Minderjährige) ist der Schädiger bei einem Unfall mit einem Kraftfahrzeug oder einer Schienen bzw. Schwebebahn nicht verantwortlich, es sei denn, er hat den Schaden vorsätzlich herbeigeführt, § 828 Abs. 2 BGB. Grund für diese (nicht unumstrittene)[135] Privilegierung ist die ein (kleines) Kind überfordernde Komplexität des modernen Straßenverkehrs.

Von diesem Spezialfall abgesehen haftet der Minderjährige dann nicht, wenn er bei der Schadenszufügung die zur Erkenntnis erforderliche Einsichtsfähigkeit nicht hatte (§ 828 Abs. 3 BGB). Dies ist dann nicht der Fall, wenn aufgrund der Minderjährige nach seiner individuellen Verstandesentwicklung nicht in der Lage war, das Gefährliche seines Tuns zu erkennen und für die Folgen seines Handelns geradezustehen.[136] 570

Dasselbe wie für ein Kind unter sieben Jahren gilt für jemanden, der im Zustand der Bewusstlosigkeit oder in einem die freie Willensbestimmung ausschließenden Zustand krankhafter Störung der Geistestätigkeit einem anderen einen Schaden zufügt (§ 827 S. 1 BGB). Der Hauptfall ist die alkohol- oder drogenbedingte Unzurechnungsfähigkeit, die wiederum durch 571

133 Siehe dazu ausführlich *Bönninghaus*, „Schuldrecht AT II", Rn. 22 ff.

134 Vgl. *Looschelders*, Schuldrecht BT, § 59 Rn. 21.

135 Kritisch z.B. *Gursky*, SRBT, S. 213; BeckOK BGB/*Spindler*, BGB § 828 Rn. 7; MüKo BGB/*Wagner*, BGB § 828 Rn. 5, 9.

136 Vgl. Palandt/*Sprau*, BGB § 828 Rn. 6.

§ 827 S. 2 BGB relativiert wird. Wenn jemand sich selbst in einen solchen Zustand versetzt hat, kann er sich auf seine mangelnde Einsichtsfähigkeit nur dann berufen, wenn er schuldlos in diesen Zustand geraten ist, was die ganz große Ausnahme sein dürfte und wofür der Schädiger auch beweispflichtig ist.[137]

b) Ersatzpflicht nach § 829 BGB

PRÜFUNGSSCHEMA

572 **Anspruch aus § 829 BGB – Anspruchsvoraussetzungen**

I. Objektiver Tatbestand einer unerlaubten Handlung

II. Subjektiver Tatbestand im natürlichen Sinn

III. Ausschluss der Haftung gemäß §§ 827, 828 BGB

IV. Schadloshaltung des Geschädigten entspricht der Billigkeit

V. Keine Gefährdung des eigenen oder gesetzlich einem Dritten geschuldeten Unterhalts.

573 Wenn nun die Haftung an der Verschuldensfähigkeit scheitert, gibt es eine Norm, die eine Haftung aus Billigkeitsgründen dann vorsieht, wenn nach den Verhältnissen der Beteiligten die Umstände eine Schadloshaltung des Geschädigten erfordert und dem Schädiger nicht die Mittel entzogen würden, deren er für seinen eigenen Unterhalt oder zur Erfüllung seiner gesetzlichen Unterhaltspflicht bedarf.

574 Mit anderen, drastischen Worten: Ein reiches Kind muss im Zweifel einen Schaden ausgleichen, den ein ebenso schuldunfähiges armes Kind nicht zu bezahlen hat.[138]

c) Vorsatz

575 Wenn Sie den Prüfungspunkt „Verschuldensfähigkeit" abgearbeitet haben, stellt sich die Frage nach dem Verschuldensgrad. Die stärkste Form des Verschuldens ist das vorsätzliche Handeln.

Vorsatz ist das Wissen und Wollen des pflichtwidrigen Erfolges.[139]

576 Wie auch im Strafrecht ist damit gemeint, dass der Handelnde den pflichtwidrigen Erfolg vorausgesehen und in seinen Willen aufgenommen hat. Hier wie dort genügt es also, dass der Schädiger den Erfolg zwar nicht unbedingt gewollt, ihn aber billigend in Kauf genommen hat (sogenannter bedingter Vorsatz (dolus eventualis).

137 Vgl. Palandt/*Sprau*, BGB § 827 Rn. 2a f.

138 Zum Normzweck und zur Entstehungsgeschichte des § 829 siehe: MüKo BGB/*Wagner*, BGB § 829 Rn. 1-3.

139 Vgl. Palandt/*Grüneberg*, BGB § 276 Rn. 10.

Hinweis

Vorsätzlich handelnde Schädiger kommen in Klausuren aus dem Bereich des Deliktsrechts zwar hin und wieder vor. Dann aber spielen Probleme der Begründung des Verschuldens regelmäßig keine große Rolle.

d) Fahrlässigkeit

Der Begriff der Fahrlässigkeit ist im Gesetz definiert. § 276 Abs. 2 BGB sagt: **577**

Fahrlässig handelt, wer die im Verkehr erforderliche Sorgfalt außer Acht lässt.

Ferner wird in § 277 BGB der Begriff der groben Fahrlässigkeit vorausgesetzt, aber nicht defi- **578**
niert. Nach allgemein anerkannter Definition der Rechtsprechung gilt folgende Definition:

Grob fahrlässig handelt, wer die im Verkehr erforderliche Sorgfalt in besonders schwerem Maße verletzt wird und schon einfachste, ganz naheliegende Überlegungen nicht anstellt und deshalb das nicht beachtet, was im konkreten Fall jedem hätte einleuchten müssen.[140]

Als Merksätze können Sie sich vielleicht einprägen, dass der Vorwurf gegen den nur normal **579**
fahrlässig Handelnden lautet: „Na, ja. Nicht schön, aber das kann vorkommen.“, während beim grob fahrlässig einen Schaden Verursachenden der Vorwurf „Wie konnte dir das nur passieren?“ laut wird.

Beispiel A besitzt eine Handfeuerwaffe. Wenn er diese vorschriftsmäßig in einem abschließbaren Schrank aufbewahrt, den Schlüssel jedoch auf dem Küchentisch vergisst und der Sohn sich des Schlüssels bemächtigt und die Pistole entnimmt, so ist As Verhalten zwar vorwerfbar, aber noch im Rahmen dessen, was zwar nicht passieren darf, aber kann.

Anders ist der Fall, wenn A die Waffe geladen in der Nachttischschublade aufbewahrt, und der Sohn diese daraus entwendet. Dass geladene Waffen in einem Haushalt mit Kindern nicht in einer ungesicherten Schublade aufbewahrt werden dürfen, drängt sich auf und hätte A sofort einleuchten müssen. Dieses Verhalten ist grob fahrlässig. ■

Wie Sie sehen, ist für den Fahrlässigkeitsvorwurf entscheidend, dass der Handelnde etwas tut, **580**
das zu einem Schaden führt, obwohl bei Beachtung der gebotenen Sorgfalt er die schädigende Handlung hätte unterlassen müssen.

Beispiel A fährt innerorts mit 80 km/h. Einen Unfall will er nicht verursachen. Die gebotene Sorgfalt für einen Kraftfahrer gebietet es jedoch, stets nur mit angepasster und erst recht nicht mit mehr als der im konkreten Fall zulässigen Höchstgeschwindigkeit zu fahren. Gegen dieses Sorgfaltsgebot verstößt der A.[141] ■

Entscheidend für den Fahrlässigkeitsvorwurf ist daher der Verstoß gegen einen Sorgfaltsmaß- **581**
stab. Ferner muss die Realisierung der Gefahr für ihn vorhersehbar und der Eintritt des schädigenden Erfolges für ihn vermeidbar gewesen sein.[142]

140 Vgl. Palandt/*Grüneberg*, BGB § 277 Rn. 5.
141 Siehe auch §§ 1, 3 Abs. 3, Nr. 1 StVO.
142 Vgl. *Buck-Heeb*, Besonderes Schuldrecht/2, Rn. 198.

aa) Objektiv-abstrakter Sorgfaltsmaßstab

582 Anders als im Strafrecht, in dem es um die individuelle Vorwerfbarkeit eines fahrlässigen Verhaltens geht, wird im Zivilrecht der Sorgfaltsmaßstab objektiv-abstrakt definiert. Das hat folgenden Sinn: Der Rechtsverkehr soll sich darauf verlassen können, dass die dort handelnden Personen die Kenntnisse und Fähigkeiten haben, die man erwarten kann.

Beispiel Patient P muss sich darauf verlassen, dass der ihn behandelnde Arzt die Kenntnisse und Fähigkeiten hat, damit er die anstehende Operation lege artis durchführen kann. Der Arzt kann sich später nicht darauf berufen, dass er zwar alles in seiner Macht stehende getan hat, seine (individuellen) Fähigkeiten aber leider beschränkt waren. ■

Hinweis

Der objektiv-abstrakte Sorgfaltsmaßstab dient dem Schutz des Rechtsverkehrs. Wer höhere Kenntnisse und Fähigkeiten hat, als nach dem objektiv-abstrakten Sorgfaltsmaßstab gefordert sind, handelt fahrlässig, wenn er gegen diesen gesteigerten Maßstab verstößt.

583 Der im konkreten Einzelfall maßgebliche Sorgfaltsmaßstab kann in einem dreistufigen Verfahren bestimmt werden:

584 **Stufe 1: Rechtsnormen oder Regelwerke**

Der einfachste Fall, um den maßgeblichen Sorgfaltsmaßstab zu bestimmen, ist dann gegeben, wenn für das Verhalten Rechtsnormen oder andere Regelwerke existieren.

Beispiel § 3 Abs. 3 Nr. 1 StVO bestimmt (u.a.), dass auch unter günstigsten Umständen innerhalb geschlossener Ortschaften eine Höchstgeschwindigkeit von 50 km/h besteht. ■

585 Fährt nun ein Verkehrsteilnehmer mit 70 km/h, so verstößt er gegen diesen Sorgfaltsmaßstab. Kommt es zu einem Unfall und liegen auch Vorhersehbarkeit und Vermeidbarkeit vor, hat der Verkehrsteilnehmer diesen Unfall fahrlässig herbeigeführt.

Aber Achtung: Nicht immer entlastet die Einhaltung der Sorgfaltsnormen den Handelnden. Auch wer die maximale Geschwindigkeit innerhalb geschlossener Ortschaften nicht überschreitet, kann noch immer fahrlässig handeln. Wenn z.B. eine geschlossene Schneedecke die Straßen zu einem gefährlich rutschigen Pflaster gemacht hat, sind 50 km/h zu schnell (siehe auch § 3 Abs. 1 S. 2 und 3 StVO).

586 Die Normen, die zur Ermittlung des Sorgfaltsmaßstabes herangezogen werden können, sind durchaus vielfältig und nicht zwingend eine Norm im streng juristischen Sinne: Neben Gesetzen und Verordnungen definieren z.B. auch die DIN-Normen, die Richtlinien des Spitzenverbandes für Banken, das Regelwerk der FIS für Ski- und Snowboardfahrer etc. verbindliche Sorgfaltsnormen.[143]

143 Vgl. Palandt/*Grüneberg*, BGB § 276 Rn. 18 mit weiteren Beispielen und Nachweisen.

Stufe 2: Ermittlung des durchschnittlichen Sorgfaltsmaßstabes des betroffenen Verkehrskreises 587

In einem zweiten Schritt müssen Sie die Sorgfaltsanforderungen für das konkrete Handeln bestimmen. Dazu muss zunächst die Person des Handelnden einem Verkehrskreis zugeordnet werden und dann der Sorgfaltsmaßstab für diesen Verkehrskreis bestimmt werden.[144]

Es ist nämlich durchaus ein Unterschied, ob ein bestimmtes Verhalten durch einen Lehrling zu einem Schaden führt oder ob denselben Fehler ein Meister begeht. Beide arbeiten zwar möglicherweise im selben Beruf. Dennoch sind an Angehörige der Gruppe der Meister höhere Anforderungen im Hinblick auf die objektiv gebotene Sorgfalt zu stellen als an einen Lehrling. 588

Sodann muss festgestellt werden, welche Sorgfaltsanforderungen an den soeben ermittelten Verkehrskreis zu stellen sind. Diese sind für die einzelnen Handlungstypen unterschiedlich. Je größer die Gefahr, die von einer bestimmten Tätigkeit ausgeht, desto höhere objektive Sorgfaltsanforderungen wird man stellen müssen. 589

Beispiel Wenn ein Elektriker ein bestimmtes Kabel durchtrennt, ohne eingehend dessen Funktion geprüft zu haben, ist das Schlimmste, was passieren kann, dass die Stromzufuhr zu einem Gebäude für eine bestimmte Zeit nicht funktioniert. Passiert dasselbe Missgeschick einem Mitarbeiter des Sprengmittelräumdienstes bei der Entschärfung einer Bombe, sind ganz andere Konsequenzen zu erwarten. Folglich sind auch die objektiven Sorgfaltsanforderungen erheblich höher. ■

JURIQ-Klausurtipp

Bei der Bearbeitung des Prüfungspunktes Fahrlässigkeit gehen Sie wie folgt vor:

Sie prüfen zunächst, ob es im Sachverhalt irgendwelche Hinweise auf durch das Verhalten des Schädigers verletzte Normen gibt. Wenn dies der Fall ist, haben Sie den objektiven Sorgfaltsmaßstab bereits gefunden. Ist dies nicht der Fall, erwähnen Sie, dass bei § 276 Abs. 2 BGB ein objektivierter Sorgfaltsmaßstab anzuwenden ist. Dann definieren Sie den Verkehrskreis, zu dem der Schuldner gehört. Schließlich begründen Sie, warum das diesem vorgeworfene Verhalten gegen eine Sorgfaltspflicht verstößt, die diesem Verkehrskreis obliegt.

Stufe 3: Sog. „Learned-Hand-Regel" 590

Bei Sachschäden können Sie zudem ergänzend die „Learned-Hand-Regel" anwenden. Danach ist ein Verhalten umso gebotener, je geringer der Aufwand zur Vermeidung der Gefahr und je höher der Schaden bei Realisierung derselben ist. Beim letzteren Kriterium ist zudem noch die Eintrittswahrscheinlichkeit mit zu berücksichtigen.

Beispiel Kfz-Meister M bezieht seine Ersatzteile aus zweifelhaften Quellen. Insbesondere auch bei den Bremsbelägen prüft er nicht, ob es sich wirklich (wie versprochen) um Originalersatzteile handelt. Tatsächlich verbaut er minderwertige Teile. Die Gefahr für Leib und Leben und erhebliche Sachgüter bei minderwertigen Bremsbelegen ist erstens immens und zweitens sehr wahrscheinlich. Dagegen ist der Aufwand für M (Kauf etwas teurerer Teile) gering. ■

144 Vgl. BeckOK BGB/*Lorenz*, BGB § 276 Rn. 20.

bb) Vorhersehbarkeit

591 Die Vorhersehbarkeit der Gefahr ist Voraussetzung für die Fahrlässigkeit. Sie bezieht sich nur auf den Haftungstatbestand, nicht aber auf die weitere Schadenentwicklung. Achtung: Da sich die Vorhersehbarkeit nicht auf die weitere Schadensentwicklung bezieht, dürfen Sie hier nicht die Fälle zu lösen versuchen, bei denen atypische Schadenentwicklung vorliegt. Diese Fälle gehören zur haftungsauffüllenden Kausalität.

Vorhersehbar ist eine Gefahr, wenn die nicht ganz fernliegende Möglichkeit einer Schädigung besteht.[145]

cc) Vermeidbarkeit

592 Der Schuldner handelt nur dann fahrlässig, wenn er den vorhersehbaren Erfolg vermeiden konnte und musste. Grundsätzlich ist er gehalten, jede vorhersehbare Verwirklichung eines Haftungstatbestandes zu verhindern.[146]

593 Hier sind gewisse Überschneidungen mit dem oben Rn. 582 besprochenem Kriterium „objektiver Sorgfaltsmaßstab" zu beobachten. Denn ein subjektiv nicht vermeidbares Ergebnis kann nur selten eine Verletzung einer objektiven Sorgfaltspflicht darstellen. Regelmäßig sind dies Fälle des Rechtsirrtums.

Beispiel Mieter M zahlt monatelang die Miete für seine Wohnung nicht. V ist der Meinung, er habe deswegen das Recht, heimlich in die Wohnung einzudringen, die Sachen des M zu „pfänden" und zu veräußern. ■

594 In diesem Fall liegt der Haftungstatbestand des § 823 Abs. 1 BGB vor: V hat das Eigentum des M verletzt. Sein Handeln war auch rechtswidrig, da keine Rechtfertigungsgründe vorliegen. Allerdings meint V irrig, sein Verhalten sei durch einen Rechtsfertigungsgrund gedeckt. Der Irrtum über die Rechtswidrigkeit schließt jedoch den Vorsatz aus. Fraglich ist, ob M fahrlässig gehandelt hat.

595 Die Verletzung einer objektiv-abstrakten Sorgfalt kann zwanglos bejaht werden. Vermieter dürfen nicht einfach zur Selbsthilfe greifen. Der Irrtum war auch vermeidbar, weil sich V über die Rechtmäßigkeit seines Tuns hätte informieren müssen.

Handelt er allerdings, nachdem ihm z.B. ein Rechtsanwalt zu diesem Tun geraten hat, könnte die Vermeidbarkeit verneint werden (das hängt allerdings von den Umständen des Falles ab).

Hinweis

Besonders streng ist die Rechtsprechung im Hinblick auf die Vermeidbarkeit eines Rechtsirrtums, dem Rechtsanwälte und Steuerberater unterliegen.[147] Die Gründe hierfür liegen auf der Hand (diese Personen werden dafür bezahlt, keinem Rechtsirrtum zu unterliegen).

145 Vgl. BeckOK BGB/*Lorenz*, BGB § 276 Rn. 28.
146 Vgl. Palandt/*Grüneberg*, BGB § 276 Rn. 21.
147 Ausführlich hierzu MüKo BGB/*Grundmann*, BGB § 276 Rn. 125 ff.

e) Haftungserweiterungen und Beschränkungen

aa) Haftungserweiterungen

Bis hierhin können wir feststellen: Deliktisch haftet nach § 823 Abs. 1 BGB der Schuldner nur für Vorsatz und Fahrlässigkeit. Ist also das Verhalten nicht wenigstens fahrlässig, haftet der Schuldner nicht. 596

Aus der Haftung bei der Verletzung vertraglicher Verpflichtungen kennen Sie allerdings die Möglichkeit, dass sich der Schuldner verpflichtet, für die vertragliche Erfüllung garantiemäßig einstehen zu wollen.[148] 597

Beispiel Bei der nachträglichen Unmöglichkeit der Leistung haftet der Schuldner für einen aus der Unmöglichkeit entstehenden Schaden des Gläubigers dann nicht, wenn er die nachträgliche Unmöglichkeit nicht zu vertreten hat: §§ 283, 280 Abs. 1 BGB. Auf fehlendes Vertreten-Müssen kann er sich aber nicht berufen, wenn er die Lieferpflicht im Sinne einer Garantie übernommen hat. ■

Derartige vertragliche Haftungserweiterungen gibt es für das gesetzliche Schuldverhältnis, zu dem nun einmal § 823 Abs. 1 BGB gehört, nicht. Wohl aber gibt es Tatbestände im Deliktsrecht, die entweder ein Verschulden vermuten oder gänzlich auf das Erfordernis eines Verschuldens verzichten (siehe oben Rn. 389). Dann aber hat der Gläubiger einen Anspruch aus diesen Haftungstatbeständen und nicht einen solchen aus § 823 Abs. 1 BGB. 598

bb) Haftungsbeschränkungen

Haftungsbeschränkungen können sich aus Vertrag oder Gesetz ergeben. § 276 Abs. 3 BGB legt zunächst einmal fest, dass eine Haftung für Vorsatz nicht im Vorhinein ausgeschlossen werden kann (das wäre allerdings wohl auch so, wenn es diese Vorschrift nicht gäbe). 599

(1) Diligentia quam in suis

Der wichtigste Fall einer gesetzlichen Haftungsbeschränkung ist die Beschränkung auf die Sorgfalt, die eine Person in eigenen Angelegenheiten anzuwenden pflegt bis zur groben Fahrlässigkeit (§ 277 BGB). Diese Haftungserleichterung gilt für den kraft Gesetz zum Rücktritt Berechtigten (§ 346 Abs. 2 Nr. 3 BGB), den Verbraucher im Fall des § 357 BGB, den unentgeltlichen Verwahrer (§ 690 BGB), den Gesellschafter einer BGB-Gesellschaft (§ 705 BGB), den Ehegatten (§ 1359 BGB), die Eltern (§ 1664 BGB), den Vorerben (§ 2131 BGB) sowie den Lebenspartner einer Lebenspartnerschaft (§ 4 LPartG).[149] 600

In der Rechtswirklichkeit stellt sich regelmäßig die Frage, ob das Verhalten des nach § 277 BGB privilegierten Schuldners nun grob fahrlässig war (siehe dazu oben Rn. 578). Wenn die grobe Fahrlässigkeit verneint wird, dann haftet der Schuldner nicht. 601

Dieses Haftungsprivileg gilt auch für konkurrierende Ansprüche aus Delikt, weil ansonsten das Privileg unterlaufen würde, wenn zwar der vertragliche Anspruch ausgeschlossen, ein durch dasselbe Verhalten aber verwirklichter deliktischer Anspruch bejaht werden müsste.[150] 602

148 Vgl. z.B. für das Kaufrecht *Bönninghaus*, „Schuldrecht BT I", Rn. 307 f.
149 Vgl. MüKo BGB/*Grundmann*, BGB § 276 Rn. 2; *Buck-Heeb*, Besonderes Schuldrecht/2, Rn. 201.
150 Vgl. Palandt/*Grüneberg*, BGB § 277 Rn. 2.

(2) Die Haftungsbeschränkung im Arbeitsverhältnis

603 Besonders wichtig, weil täglich vorkommend, ist die Behandlung von Schäden, die im Arbeitsverhältnis entstehen. Schon seit den dreißiger Jahren des letzten Jahrhunderts war anerkannt, dass Schäden, die ein abhängig Beschäftigter im Rahmen seiner Tätigkeit an Rechtsgütern des Arbeitgebers anrichten kann, immens sein können. Nach allgemeinen Regeln würde er unbeschränkt auch bei leichter Fahrlässigkeit haften. Dies wurde schon damals zu Recht als untragbar angesehen.[151]

604 Inzwischen ist die Sachlage geklärt:

Handelt der Arbeitnehmer vorsätzlich, verbleibt es bei seiner unbeschränkten Haftung.

Handelt er hingegen „nur" fahrlässig (auch grob fahrlässig) hängt der Umfang seiner Haftung (von völliger Haftungsfreistellung bis hin zur vollständigen Haftung) vom Ergebnis der Abwägung aller Umstände des Einzelfalles ab. Die Einzelheiten hierzu gehören ins Arbeitsrecht.

(3) Vertragliche Haftungsbeschränkungen

605 Vertragliche Vereinbarungen über die Beschränkung der Haftung dem Grunde nach (also ob überhaupt gehaftet werden soll) und/oder der Höhe nach (Beschränkung der Schadenssumme, für die der Schuldner im Schadensfall maximal geradestehen soll) sind zulässig (Grenze § 276 Abs. 3 BGB – Vorsatz) und kommen überaus häufig vor.

Beispiel Rechtsanwalt R vereinbart mit Mandant M, dass er im Falle einer Pflichtverletzung nur bis zu einer Höhe von 500 000 € haften soll.

606 In solchen Fällen ist aber u.a. stets fraglich, ob die Haftungsbeschränkung bzw. -begrenzung auch den möglicherweise zugleich verletzten deliktischen Haftungstatbestand umfassen soll oder nicht. In einem Fall, in dem sich der Schuldner auf eine vertragliche Haftungsbegrenzung beruft, prüfen Sie wie folgt:

PRÜFUNGSSCHEMA

Wirksame Haftungsbeschränkung durch (Individual-)Vertrag

I. Vereinbarung über Haftungsbeschränkung
1. Ausdrücklich
2. Konkludent

II. Wirksamkeit der Haftungsbeschränkung
1. § 276 Abs. 3 BGB
2. weitere gesetzliche Verbote

III. Anwendung auch auf deliktische Haftungstatbestände

607 Zunächst muss eine Vereinbarung zwischen Schuldner und Gläubiger vorliegen. Der Abschluss einer solchen Vereinbarung richtet sich nach den allgemeinen Vorschriften. Es bedarf also eines Angebotes und einer Annahme.

151 Siehe zur Haftungsbeschränkung bei von Arbeitnehmern verursachten Schäden *Michalski/Westerhoff*, Arbeitsrecht, Rn. 464 ff.

Dies kann ausdrücklich geschehen, in dem z.B. eine Haftungsbeschränkung schon Teil des schriftlichen Angebotes war oder in einer gesonderten Erklärung vereinbart wird. Es ist aber auch anerkannt, dass derartige Haftungsbeschränkungen konkludent vereinbart werden können. Dies geschieht entweder, in dem man aus dem Verhalten der Parteien einen entsprechenden Willen ableitet oder den geschlossenen Vertrag entsprechend auslegen kann.[152] **608**

Beispiel Übergibt ein Händler einem Kaufinteressenten einen PKW zum Zwecke der Probefahrt, so ist dieses Verhalten dahin auszulegen, dass der Händler und der Interessent für die Probefahrt die Haftung auf Vorsatz und grobe Fahrlässigkeit beschränkt haben. Denn wenn der Interessent auch bei nur leichtester Fahrlässigkeit für den Wert des Fahrzeugs haften sollte, hätte er im Zweifel die Probefahrt gar nicht erst angetreten.

Wenn jemand ein Auto mietet und der Vermieter weist die Kosten für die Vollkaskoversicherung offen aus, so kann dies im Wege der Auslegung als Vereinbarung einer Haftungsbeschränkung auf Vorsatz und grobe Fahrlässigkeit gewertet werden.

Die Haftungsbeschränkung muss wirksam vereinbart sein. Neben dem erwähnten § 276 Abs. 3 BGB (Verbot des Ausschlusses für Vorsatz) gibt es zahlreiche gesetzliche Verbote Beschränkungen. Zu nennen sind hier insbesondere die §§ 307 Abs. 1, 309 Nr. 7 BGB (Voraussetzungen und Grenzen für Haftungsbeschränkungen in AGB), § 52 BRAO (Voraussetzungen für Haftungsbeschränkungen von Rechtsanwälten) und viele andere mehr.[153] **609**

Endlich muss die vertragliche (ob nun konkludent oder ausdrücklich zustande gekommene) Haftungsbeschränkung bzw. der Haftungsausschluss auch für Ansprüche aus Delikt gelten. Dies wird vielfach, aber nicht stets der Fall sein. **610**

Hinweis

Die Rechtsprechung legt Haftungsbeschränkungen und vor allem -ausschlüsse streng, d.h. gegen denjenigen, der sich auf den Ausschluss der Haftung beruft, aus.[154]

f) Haftung für Drittverschulden

Grundsätzlich kann man sich merken: Aus § 823 Abs. 1 BGB haftet nur der Handelnde. Es gibt keine dem § 278 BGB entsprechende Zurechnungsvorschrift, nach der für Erfüllungsgehilfen der Geschäftsherr für dessen Verschulden einzustehen hat. § 278 BGB verlangt ein Schuldverhältnis, also regelmäßig einen Vertrag. Eine unerlaubte Handlung nach § 823 Abs. 1 BGB führt erst zu einem solchen Schuldverhältnis, sodass § 278 BGB unanwendbar ist.[155] **611**

Drei Gesichtspunkte im Hinblick auf die Haftung für von Dritten verursachtes Unrecht bedürfen aber in diesem Zusammenhang der Erwähnung: **612**

Es gibt zwei Normen im BGB, die eine Haftung für fremdes Unrecht[156] vorsehen. Einmal haftet der Geschäftsherr für Schäden, die der Verrichtungsgehilfe einem Dritten widerrechtlich **613**

152 Vgl. hierzu *Buck-Heeb*, Besonderes Schuldrecht/2, Rn. 199.

153 Vgl. Palandt/*Grüneberg*, BGB § 276 Rn. 35; *Bönninghaus*, „Schuldrecht AT II", Rn. 74 ff.

154 Vgl. *Buck-Heeb*, Besonderes Schuldrecht/2, Rn. 199 f. m.w.N.

155 Siehe zu § 278 BGB *Bönninghaus*, „Schuldrecht AT II", Rn. 48 ff.

156 Verschulden des Verrichtungsgehilfen bzw. der beaufsichtigten Person wird gerade nicht verlangt, siehe Rn. 683 und 700; siehe auch Palandt/*Sprau*, BGB§ 831 Rn. 3.

zufügt (§ 831 BGB). Ferner muss der Aufsichtspflichtige für durch die zu beaufsichtigende Person einem Dritten zugefügten Schäden (§ 832 BGB) aufkommen. Beide können sich aber dadurch entlasten, dass sie ihren jeweiligen Pflichten nachgekommen sind. Details erörtern wir weiter unten. Wichtig ist nur: Es handelt sich nicht um einen Anspruch aus § 823 Abs. 1 BGB, sondern um einen eigenen Anspruch aus (vermutet) verschuldeter Verletzung einer eigenen Pflicht.

614 Organe einer juristischen Person (Vorstand des Vereins, Geschäftsführer der GmbH, Vorstand der AG oder eG etc.) ersetzen die Handlungsunfähigkeit der juristischen Person. Deshalb gilt das Handeln des Organs als Handeln der juristischen Person. Verursacht nun eine solche „Organperson" in Ausführung seiner ihm zustehenden Verrichtungen schuldhaft einen Schaden an einem durch § 823 Abs. 1 BGB geschützten Rechtsgut, haftet dem geschädigten Dritten auch die juristische Person aus § 823 Abs. 1 BGB. Da z.B. ein Verein nicht selbst handeln kann, wird ihm gemäß § 31 BGB das Handeln seines Vorstands zugerechnet.[157]

615 Schließlich führt die Haftung für die Verletzung von Verkehrssicherungspflichten (insbesondere die Produkthaftung) mittelbar zu einer Haftung für fremdes Verschulden. Dies geschieht insbesondere dadurch, dass bei Delegation der „eigentlichen Verkehrssicherungspflicht" die Überwachungs- und Kontrollpflicht übrig bleibt und bei deren Verletzung der Geschäftsherr dann selbst aus § 823 Abs. 1 BGB haftet. Ähnlich ist es bei der Produkthaftpflicht (siehe dazu oben Rn. 504 f.).

Online-Wissens-Check

Haben Sie die Definition für „grobe Fahrlässigkeit" noch im Kopf?

Überprüfen Sie jetzt online Ihr Wissen zu den in diesem Abschnitt erarbeiteten Themen. Unter **www.juracademy.de/skripte/login** steht Ihnen ein Online-Wissens-Check speziell zu diesem Skript zur Verfügung, den Sie kostenlos nutzen können. Den Zugangscode hierzu finden Sie auf der Codeseite.

6. Schaden und haftungsausfüllende Kausalität

616 **Hinweis**

§ 823 Abs. 1 BGB (und die weiteren Ansprüche aus Delikt in diesem Abschnitt des BGB) führen zu einem Schadenersatzanspruch des Geschädigten. Für diesen gelten die §§ 249 ff. BGB, die Sie bereits im allgemeinen Schuldrecht kennengelernt haben.[158]

Die nachfolgenden Ausführungen setzen voraus, dass Sie das Thema im Schuldrecht bereits erarbeitet und verstanden haben. Nachfolgend werden also schwerpunktmäßig nur die Besonderheiten des deliktischen Anspruchs auf Schadenersatz besprochen.

617 Das nachfolgende Prüfungsschema wird Ihnen, sofern Sie das Schuldrecht mit den entsprechenden Bänden aus dieser Reihe[159] erlernt haben, bekannt vorkommen. Aus den im

157 Siehe *Bönninghaus*, „Schuldrecht AT II", Rn. 45 ff.

158 Siehe *Bönninghaus*, „Schuldrecht AT II", Rn. 451 ff.

159 *Bönninghaus*, „Schuldrecht AT I" sowie Schuldrecht AT II.

Hinweis genannten Gründen behandelt es nur die Besonderheiten des Schadenersatzanspruches im Deliktsrecht.

Art und Umfang des Schadenersatzanspruches bei der Haftung aus Delikt

PRÜFUNGSSCHEMA

I. Ermittlung des ersatzfähigen Schadens
1. Bestimmung der hypothetischen Lage
2. Differenzbetrachtung zur realen Lage
   - Kind als Schaden? Rn. 623
   - Ausgleich von Vorteilen Rn. 624
   - Folgeschäden Rn. 630

II. Art und Umfang des Schadenersatzes
1. Naturalrestitution (§ 249 Abs. 1 BGB)
2. Bei Körperverletzung/Beschädigung auch § 249 Abs. 2 BGB:
   a) der dafür erforderliche Geldbetrag
   b) ergänzend: Rentenanspruch nach §§ 842, 843 BGB
3. Im Falle der §§ 844, 845 BGB: Prüfung der Ansprüche dieser Personen in eigener Anspruchsgrundlage
4. Bei Unmöglichkeit der Herstellung: § 251 Abs. 1 BGB
5. Bei Unverhältnismäßigkeit der Herstellung: § 251 Abs. 2 BGB
6. Schadensminderung nach § 254 BGB
   a) Mitverschulden bei Entstehung des Anspruchs, § 254 Abs. 1 BGB
   b) Mitverschulden bei Schadensabwendung und -minderung, § 254 Abs. 2 BGB

a) Bestimmung der hypothetischen Lage

Wir haben bis zu diesem Punkt festgestellt, dass der Schuldner dem Gläubiger dem Grunde **618**
nach zum Schadenersatz verpflichtet ist. Nun stellt sich (wie bei einem vertraglichen Anspruch auf Schadenersatz auch) die Frage, was denn nun konkret der Schaden des Geschädigten und wie dieser Schaden auszugleichen ist.

Hinweis

In der Bevölkerung herrschen oft irrwitzige Vorstellungen darüber, wie viel ein Geschädigter (vor allem im Bereich der Produkthaftung) vom Schädiger erhält.[160] Diese Fehlvorstellungen haben ihre Ursache in den in der Tat real nicht mehr nachvollziehbaren Schadenersatzsummen, die in den Vereinigten Staaten zugesprochen werden.[161] Aber wir sind hier schließlich nicht im Wilden Westen ...

---

160 Vgl. https://www.advocado.de/ratgeber/schmerzensgeldrecht/einforderung/schmerzensgeldtabelle.html zuletzt aufgerufen am 1.5.2021.

161 Deren Höhe erklärt sich u.a. aufgrund des Instruments der sog. „punitive damages" – übersetzt „Strafschadensersatz", welches dem Deutschen Recht in dieser Ausformung unbekannt ist.

619 Ausgangspunkt jeder Überlegung ist der § 249 Abs. 1 BGB:

Wer zum Schadenersatz verpflichtet ist, hat den Zustand herzustellen, der bestehen würde, wenn der zum Ersatz verpflichtende Umstand nicht eingetreten wäre.[162]

Ich erlaube mir, die Formulierung aus dem Skript „Schuldrecht Allgemeiner Teil I" zu übernehmen: „Hier ist wirklich jedes Wort heilig".[163] Sie prüfen also zunächst die hypothetische Lage *(bestehen würde)*, in dem sie folgende Überlegung anstellen: Wie stünde der Geschädigte da, wenn die deliktische Schädigung *(zum Ersatz verpflichtender Umstand)*, den sie schweißtreibend bis hierhin geprüft haben, nicht eingetreten wäre?

Beispiel A missachtet die Vorfahrt des B und verursacht einen Verkehrsunfall. Das Auto des B ist beschädigt, B ist verletzt, hat Arztrechnungen zu begleichen, und kann einige Tage seiner selbstständigen Tätigkeit nicht nachgehen.

Wäre der zum Ersatz verpflichtende Umstand (Missachtung der Vorfahrt) nicht eingetreten, hätte B ein unbeschädigtes Auto, müsste die Behandlung nicht durchführen lassen und hätte arbeiten können. Das ist die hypothetische Lage. ■

620 Doch hypothetische Lagen sind nicht nur ausschließlich solche, die sich in Geld ausdrücken lassen.

Beispiel Late-Night-Talkmaster T macht sich in einer Sendung über eine Fernsehmoderatorin wie folgt lustig: „Was haben eine Kloschüssel und Frau XY gemeinsam? Männer würden beide nie anfassen." (Leider wahre Geschichte).[164] ■

Ohne jetzt nochmals in die Tiefen der Verletzung des allgemeinen Persönlichkeitsrechts eingehen zu können: Hier dürfte auch nach einer umfassenden Güter- und Interessenabwägung auch unter Berücksichtigung des Art. 5 Abs. 3 GG der Ehrschutz für Frau XY überwiegen.[165] Sie hat also einen Schadenersatzanspruch dem Grunde nach.

Bei der Analyse der hypothetischen Lage stellen wir fest, dass ohne den zum Ersatz verpflichtenden Umstand (Beleidigung durch T) die XY eben keine Ehrverletzung erfahren hätte.

b) Bestimmung der realen Lage

621 Nunmehr stellen sie die tatsächliche Situation, in der sich der Geschädigte befindet, der soeben erarbeiteten hypothetischen Situation gegenüber. Jede nachteilige Abweichung der materiellen und/oder immateriellen Rechtsgüterlage stellt einen ersatzfähigen Schaden dar.[166]

622 In unserem *Beispiel* oben Rn. 619 ist also die Beschädigung des Fahrzeugs, die Verletzung des B sowie der Umstand, tagelang nicht arbeiten zu können, der ersatzfähige Schaden. Frau XY hingegen hat „nur" einen immateriellen Schaden.[167] Sie wäre nicht beleidigt worden (hypo-

162 Vgl. Palandt/*Grüneberg*, BGB § 249 Rn. 2.

163 *Bönninghaus*, „Schuldrecht AT II", Rn. 340.

164 Siehe: https://www.sueddeutsche.de/kultur/harald-schmidts-boettinger-witz-sprung-in-der-schuessel-1.233343 zuletzt aufgerufen am 1.5.2021.

165 Siehe zu diesem Problembereich oben Rn. 427 ff.

166 Vgl. Palandt/*Grüneberg*, vor BGB § 249 Rn. 10.

167 Dabei unterstellen wir, dass Frau XY durch diese Bemerkung keine Einbußen (Werbeverträge wurden deswegen gekündigt usw.) hatte.

thetische Lage) und ist es nun aufgrund der schädigenden Handlung des T. Dies ist der Schaden der Frau XY. Dieser ist (wie, sehen wir gleich) auszugleichen.

Diese Stelle ist die Heimat des leidenschaftlich diskutierten Problems, ob ein Kind einen ersatzfähigen Schaden darstellen kann. Hintergrund für diese Diskussion war folgender Fall: **623**

Beispiel Frauenarzt Dr. F nimmt eine Sterilisation bei Frau A vor. Der Eingriff wird nicht lege artis, also kunstfehlerhaft durchgeführt. Frau A wurde trotz der Sterilisation wieder schwanger, brachte das Kind zur Welt und verlangte vom Arzt die Unterhaltskosten für das Kind.

Dass Dr. F hier nach § 823 Abs. 1 BGB deliktisch (und daneben aus § 280 Abs. 1 BGB vertraglich) auf Schadenersatz haftet, ist nach dem Sachverhalt eindeutig. Fraglich ist, ob A der Unterhalt für das Kind ein Schaden im Sinne des § 249 Abs. 1 BGB darstellt. ■

Nähert man sich dieser Frage unverkrampft, so liegt die Antwort auf der Hand. Ohne das schädigende Ereignis (fehlerhafte Sterilisation) wäre A nicht schwanger geworden und hätte deshalb auch keinen Unterhalt zu leisten. Stellt man dieser hypothetischen die reale Lage (Kind ist da und kostet Geld) gegenüber, kommt man zwanglos zu einem ersatzfähigen Schaden.

Das Bundesverfassungsgericht hat diese Position der Rechtsprechung des BGH[168] in Frage gestellt. Kurz gesagt argumentierte der zweite Senat damit, dass die Menschenwürde es verbiete, die Unterhaltspflicht gegenüber einem Kind als Schaden anzusehen.[169]

Der BGH ließ sich jedoch nicht beeindrucken und bestätigte diese ständige Rechtsprechung.[170] Mit Recht: Der Schaden besteht nicht in der Existenz des Kindes an sich, sondern in der durch die planwidrige Geburt des Kindes begründete Unterhaltspflicht. Außerdem beeinträchtigt die Zubilligung eines Schadenersatzanspruches die Menschenwürde des Kindes in keiner Weise.[171]

JURIQ-Klausurtipp

Wegen der heftigen Diskussion um diese Frage ist das Problem „Kind als Schaden" ein durchaus beliebtes Klausurthema. Auch wenn die Meinung des Bundesverfassungsgerichts (2. Senat) natürlich vertretbar ist, ist die herrschende Meinung vorzuziehen und vor allem lebensnäher.

Schließlich müssen Sie drittens in geeigneten Sachverhalten der Frage nachgehen, ob sich der Gläubiger des Schadensersatzanspruches nicht möglicherweise Vorteile entgegenhalten lassen muss, die er ohne das schädigende Ereignis nicht gehabt hätte. **624**

Beispiel Das Haus des A wird durch Fahrlässigkeit des B zerstört. A muss es abreißen lassen. Dabei kommen seltene Bilder zutage, die der Großvater kurz nach Ausbruch des Zweiten Weltkrieges im Fundament des Hauses eingemauert hatte und die wegen des

168 Vgl. BGH, Urteil v. 18.3.1980 – VI ZR 105/78 = NJW 1980, 1450; *BGH*, Urteil v. 28.3.1995 – VI ZR 356/93 = NJW 1995, 1609.

169 Vgl. *BVerfG*, Urteil v. 28.5.1993 - 2 BvF 2/90, 2 BvF 4/92, 2 BvF 5/92 = NJW 1993, 1751.

170 Vgl. *BGH*, Urteil v. 16.11.1993 – VI ZR 105/92 = NJW 1994, 788 = BGHZ 124, 128.

171 Vgl. Palandt/*Grüneberg*, vor BGB § 249 Rn. 47, ausführlich MüKo BGB/*Oetker*, BGB § 249 Rn. 30–40.

Todes des Großvaters an der Front nie wiederaufgetaucht waren. Der zu ersetzende Schaden am Haus soll 200 000 € betragen. Der Wert der Bilder hingegen 2 000 000 €. ■

Bei diesem Fall neigt man zu der Ansicht, dass es den B doch nicht entlasten könne, wenn „zufällig" (wenn auch kausal im Sinne der Conditio-sine-qua-non-Formel) durch die Schädigung des B der A die Bilder findet.

Neben einem solchen Lehrbuchbeispiel stehen aber Sachverhalte, in denen Schädiger eine Argumentation aufbauen, die auf den ersten Blick recht überzeugend klingt:

Beispiel Zwei Brüder fahren in einem Auto. Ihr Vater ist Witwer. Verkehrsteilnehmer A verursacht einen schweren Verkehrsunfall, bei denen einer der Brüder stirbt, der andere hingegen nur verletzt wird. Kurz darauf verstirbt der Vater der Brüder. Der überlebende Bruder erhält nun die gesamte Erbschaft, die er, wenn sein Bruder noch lebte, mit diesem hätte teilen müssen. A beruft sich auf eine Vorteilsausgleichung. ■

Sicher ist es makaber, was A da vorträgt. Fraglich ist aber allein, ob es juristisch richtig ist.

625 Die Rechtsprechung hat zwei Kriterien entwickelt, nach denen solche Vorteilsanrechnungen zu messen sind:

Einmal muss der Vorteil des Geschädigten eine **adäquat-kausale** Folge der Handlung des Schädigers sein. Das heißt also, dass wir (genauso wie bei der haftungsbegründenden Kausalität[172]) im ersten Schritt prüfen müssen, ob die schädigende Handlung nicht hinweggedacht werden kann, ohne dass der Vorteil des Geschädigten entfiele. Zwischen Schädigungshandlung und Vorteil muss also ein solcher Zusammenhang bestehen.

Damit kann das Ansinnen des A im obigen Unfallbeispiel (Anrechnung der Vorteile der höheren Erbschaft) juristisch widerlegt werden. A haftet dem verletzten Bruder, weil er ihn geschädigt hat. Diese Schädigung (des Überlebenden) ist aber nicht kausal für die höhere Erbschaft. Das ist allein die Schädigung des getöteten Bruders.

626 Wie auch bei der haftungsbegründenden Kausalität muss auch hier die Conditio-sine-qua-non-Formel durch das Kriterium der Adäquanz korrigiert werden. Solche Kausalzusammenhänge also, die ganz ungewöhnlich, einmalig und deshalb sinnvollerweise nicht vorhersehbar sind,[173] werden also wertend ausgeklammert.

Damit kann dem geschädigten Hausbesitzer aus dem *Beispiel* in Rn. 624 geholfen werden. Selbst ein optimaler Betrachter[174] kann nicht voraussehen, dass die Zerstörung eines Hauses dazu führt, dass im Zuge der Abbrucharbeiten ein vergessener Schatz entdeckt wird.

627 Im zweiten Schritt muss durch **Wertungen** entschieden werden, ob der adäquat-kausal durch die Schädigung bewirkte Vorteil beim Geschädigten diesem ohne Anrechnung verbleiben soll oder ob der Vorteil nach dem **Zweck des Schadenersatzrechts** nicht vielmehr vom Anspruch in Abzug zu bringen ist.[175]

---

172 Und, wie wir gleich sehen werden, auch bei der haftungsausfüllenden Kausalität.

173 Vgl. hier nur *Buck-Heeb*, Besonderes Schuldrecht/2, Rn. 158, im Übrigen zur Adäquanztheorie oben Rn. 382 ff.

174 Zu dieser Rechtsfigur vgl. oben Rn. 386.

175 Vgl. Palandt/*Grüneberg*, vor BGB § 249 Rn. 70.

In folgenden Fällen hat die Rechtsprechung eine Vorteilsanrechnung trotz adäquat-kausalem Zusammenhang abgelehnt:[176] 628

- Überobligationsmäßiger Einsatz des Geschädigten
- Unterhaltsleistungen durch Dritte
- Freigiebige Leistungen Dritter
- Versicherungsleistungen.

Anerkannt ist jedoch, dass bestimmte Vorteile beim Geschädigten dessen Schadenersatzanspruch mindern. 629

Beispiele Abzug „neu für alt" beim Einbau von Neuteilen in ein Wirtschaftsgut, das die Lebensdauer des Wirtschaftsgutes verlängert.

Steuerliche Vorteile beim Geschädigten.

Ersparte Aufwendungen.

Hinweis

Es ist weder möglich noch ratsam, sich mit der Fülle der Einzelfallentscheidungen zu belasten. In der Klausur reicht es, die beiden Prüfungsschritte (adäquat kausaler Zusammenhang und wertende Zurechnung) abzuarbeiten und (vor allem die Wertung) zu begründen. Das Ergebnis, zu dem Sie dann kommen, ist dagegen vergleichsweise zweitrangig.

c) Besondere Kausalitätsbetrachtungen

Sie erinnern sich? Oben Rn. 517 ff. hatten wir über die haftungsbegründende Kausalität eingehend gesprochen. Dort ging es um die Frage, ob die Handlung des Schädigers kausal zur Rechtsgutverletzung beim Geschädigten geführt hat. 630

Die Prüfungsreihenfolge war – in der gebotenen Kürze: Die Handlung des Schädigers muss zunächst kausal im Sinne der Äquivalenztheorie (Conditio-sine-qua-non-Formel) sein. Danach wurden mithilfe der Adäquanztheorie solche Kausalzusammenhänge herausgefiltert, die nur unter höchst ungewöhnlichen, selbst für den optimalen Beurteiler nicht vorhersehbaren Umständen geeignet sind, den missbilligten Erfolg herbeizuführen. Schließlich muss sich im Rahmen der haftungsbegründenden Kausalität gerade die Gefahr realisiert haben, vor der die vom Schädiger verletzte Verhaltenspflicht schützen sollte.

Dieselben drei Prüfungsschritte unternehmen Sie, um den Zusammenhang zwischen Verletzungserfolg und eingetretenem Schaden bejahen zu können. Die Kausalität im Sinne der Conditio-Sine-qua-non-Formel ist in der oben geschilderten Ermittlung des hypothetischen Zustands bereits enthalten. Entscheidend ist nun, ob und wann die Merkmale der Adäquanz und des Schutzzweckzusammenhangs zusätzlich zu erörtern sind. 631

Hinweis

Die haftungsausfüllende Kausalität ist – im Rahmen der Differenzhypothese – nur dann ausführlich zu problematisieren, wenn der Sachverhalt dazu Anlass gibt (dazu gleich mehr).

176 Vgl. auch Palandt/*Grüneberg*, vor BGB § 249 Rn. 67 ff.

632 In zwei Fallgruppen spielt die Frage der Einschränkung der Kausalität durch die Prüfung des Schutzbereiches der Norm eine besondere Rolle. Einmal sind es die „Folgefälle" (Erstschaden führt zu einem sehr hohen Folgeschaden). Zweitens sind die Sachverhalte zu nennen, in denen eine spezifische Opferkonstitution einen besonders hohen Schaden herbeigeführt hat.

633 Sie erinnern sich an das *Beispiel* oben Rn. 518? Der Beamte B wurde verletzt. Bei der Untersuchung stellt sich heraus, dass er an einer bisher nicht erkannten Hirnarteriosklerose leidet, die ihn dienstunfähig macht. B macht geltend, dass ohne die Verletzung die Krankheit nicht bemerkt worden wäre, er deshalb nicht frühpensioniert worden wäre und daher keine Einbußen bei der Pension hinzunehmen gehabt hätte.

In einer solchen Fallkonstellation ist die Kausalität im Sinne der ersten beiden Prüfungsschritte (Äquivalenz und Adäquanz) eindeutig. Fraglich ist allein, ob der Schutzzweck des § 823 Abs. 1 BGB auch dahingeht, den B vor der Entdeckung einer Krankheit, die zu Pensionsverlusten führt, zu schützen. Dies ist zu verneinen, da § 823 Abs. 1 BGB den B vor den erlittenen Verletzungen schützen will, nicht aber davor, dass Krankheiten nicht entdeckt werden. Der Zurechnungszusammenhang zwischen Verletzungserfolg und Schaden ist daher nicht im Schutzbereich der Norm. Die haftungsausfüllende Kausalität ist zu verneinen.[177]

634 Ähnlich ist es, wenn sich ein Unfallopfer im Krankenhaus mit einer Krankheit infiziert, die mit dem Unfall an sich nichts zu tun hat. Auch hier gilt: § 823 Abs. 1 BGB will nicht einen Anspruch schaffen, weil sich ein allgemeines Lebensrisiko verwirklicht hat. Mit einer Krankheit kann man sich schließlich immer irgendwo infizieren. Etwas anderes gilt nur dann, wenn die Erstverletzung das Opfer so geschwächt hat, dass er für die zugezogene Krankheit besonders empfänglich war.

635 Allerdings schließt eine besondere Opferkonstitution eine Zurechnung eines deswegen besonders hohen Schadens nicht aus. Der Schädiger kann sich – plastisch formuliert – nicht darauf berufen, so gestellt zu werden, als wenn er einen Gesunden verletzt hätte.[178]

Beispiel Schädiger S verletzt den B. B ist Bluter und deswegen erhöhen sich die notwendigen Heilungskosten massiv. Die Schadensfolgen sind von S auch unter dem Gesichtspunkt des Schutzbereichs der Norm haftungsausfüllend zuzurechnen. ■

636 Anders ist es, wenn es sich um ganz ungewöhnliche, keinesfalls zu erwartende Kausalverläufe handelt.

Beispiel A verletzt den B leicht und beleidigt ihn. B erleidet daraufhin einen Schlaganfall. ■

Klar ist: A haftet dem Grunde nach. Es liegt jedoch ein Fall vor, in dem die haftungsausfüllende Kausalität deswegen verneint werden muss, weil niemand wegen einer für sich alltäglichen Auseinandersetzung damit rechnen kann, dass derartig schwere Folgen auftreten.[179]

177 Siehe zu diesem Fall auch *Buck-Heeb*, Besonderes Schuldrecht/2, Rn. 223.

178 Vgl. Palandt/*Grüneberg*, vor BGB § 249 Rn. 35 f.

179 Vgl. Palandt/*Grüneberg*, vor BGB § 249 Rn. 36.

7. Art und Umfang des Schadenersatzes

a) Art der Restitution

Nachdem wir nun festgestellt haben, welcher Schaden beim Geschädigten eingetreten ist (Merke: hypothetische Lage *minus* reale Lage *plus* Vorteilsanrechnung = Schaden), stellt sich die Frage, wie dieser Schaden dann vom Schädiger auszugleichen ist. Die naheliegende Antwort „dann muss er halt bezahlen", greift zu kurz. Denn erstens sieht § 249 Abs. 1 BGB als Grundsatz die Naturalrestitution vor („ ... hat den Zustand herzustellen ..."). Zweitens: Selbst wenn klar ist, dass ein Ausgleich durch Geld stattzufinden hat, bleibt die Frage, wie viel denn und in welcher Form (Einmalzahlung, Rentenzahlung) zu zahlen ist. **637**

Das Schadenersatzrecht des BGB ist vom Prinzip des Erhalts der Rechtsgüter geprägt. Der Geschädigte soll – dem Grundgedanken nach – durch die Art des Schadenersatzes so gestellt werden, als hätte es das schädigende Ereignis nie gegeben. Das geht natürlich (rein gedanklich) am besten dadurch, dass der Schädiger seine Handlung quasi wieder rückgängig macht. **638**

Dass trotzdem in den meisten Fällen dabei ein Geldanspruch herauskommt, hat damit zu tun, dass bei Ansprüchen wegen der Verletzung einer Person oder der Beschädigung einer Sache statt der Wiederherstellung (Naturalrestitution) der Gläubiger den dazu (zur Wiederherstellung) erforderlichen Geldbetrag verlangen kann (§ 249 Abs. 2 BGB). Grundgedanke hierbei: Der Geschädigte soll sich bei der Wiederherstellung nicht ausgerechnet auf den verlassen müssen, der Körper oder die Sachen beschädigt hat. Zu diesem § 249 Abs. 2 BGB gelangt man aber erst, wenn die Naturalrestitution möglich und zumutbar ist und auch durchgeführt wird.

Einen genuinen, also von vornherein auf Geldersatz gerichteten Anspruch kommt man nur, wenn ein Vermögensschaden vorliegt und die Naturalrestitution unmöglich oder unzumutbar ist. **639**

Beispiel Bei einem von A verschuldeten Verkehrsunfall gerät das Auto des B in Brand und brennt vollständig aus.

In diesem Fall ist eine Naturalrestitution unmöglich (§ 275 BGB), sodass der Anspruch des B sich nicht nach § 249 Abs. 2 BGB (dieser setzt die Möglichkeit einer Naturalrestitution (Reparatur) voraus), sondern nach § 251 BGB richtet.

Der erste Schritt ist also die Prüfung, ob (bei Körperverletzungen oder Sachbeschädigungen) die Wiederherstellung des hypothetischen Zustands möglich und zumutbar ist. Die Fälle der Unmöglichkeit der Wiederherstellung sind insbesondere der Untergang der beschädigten Sache. Dann verlassen Sie den § 249 BGB und prüfen § 251 BGB. **640**

Im Übrigen verweise ich wieder auf das im Allgemeinen Schuldrecht bereits Erlernte.[180]

Eine Besonderheit gilt beim Schadenersatz wegen unerlaubter Nutzung von Bildnissen. Wie wir oben Rn. 274 bei der Prüfung der Eingriffskondiktion schon gesehen haben, gewährt die Rechtsprechung dem zu Unrecht Abgebildeten einen Anspruch in Höhe **641**

180 Die hier interessierende Frage finden Sie im Skript *Bönninghaus*, „Schuldrecht AT I", Rn. 375 ff.

einer fiktiven Lizenzgebühr. Dasselbe erhält der Gläubiger als Schadensposition als Rechtsfolge des rechtswidrigen Eingriffs in das Allgemeine Persönlichkeitsrecht durch unbefugte Verwendung eines Bildnisses.[181]

642 **Hinweis**

Bei der Verletzung von Immaterialgüterrechten gewährt die Rechtsprechung dem Geschädigten ein Wahlrecht. Er kann entscheiden, ob er den ihm entstandenen Schaden (z.B. durch eine Patentverletzung) konkret im Sinne der §§ 249, 252 BGB berechnet, die Herausgabe des Verletzergewinns verlangt oder seinen Schaden mit Hilfe einer fiktiven Lizenzgebühr ermittelt.[182] Die fiktive Lizenzgebühr für unerlaubte Nutzung von Bildnissen ist daher nichts anderes als die Anwendung dieser Grundsätze.

643 Eine fiktive Lizenzgebühr kann nicht verlangt werden, wenn es sich um eine an sich unbekannte Person handelt, da eine solche nicht festgestellt werden kann. Wenn also das Bildnis einer nicht prominenten Person rechtswidrig veröffentlicht wird, bleibt dieser nur der Anspruch auf den Nichtvermögensschaden, sofern es sich um eine schwerwiegende Verletzung des Persönlichkeitsrechts handelt.[183]

b) Mitverschulden

644 Von nicht zu unterschätzender praktischer Bedeutung ist § 254 BGB. Diese Vorschrift kann trotz ansonsten völlig unproblematischen Schadensersatzanspruchs diesen sogar völlig ausschließen.

Beispiel An einem heißen Tag beschließt Motorradfahrer M, ins Freibad zu fahren. Er ist nur mit Badehose, T-Shirt und Badeschlappen bekleidet. Auf das Tragen eines Sturzhelms verzichtet er. Autofahrer A missachtet leicht fahrlässig beim Linksabbiegen die Vorfahrt des M. Allerdings war M statt der erlaubten 50 km/h mit 150 km/h unterwegs. M verletzt sich schwer. ■

In diesem Fall würde man beim Ersatzanspruch des M vermutlich[184] zu einem völligen Ausschluss des Schadenersatzanspruches gelangen. Das mitwirkende „Verschulden" des M bei der Schadenentstehung (grobe bis gröbste Fahrlässigkeit) überwiegt derart, dass das Verschulden des A völlig zurücktritt.

181 Vgl. Palandt/*Sprau*, BGB § 823 Rn. 132.
182 Vgl. Palandt/*Sprau*, BGB § 687 Rn. 7; § 823 Rn. 132.
183 Vgl. Palandt/*Grüneberg*, BGB § 253 Rn. 10.
184 Für eine endgültige Beurteilung genügen diese knappen Sachverhaltsangaben natürlich nicht.

Die Struktur der Art und des Umfangs des Schadenersatzes kann durch folgendes Schaubild illustriert werden:

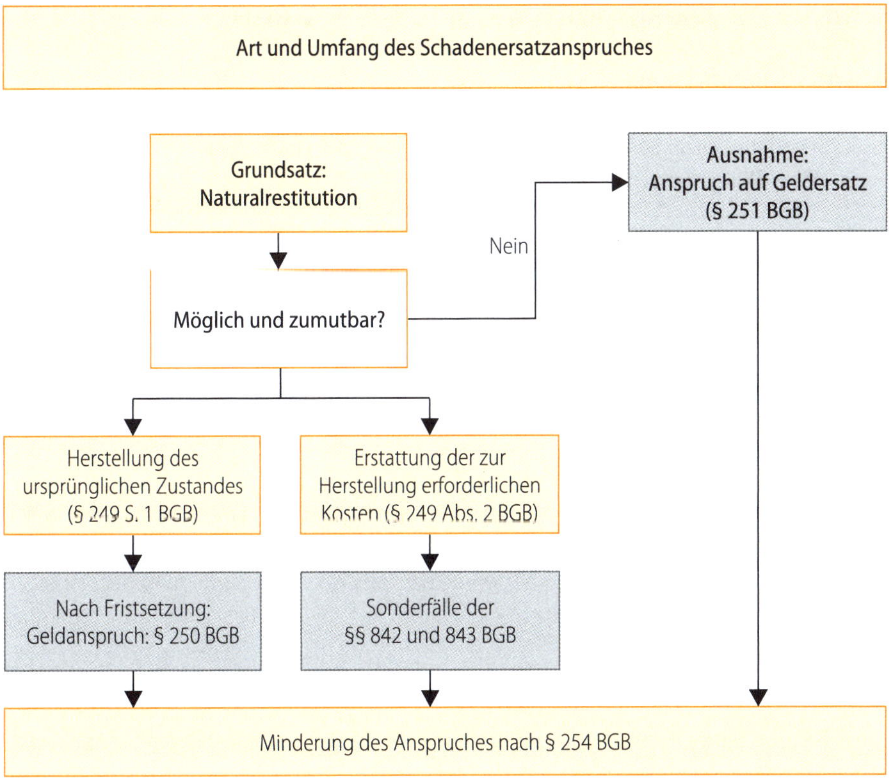

Auch diese Norm hatten Sie bereits im Allgemeinen Schuldrecht kennengelernt. **645**

Auch hier gilt: Arbeiten Sie die Rn. 404 ff. im Skript „Schuldrecht AT I" unbedingt noch einmal durch!

8. Hinweis: Schmerzensgeld

Wie Sie im Allgemeinen Schuldrecht bereits gelernt haben, ist § 253 Abs. 2 BGB eine eigene Anspruchsgrundlage, die neben den „eigentlichen" Schadenersatzanspruch tritt und nicht nur ein bloßer Schadensposten bei der Berechnung des gesamten Schadens ist.[185] **646**

185 Siehe *Bönninghaus*, „Schuldrecht AT II", Rn. 458 m.w.N.; a.A. *Buck-Heeb*, Besonderes Schuldrecht/2, Rn. 220.

Daraus folgt, dass Sie ein Schmerzensgeld in einem eigenen Abschnitt zu prüfen haben:

PRÜFUNGSSCHEMA

Schmerzensgeldanspruch aus § 253 Abs. 2 BGB

I. Anspruchsentstehung
1. Verletzung eines der in § 253 Abs. 2 BGB genannten Rechtsgüter
2. Schadenersatzanspruch dem Grunde nach wegen Verletzung
3. Höhe: Billige Entschädigung in Geld

II. Rechtsvernichtende Einwendungen

III. Durchsetzbarkeit

647 Zunächst müssen Sie feststellen, ob eines der in § 253 Abs. 2 BGB genannten Rechtsgüter verletzt ist. Diese sind: Verletzung des Körpers, Verletzung der Gesundheit, der Freiheit oder der sexuellen Selbstbestimmung.

Was bei der Aufzählung im Gesetz fehlt, ist die Nennung des allgemeinen Persönlichkeitsrechts. Dennoch ist auch bei der Verletzung dieses Rechtsgutes ein Ausgleich für den immateriellen Schaden zu leisten. Der Schmerzensgeldanspruch, so die Begründung der ständigen Rechtsprechung, hat seine Grundlage in Art 1 und 2 Abs. 1 GG und ist von der Änderung des § 253 BGB unberührt geblieben.[186]

648 Weitere Voraussetzung für den Anspruch aus § 253 Abs. 2 BGB ist, dass der Schädiger wegen der Verletzung dieser Rechtsgüter dem Geschädigten (dem Grunde nach) auf Schadenersatz haftet. Sie müssen somit entweder bei der Prüfung des Schmerzensgeldanspruches der zum Schadenersatz verpflichtende Grundanspruch inzidenter prüfen oder – was in den meisten Fällen vorzuziehen sein dürfte – können auf den schon geprüften Anspruch verweisen.

649 Rechtsfolge ist eine *billige Entschädigung*[187] in Geld. Die Schmerzensgeldhöhe muss daher unter umfassender Berücksichtigung aller für die Bemessung maßgeblicher Umstände festgesetzt werden und in einem angemessenen Verhältnis zu Art und Dauer der Verletzung stehen.[188]

In der Praxis bedient man sich für die typischen Verletzungen, wie sie insbesondere bei Verkehrsunfällen vorkommen, sogenannter Schmerzensgeldtabellen.[189]

JURIQ-Klausurtipp

Im Examen wird von Ihnen nicht erwartet, dass Sie die Höhe des Schmerzensgeldes tatsächlich exakt bestimmen. Sie prüfen stattdessen § 253 Abs. 2 BGB und schließen die Prüfung mit etwa dem Satz „Damit hat der Gläubiger einen Anspruch auf eine billige Entschädigung in Geld" ab.

186 Vgl. Palandt/*Grüneberg*, BGB § 253 Rn. 10 m.w.N.; *Buck-Heeb*, Besonderes Schuldrecht/2, Rn. 220.
187 Aus gegebenem Anlass weise ich darauf hin, dass das Wort „billig" in diesem Zusammenhang synonym für „angemessen" oder „gerecht" steht, und nicht im Sinne von „preiswert" gebraucht wird.
188 Vgl. Palandt/*Grüneberg*, BGB § 253 Rn. 15 f.
189 Siehe die Nachweise bei Palandt/*Grüneberg*, BGB § 253 vor Rn. 1, Rn. 15.

Bei der Prüfung der Punkte „Anspruch erloschen" und „Anspruch durchsetzbar" gelten beim Schmerzensgeldanspruch keinerlei Besonderheiten. 650

9. Anspruch erloschen und Anspruch durchsetzbar

Sobald Sie den Anspruch nach § 823 Abs. 1 BGB (und ggf. In einem eigenen Punkt den nach § 253 Abs. 2 BGB) somit abgeschlossen haben, besteht zwischen Gläubiger und Schuldner ein gesetzliches Schuldverhältnis, das wie jedes andere auch erlöschen kann. Ferner kann der Schuldner des Anspruches möglicherweise Einreden haben. 651

Zu erwähnen ist, dass der Anspruch nach § 823 BGB gemäß §§ 195, 199 BGB innerhalb von drei Jahren verjährt.[190] Die Frist beginnt mit dem Schluss des Jahres, in dem der Anspruch entstanden ist und der Gläubiger von dem den Anspruch begründeten Umständen und der Person des Schuldners Kenntnis erlangt oder ohne grobe Fahrlässigkeit erlangen müsste (§ 199 Abs. 1 Nr. 1 und 2 BGB). Spätestens nach 30 Jahren ist aber auf jeden Fall endgültige Verjährung eingetreten (§ 199 Abs. 2 BGB). 652

II. Der Anspruch aus § 823 Abs. 2 BGB

Anspruch aus § 823 Abs. 2 BGB i.V.m. Schutzgesetz 653

PRÜFUNGSSCHEMA

I. Anspruchsentstehung
1. Verletzung eines Schutzgesetzes
   a) Norm
   b) Verbots- oder Gebotsnorm
   c) Schutz eines anderen
2. Haftungsbegründende Kausalität
3. Rechtswidrigkeit
4. Verschulden
   a) Verschulden im Sinne der Verbotsnorm
   b) Wenn für Schutzgesetz kein Verschulden erforderlich: Vorsatz oder Fahrlässigkeit
5. Schaden

II. Rechtsvernichtende Einwendungen

III. Durchsetzbarkeit

§ 823 Abs. 2 BGB ist ein selbstständiger Anspruch, der neben § 823 Abs. 1 BGB (und anderen Ansprüchen) steht und deshalb immer (auch) zu prüfen ist. Es handelt sich hier um die zivilrechtliche Konsequenz (Schadenersatzanspruch) bei der Verletzung eines möglicherweise einem ganz anderen Rechtsgebiet angehörenden Gesetzes. Weil es sich somit um grundverschiedene Ansprüche handelt, ist im Übrigen erforderlich, dass Sie bei deliktischen Ansprüchen genau bezeichnen, ob Sie nun § 823 Absatz 1 BGB oder dessen Abs. 2 prüfen.[191] 654

190 Vgl. Palandt/*Sprau*, vor BGB § 823 Rn. 44.

191 Vgl. *Medicus/Petersen*, Bürgerliches Recht, § 24 Rn. 605.

Hinweis

Im Folgenden sowie bei allen anderen noch zu besprechenden Anspruchsgrundlagen werde ich nur noch die neuen Merkmale besprechen. Für die sich wiederholenden Tatbestandsmerkmale (wie z.B. die Kausalitäten oder den Schaden) gelten die zu § 823 Abs. 1 BGB gemachten Ausführungen.

655 Der Schuldner eines Anspruchs muss ein sogenanntes Schutzgesetz verletzt haben:

Schutzgesetz im Sinne des § 823 Abs. 2 BGB ist eine Norm, die nach Zweck und Inhalt wenigstens auch auf den Schutz von Individualinteressen von einer näher bestimmten Art ihrer Verletzung ausgerichtet ist.[192]

Es muss sich also zunächst um ein Gesetz handeln. Nach Art 2 EGBGB ist jede Rechtsnorm Gesetz im Sinne des BGB und damit im Sinne des § 823 Abs. 2 BGB. Damit kann Schutzgesetz in diesem Zusammenhang nicht nur ein Gesetz im formalen Sinn, sondern auch eine bloße Rechtsverordnung, ordnungspolizeiliche Vorschrift oder sogar Tarifverträge und Betriebsvereinbarung sein.[193]

656 Die Norm muss nun ein Ge- oder Verbot aussprechen oder – mit anderen Worten – vom Schuldner ein bestimmtes Verhalten verlangen bzw. verhindern wollen.

657 Weiter muss nun das Gesetz (auch) dem Schutz einzelner Personen oder Personenkreise dienen. Ob die verletzte Norm zumindest auch dem Schutz des Einzelnen oder eines bestimmten Personenkreises dient, ist durch Auslegung zu ermitteln.[194]

Beispiele Bei Strafrechtsnormen ist der Schutz des Einzelnen regelmäßig mitbeabsichtigt. So schützen die §§ 153 ff. StGB (Aussagedelikte) nicht nur die Rechtsordnung, sondern wollen auch das Vermögen des durch eine Falschaussage belasteten Bürgers mit schützen. Die Vermögensdelikte sowie die Insolvenztatbestände haben auch Individualschutzcharakter, der Straftatbestand der Urkundenfälschung hingegen nach ständiger Rechtsprechung nicht.[195] ■

658 Die Zahl der Normen, deren Verletzung einen Anspruch nach § 823 Abs. 2 BGB auslösen kann, ist immens.[196] Es ist weder möglich, noch sinnvoll zu versuchen, alle diese Vorschriften zu lernen. Stattdessen geben wir Ihnen folgenden Tipp auf den Weg.

192 Vgl. *Buck-Heeb*, Besonderes Schuldrecht/2, Rn. 226; *Looschelders*, Besonders Schuldrecht, § 64 Rn. 4 f.
193 Vgl. Palandt/*Sprau*, vor BGB § 823 Rn. 57.
194 Vgl. *Looschelders*, Besonders Schuldrecht, § 64 Rn. 6.
195 Kritisch dazu *Looschelders*, Besonders Schuldrecht, § 64 Rn. 5; vgl. auch *Buck-Heeb*, Besonderes Schuldrecht/2, Rn. 232.
196 Siehe die (keineswegs abschließende, aber beeindruckende) Aufzählung bei Palandt/*Sprau*, vor BGB § 823 Rn. 62-73.

JURIQ-Klausurtipp

In einem Sachverhalt, bei dem es um § 823 Abs. 2 BGB geht, wird immer ein Hinweis auf das möglicherweise verletzte Schutzgesetz enthalten sein. Greifen Sie diesen Hinweis auf und legen die Norm dann entsprechend den oben beschriebenen Regeln aus.

Schließlich muss der Anspruchssteller persönlich in den Schutzbereich der verletzten Norm einbezogen sein. Dies mag zunächst verwirren, denn eigentlich haben wir ja gerade bereits geprüft, dass die Norm auch dem Schutz des Einzelnen dient. Es kann aber sein, dass eine Schutznorm zwar den Einzelnen vor Schäden bewahren will, nicht aber den konkreten Anspruchssteller, wie das nachfolgende *Beispiel* zeigt: **659**

Beispiel Nach § 21 Abs. 1 Nr. 2 StVG ist es (bei Strafe) verboten, als Halter eines Kraftfahrzeuges dieses jemandem zu überlassen, der dafür keine Fahrerlaubnis hat. Diese Norm soll auch den Einzelnen vor Fahrern schützen, die keine Fahrerlaubnis haben. Nicht aber dient dieses Gesetz dem Schutz des Halters selber, der im Fahrzeug sitzt und beim Unfall des Fahrers, dem er das Fahrzeug überlassen hat, verletzt wird.

Wie auch beim § 823 Abs. 1 BGB indiziert die Verletzung des Schutzgesetzes die Rechtswidrigkeit. Bei vielen Schutzgesetzen (insbesondere bei den strafrechtlichen) ist die Rechtswidrigkeit aber schon Voraussetzung für deren Vorliegen und deshalb bereits bei der Verletzung des Tatbestandes des Schutzgesetzes geprüft. **660**

Die haftungsbegründende Kausalität ist entsprechend den Grundsätzen oben Rn. 517 ff. zu prufen und zu begrunden.

Beim Verschulden ist zu unterscheiden: **661**

Die Verschuldensfähigkeit ist zivilrechtlich, also nach den §§ 827, 828 BGB (siehe oben Rn. 566 ff.) zu ermitteln. Ist danach der Schädiger nicht verschuldensfähig, scheidet eine Haftung nach § 823 Abs. 2 BGB in Verbindung mit dem Schutzgesetz aus.

Ist ein Verschulden für die Verletzung des Schutzgesetzes erforderlich, so ist das Verschulden nach den Grundsätzen des Schutzgesetzes und nicht nach den Grundsätzen des BGB zu prüfen.[197]

Ist nach dem einschlägigen Schutzgesetz kein Verschulden erforderlich, so muss wegen § 823 Abs. 2 S. 2 BGB mindestens Fahrlässigkeit im Sinne des § 276 Abs. 2 BGB (oben Rn. 577 ff.) nachgewiesen werden.[198]

197 Vgl. *Looschelders*, Besonders Schuldrecht, § 64 Rn. 9.

198 Vgl. *Looschelders*, Besonders Schuldrecht, § 64 Rn. 9.

III. Der Anspruch aus § 826 BGB

PRÜFUNGSSCHEMA

662 **Anspruch aus § 826 BGB**

I. Anspruchsentstehung
1. Verursachung eines Schadens
   a) Handlung des Schädigers
   b) Schaden beim Geschädigten
   c) Kausalität zwischen a) und b)
2. Sittenwidrigkeit
   a) Anstandsformel
   b) Fallgruppen
3. Vorsatz in Bezug auf 1. und 2.

II. Rechtsvernichtende Einwendungen

III. Durchsetzbarkeit

663 Während wir beim § 823 Abs. 1 BGB oft viel Mühe darauf verwenden müssen zu begründen, dass und welches absolute Recht des Geschädigten verletzt ist (siehe Rn. 394 ff.), schützt § 826 BGB das Vermögen des Geschädigten schlechthin.[199] Dagegen reicht auf der Ebene des Verschuldens beim § 823 Abs. 1 BGB schon die leichteste Fahrlässigkeit, während § 826 BGB Vorsatz erfordert, der sich nicht nur auf die Schädigung, sondern auch auf die Sittenwidrigkeit derselben beziehen muss.[200] Mit einem Satz: Während § 823 Abs. 1 BGB objektiv eng (Schutz nur bestimmter Rechtsgüter) und subjektiv weit (schon Fahrlässigkeit genügt), ist § 826 BGB objektiv weit (Schutz des ganzen Vermögens) und subjektiv eng (Ersatz nur bei vorsätzlichem und zudem sittenwidrigem Handeln).[201]

§ 826 will den Rechtsverkehr vor skrupellosen Verhaltensweisen schützen, indem er ein solches Verhalten mit einer Schadensersatzpflicht sanktioniert.

Beispiel Unternehmer U will seinem Konkurrenten K schaden, indem er gegen K gerichtlich vorgeht, obwohl U weiß, dass sein Konkurrent K keinerlei Anlass für eine Klage geboten hat. Der Anwalt des U soll deshalb den Klagevortrag etwas „frisieren.“ U hofft, dass allein die mit einer Klage verbundenen Gerichts- und Anwaltskosten den K unter Druck setzen und einschüchtern wird. ■

199 Vgl. Palandt/*Sprau*, vor BGB § 826 Rn. 1; vgl. *Buck-Heeb*, Besonderes Schuldrecht/2, Rn. 245.
200 Vgl. *Looschelders*, Besonders Schuldrecht, § 65 Rn. 7.
201 Vgl. *Medicus/Petersen*, Bürgerliches Recht, § 24 Rn. 605.

Wie einleitend ausgeführt, ist § 826 BGB objektiv weit. Die Vermögens- und Interessenlage des Geschädigten wird umfassend geschützt. Eine Prüfung der Verletzung bestimmter Rechtsgüter ist nicht erforderlich. Die Handlung des Schädigers muss also nur zu einem Schaden geführt haben. **664**

Schaden im Sinne des § 826 BGB bedeutet jede nachteilige Einwirkung auf die Vermögenslage, Beeinträchtigung eines rechtlich anerkannten Interesses oder die Belastung mit einer ungewollten Verpflichtung.[202]

1. Schaden

Anders als bei § 823 Abs. 1 und Abs. 2 BGB gehört damit bei § 826 BGB der Schaden zum haftungsbegründenden Tatbestand und ist nicht erst Rechtsfolge der Haftung.[203] **665**

Hinweis

In manchen Fällen liegt zwar sittenwidriges Handeln vor (dazu gleich Rn. 666), wegen der aus § 138 BGB folgenden Nichtigkeit des Rechtsgeschäfts jedoch kein Schaden.
Bei der Fallgruppe „Verleiten zum Vertragsbruch" (Rn. 668) zum Beispiel wird die Nichtigkeit des Verpflichtungsgeschäfts (häufig) auch auf das Verfügungsgeschäft durchschlagen,[204] sodass der Schuldner gar kein Eigentum erwirbt. § 826 BGB ist dann unnötig.

Zwischen Handlung und Schaden muss (natürlich) ein Kausalzusammenhang bestehen. Dieser ist genauso zu begründen wie bei den unerlaubten Handlungen sonst auch (also Äquivalenz, Adäquanz und ggf. Schutzzweck der Norm). Kausalitätsprobleme bei Fallgestaltungen im Rahmen des § 826 BGB sind aber eher selten.

2. Sittenwidrigkeit

a) Grundsatz

Das entscheidende und schwierigste Tatbestandsmerkmal des § 826 BGB ist die Sittenwidrigkeit. Auch wenn es unstreitig ist, dass mit der nachfolgenden Definition nicht eben gerade viel gewonnen ist,[205] beginnt **jede** Prüfung der Sittenwidrigkeit mit folgender Begriffsbestimmung: **666**

Sittenwidrigkeit des Handelns liegt dann vor, wenn die Tat gegen das Anstandsgefühl aller billig und recht Denkenden verstößt.[206]

202 Vgl. Palandt/*Sprau*, vor BGB § 826 Rn. 3; Jauernig BGB/*Förster*, BGB § 826 Rn. 25.
203 Vgl. *Buck-Heeb*, Besonderes Schuldrecht/2, Rn. 245.
204 Vgl. *Medicus/Petersen*, Bürgerliches Recht, § 24 Rn. 626.
205 Vgl. *Buck-Heeb*, Besonderes Schuldrecht/2, Rn. 245b; vgl. auch meine Kritik Michalski/*Westerhoff*, Arbeitsrecht, Rn. 307 bis 309.
206 Vgl. statt aller Palandt/*Ellenberger*, BGB § 138 Rn. 2.

Es ist dieselbe Definition, die Sie schon bei der Frage der Nichtigkeit eines Rechtsgeschäfts im Sinne des § 138 Abs. 1 BGB kennengelernt haben. Die mangelnde Konkretheit der auch Anstandsformel genannten Begriffsbestimmung[207] führt zu erheblicher Rechtsunsicherheit und für Sie natürlich zur entscheidenden Frage, wann denn nun fragwürdiges Verhalten so verwerflich ist, dass es das schwere Geschütz Nichtigkeit im Sinne des § 138 BGB und Schadenersatz nach § 826 BGB rechtfertigt.

Beispiel Verträge, die den Handel mit Titeln (z.B. Doktor-Titel) zum Gegenstand haben, werden gemeinhin als sittenwidrig eingestuft. Akzeptiert wird aber ein „Promotionsberatungsvertrag". Hier ist es wohl mehr oder weniger Zufall, ob ein solcher Vertrag als schwerer Sittenverstoß angesehen wird oder unter dem Schutz der Zivilrechtsordnung steht. ■

b) Fallgruppen

667 Zu lösen ist dieses Dilemma letztlich nur, indem Sie sich für die Klausur die wichtigsten Fallgruppen[208] merken und in der Praxis die Kommentare und Rechtsprechung zurate ziehen, wenn es darum geht, aus einem Verhalten den Schluss zu ziehen, dass es schadenersatzbegründend ist bzw. sein soll.

Hinweis

Die Fallgruppenbildung und -benennung ist in gewisser Weise willkürlich. Es ist der Versuch, die unübersehbare Kasuistik[209] in einigermaßen sinnvolle Gruppen zusammenzufassen.

668 Die **erste Fallgruppe** ist das Verleiten zum Vertragsbruch. Grundsätzlich sind, wie sie wissen, vertragliche Bindungen relativ, wirken also nur zwischen den unmittelbar beteiligten Personen.

Beispiel Wenn A dem B ein Gemälde verkauft hat, ist er dem B zur Übereignung verpflichtet. Bis zur Erfüllung des Übereignungsanspruchs kann B das Gemälde aber grundsätzlich einem Dritten veräußern und übereignen. ■

Diese vom Gesetzgeber gewollte Relativität der Schuldverhältnisse darf nicht dadurch untergraben werden, in dem in jedem Vertragsbruch zugleich auch ein sittenwidriges Verhalten gesehen wird.[210] Beim Verleiten zum Vertragsbruch (also insbesondere beim Verleiten zum Doppelverkauf) müssen noch weitere Umstände hinzutreten, um das Verhalten besonders verwerflich zu machen. Typischerweise wird dies in der Zusage des Dritten gesehen, dem doppelt verkaufenden Verkäufer von den Schadenersatzansprüchen des Erstkäufers freizustellen.[211]

669 Die **zweite Fallgruppe** ist die bewusst unrichtige Erteilung von Auskünften oder Gutachten.

207 Siehe zur grundlegenden Fragwürdigkeit der „Anstandsformel": *Looschelders*, Besonders Schuldrecht, § 65 Rn. 3 bis 6.

208 So im Ergebnis auch *Looschelders*, Besonders Schuldrecht, § 65 Rn. 9 ff.; *Buck-Heeb*, Besonderes Schuldrecht/2, Rn. 246 ff.; *Emmerich*, BGB Schuldrecht BT, § 24 Rn. 12 ff.

209 Vgl. *Medicus/Petersen*, Bürgerliches Recht, Rn. 623 ff.

210 Vgl. *Looschelders*, Besonders Schuldrecht, § 65 Rn. 10.

211 Vgl. *Buck-Heeb*, Besonderes Schuldrecht/2, Rn. 247; *Looschelders*, Besonders Schuldrecht, § 65 Rn. 10.

Beispiel Ruft Lieferant L bei der Hausbank seines Kunden K an und fragt nach der Kreditwürdigkeit, so ist es sittenwidrig, wenn der Sachbearbeiter dem L bewusst wahrheitswidrig erzählt, der Kunde sei über jeden Zweifel erhaben.

Ähnlich gelagert ist der Fall, in dem ein Bausachverständiger seinem Kunden ein falsches Gutachten über den Zustand des Hauses erstellt und dieses Gutachten dann den Käufer des Hauses zum Fehlkauf motiviert.[212]

Die **dritte Fallgruppe** ist die Erschleichung eines Titels bzw. die Vollstreckung aus unrichtigen Titeln. Wer unter Missachtung seiner Wahrheitspflicht (§ 138 ZPO) einen Titel erschleicht, handelt ohne weiteres sittenwidrig, wenn er dann versucht, aus diesem Titel gegen den Beklagten vorzugehen.[213] **670**

Hinweis

In diesem Fall kommt auch eine Haftung aus § 823 Abs. 2 BGB in Verbindung mit § 263 StGB (Prozessbetrug) in Betracht.

Das leuchtet unmittelbar ein. Schwierig ist es, wenn sich der Kläger den Titel nicht erschlichen hat, aber vor der Vollstreckung erfährt, dass der Titel trotz seiner Rechtskraft materiellrechtlich falsch ist.

Beispiel Erbe E findet in den Unterlagen des Erblassers G Unterlagen, nach denen S dem G 150 000 € schuldet. E verklagt daher den G auf Rückzahlung. G beteuert im Prozess, dass er den Betrag „längst" zurückgezahlt habe. E bestreitet dies guten Gewissens. G kann die Erfüllung des Anspruchs nicht beweisen und wird antragsgemäß verurteilt. Nachdem das Urteil rechtskräftig geworden ist, findet E dann doch die Quittung in den Unterlagen. Nichtsdestoweniger betreibt er die Zwangsvollstreckung weiter.

In diesem Fall ist Vorsicht geboten.[214] Immerhin ist es ja geradewegs Sinn und Zweck der Rechtskraft, endgültig einen Streit beendet zu haben und Rechtsfrieden zu schaffen. Dennoch erkennt die Rechtsprechung eine Durchbrechung der Rechtskraft bei zwar nicht erschlichenen, aber materiell unrichtigen Titel in, wie es heißt, besonders schwerwiegenden, eng begrenzten Ausnahmefällen an.[215]

Allein der Umstand, dass der Titel falsch ist, reicht nicht. Es müssen weitere Umstände hinzutreten, die das nachträglich als unrichtig erkannte Urteil in hohem Maße unbillig und geradezu unerträglich erscheinen lassen.[216]

In unserem Beispielsfall dürften die Voraussetzungen gegeben sein. Obwohl der Erbe nunmehr weiß, dass er materiell-rechtlich gar nichts von S zu fordern hat, handelt in grobem Maße unbillig, wenn er dennoch den Titel nutzt, um sich die schon erhaltene (in der Erbmasse befindliche) Leistung ein zweites Mal zu holen.

212 Vgl. *Looschelders*, Besonders Schuldrecht, § 65 Rn. 11.
213 Vgl. hierzu MüKo BGB/*Wagner*, BGB § 826 Rn. 261.
214 Vgl. *Looschelders*, Besonders Schuldrecht, § 65 Rn. 14.
215 Vgl. *BGH*, Urteil vom 13.9.2005 – VI ZR 137/04 = NJW 2006, 154.
216 Vgl. *Looschelders*, Besonders Schuldrecht, § 65 Rn. 14.

Hinweis

Dass in solchen Fällen auch andere Möglichkeiten in Betracht kommen (z.B. Restitutionsklage nach § 580 ZPO) hindert den Gläubiger nicht, seinen Anspruch auf § 826 BGB zu begründen.[217]

671 Als **vierte Fallgruppe** können Handlungen zum Nachteil von Gläubigern ausgemacht werden. Hierunter fallen z.B. Vereinbarungen eines Schuldners in einer Unternehmenskrise mit seiner Bank, Lieferanten nicht mehr zu bezahlen, sondern die eingehenden Gelder nur zur Rückführung der Kontokorrentlinie zu verwenden. Auch die verspätete Stellung eines Insolvenzantrages kann einen Anspruch nach § 826 BGB begründen (daneben auch § 823 Abs. 2 BGB in Verbindung mit §§ 283 ff. StGB sowie § 15a InsO).[218]

672 Als **fünfte und letzte Fallgruppe** sei der Missbrauch von Monopolstellungen genannt. Die früher hier sehr wichtigen Fragen der Belieferung durch Unternehmen, die keinem (wesentlichen) Wettbewerb mehr ausgesetzt sind, sind inzwischen entschärft. Spezialrechtliche Tatbestände insbesondere des GWB, des UWG und anderer Spezialnormen haben dem § 826 BGB hier einen großen Teil seiner ursprünglichen Anwendungsfälle genommen.[219] Auf diese Fragen braucht deshalb hier nicht weiter eingegangen zu werden.

Übrig bleiben die Fälle des Missbrauchs einer Monopolstellung außerhalb des Unternehmensbereichs.

Beispiel R ist Redakteur. Als für die Kultur zuständiger Mitarbeiter seiner Zeitung besucht er regelmäßig die Vorstellungen des Städtischen Theaters und ist für seine scharfzüngigen Kritiken bekannt und gefürchtet. Intendant I will sich das nicht weiter bieten lassen und erteilt dem R kurzerhand Hausverbot. ■

Hier missbraucht I seine Monopolstellung (worüber sonst soll R denn nun schreiben). Deshalb hat R Anspruch auf Ersatz des Schadens. Im Wege der Naturalrestitution (§ 249 Abs. 1 BGB) muss I daher das Hausverbot aufheben und R weiterhin Zutritt zu den Veranstaltungen des Theaters gewähren.

c) Rechtswidrigkeit und Vorsatz

673 Natürlich indiziert die Tatbestandsmäßigkeit der Verletzung auch beim § 826 BGB die Rechtswidrigkeit. Ich glaube im Übrigen nicht, dass es denkbar ist, ein Verhalten auf der Tatbestandsebene als sittenwidrig zu qualifizieren, um dann durch einen Rechtfertigungsgrund die Rechtswidrigkeit zu verneinen.

Besonderes Augenmerk muss man schließlich dem Vorsatz widmen. Zunächst verlangt § 826 BGB, dass der Schuldner vorsätzlich gehandelt hat. Grobe Fahrlässigkeit hingegen genügt nicht. Allerdings lässt die Rechtsprechung wiederum ein leichtfertiges Verletzungsverhalten als vorsätzlich im Sinne des § 826 BGB genügen.[220] Richtiger dürfte es

217 Vgl. Palandt/*Sprau*, BGB § 826 Rn. 53.
218 Vgl. *Buck-Heeb*, Besonderes Schuldrecht/2, Rn. 249b.
219 Vgl. Palandt/*Sprau*, BGB § 826 Rn. 48.
220 Vgl. *Buck-Heeb*, Besonderes Schuldrecht/2, Rn. 250 mit Verweis u.a. auf *BGH*, Urteil v. 22.6.1992 – II ZR 178/90 = NJW 1992, 3167.

sein, das bloß leichtfertige Verhalten eines Schädigers als Indiz für eine bedingt vorsätzliche Schädigungsabsicht zu werten.[221]

Zweitens muss sich der so festgestellte Vorsatz nicht nur auf die Schädigungshandlung, sondern auch auf den Schaden und auf die Sittenwidrigkeit beziehen.[222] Damit unterscheidet sich § 826 BGB ein weiteres Mal fundamental von § 823 Abs. 1 BGB. Dort steht der Schaden nur auf der Rechtsfolgeseite, hat also mit der Haftungsbegründung nichts zu tun. Bei § 826 BGB muss der Schädiger also nicht nur die Handlung kennen und wollen, sondern mit der Handlung auch einen Schaden zufügen wollen. 674

Schließlich muss der Vorsatz auch die Sittenwidrigkeit umfassen. Dabei ist allerdings ausreichend, dass der Schädiger die Umstände kennt, aus denen sich die Sittenwidrigkeit ergibt. Den Schluss, sittenwidrig zu handeln, muss er nicht (auch nicht laienhaft) selbst vollzogen haben. Dies wird damit begründet, dass Schädigern, die über besonders laxe Moralvorstellungen verfügen, ansonsten eben gerade diese laxen Vorstellungen zugutekämen.[223] 675

IV. Weitere verschuldensabhängige deliktische Ansprüche

Nach § 824 BGB haftet derjenige, der über einen anderen Tatsachen behauptet oder verbreitet, die dessen Kredit gefährden oder sonstige Nachteile für sein Fortkommen oder Erwerb nach sich ziehen, auf Schadenersatz. Voraussetzung dafür ist, dass diese Tatsachen falsch sind und der behauptende die Unwahrheit kennt oder sie zwar nicht kennt, aber kennen müsste. 676

Beispiel (verkürzte Darstellung) Der Vorstandsvorsitzende der Deutschen Bank sprach der damaligen Unternehmensgruppe von Leo Kirch, die u.a. den Bezahlfernsehsender Premiere (Vorgänger von Sky) betrieb, die Kreditwürdigkeit ab. Dies wertete der BGH u.a. als Fall des § 824.[224] ■

In § 824 Abs. 2 BGB ist ein besonderer Rechtsfertigungsgrund genannt.

Sexueller Missbrauch ist strafbar. Deshalb hat das Opfer zivilrechtlich einen Anspruch aus § 823 Abs. 2 in Verbindung mit den §§ 174 ff. StGB sowie § 823 Abs. 1 BGB (Körperverletzung) auf Schadenersatz sowie aus § 253 Abs. 2 BGB auf Schmerzensgeld. § 825 BGB erweitert diesen Anspruch auf die Fälle, in denen die sexuelle Handlung durch Hinterlist, Drohung oder Missbrauch eines Abhängigkeitsverhältnisses erreicht wurde, auch wenn möglicherweise eine Strafbarkeit nach den genannten strafrechtlichen Normen nicht gegeben ist. 677

In § 839 BGB ist die Haftung des Beamten für Amtspflichtverletzungen geregelt. Achtung: Art 34 GG führt dazu, dass bei hoheitlichem Handeln grundsätzlich der Staat (statt des Beamten) haftet. Die Einzelheiten können hier nicht dargestellt werden.[225] § 839 BGB greift also nur bei privatrechtlichem Handeln des Beamten. 678

§ 839a BGB schließlich ist ein eigener Haftungstatbestand, wenn ein gerichtlicher Sachverständiger vorsätzlich oder grob fahrlässig ein unrichtiges Gutachten erstattet. 679

221 Vgl. *Buck-Heeb*, Besonderes Schuldrecht/2, Rn. 250.
222 Vgl. *Medicus/Petersen*, Bürgerliches Recht, Rn. 623, 624.
223 Vgl. *Medicus/Petersen*, Bürgerliches Recht, Rn. 624.
224 Vgl. *BGH*, Urteil v. 24.1.2006 – XI ZR 384/03 = NJW 2006, 830.
225 Vgl. dazu MüKo BGB/*Papier/Shirvani*, BGB § 839 Rn. 1 ff.

C. Die Ansprüche aus vermutetem Verschulden

I. Der Anspruch aus § 831 BGB

PRÜFUNGSSCHEMA

680 **Anspruch aus § 831 BGB**

I. Anspruchsentstehung
1. Verrichtungsgehilfe
2. Tatbestandsmäßige und rechtswidrige unerlaubte Handlung des Verrichtungsgehilfen
3. In Ausübung der Verrichtung
4. Rechtswidrigkeit
5. Keine Exkulpation durch Geschäftsherrn
6. Ersatzfähiger Schaden
7. Art und Umfang des Schadensersatzes, §§ 249 ff. BGB

II. Rechtsvernichtende Einwendungen

III. Durchsetzbarkeit

681 Der § 831 BGB gehört zu den wichtigsten Haftungstatbeständen, nach denen der Schuldner aus vermutetem Verschulden haftet. Ferner ist diese Norm die zentrale Vorschrift, nach denen ein Dritter (Geschäftsherr) für von einem anderen (Verrichtungsgehilfe) begangenes Unrecht haftet. Dabei ist wichtig zu erkennen, dass § 831 BGB nicht das Verschulden des anderen dem Schuldner zurechnet (im Gegenteil: der Verrichtungsgehilfe muss nicht einmal schuldhaft gehandelt haben).[226] Der Vorwurf gegen den Geschäftsherrn lautet vielmehr, dass er seinen Verrichtungsgehilfen nicht ordnungsgemäß ausgewählt und/oder überwacht hat. Das ist das Verschulden, das vermutet wird und wovon sich der Geschäftsherr erst exkulpieren muss.

1. Die Prüfungsschritte im Einzelnen

a) Der Verrichtungsgehilfe

682 Ein Schadenersatzanspruch gegen den Geschäftsherrn kommt nur in Betracht, wenn die Handlung, die zum Schaden geführt hat, von einem Verrichtungsgehilfen des Geschäftsherrn ausgeführt wurde.

> **Zu einer Verrichtung bestellt** ist jemand, wenn er von einem anderen eine Tätigkeit übertragen bekommen hat, unter dessen Einfluss er allgemein oder im konkreten Fall handelt und zu dem er in einer gewissen Abhängigkeit steht.[227]

Das „Paradebeispiel" des Verrichtungsgehilfen ist damit der Arbeitnehmer des Geschäftsherrn. Selbstständig handelnde Subunternehmer, wie z.B. der Handelsvertreter sind damit keine Verrichtungsgehilfen, da es an der Abhängigkeit mangelt.

---

226 Vgl. Palandt/*Sprau*, BGB § 831 Rn. 1.

227 Vgl. Palandt/*Sprau*, BGB § 831 Rn. 5; *Buck-Heeb*, Besonderes Schuldrecht/2, Rn. 318.

Hinweis

Auch hierin unterscheidet sich der Begriff des Erfüllungsgehilfen von dem des Verrichtungsgehilfen. Erfüllungsgehilfe ist, wessen sich der Vertragspartner zur Erfüllung seiner Verbindlichkeit bedient. Das sind also diejenigen Personen, die nach den tatsächlichen Verhältnissen mit dem Willen des Schuldners bei der Erfüllung einer diesen treffenden Verbindlichkeit als seine Hilfsperson tätig wird.[228] Auf die Frage einer Abhängigkeit kommt es beim § 278 BGB nicht an.

Auch dogmatisch sind § 278 BGB und § 831 BGB völlig konträr. § 278 BGB rechnet dem Schuldner das Verschulden seines Erfüllungsgehilfen zu. § 831 BGB lässt den Geschäftsherrn haften, weil der Verrichtungsgehilfe einen Schaden rechtswidrig (aber nicht zwingend schuldhaft) verursacht hat und der Geschäftsherr bei der Auswahl und/oder Überwachung des Verrichtungsgehilfen schuldhaft gehandelt hat.

b) Tatbestandsmäßige und rechtswidrige unerlaubte Handlung des Verrichtungsgehilfen

Die zweite Voraussetzung des § 831 BGB ist, dass der Verrichtungsgehilfe tatbestandsmäßig **683**
und rechtswidrig eine unerlaubte Handlung begangen hat. In aller Regel dürfte es sich um eine unerlaubte Handlung nach § 823 Abs. 1 BGB handeln. § 831 BGB gilt aber für alle unerlaubten Handlungen gemäß der §§ 823 bis 826 BGB und den Tatbeständen der §§ 832 ff. BGB.[229]

Wie erwähnt, ist nicht erforderlich, dass der Verrichtungsgehilfe schuldhaft gehandelt hat. Der Geschäftsherr haftet also z.B. auch dann, wenn der Verrichtungsgehilfe nach § 827 BGB schuldunfähig war.

Zwei Probleme können sich aber bei der Frage des Verschuldens stellen: **684**

Manche Haftungsnormen sind schon auf der Ebene des Tatbestandes durch subjektive Elemente geprägt. Dies gilt vor allem für den eben besprochenen § 826 BGB oder die Haftung aus § 823 Abs. 2 BGB in Verbindung mit einem Schutzgesetz, das zu seiner Verwirklichung beispielsweise Vorsatz verlangt. In diesen Fällen ist anerkannt, dass auch die Haftung des Geschäftsherrn nur dann greifen kann, wenn der Verrichtungsgehilfe seinerseits die unerlaubte Handlung schuldhaft begangen hat.

Viel diskutiert wird auch der Fall, in dem der Verrichtungsgehilfe plakativ formuliert „alles **685**
richtig" gemacht hat und trotzdem ein Schaden entsteht.

Beispiel Busfahrer B muss, um einen schweren Unfall zu vermeiden, bremsen. Dabei kommt Fahrgast G zu Fall und verletzt sich. G nimmt den Arbeitgeber des B aus § 831 BGB in Anspruch und argumentiert, dass ein Verschulden schließlich nicht erforderlich sei. ■

228 Vgl. *Bönninghaus*, „Schuldrecht AT II", Rn. 57.
229 Vgl. Palandt/*Sprau*, BGB § 831 Rn. 8.

Diese und ähnlich Fälle können auf zwei Wegen gelöst werden. Entweder akzeptiert man einen Rechtsfertigungsgrund des verkehrsrichtigen Verhaltens.[230] Dann liegt keine *rechtswidrige* unerlaubte Handlung vor und § 831 BGB greift nicht.

Die zweite Möglichkeit ist eine teleologische Reduktion der Haftung nach § 831 BGB mit dem Argument des Schutzzwecks der Norm vorzunehmen. Wenn der Verrichtungsgehilfe deswegen nicht haftet, weil er sich objektiv richtig und vernünftig verhalten hat, muss die Anwendung des § 831 BGB ausscheiden, weil diese Norm nicht eine Erweiterung der Haftung des Geschäftsherrn auf solche Fälle bezweckt.[231]

c) In Ausübung der Verrichtung

686 Die Schädigung durch den Verrichtungsgehilfen muss in Ausübung der Verrichtung, nicht nur bei Gelegenheit derselben erfolgt sein.

> Der Verrichtungsgehilfe handelt **in Ausübung der Verrichtung** und nicht nur bei Gelegenheit, wenn ein innerer Zusammenhang zwischen aufgetragener Verrichtung und Schadenszufügung besteht.[232]

Die Abgrenzungsfrage stellt sich immer dann, wenn der Verrichtungsgehilfe seinen Aufgabenbereich dazu nutzt, Dritte zu schädigen, obwohl es mit seiner eigentlichen Aufgabe nichts oder wenig zu tun hat.

Beispiele Geselle G des Malermeisters M stiehlt während der Ausführung eines Auftrages die herumliegende Armbanduhr des Bestellers B.

Kurierfahrer K weicht weisungswidrig von seiner Fahrroute ab, um private Dinge zu erledigen. Dabei verursacht er einen Verkehrsunfall, bei dem B geschädigt wird. ■

Allein die Tatsache, dass der Verrichtungsgehilfe von Weisungen des Geschäftsherrn abweicht, macht sein Handeln noch nicht zu einem „bei Gelegenheit der Ausführung“. Der Diebstahl der Uhr aber steht nur noch in einem äußeren Zusammenhang mit der Verrichtung, nicht aber mehr im von der herrschenden Meinung geforderten inneren Zusammenhang.[233] Noch deutlicher wird es in dem zweiten *Beispiel*: Hier handelt K „rein privat“. Es ist nicht einmal ein äußerer Zusammenhang mit seiner eigentlichen Aufgabe erkennbar.

d) Rechtswidrigkeit

687 Der Vollständigkeit halber sei erwähnt, dass auch die Haftung nach § 831 BGB nur greift, wenn sich auch der Geschäftsherr nicht auf einen Rechtfertigungsgrund berufen kann. Allerdings dürften Fälle, in denen zwar der Verrichtungsgehilfe rechtswidrig gehandelt hat (sonst würde der Anspruch schon unter 2. scheitern), der Geschäftsherr sich aber erfolgreich auf einen Rechtfertigungsgrund berufen kann, kaum denkbar sein.[234]

---

230 Siehe dazu oben Rn. 548.
231 So z.B. *Looschelders*, Schuldrecht BT, § 67 Rn. 7.
232 Vgl. *Buck-Heeb*, Besonderes Schuldrecht/2, Rn. 320.
233 A.A. *Looschelders*, Schuldrecht BT, § 67 Rn. 9 m.w.N.
234 Vgl. *Buck-Heeb*, Besonderes Schuldrecht/2, Rn. 321.

e) Keine Exkulpation durch den Geschäftsherrn

Seinen Charakter als Haftungsnorm aus vermutetem Verschulden bezieht § 831 BGB durch den S. 2 des Absatzes 1. Danach tritt die Ersatzpflicht nicht ein, wenn der Geschäftsherr nachweist, dass er den Verrichtungsgehilfen sorgfältig ausgewählt und überwacht hat oder der Schaden auch bei Anwendung der erforderlichen Sorgfalt entstanden sein würde (Exkulpationsbeweis). **688**

Normalerweise hat der Anspruchssteller in einem Zivilprozess alle Umstände darzulegen und zu beweisen, die seinen Anspruch stützen. § 831 Abs. 1 S. 2 BGB ist eine Umkehr von dieser Beweislast.[235] Der Geschäftsherr muss beweisen, dass er die erforderliche Sorgfalt bei Auswahl und/oder Überwachung des Verrichtungsgehilfen hat walten lassen.

Die Rechtsprechung stellt strenge Anforderungen an diesen Entlastungsbeweis.[236] Natürlich kommt es immer auf den konkreten Einzelfall an, welche Anforderungen an den Geschäftsherrn zu stellen sind. Als Leitlinie sollten sie sich folgende Definition merken: **689**

Der Geschäftsherr hat durch geeignete Maßnahmen dafür Sorge zu tragen, dass er für die Verrichtungen nur geeignete Personen auswählt. Er muss ferner diese Personen bei der Ausübung ihrer Verrichtungen regelmäßig überwachen. Maß und Umfang dieser Pflichten richten sich nach der Verkehrsanschauung, der Art der Verrichtung und den Besonderheiten des Einzelfalles.[237]

Da insbesondere bei Großbetrieben der Geschäftsherr nicht jeden einzelnen seiner Verrichtungsgehilfen persönlich selbst auswählen und überwachen kann, räumt die Rechtsprechung die Möglichkeit des dezentralisierten Entlastungsbeweises ein.[238] Der Geschäftsherr kann also sich damit exkulpieren, dass er einen Personalleiter sorgfältig ausgewählt und überwacht hat. Dass dieser Personalleiter dann denjenigen, der den Schaden tatsächlich verursacht hat, nicht sorgfältig ausgewählt und überwacht hat, schadet dann nicht mehr. **690**

Hier scheint es eine Privilegierung von Großbetrieben zu geben. Allerdings wird diese „Wohltat" durch die Rechtsfigur der Haftung aus Organisationsverschulden sogleich wieder eingeschränkt.

Sie erinnern sich an die Haftung wegen der Verletzung von Verkehrssicherungspflichten? Einer der dort behandelten Haftungstatbestände war die Haftung aus § 823 Abs. 1 BGB wegen Organisationsverschulden (siehe oben Rn. 504).[239] **691**

Zur Wiederholung: Der Geschäftsherr hat die Pflicht, seinen Betrieb so zu organisieren, dass für Dritte keine vermeidbaren Gefahren entstehen. Verletzt er diese VSP, haftet er aus § 823 Abs. 1 BGB (alle weiteren Merkmale unterstellt) und nicht nur nach § 831 BGB. Der Vorteil für den Geschädigten: Bei der Haftung nach § 823 Abs. 1 BGB kann sich der Geschäftsherr nicht exkulpieren. Nachteil: Die Beweislast liegt wieder grundsätzlich bei ihm.

235 Vgl. Palandt/*Sprau*, BGB § 831 Rn. 18.
236 Vgl. *Looschelders*, Schuldrecht BT, § 67 Rn. 11.
237 Vgl. Palandt/*Sprau*, BGB § 831 Rn. 10.
238 Vgl. Palandt/*Sprau*, BGB § 831 Rn. 11; *Looschelders*, Schuldrecht BT, § 67 Rn. 13.
239 Vgl. hierzu auch *Buck-Heeb*, Besonderes Schuldrecht/2, Rn. 325 ff.

Liegt also die Verletzung von VSP im Sinne eines Organisationsverschuldens vor, haftet der Geschäftsherr selbst nach § 823 Abs. 1 BGB.

f) Schaden/Art und Umfang des Schadensersatzes

692 Hier gelten keine Besonderheiten. Auf die Ausführungen oben unter Rn. 616 ff. wird Bezug genommen.

2. Weitere Prüfung

693 Das Erlöschen des Anspruchs und die Durchsetzbarkeit richten sich nach den allgemeinen Regeln.

II. Der Anspruch aus § 832 BGB

PRÜFUNGSSCHEMA

694 **Anspruch aus § 832 BGB**

I. Anspruchsentstehung
1. Aufsichtsbedürftigkeit
2. Aufsichtspflichtige Person
3. Tatbestandsmäßige und rechtswidrige unerlaubte Handlung des Aufsichtsbedürftigen
4. Rechtswidrigkeit
5. Keine Exkulpation durch Aufsichtspflichtigen
6. Ersatzfähiger Schaden
7. Art und Umfang des Schadensersatzes, §§ 249 ff. BGB

II. Rechtsvernichtende Einwendungen

III. Durchsetzbarkeit

695 Strukturell mit dem gerade besprochenen § 831 BGB sehr verwandt ist die Haftung des Aufsichtspflichtigen nach § 832 BGB. Auch hier muss der zu Beaufsichtigende (also im Hauptanwendungsfall des § 832 BGB) einem Dritten widerrechtlich einen Schaden zugefügt haben. Der Aufsichtspflichtige haftet genauso wie der Geschäftsherr beim Verrichtungsgehilfen aus wegen vermuteten Verschuldens und kann sich genauso wie dieser exkulpieren.

1. Anspruch entstanden

a) Aufsichtsbedürftigkeit

696 Die Person, die den „eigentlichen" Schaden verursacht hat, muss der Aufsicht bedürfen. Hierbei ist zwischen Minderjährigen und Volljährigen zu unterscheiden:

Minderjährige bedürfen immer der Aufsicht.[240] Hier stellt sich nur die Frage nach dem Maß und dem Inhalt der Aufsichtspflicht. Im Rahmen also des Entlastungsbeweises ist zu prüfen, welchen Inhalt die Aufsichtspflicht hatte und ob der Aufsichtspflichtige dieser genügt hat.[241]

Erwachsene bedürfen dann der Aufsicht, wenn dies wegen körperlichen oder geistigen Einschränkungen notwendig ist.[242]

b) Aufsichtspflicht

Der Schuldner des Anspruchs aus § 832 BGB muss zur Aufsicht verpflichtet sein. Diese Aufsicht ergibt sich entweder aus dem Gesetz oder (§ 832 Abs. 2 BGB) aus einem entsprechenden Vertrag. **697**

Die gesetzlichen Normen, die zu einer Aufsichtspflicht führen, entstammen hauptsächlich aus dem Familienrecht. Die wichtigste Vorschrift ist dabei § 1626 BGB (elterliche Sorge über das Kind) sowie der § 1671 BGB (Sorgerecht bei nur einem Elternteil). Zu nennen sind ferner die §§ 1793, 1797, 1800, 1909 f. und 1915 BGB. Hier handelt es sich um die Tatbestände, die eine Aufsichtspflicht für Pfleger oder Vormünder begründen.[243] **698**

Wie aus § 832 Abs. 2 BGB geschlossen werden kann, kann die Aufsichtspflicht auch durch Vertrag übernommen werden. Dies gilt für z.B. für das Kindermädchen, aber auch Kindergärten, Privatschulen und vergleichbare Personen bzw. Institutionen übernehmen die Aufsicht kraft Vertrages. **699**

Klausurrelevant können in diesem Zusammenhang zwei Fragen werden:

Einmal muss sich um die vertragliche Übernahme der Aufsichtspflicht handeln. Die bloß aus Gefälligkeit („... *könnten Sie bitte kurz auf mein Kind aufpassen* ...") übernommene Aufsicht genügt dafür nicht.[244]

Zweitens muss nach herrschender Meinung der Vertrag zivilrechtlich wirksam sein. Wenn – wie in der Praxis häufig – der Babysitter minderjährig ist, bedarf dieser zur Wirksamkeit des Vertrages mit den Eltern des Babys die Zustimmung seiner gesetzlichen Vertreter (§ 104 BGB). Fehlt diese, ist der Vertrag schwebend unwirksam und nach endgültiger Ablehnung der Genehmigung nichtig. Ein Anspruch gegen den Babysitter aus § 832 BGB scheidet dann aus.

c) Tatbestandsmäßige und rechtswidrige unerlaubte Handlung des Aufsichtsbedürftigen

Genauso wie der Verrichtungsgehilfe bei § 831 BGB ist für die Haftung des Aufsichtspflichtigen nach § 832 BGB erforderlich, dass dieser durch eine tatbestandsmäßige und rechtswidrige Handlung einem Dritten einen Schaden zufügt. Auf die Ausführungen oben Rn. 683 wird daher ausdrücklich Bezug genommen. **700**

240 Vgl. BeckOK BGB/*Spindler*, BGB § 832 Rn. 4.
241 Vgl. Palandt/*Sprau*, BGB § 832 Rn. 4, 9.
242 Vgl. *Looschelders*, Schuldrecht BT, § 67 Rn. 18.
243 Vgl. detailliert Palandt/*Sprau*, BGB § 832 Rn. 5.
244 Vgl. hierzu MüKo BGB/*Wagner*, BGB § 832 Rn. 20 ff.

d) Keine Exkulpation durch den Aufsichtspflichtigen

701 Es wird bei § 832 BGB vermutet, dass im Falle einer Schadenszufügung durch den Aufsichtsbedürftigen der Aufsichtspflichtige seiner Aufsichtspflicht nicht genügt hat. Der Aufsichtspflichtige kann aber vortragen und beweisen, dass er seiner Aufsichtspflicht genügt hat oder der Schaden auch bei gehöriger Erfüllung der Aufsichtspflicht entstanden sein würde (§ 832 Abs. 1 S. 2 BGB). Gelingt ihm dies, entfällt eine Haftung.[245]

702 Zunächst muss also der Umfang der Aufsichtspflicht bestimmt werden. Denn nur dann, wenn wir wissen, welche Pflichten der Aufsichtspflichtige gehabt hat, können wir ableiten, ob er diesen Pflichten genügt hat oder nicht.

Wir beschränken uns hier auf den Inhalt der Aufsichtspflicht der Eltern für ihre Kinder. Diese Pflichten gelten entsprechend für die Personen, die kraft Vertrages die Pflichten übernommen haben.

Entscheidend für Umfang und Inhalt der Aufsichtspflicht über Kinder ist die Frage, welche Vorkehrungen verständige Eltern in der konkreten Situation getroffen haben würden, um Schädigungen Dritter zu vermeiden.[246]

2. Weitere Prüfung

703 Im Übrigen entspricht die Prüfung der Anspruchsvoraussetzungen des § 832 BGB wieder völlig dem des § 831 BGB. Wegen der rechtsvernichtenden Einwendungen und Einreden gelten die allgemeinen Regeln.

III. Weitere Ansprüche aus vermutetem Verschulden

704 Neben den beiden gerade besprochenen §§ 831 und 832 BGB gibt es noch weitere deliktische Anspruchsgrundlagen, die eine Haftung aus vermutetem, aber widerlegbarem Verschulden vorsehen. Diese sind im Überblick:

705 Der wohl in der Praxis häufigste Fall einer Haftung aus vermutetem, aber widerlegbarem Verschulden ist die Haftung des Fahrzeugführers nach § 18 Abs. 1 StVG.

JURIQ-Klausurtipp

Immer dann, wenn ein Sachverhalt sie mit einem Verkehrsunfall konfrontiert, müssen Sie vier deliktische Anspruchsgrundlagen prüfen:

1. Anspruch aus § 823 Abs. 1 BGB (= Haftung aus nachzuweisendem Verschulden ohne Haftungshöchstgrenzen) (Prüfungsschema oben Rn. 393)
2. Anspruch aus § 823 Abs. 2 BGB i.V.m. Schutzgesetz (z.B. aus StVO) ohne Haftungshöchstgrenze (Prüfungsschema oben Rn. 653)
3. Anspruch gegen den Fahrer nach § 18 StVG (= Haftung aus vermutetem Verschulden mit Haftungshöchstgrenzen) (Prüfungsschema unten Rn. 728)
4. Anspruch gegen den Halter des Fahrzeugs nach § 7 StVG (= Haftung ohne Verschulden mit Haftungshöchstgrenzen) (Prüfungsschema unten Rn. 718)

245 Vgl. Palandt/*Sprau*, BGB § 832 Rn. 15.

246 Vgl. zu dieser Interessenabwägung im Einzelfall auch *Looschelders*, Schuldrecht BT, § 67 Rn. 21.

Da der Anspruch gegen den Fahrer nach § 18 StVG die Merkmale des § 7 Abs. 1 StVG voraussetzt (siehe Wortlaut des § 18 StVG: *„in den Fällen des § 7 Abs. 1...“*), liefere ich Ihnen das Prüfungsschema für diesen Anspruch im Anschluss an die Erörterung des § 7 StVG.

Nach § 833 S. 2 BGB haftet der Halter eines Nutztieres für Schäden, die dieses Tier einem Drit- 706
ten zufügt, aus widerleglichem vermutetem Verschulden. § 834 BGB lässt den Tieraufseher (z.B.: Inhaber einer Tierpension) ebenso haften.

In diesem Zusammenhang müssen Sie zwei Definitionen kennen: 707

Luxustiere sind einmal alle Tiere, die keine Haustiere sind, oder zwar solche sind, jedoch nicht dem Beruf, der Erwerbstätigkeit oder dem Unterhalt des Tierhalters zu dienen bestimmt sind.[247]

Der gleiche Hund ist also ein Luxustier, wenn er „nur“ aus Liebhaberzwecken gehalten wird, jedoch kein solches, wenn er z.B. als Wachhund auf dem Betriebsgelände eingesetzt ist.

Tierhalter ist, wer das Tier im eigenen Interesse, sei es zu wirtschaftlichen, Luxus- oder Sportzwecken verwendet.[248]

Wichtig: Die Möglichkeit des Exkulpationsbeweises gilt nur für Schäden durch Nutztiere 708
sowie für den Tieraufseher. Bei Schäden, die durch ein Luxustier (Haustier) verursacht werden, gilt für dessen Halter sogar eine Haftung ohne Verschulden (siehe Rn. 711 ff.).

Wenn Schäden durch Einsturz eines Gebäudes oder eines anderen mit einem Grundstück 709
verbundenen Werkes (z.B. Hafenanlage) oder durch Ablösung von Teilen eines Gebäudes oder eines solchen Werkes ein Mensch getötet, verletzt oder eine Sache beschädigt, so haftet der Grundstücksbesitzer, wenn der Einsturz oder die Ablösung die Folge fehlerhafter Errichtung oder mangelhafter Unterhaltung war. Das ist der Regelungsinhalt des § 836 BGB. Das Verschulden wird auch hier vermutet. Der Grundstücksbesitzer kann sich jedoch exkulpieren. Die § 837 BGB (Haftung des Gebäudebesitzers) und § 838 BGB (Haftung des Gebäudeunterhaltungspflichtigen) erweitern den Kreis der nach § 837 BGB haftenden Personen.

Online-Wissens-Check

Wann haftet ein Tierhalter ohne Rücksicht auf Verschulden und wann spielt die Frage seines Verschuldens eine Rolle?

Überprüfen Sie jetzt online Ihr Wissen zu den in diesem Abschnitt erarbeiteten Themen. Unter **www.juracademy.de/skripte/login** steht Ihnen ein Online-Wissens-Check speziell zu diesem Skript zur Verfügung, den Sie kostenlos nutzen können. Den Zugangscode hierzu finden Sie auf der Codeseite.

247 Vgl. *Buck-Heeb*, Besonderes Schuldrecht/2, Rn. 290.
248 Vgl. *Buck-Heeb*, Besonderes Schuldrecht/2, Rn. 290.

D. Verschuldensunabhängige deliktische Ansprüche

710 Schließlich gibt es Haftungstatbestände, die einen Schadenersatz gewähren, ohne dass es auf ein Verschulden ankommt. Der gesetzgeberische Gedanke hierbei ist, dass bestimmte Tätigkeiten zwar erlaubt sind (wie z.B. Autofahren). Passiert aber etwas, so soll der Geschädigte Ersatz verlangen können, ohne dass es auf ein Verschulden ankommt. Deshalb spricht man auch von Gefährdungshaftung.

Hinweis

Beachten Sie: Alle Ansprüche aus Gefährdungshaftung werden **nicht** dadurch ausgeschlossen, dass im konkreten Fall doch Verschulden vorliegt. Die Gefährdungshaftungstatbestände stellen nur die Frage nach dem Verschulden nicht.[249]

I. Anspruch aus § 833 S. 1 BGB

PRÜFUNGSSCHEMA

711 **Anspruch aus § 833 S. 1 BGB**

I. Anspruchsentstehung
1. Rechtsgutverletzung
2. Verursachung durch ein Tier (= Verwirklichung der „spezifischen" Tiergefahr)
3. Haltereigenschaft des Anspruchsgegners
4. Ersatzfähiger Schaden
5. Art und Umfang des Schadensersatzes, §§ 249 ff. BGB

II. Rechtsvernichtende Einwendungen

III. Durchsetzbarkeit

712

Wer ein Luxustier (siehe Definition oben Rn. 707) hält, soll haften, wenn ein Verhalten dieses Tieres zu einem Schaden führt. Für diese Schadensersatzpflicht ist es unerheblich, ob ein Verschulden des Tierhalters vorliegt und ob mit einem solchen Verhalten des Tieres gerechnet werden konnte.

249 Vgl. *Medicus/Petersen*, Bürgerliches Recht, § 24 Rn. 604.

1. Anspruchsentstehung

a) Rechtsgutverletzung

§ 833 BGB schützt Leben, Gesundheit sowie bewegliche und unbewegliche Sachen. Hierzu **713**
kann auf die Ausführungen zu § 823 Abs. 1 BGB (oben Rn. 394 ff.) verwiesen werden.

b) Schadenverursachung durch ein Tier

Der Schaden am geschützten Rechtsgut muss durch ein Tier erfolgt sein. **714**

> Ein **Tier** ist jedes tierische Lebewesen im naturwissenschaftlichen Sinn, gleichgültig, ob gezähmt, wild oder bösartig.[250]

Das scheint zunächst kein besonderes Problem zu sein, wird aber dann schwierig, wenn es um die Frage von Mikroorganismen geht. Züchtet z.B. ein biologisches Labor bestimmte Mikroorganismen und entweichen diese, so stellt sich die Frage, ob die an diesen Lebewesen erkrankten Menschen einen Anspruch aus § 833 S. 1 BGB haben. Hier wird man wohl argumentieren müssen, dass es nicht die Zielrichtung des § 833 S. 1 BGB ist, vor solchen Gefährdungen zu schützen. Wie auch der Zusammenhang mit Satz 2 zeigt, ist ein Tier im Sinne des § 833 BGB wohl nur ein Tier, das dem Menschen in irgendeiner Form dienen kann. Die Frage ist aber wie gesagt umstritten.[251] Vertretbar ist beides.

Dieses Tier muss nun einen Schaden verursacht haben. Zunächst muss zwischen dem Scha- **715**
den am Verletzten Rechtsgut und dem Verhalten des Tieres ein kausaler Zusammenhang bestehen, wobei Mitverursachung genügt.[252]

Im Verhalten des Tieres muss sich die spezifische Tiergefahr verwirklicht haben. Der Grund für die Tierhalterhaftung liegt nämlich in der Unberechenbarkeit tierischen Verhaltens und der dadurch hervorgerufenen Gefährdung von Rechtsgütern Dritter.[253] Deswegen haftet der zum Beispiel der Halter einer Katze nicht, wenn jemand die Katze als Wurfgeschoss gegen einen Dritten einsetzt, der dann durch die Katze verletzt wird.

c) Halter

Verpflichtet ist der Halter des Tieres. Zur Definition siehe oben Rn. 707. **716**

2. Weitere Prüfung

Die weitere Prüfung dieses Anspruchs ist analog zu den bei § 823 Abs. 1 BGB besprochenen **717**
Problemen vorzunehmen. Auf diese Ausführungen nehme ich Bezug.

---

250 Vgl. Palandt/*Sprau*, BGB § 833 Rn. 4.
251 Vgl. Palandt/*Sprau*, BGB § 833 Rn. 4 m.w.N.; *Looschelders*, Schuldrecht BT, § 68 Rn. 3.
252 Vgl. Palandt/*Sprau*, BGB § 833 Rn. 6.
253 Vgl. *Buck-Heeb*, Besonderes Schuldrecht/2, Rn. 291.

II. Anspruch aus § 7 StVG

PRÜFUNGSSCHEMA

718 **Anspruch aus § 7 Abs. 1 StVG**

I. Anspruchsentstehung

1. Rechtsgutsverletzung
2. Ausnahmen nach § 8 StVG Rn. 722
3. Verursachung „bei dem Betrieb" des KFZ (= Verwirklichung der „spezifischen" Betriebsgefahr)
4. Haltereigenschaft des Anspruchsgegners
5. Kein Ausschluss nach § 7 Abs. 2 StVG
6. Ersatzfähiger Schaden
7. Art und Umfang des Schadensersatzes, §§ 249 ff. BGBund Modifikationen nach StVG

II. Rechtsvernichtende Einwendungen

III. Durchsetzbarkeit

719

Der § 7 StVG ist in gewisser Weise ein weiterer Prototyp des Gefährdungshaftungstatbestandes (der erste war der oben behandelte §·831 BGB). Autofahren ist gefährlich und deshalb soll der Geschädigte vom Halter Schadenersatz erhalten, wenn beim Betrieb eines Autos ein Schaden an bestimmten Rechtsgütern entsteht. Der Einwand, Halter und Fahrer treffe am Unfall keine Schuld, greift nicht und schließt die Haftung des Halters grundsätzlich nicht aus.[254] Allerdings ist diese Haftung summenmäßig nach oben begrenzt.

Der oben Rn. 705 angesprochene § 18 StVG erweitert diese Halterhaftung auf den Fahrer. Dieser aber haftet allerdings aus vermutetem Verschulden, kann sich also exkulpieren.

1. Anspruchsentstehung

a) Haltereigenschaft

720 Verpflichtet nach § 7 StVG ist der Halter eines Kraftfahrzeuges.

Halter ist, wer das Fahrzeug zur Unfallzeit für eigene Rechnung in Gebrauch hat und diejenige Verfügungsgewalt darüber besitzt, die ein solcher Gebrauch voraussetzt. Eigentum ist hierzu nicht erforderlich, es genügt vielmehr die tatsächliche Verfügungsgewalt.[255]

254 Die Umstände des Unfalls können nur ausnahmsweise in besonderen Einzelfällen über §§ 7 Abs. 2, 17 Abs. 3 StVG zu einem Haftungsausschluss führen.

255 Vgl. *Buck-Heeb*, Besonderes Schuldrecht/2, Rn. 304; Straßenverkehrsrecht/*Burmann*, StVG § 7 Rn. 5.

Damit ist Halter z.B. regelmäßig der Leasingnehmer, obwohl das Fahrzeug dem Leasinggeber gehört. Anders ist es beim typischen Mietwagen, der nur für eine kurze Zeit dem Mieter überlassen wird. Hier wird der Mieter nicht zum Halter. Dies bleibt der Vermieter.

b) Rechtsgutsverletzung

Wie bei der Haftung nach § 833 BGB ist auch bei der Haftung nach § 7 StVG das Leben, die Gesundheit und das Eigentum an Sachen geschützt. Das Vermögen an sich ist also auch im Bereich des § 7 StVG nicht geschützt. **721**

Beispiel A verursacht mit seinem Fahrzeug einen schweren Unfall, weswegen die betreffende Autobahn mehrere Stunden gesperrt werden musste. D, der im Stau festsitzt verpasst deswegen einen wichtigen Termin und muss finanzielle Einbußen hinnehmen. Da D keine Schäden in den in § 7 StVG genannten Rechtsgütern erlitten hat, haftet A nicht für die bloßen Vermögensschäden, die der D erlitten hat. ■

c) Geschützter Personenkreis und Ausnahmen (§ 8 StVG)

Grundsätzlich ist jeder, der (bei sonst im Übrigen gegebenen Voraussetzungen) beim Betrieb eines Kraftfahrzeuges einen Schaden an den genannten Rechtsgütern erleidet. Lediglich der Fahrer selbst ist nicht anspruchsberechtigt, § 8 Nr. 2 StVG. Das hat zur Folge, dass der **Fahrer gegen den Halter nicht** nach § 7 Abs. 1 StVG vorgehen kann.[256] **722**

Weiter findet nach § 8 Nr. 1 StVG eine Haftung aus § 7 Abs. 1 StVG nicht statt, wenn das Fahrzeug bauartbedingt nicht schneller als 20 km/h fahren kann. **723**

Schäden, die an Sachen entstehen, die im Fahrzeug (oder dessen Anhänger) befördert werden, sind ebenfalls vom Schutz des § 7 StVG ausgenommen, es sei denn, eine beförderte Person führt die Sache mit sich oder trägt sie, § 8 Nr. 3 StVG. **724**

d) Verursachung „bei dem Betrieb"

Der Schaden muss bei dem Betrieb des Fahrzeuges entstanden sein. Früher verstand die Rechtsprechung den Betrieb maschinentechnisch und verlangte, dass der Motor laufen musste. Dann wäre eine Haftung nach § 7 StVG nicht gegeben, wenn z.B. durch ein im öffentlichen Verkehrsraum parkendes Fahrzeug ein Schaden entsteht. **725**

Diese Rechtsprechung wurde aufgegeben und durch die verkehrstechnische Auffassung ersetzt, wonach ein Betrieb auch dann zu bejahen ist, wenn das Fahrzeug (auch ohne Motorkraft) im öffentlichen Verkehrsraum bewegt wird oder kurz anhält.[257] Zudem passt das Bild des „laufenden Motors" so gar nicht für die aufkommende E-Mobilität.

Wie bei der Haftung für Tiere muss auch bei der Haftung nach § 7 StVG sich die spezifische Betriebsgefahr eines Fahrzeuges verwirklicht haben. Hierbei genügt, dass das Schadensgeschehen durch das Kfz mitgeprägt worden ist, und noch einen Bezug zu seinem Einsatz als Transportmittel im öffentlichen Verkehrsraum aufweist.

Hinweis

Die Rechtsprechung neigt dazu, den Begriff „bei dem Betrieb" sehr weit auszulegen.[258]

256 Vgl. Straßenverkehrsrecht/*Heß*, StVG § 8 Rn. 8.
257 Vgl. Straßenverkehrsrecht/*Burmann*, StVG § 7 Rn. 7.
258 Vgl. Straßenverkehrsrecht/*Burmann*, StVG § 7 Rn. 7.

e) Kein Ausschluss nach § 7 Abs. 2 StVG

726 Während früher (§ 7 Abs. 2 StVG alte Fassung) ein Anspruch ausgeschlossen war, wenn der Unfall ein unabwendbares Ereignis gewesen war, kann sich der Halter nur noch darauf berufen, dass der Unfall durch höhere Gewalt verursacht wurde. Dazu müssen drei Voraussetzungen kumulativ vorliegen:[259]

Ein Unfall ist auf höhere Gewalt zurückzuführen, wenn er auf einem betriebsfremden, von außen durch elementare Naturkräfte oder durch Handlungen dritter Personen herbeigeführten Ereignis beruht, das nach menschlicher Einsicht und Erfahrung unvorhersehbar war, mit wirtschaftlich erträglichen Mitteln auch durch äußerste Sorgfalt nicht verhütet oder unschädlich gemacht werden konnte und auch nicht wegen seiner Häufigkeit in Kauf zu nehmen ist.

Es fällt in der Tat schwer, ein Beispiel zu finden, bei denen man sich erfolgreich auf die höhere Gewalt berufen kann. Vermutlich bleibt es bei Sabotageakten (jemand manipuliert in Tötungsabsicht die Bremsen und deswegen kommt es zu einem Unfall) oder Folgen elementarer Naturereignisse.

f) Schaden und Ersatz

727 Grundsätzlich gelten auch hier die §§ 249 ff. BGB. Sie werden jedoch durch einige Vorschriften im StVG modifiziert.

Wichtig sind die Haftungshöchstgrenzen in den §§ 12 und 12a StVG sowie die (ausdrücklich angeordnete) Berücksichtigung eines Mitverschuldens in § 9 StVG. Dieses Mitverschulden ist untechnisch zu verstehen. Auch die vom Fahrzeug des Anspruchsgegners ausgehende Betriebsgefahr wird als Mitverschulden über § 9 StVG angesehen.

III. Anspruch aus § 18 StVG

PRÜFUNGSSCHEMA

728 **Anspruch aus § 18 StVG**

I. Anspruchsentstehung
1. Rechtsgutsverletzung
2. Ausnahmen nach §§ 18 Abs. 1 S. 1, 8 StVG Rn. 722
3. Verursachung „bei dem Betrieb" des KFZ (= Verwirklichung der „spezifischen" Betriebsgefahr)
4. Fahrereigenschaft des Anspruchsgegners
5. Kein Ausschluss nach § 7 Abs. 2 StVG
6. Keine erfolgreiche Exkulpation, § 18 Abs. 1 S. 2 StVG
7. Ersatzfähiger Schaden
8. Art und Umfang des Schadensersatzes, §§ 249 ff. BGB und Modifikationen nach StVG

II. Rechtsvernichtende Einwendungen

III. Durchsetzbarkeit

259 Vgl. hierzu auch Straßenverkehrsrecht/*Burmann*, StVG § 7 Rn. 17 bis 22.

§ 18 StVG setzt einen Anspruch nach § 7 StVG voraus, weswegen Sie immer zuerst den Anspruch gegen den Halter prüfen sollten, um dann den Anspruch gegen den (möglicherweise personenverschiedenen) Fahrer zu prüfen. Im Unterschied zu § 7 StVG besteht hier eine Exkulpationsmöglichkeit nach § 18 Abs. 1 S. 2 StVG.

IV. Anspruch aus § 1 ProdHaftG

Anspruch aus § 1 ProdHG 729

PRÜFUNGSSCHEMA

I. Anspruchsentstehung

1. Verletzung eines geschützten Rechtsgutes
   Weiterfressermängel Rn. 731
2. Sachbeschädigung: Privatnutzung, § 1 Abs. 1 S. 2 ProdHaftG
3. Fehler des Produktes, §§ 2, 3 ProdHaftG
4. Herstellereigenschaft des Anspruchsgegners
5. Kein Ausschluss nach § 1 Abs. 2 ProdHaftG
6. Ersatzfähiger Schaden
7. Art und Umfang des Schadensersatzes, §§ 249 ff. BGB und Modifikationen nach ProdHaftG

II. Rechtsvernichtende Einwendungen

III. Durchsetzbarkeit

Schließlich ist noch der Anspruch aus § 1 ProdHaftG als Gefährdungshaftungstatbestand[260] zu nennen. Dieser Anspruch geht auf die Umsetzung der EG-Produkthaftungsrichtlinie zurück. 730

Hinweis

Der Anspruch nach § 1 ProdHaftG besteht neben dem Anspruch wegen fehlerhaften Produkten gemäß § 823 Abs. 1 BGB, wie wir ihn oben Rn. 507 ff. kennen gelernt haben, siehe § 15 Abs. 2 ProdHaftG.

Für Sie hat das folgende wichtige Konsequenz:

Wenn es in einem Sachverhalt um einen Anspruch wegen Schäden, die durch ein fehlerhaftes Produkt entstanden sind, geht, haben Sie sowohl § 823 Abs. 1 BGB als auch § 1 ProdHaftG zu prüfen.

260 So die (bestrittene, aber herrschende) dogmatische Einordnung. Vgl. *Looschelders*, Schuldrecht BT, § 63 Rn. 14; *Medicus/Petersen*, Bürgerliches Recht, § 24 Rn. 604 m.w.N.

1. Anspruchsentstehung

a) Verletzung eines Rechtsgutes

731 § 1 ProdHaftG greift nur, wenn der Körper oder die Gesundheit verletzt oder eine Sache beschädigt wurde. Bei Verletzung anderer Rechtsgüter greift § 1 ProdHaftG nicht.

Wichtig und klausurrelevant sind die sogenannten Weiterfressermängel. Nach § 1 Abs. 1 S. 2 ProdHaftG muss der Schaden an einem anderen als dem fehlerhaften Produkt entstanden sein.

Sie erinnern sich? Oben unter Rn. 409 hatten wir auch den Fall besprochen, dass sich ein Mangel zunächst auf einen abgrenzbaren Teil der Gesamtsache beschränkte und dessen Ausfall dann die ganze Sache zerstörte (Schwimmschalterfall). In einem solchen Fall haben wir eine Eigentumsverletzung im Sinne des § 823 Abs. 1 BGB angenommen.

Die herrschende Meinung sieht dies bei § 1 ProdHaftG anders. Hier greift der Anspruch nach § 1 ProdHaftG nicht, auch wenn die fehlerhafte Sache aufgrund eines Weiterfressermangels erst zerstört wurde.[261]

2. Benutzung des Produkts für den privaten Bereich

732 Im Falle des Anspruchs wegen Beschädigung einer Sache greift das ProdHaftG nur, wenn die Sache ihrer Art nach gewöhnlich für den privaten Ge- oder Verbrauch bestimmt und hierzu von dem Geschädigten hauptsächlich verwendet worden ist, § 1 Abs. 1 S. 2 ProdHG.

Beispiel Hersteller S produziert Kaffeevollautomaten für den privaten Haushalt. Wenn jetzt aufgrund eines Fabrikationsfehlers in der Küche des privaten Nutzers N ein Gerät in Brand gerät und die Küche beschädigt, hat N einen Anspruch gegen S.

Anders ist es mit dem Kioskbesitzer K, der das gleiche Gerät dazu benutzt, Kaffee für seine Kunden herzustellen. Brennt nun das Gerät und beschädigt den Kiosk, hat K keinen Anspruch nach § 1 ProdHaftG. ■

3. Fehler des Produktes

733 Zunächst muss es sich um ein Produkt handeln. Dies ist nach § 2 ProdHaftG jede bewegliche Sache, auch wenn sie einen Teil einer anderen beweglichen Sache oder unbeweglichen Sache bildet, sowie Elektrizität.

734 Der Fehlerbegriff ist in § 3 ProdHaftG definiert. Letztlich handelt es sich um die gleichen Fehler, wie wir sie bei der Erörterung der deliktischen Produkthaftung nach § 823 Abs. 1 BGB bereits kennen gelernt haben.[262]

Hinweis

Wiederholen Sie an dieser Stelle nochmals die Fallgruppen der Haftung für fehlerhafte Produkte (oben Rn. 507 ff.). Es lohnt sich, wie Sie sehen, doppelt!

261 Siehe nur *Buck-Heeb*, Besonderes Schuldrecht/2, Rn. 255; Palandt/*Sprau*, ProdHaftG § 1 Rn. 6; *Looschelders*, Schuldrecht BT, § 63 Rn. 15.

262 Vgl. *Looschelders*, Schuldrecht BT, § 63 Rn. 15.

4. Hersteller

Der Schuldner des Anspruchs muss Hersteller dieses Produktes sein. Sie merken sich dazu: 735

Grundsätzlich haftet der tatsächliche Hersteller (also der, der das Produkt wirklich gebaut hat). Diesem gleichgestellt sind die sogenannten Quasihersteller. Das sind nach § 4 Abs. 1 S. 2 ProdHaftG solche Unternehmen, die durch Anbringung von Namen, Marken oder unterscheidungskräftigen Kennzeichen den Anschein der Herstellereigenschaft nach außen kommunizieren.[263]

Beispiel Ein Autotyp wird tatsächlich von einem koreanischen Hersteller zusammengeschraubt. Die für Deutschland bestimmten Modelle werden aber durch einen deutschen Autokonzern vertrieben. Diese Modelle tragen das Logo dieses Herstellers. Dann gilt der deutsche Konzern als Hersteller.

Als Hersteller gilt zudem der Importeur (§ 4 Abs. 2 ProdHaftG). Kann man den Hersteller nicht feststellen, gilt nach § 4 Abs. 3 ProdHaftG jeder Lieferant als Hersteller, es sei denn, er benennt innerhalb eines Monats nach Aufforderung den wirklichen Produzenten.

5. Kein Ausschluss nach § 1 Abs. 2 ProdHaftG

Schließlich darf der Anspruch nicht nach § 1 Abs. 2 ProdHaftG ausgeschlossen sein. Dies ist in folgenden **fünf Gruppen** der Fall:[264] 736

1. Der Hersteller hat das Produkt nicht in den Verkehr gebracht. Diese auf den ersten Blick etwas abstrus anmutende Ausnahme von der Haftung des Herstellers will solche Haftungen vermeiden, in denen der Hersteller sich nicht willentlich der tatsächlichen Verfügungsgewalt über das Produkt begeben hat. 737

Beispiel Mitarbeiter M des Herstellers nimmt den Prototypen eines neu entwickelten Schweißgerätes mit nach Hause. Eigentlich hatte er den Auftrag, das Gerät zu zerstören. Er fand aber, das sei zu schade und verkauft den Prototypen an Handwerker H, der aufgrund der Unausgereiftheit des Gerätes schwere Gesundheitsschäden bei der Benutzung erleidet.

Eine Haftung nach § 1 ProdHaftG ist nach § 1 Abs. 2 Nr. 1 ProdHaftG ausgeschlossen.

2. Eine Haftung ist zudem ausgeschlossen, wenn es zum Zeitpunkt des Inverkehrbringens fehlerfrei war (§ 1 Abs. 2 Nr. 2 ProdHaftG, der dies etwas kryptisch formuliert). Für diese Fehlerfreiheit ist der Hersteller nach § 1 Abs. 4 S. 2 ProdHaftG beweispflichtig. 738

3. Eine Haftung nach dem ProdHaftG scheidet nach § 1 Abs. 2 Nr. 3 ferner aus, wenn entweder der Hersteller das Produkt nicht für den Verkauf oder eine andere Form des Vertriebs mit wirtschaftlichem Zweck (z.B. Leasing, Vermietung etc.) hergestellt hat. Dies ist zum Beispiel dann der Fall, wenn es sich um ein reines Ausstellungsstück handelt, das niemals in den Verkehr gelangen sollte. 739

Die zweite Alternative betrifft die Herstellung bzw. den Vertrieb außerhalb der beruflichen Tätigkeit. Hier sind vor allem privaten Aktivitäten gemeint.

263 Vgl. *Buck-Heeb*, Besonderes Schuldrecht/2, Rn. 259.
264 Vgl. hierzu auch *Buck-Heeb*, Besonderes Schuldrecht/2, Rn. 259; *Looschelders*, Schuldrecht BT, § 63 Rn. 19.

Beispiel Im Rahmen der Vereinsaktivität eines Fliegerklubs baut Vereinsmitglied V ein Spezialwerkzeug nach, damit das vereinseigene Sportflugzeug besser gewartet werden kann. Verletzt sich nun jemand mit diesem Werkzeug wegen eines Fehlers, scheidet § 1 ProdHaftG als Anspruchsgrundlage aus. Achtung: Die verschuldensabhängige (!) Haftung nach § 823 Abs. 1 BGB bleibt bestehen. ■

740 4. Ferner entfällt eine Haftung dann, wenn der Hersteller das Produkt entsprechend zwingender Rechtsvorschriften hergestellt hat. Dieser Fall des Haftungsausschlusses nach § 1 Abs. 2 Nr. 4 ProdHaftG betrifft damit Konstruktionsfehler, die dadurch bedingt sind, dass der Staat vom Hersteller eine bestimmte Art der Konstruktion verlangt. Der Gesetzgeber will also den Hersteller aus der Zwangslage zwischen Ungehorsam und Haftung befreien.[265]

741 5. Schließlich ist der Hersteller auch entlastet, wenn erst später die Fehlerhaftigkeit der Konstruktion bzw. Instruktion erkannt werden konnte (§ 1 Abs. 2 Nr. 5 ProdHaftG). Mit anderen Worten: Der Hersteller haftet nicht dafür, wenn er zum Zeitpunkt des Inverkehrbringens des Produktes den Stand der Technik und Wissenschaft beachtet hat und später sich die Fehlerhaftigkeit (z.B. der Konstruktion) durch Fortschritte derselben erweist.

6. Umfang der Haftung

742 Zunächst ist die Schadensfeststellung – wie bei jedem deliktischen Anspruch nach § 249 BGB entsprechend den oben Rn. 616 ff. dargestellten Regeln (Merkformel: Hypothetische Lage minus reale Lage = Schaden) zu ermitteln.

§ 6 ProdHaftG ordnet ausdrücklich die Anwendung des § 254 BGB bei Mitverschulden des Geschädigten an. In den §§ 7–9 ProdHaftG sind Regelungen über die Art des Schadenersatzes bei Verletzung des Lebens und der Gesundheit enthalten.

§ 8 S. 2 ProdHaftG enthält eine dem § 253 Abs. 2 BGB entsprechende Anspruchsgrundlage über Schmerzensgeld.

Schließlich begrenzt § 10 Abs. 1 ProdHaftG bei mehreren Geschädigten aufgrund des Fehlers bei ein- und demselben Produkt auf eine Gesamtsumme von höchstens 85 Millionen €. Übersteigen die Schäden bei mehreren Geschädigten diese Summe, so müssen die 85 Millionen € auf die Geschädigten im Verhältnis ihrer Ansprüche verteilt werden (§ 10 Abs. 2 ProdHaftG).

Hinweis

Liegen die Voraussetzungen der Produkthaftung nach § 823 Abs. 1 BGB vor (oben Rn. 394 ff.), so gibt es keine Haftungsbegrenzung! Auch an diesem Fall erkennen Sie, dass es wichtig ist, in einem Sachverhalt alle möglichen denkbaren Anspruchsgrundlagen zu prüfen.

265 Vgl. Palandt/*Sprau*, ProdHaftG § 1 Rn. 20.

V. Weitere Prüfung

Die Prüfung der rechtsvernichtenden Einwendungen und Einreden richtet sich nach den allgemeinen Regeln. 743

E. Weitere verschuldensunabhängige deliktische Ansprüche

Neben den hier ausführlich besprochenen verschuldensunabhängigen Ansprüchen nach 744
§ 833 S. 1 BGB, § 7 StVG, § 1 ProdHaftG gibt es noch eine Reihe weiterer Anspruchsgrundlagen, nach denen ohne Verschulden gehaftet wird. Das gemeinsame Prinzip ist auch dort deutlich zu erkennen:

Bestimmte Aktivitäten sind zwar erlaubt, lösen aber wegen ihrer objektiven Gefährlichkeit einen verschuldensunabhängigen Haftungstatbestand gegen den Verantwortlichen aus, wenn aus der Tätigkeit jemand zu Schaden kommt.

Deshalb haftet z.B. der Halter Luftfahrzeugen nach §§ 33 und 54 LuftVG, der Betreiber von Atomanlagen nach §§ 25, 26 AtomG, der pharmazeutische Hersteller nach § 84 ArzneimittelG sowie derjenige, der gentechnisch veränderte Lebewesen herstellt, nach § 32 GentechnikG. Auf die Darstellung der tatbestandlichen Voraussetzungen dieser Haftungsnormen wird wegen fehlender Examensrelevanz hier verzichtet.

Online-Wissens-Check

Kann der durch einen Verkehrsunfall geschädigte Fahrer gegen den Halter des von ihm selbst gesteuerten Kraftfahrzeuges aus § 7 Abs. 1 StVG Schadensersatz verlangen?

Überprüfen Sie jetzt online Ihr Wissen zu den in diesem Abschnitt erarbeiteten Themen. Unter **www.juracademy.de/skripte/login** steht Ihnen ein Online-Wissens-Check speziell zu diesem Skript zur Verfügung, den Sie kostenlos nutzen können. Den Zugangscode hierzu finden Sie auf der Codeseite.

F. Übungsfall Nr. 4

745 **„Der wild gewordene Gastrokritiker"**

G ist freier Publizist. Seine Kritiken über Restaurants, vornehmlich solche der Spitzenklasse, sind beim Publikum beliebt und bei den Gastronomen gefürchtet. W hat sich nach seinen Lehrjahren mit dem Lokal „Adlerhorst" selbstständig gemacht und bietet eine hochwertige Küche an.

G will sich durch einen Test von der Leistungsfähigkeit des W überzeugen und lässt seine Bekannte B unter ihrem Namen einen Tisch buchen. G und B sind am Samstag pünktlich im Lokal. W erkennt nicht, dass es sich um den Gastrokritiker G handelt. Er teilt deshalb der unerfahrenen Servicekraft S die beiden als Gäste zu. Er weiß, dass S wenig Routine hat und zu Fehlern neigt, kann aber diese wegen des großen Andrangs nicht wie eigentlich erforderlich anleiten und begleiten.

S bedient die Gäste dann auch insgesamt unprofessionell, was darin gipfelt, dass sie beim Vorlegen der Kartoffeln so ungeschickt hantiert, dass diese durch die schon auf dem Teller befindliche Soße direkt auf der Designerbluse der B landet, die dadurch so verschmutzt wird, dass sie nicht mehr zu reinigen ist. Der Wert des Kleidungsstücks beträgt 450 €.

Aber nicht nur das. Insgesamt ist G mit dem Service, der Qualität der angebotenen Speisen, der Weinempfehlung sowie dem hygienischen Zustand der Sanitäranlagen sehr unzufrieden. Schon während des Desserts beginnt er, im Geiste die vernichtende Kritik zu formulieren. Als er dann die seines Erachtens völlig überzogene Rechnung erhält, ist seine Laune endgültig auf dem Nullpunkt, und er lässt seiner Wut beim Verfassen der Kritik freien Lauf. Zwei Tage später erscheint in der örtlichen Presse die Kritik. Der Titel lautet: „Jede Frittenbude ist besser."

Der ganze Text ist von ätzender Schärfe. U.a. amüsieren sich die Leser über folgende Formulierungen:

„Die ungelenken Bemühungen der völlig überforderten Kellnerin waren fast mitleiderregend. Dagegen wirken Orang-Utans fast schon grazil."

„Die Konsistenz des Wildragouts in Rotweinsoße erinnerte fatal an Hundefutter, wobei jeder Hund sich weigern würde, derartig überwürzte Speisen zu fressen."

Der Text endete mit folgender Empfehlung:

„Jedem, der trotz allem es wagen sollte, dem Adlerhorst einen Besuch abzustatten, sei empfohlen, zunächst die Toiletten aufzusuchen. Danach ist einem so übel, dass einem endgültig die Lust vergeht, minderwertigen Kantinenfraß zu völlig überzogenen Preisen zu bestellen."

Bei W bleiben nach der Veröffentlichung mit einem Schlag die Gäste weg, sodass er sein Lokal schließen muss. Bis zur Eröffnung seines neuen, in einer anderen Stadt befindlichen Lokals erzielt er keine Einnahmen. Aus den Zahlen der Vergangenheit schätzt er, dass er voraussichtlich 150 000 € Überschuss erzielt hätte. Dazu legt er die bisherigen Auswertungen vor. Außerdem musste er mit seinem ganzen Lokal umziehen und an anderer Stelle neu eröffnen, was insgesamt 300 000 € kostet.

G wendet ein, der W solle sich nicht so anstellen. Ein Koch müsse mit Kritik leben können. Schließlich sei es sein Beruf, Gastronomen zu kritisieren. Außerdem wendet er ein, dass doch niemand genau sagen könnte, wie viel Gewinn genau er gemacht hätte. Der Umzug sei eine völlig überzogene Reaktion, mit der er (G) nun wirklich nicht zu rechnen brauchte, als er die Kritik verfasste.

Von B wegen der Bluse angesprochen, meint W, sie solle sich doch an die S halten, die schließlich „den Mist gebaut hat". Wenn er aber zu zahlen hat, dann soll wenigsten die S ihn schadlos halten.

S wiederum meint, sie sei völlig überfordert gewesen und von ihren Fähigkeiten her gar nicht in der Lage, besser zu servieren. Außerdem könne so ein Missgeschick jedem passieren. Deswegen müsse sie weder an B noch an W etwas zahlen.

Bestehen die behaupteten Ansprüche? Presserechtliche Ansprüche sind nicht zu prüfen.

Lösung

746

> **Hinweis**
>
> Sinnvoll ist es, mit den Ansprüchen des W zu beginnen. Hier handelt es sich nämlich offensichtlich um den Schwerpunkt der Arbeit.

A. Anspruch des W gegen G aus § 823 Abs. 1 BGB

I. Anspruch entstanden

W könnte gegen G einen Anspruch auf Schadenersatz nach § 823 Abs. 1 BGB haben. Dazu müsste G eines der in § 823 Abs. 1 BGB geschützten Rechtsgüter vorsätzlich oder fahrlässig verletzt haben.

1. Rechtsgutverletzung

Vorliegend könnte ein sonstiges Recht im Sinne des § 823 Abs. 1 BGB verletzt worden sein, in dem der G seine Kritik über das Restaurant des W veröffentlicht hat. In Betracht kommt die Verletzung des eingerichteten und ausgeübten Gewerbebetriebes.

Ein Gewerbebetrieb ist jede Form der selbstständigen Teilnahme am wirtschaftlichen Verkehr, gleichgültig, ob sie gewerblich im engeren Sinne, freiberuflich oder sonst wie selbstständig ausgeübt wird.

Das Restaurant des W ist damit ein Gewerbebetrieb. In diesen Gewerbebetrieb müsste G eingegriffen haben. Dies könnte durch die Veröffentlichung der Kritik geschehen sein. Nicht aber jeder Eingriff in den Gewerbebetrieb fällt unter § 823 Abs. 1 BGB. Die Handlung des G muss darüber hinaus betriebsbezogen sein.

Dazu müsste sich der Eingriff zunächst gegen den Betrieb als solchen und nicht nur gegen davon ohne Weiteres ablösbare Rechte richten. Gs Kritik richtete sich objektiv gegen den Betrieb des W.

Weiter müsste G subjektiv mit seiner Handlung gegen W vorgehen wollen. Dies ist unproblematisch der Fall.

Damit hat G in den eingerichteten und ausgeübten Gewerbebetrieb des W eingegriffen. Der Schutz des Betriebes ist aber nur ein sogenanntes Rahmenrecht. Anders als bei den anderen Rechtsgütern, die durch § 823 Abs. 1 BGB geschützt sind, indiziert die Tatbestandsmäßigkeit nicht die Rechtswidrigkeit, sondern muss durch eine umfassende Interessen- und Güterabwägung explizit festgestellt werden.

Von besonderer Bedeutung bei dieser Interessenabwägung sind die grundrechtlich geschützten Rechte der Beteiligten. W kann sich auf sein Eigentumsrecht nach Art. 14 GG sowie auf die Freiheit der Berufsausübung nach Art. 12 GG berufen. Für G streiten seinerseits der Art 5 Abs. 1 (Meinungsfreiheit) sowie ebenfalls der Art 12 GG, da es nun einmal der Beruf des G ist, andere zu kritisieren.

Die Notwendigkeit von kritischer Berichterstattung über Waren und Dienstleistungen steht außer Frage. Deshalb muss ein Gewerbetreibender wie der W auch plakative Kritik hinnehmen. Seine Grenze findet dies aber im Verbot der sogenannten Schmähkritik.

Fraglich ist, ob G diese Grenze überschritten hat. Die Überschrift seiner Kritik „Jede Frittenbude ist besser" dürfte noch als plakative Kritik hinzunehmen sein. Es ist zwar ein hartes Urteil über ein Feinschmeckerrestaurant. Gastrokritiken leben aber in gewisser Weise davon, mit pointierten Worten zu arbeiten.

Die Grenze zur Schmähkritik hat G aber mit dem Vergleich der S mit einem Orang-Utan überschritten. Hier handelt es sich sogar schon um strafrechtlich relevante Beleidigungen, die niemals mehr als plakative Kritik zulässig sein konnen.

Aber auch die Gleichsetzung der Konsistenz des Essens mit Tiernahrung und die Überspitzung, dass sogar ein Hund sich weigern würde, die Mahlzeit „zu fressen", geht weit über das hinaus, was W noch hinzunehmen hätte. Dies gilt insbesondere, weil G abschließend einen unappetitlichen Zusammenhang zwischen den Sanitärräumen und den angebotenen Speisen herstellt.

In der wertenden Gesamtschau der gegenseitigen Interessen überwiegt daher das Interesse des W. Die umfassende Güter- und Interessenabwägung kommt daher zu dem Ergebnis, dass G auch rechtswidrig in den eingerichteten und ausgeübten Gewerbebetrieb eingegriffen hat.

2. Verschulden

Der Eingriff des G müsste schuldhaft gewesen sein. G hat Vorsatz und Fahrlässigkeit zu vertreten. G könnte vorsätzlich gehandelt haben. Vorsatz ist Wissen und Wollen der Tatbestandsverwirklichung. Auf den Schaden selbst braucht sich im Rahmen des § 823 Abs. 1 BGB das Wissen und Wollen nicht zu beziehen.

G wollte den W kritisieren und wusste dabei auch, dass er durch die Veröffentlichung seiner Kritik den Betrieb des W beschädigen würde.

G handelte vorsätzlich.

3. Schaden

W hat einen Anspruch gegen G auf Schadenersatz gemäß § 823 Abs. 1 BGB. Zu prüfen sind die Art sowie die Höhe des zu leistenden Schadenersatzes.

Gemäß § 249 Abs. 1 BGB muss der Schädiger den Zustand herstellen, der bestehen würde, wenn das schädigende Ereignis nicht eingetreten wäre.

Zu fragen ist also nach der hypothetischen Lage. Hätte der G nicht in unzulässiger Weise über die Leistungen des W berichtet, wären die Gäste nicht weggeblieben und er hätte sein Lokal nicht schließen und schließlich verlegen müssen.

Tatsächlich aber war W gezwungen, seinen Betrieb aufzugeben und an anderer Stelle wieder aufzubauen.

Grundsätzlich schuldet G daher dem W die Naturalrestitution. Da G aber das Geschehene nicht rückgängig machen kann, ist die Naturalrestitution unmöglich. Er hat also den W in Geld zu entschädigen, § 251 Abs. 1 BGB.

W könnte zunächst einen Anspruch auf Ersatz des entgangenen Gewinns haben. Grundsätzlich ist der Gewinn, der Schadenersatzberechtigte aufgrund des schädigenden Ereignisses nicht machen konnte, eine ersatzfähige Schadensposition. Fraglich ist, inwieweit der Einwand des G, dass nicht mit Sicherheit gesagt werden kann, welchen Gewinn der G ohne das schädigende Ereignis gemacht hätte.

Gemäß § 252 S. 2 BGB gilt als entgangen der Gewinn, der nach dem gewöhnlichen Lauf der Dinge mit Wahrscheinlichkeit erwartet werden kann. Damit kann der entgangene Gewinn abstrakt berechnet werden.

Dadurch, dass W seine bisherigen Erlöse nachweisen kann, legt er hinreichende Ausgangstatsachen und mit dem Vortrag, dass er ohne das schädigende Ereignis weiterhin diese Einkünfte erzielt hätte, auch Anknüpfungstatsachen vor.

Auf dieser Basis kann gemäß § 252 S. 2 BGB abstrakt geschätzt werden, dass W in der Zeit der Schließung des Lokals den geltend gemachten Gewinn von 150 000 € erzielt hätte.

Fraglich ist, ob G für die Kosten des Umzuges des Lokals an einen anderen Ort haftet. Im Rahmen der haftungsausfüllenden Kausalität ist, zu prüfen, ob zwischen der Rechtsgutverletzung (Beschädigung des Rufes des W) und dem Schaden ein Kausalzusammenhang besteht.

Zunächst muss zwischen Rechtsgutverletzung und Schaden ein äquivalenter Kausalzusammenhang nachgewiesen werden. Das schädigende Ereignis darf also nicht hinweggedacht werden, ohne dass der Schaden entfiele. Wenn G nicht unzulässigerweise den Gewerbebetrieb des W eingegriffen hätte, hätte W sein Lokal nicht verloren und wäre nicht gezwungen gewesen, umzuziehen. Die damit verbundenen Kosten wären nicht entstanden.

Dieser rein naturwissenschaftliche Kausalzusammenhang muss aber durch die Grundsätze der Adäquanzlehre korrigiert werden. Dabei sind solche Kausalzusammenhänge unbeachtlich, die zwar äquivalent kausal, aber so unwahrscheinlich sind, dass sie selbst von einem optimalen Betrachter nicht vorausgesehen werden können.

Dass eine Kritik sich schädigend und im Extremfall (wie vorliegend) sogar existenzvernichtend auswirken kann, ist allerdings sehr wohl vorhersehbar. Es ist geradezu der Sinn einer Kritik an einem Gewerbebetrieb, dass sie das Geschäft beeinflussen soll. Somit ist auch vorhersehbar, dass eine Schmähkritik den Ruf eines Lokals so ruiniert, dass es geschlossen und woanders wiedereröffnet werden muss.

Problematisch ist aber im vorliegenden Fall, dass der Kausalzusammenhang psychisch vermittelt ist. Der Schaden ist durch einen eigenen Willensentschluss des Geschädigten entstanden, sein Lokal an anderer Stelle wieder zu eröffnen.

In einem dritten Schritt ist also zu prüfen, ob die durch die Handlung des W eingetretenen Schäden noch durch den Schutzzweck der verletzten Norm abgedeckt sind. W hat hier einen Entschluss gefasst, seine Existenz quasi „zu retten". Durch das rechtswidrige Verhalten des G war dies nach Lage der Dinge am bisherigen Ort nicht mehr möglich. W hat sogar etwas getan, um den Schaden (Verlust aus entgangenem Gewinn) zu minimieren.

Auch unter dem Gesichtspunkt des Schutzzwecks der Norm ist also ein Kausalzusammenhang zu bejahen. Die haftungsauffüllende Kausalität liegt auch für die Kosten des Umzugs vor.

Anhaltspunkte für ein Mitverschulden des W, das nach § 254 BGB zu berücksichtigen wäre, liegen nicht vor.

II. Anspruch erloschen

Der Anspruch ist auch nicht zwischenzeitlich untergegangen.

III. Anspruch durchsetzbar

Auf Einreden kann sich G nicht berufen. Der Anspruch ist deshalb auch durchsetzbar.

Zwischenergebnis: W kann von G insgesamt 450 000 € Schadenersatz nach § 823 Abs. 1 BGB verlangen.

B. Anspruch der B gegen S aus § 823 Abs. 1 BGB

I. Anspruch entstanden

B könnte gegen S einen Anspruch auf Schadenersatz aus § 823 Abs. 1 BGB haben.

1. Rechtsgutverletzung

Durch das Hantieren mit der Kartoffel wurde die Bluse der B beschädigt. Dadurch verletzte die S folglich das Eigentum der B.

2. Verhalten der S

Die Schädigung erfolgte aufgrund eines aktiven Tuns der S.

3. Kausalität

Das Handeln der S war auch kausal für den eingetretenen Schaden.

> **Hinweis**
>
> Wenn, wie vorliegend, keinerlei Anhaltspunkte für eine Problematisierung des Kausalzusammenhangs vorliegen, genügt es, sein Vorliegen mit einem Satz festzustellen.

4. Rechtswidrigkeit

Die Tatbestandsmäßigkeit des Verhaltens der S indiziert die Rechtswidrigkeit. Rechtfertigungsgründe sind nicht ersichtlich.

5. Verschulden

Im Rahmen des § 823 Abs. 1 BGB haftet der Schädiger für Vorsatz und Fahrlässigkeit. S könnte hier fahrlässig gehandelt haben. Nach § 276 Abs. 2 BGB handelt fahrlässig, wer die im Verkehr erforderliche Sorgfalt nicht beachtet.

S müsste also einen Sorgfaltsverstoß vorzuwerfen sein. Sie macht geltend, dass sie aufgrund ihrer Fähigkeiten gar nicht in der Lage war, besser zu bedienen, sie also mithin nicht gegen die Sorgfalt, zu der sie in der Lage war, verstoßen haben kann.

Im Zivilrecht muss aber der Sorgfaltsmaßstab objektiv-abstrakt bestimmt werden. Es ist zu prüfen, was an den durchschnittlichen Vertreter des betroffenen Verkehrskreises für Sorgfaltsanforderungen gestellt werden. Dass der konkret Betroffene diese Sorgfalt im konkreten Fall gar nicht erfüllen kann, ist dabei unbeachtlich.

Es ist von einem Kellner ganz allgemein zu erwarten, dass er seine Servierleistungen so erbringt, dass er dabei nicht die Kleidung seiner Gäste verschmutzt. Gegen diese Sorgfaltsanforderung hat die S verstoßen. Sie handelte sorgfaltswidrig.

Dass ein solches Verhalten zu dem eingetretenen Schaden führt, war für S auch vorhersehbar.

Sie hat somit die im Verkehr erforderliche Sorgfalt verletzt. S handelte fahrlässig.

6. Schaden und haftungsauffüllende Kausalität

S haftet damit der B dem Grunde nach auf Schadenersatz. Fraglich ist, welcher Schaden entstanden ist und wie dieser Schaden ersetzt werden muss.

Gemäß § 249 Abs. 1 BGB ist der Schaden durch den Vergleich der Rechtsgüter des Gläubigers ohne das schädigende Ereignis (hypothetische Lage) mit derjenigen, die durch das schädigende Ereignis entstanden ist, zu ermitteln.

Hätte die S nicht das Eigentum der B an der Bluse beschädigt, hätte die B nach wie vor eine tragbare Bluse. Durch das schädigende Ereignis hat B nur noch eine verschmutzte, in diesem Zustand unbrauchbares Kleidungsstück.

Grundsätzlich muss nach § 249 Abs. 1 BGB der Schuldner den Zustand wiederherstellen, der bestehen würde, wenn der zum Ersatz verpflichtende Umstand nicht eingetreten wäre (Naturalrestitution). Bei (wie vorliegend) Sachbeschädigungen kann allerdings der Gläubiger statt der Restitutionshandlung den dafür erforderlichen Geldbetrag verlangen.

Laut Sachverhalt ist aber die Wiederherstellung (Reinigung) der Bluse nicht möglich. Deshalb hat die B nach § 251 Abs. 1 BGB Anspruch auf eine Entschädigung in Geld. Sie kann also den objektiven Verkehrswert der Bluse von S ersetzt verlangen. Dieser beträgt laut Angabe 450 €.

> **Hinweis**
>
> Problematisieren Sie keinesfalls derartige Angaben im Sachverhalt. Ob 450 € für eine Bluse viel oder wenig sind, ist solange unerheblich für die Falllösung, solange der Sachverhalt keine Anhaltspunkte liefert.

II. Anspruch erloschen

Anhaltspunkte dafür, dass der entstandene Anspruch untergegangen sein könnte, sind nicht ersichtlich.

III. Anspruch durchsetzbar

S kann sich auch nicht auf Einreden berufen. Der Anspruch ist durchsetzbar.

Zwischenergebnis: W kann von S 450 € gemäß § 823 Abs. 1 BGB verlangen.

C. Anspruch der B gegen W aus § 280 Abs. 1 BGB

I. Anspruch entstanden

B könnte gegen W einen Anspruch auf Schadenersatz nach § 280 Abs. 1 BGB haben. Dazu müsste W in einem bestehenden Schuldverhältnis eine Pflicht verletzt haben.

Fraglich ist, ob zwischen B und W ein Schuldverhältnis bestand. In Betracht kommt hier der Vertrag über die Lieferung von Speisen und Getränken. Ob dieser Vertrag zwischen W und B, W und G oder W einerseits und B und G andererseits zustande gekommen ist, kann dahingestellt bleiben.

Selbst wenn man annehmen sollte, Vertragspartner des Vertrages sei ausschließlich der G, wäre B in den Schutzbereich dieses Vertrages einbezogen.[266] Sollte B allein oder (als Gesamtgläubigern) zusammen mit G Vertragspartner des W geworden sein, besteht ohnehin ein Schuldverhältnis zwischen ihr und W.

W müsste eine Pflicht aus diesem Schuldverhältnis verletzt haben. Es gehört zu den Nebenpflichten (§ 241 Abs. 2 BGB) hier eines Restaurantvertrages dafür zu sorgen, dass das Eigentum des Gastes keinen Schaden nimmt.

Nach § 280 Abs. 1 S. 2 BGB muss aber der W diesen Schaden zu vertreten haben. W macht geltend, er selbst habe den Schaden nicht verursacht. Fraglich ist, ob er sich das Verhalten der S zurechnen lassen muss.

266 Wiederholen Sie dazu *Bönninghaus*, „Schuldrecht AT II“, Rn. 401 ff.

Das Verschulden der S (siehe oben B I. 5.) könnte dem W nach § 278 BGB zuzurechnen sein. Dazu müsste S Erfüllungsgehilfin des W sein. Erfüllungsgehilfe ist, wer nach den tatsächlichen Gegebenheiten des Falles mit dem Willen des Schuldners bei der Erfüllung der ihm obliegenden Verbindlichkeiten als seine Hilfsperson tätig wird.

Die S übernahm als Angestellte des W die Erfüllung der Verbindlichkeiten aus dem geschlossenen Vertrag und war auch mit Willen des W für diesen tätig. Sie war somit Erfüllungsgehilfin.

W muss sich daher das Verschulden der S zurechnen lassen. Darüber hinaus ist W ein eigenes Verschulden nach § 276 Abs. 2 BGB anzulasten, weil er erkannt hatte, dass S von ihren Fähigkeiten her nicht in der Lage sein würde, die übernommenen Verpflichtungen ordnungsgemäß zu erfüllen. Ihm fällt daher ein Auswahlverschulden zur Last.

W haftet daher der S nach § 280 Abs. 1 BGB auf Schadenersatz. Wegen Art und Umfang des zu leistenden Schadenersatzes wird auf die Ausführungen oben B I. 6. Bezug genommen.

II. Anspruch erloschen

Der Anspruch ist nicht durch rechtsvernichtende Einwendungen erloschen.

III. Anspruch durchsetzbar

W kann sich auch nicht auf Einreden berufen. Der Anspruch ist durchsetzbar.

Zwischenergebnis: W haftet der B auf Ersatz von 450 € aus § 280 Abs. 1 BGB.

D. Anspruch der B gegen W aus § 831 BGB

I. Anspruch entstanden

B könnte gegen W einen Anspruch auf Schadenersatz gemäß § 831 Abs. 1 BGB haben.

1. S Verrichtungsgehilfin

Dazu müsste W die S zu einer Verrichtung bestellt haben.

Zu einer Verrichtung bestellt ist jemand, wenn er von einem anderen eine Tätigkeit übertragen bekommen hat, unter dessen Einfluss er allgemein oder im konkreten Fall handelt und zu dem er in einer gewissen Abhängigkeit steht.

Die S handelte vorliegend als Angestellte des W und war damit in einem Weisungs- und Abhängigkeitsverhältnis. S war Verrichtungsgehilfin des W.

2. Tatbestandsmäßige und rechtswidrige unerlaubte Handlung

S müsste tatbestandsmäßig und rechtswidrig eine unerlaubte Handlung begangen haben. Wie oben unter B ausgeführt, war das Verhalten der S tatbestandsmäßig und rechtswidrig im Sinne des § 823 Abs. 1 BGB. Dass S zudem schuldhaft handelte, ist im Rahmen des § 831 BGB nicht erforderlich, schadet allerdings auch nicht.

3. Schadensverursachung in Ausübung der Verrichtung

S müsste den Schaden bei der B in Ausübung und nicht nur bei Gelegenheit der Verrichtung verursacht haben.

Der Verrichtungsgehilfe handelt in Ausübung der Verrichtung und nicht nur bei Gelegenheit, wenn ein innerer Zusammenhang zwischen aufgetragener Verrichtung und Schadenszufügung besteht.

Das ist hier der Fall.

4. Rechtswidrigkeit

W kann sich nicht auf Rechtfertigungsgründe berufen. Rechtswidrigkeit liegt also vor.

5. Exkulpation

§ 831 BGB vermutet das Verschulden des Geschäftsherrn. W könnte sich lediglich dadurch entlasten, wenn er gemäß § 831 Abs. 1 S. 2 BGB nachweist, dass er die S sorgfältig ausgewählt und überwacht habe oder der Schaden auch bei Anwendung dieser Sorgfalt entstanden sein würde.

W hat vorliegend die S zu seiner Verrichtungsgehilfin bestimmt, obwohl sogar er Zweifel hatte, ob diese den Anforderungen gerecht werden würde. Ein Entlastungsbeweis wird ihm nicht gelingen.

6. Art und Höhe des Schadens

Wie dargestellt, kann B Ersatz des Wertes der Bluse in Höhe von 450 € verlangen.

II. Anspruch erloschen

Der Anspruch ist nicht untergegangen.

III. Anspruch durchsetzbar

Einreden sind keine ersichtlich. Der Anspruch ist deshalb auch durchsetzbar.

Zwischenergebnis: B kann von W 450 € Schadenersatz gemäß § 831 Abs. 1 BGB verlangen.

E. Anspruch des W gegen S aus § 280 Abs. 1 BGB

I. Anspruch entstanden

W könnte gegen S einen Anspruch aus § 280 Abs. 1 BGB haben. Dazu müsste S eine Pflicht aus dem Schuldverhältnis zwischen ihr und W (Arbeitsvertrag) verletzt haben.

Diese Pflichtverletzung könnte darin liegen, dass sie fahrlässig das Eigentum des Gastes B beschädigt hat. Tatsächlich hat die S ihre Verpflichtungen diesbezüglich verletzt.

Auch ein Verschulden liegt vor, da, wie dargestellt, im Zivilrecht ein objektiv-abstrakter Sorgfaltsmaßstab zugrunde gelegt wird.

Allerdings ist zu berücksichtigen, dass im Rahmen eines Arbeitsverhältnisses der Arbeitnehmer tagtäglich Verrichtungen tätigt, bei denen ein im Einzelfall zwar vorwerfbares Verschulden zu einer existenziellen Haftungsbedrohung für diesen Arbeitnehmer führen kann.

Es ist daher anerkannt, dass bei fahrlässiger Schadenverursachung die Haftung des Arbeitnehmers bis hin zur völligen Haftungsfreistellung beschränkt werden kann und muss. Bei – wie hier – nur fahrlässiger Schadenverursachung müssen alle Umstände des Einzelfalles abgewogen werden.[267]

Vorliegend hat der W in Kenntnis der geringen Erfahrung der S diese eingesetzt. Dass dabei auch Missgeschicke unterlaufen können, ist (auch wenn durch S fahrlässig verursacht) für W fast schon vorhersehbar. Die Abwägung der Umstände ergibt, dass die S daher für den Schaden des W (Anspruch der S gegen ihn) nicht haftet.

II. Zwischenergebnis

W hat keinen Anspruch gegen S.

F. Gesamtergebnis

1. W kann von G insgesamt 450 000 € aus § 823 Abs. 1 BGB verlangen.
2. B kann von W 450 € aus § 280 Abs. 1 sowie § 831 BGB verlangen.
3. B kann von S 450 € aus § 823 Abs. 1 BGB verlangen.
4. W kann von S nichts verlangen.

267 Vgl. hierzu *Michalski/Westerhoff*, Arbeitsrecht, Rn. 464 ff.

Sachverzeichnis

Die Zahlen verweisen auf die Randnummern.